자유무역이라는 환상

트럼프 행정부, 무역전쟁의 서막

밥과 클레어,
그리고 위대한 미국을 건설하는 모든 미국 노동자를 위하여

사실이 바뀌면 마음도 변화하기 마련이다. 당신은 어떤가?

— 존 메이너드 케인즈(John Maynard Keynes)

실패는 치명적이지 않지만,

변화하지 않는 것은 치명적일 수 있다.

— 존 우든(John Wooden)

차례

머리글
··········

2010년 6월 9일 워싱턴 DC는 날씨는 우중충했지만 현지 기준으로는 신선한 편이었다. 워싱턴의 여름이 섭씨 21도라면 꽤 쾌적한 온도이니 말이다. 나는 택시를 타고 '미·중 경제 및 안보평가위원회'에서 증언하기 위해 덕슨 상원의원회관으로 가는 길이었다. 양당 원내 지도부가 임명한 12명의 위원으로 구성된 이 위원회는 대중 관계를 평가하는 임무를 맡고 있다.

내 순서가 돌아올 즈음 기온이 약간 올라갔고 비가 내리기 시작했다. "우울한 날에 딱 맞는 우울한 청문회"라는 생각이 퍼뜩 들었다. 당시 나는 두 명의 무역법 전문가와 함께 위원회 패널에 참석하고 있었다. 사우스캐롤라이나의 린지 그레이엄(Lindsey Graham) 상원의원과 뉴욕의 척 슈머(Chuck Schumer) 상원의원을 비롯한 의원들이 바로 내 앞에 앉아 있었다. 내가 참석한 패널의 토의 주제는 중국의 세계무역기구(WTO) 가입 이후 10년간의 영향에 관한 것이었다.

위원회에서 나를 참고인으로 초청한 이유는 워싱턴 정가에서 내가 대중국 무역 관계뿐만 아니라 국제 무역 시스템 전반에 대한 회의론자로 잘 알려져 있기 때문이다. 나는 30년 넘게 무역변호사로 활동했고, 상원과 레이건 행정부, 법원에서 미국 제조업체를 대리하는 개인 법률사무소에서 일해 왔다. 2010년 청문회 당시 나는 워싱턴의 일방적인 자유무역 의제가 미치는 부정적인 영향에 대해 공개적으로 지적하고 나섰던 몇 안 되는 워싱턴 논객 중 한 명이었다.

그날 대중국 무역 관계에 대한 나의 증언은 35쪽에 달했다. 2000년 중국에 최혜국대우원칙(MFN)*을 부여하기로 한 결정이 얼마나 미국, 특히 노동자 계층에게 큰 재앙이 되었는지를 아주 상세히 설명하는 내용이었다. 지난 10년간 미국에 닥친 경제적 파고를 보여주면서, 나는 당시 중국이 했던 약속들이 얼마나 지켜지지 않았는지, 그리고 국내 정치인들—클린턴 대통령, 조지 W.부시 공화당 대통령 후보를 포함한 의회 지도자들—이 했던 약속들이 얼마나 경솔했는지를 강조했다. 동시에 당시 클린턴 대통령이 선언한 "100대 0의 거래"와 같은 전대미문의 낙관론을 인용하면서, 그러한 오판에 뒤따른 피해의 대차대조표를 진술했다. 우리는 임금이 정체된 상황에서 수백만 개의 일자리와 수천 개의 공장을 잃었다. 공산주의 지도자와 자유무역 및 다국적 기업에 결정적인 양보를 함으로써 미국 노동자들은 감당하기 힘든 재앙을 겪어야 했다.

마지막으로 나는 이대로 가면 국내 노동자들의 여건은 더욱 악화하리라고 예측하며 중국산 수입품 관세 부과 등 구체적인 정책 제안과 함께 문제 해결을 촉구했다. 청문회가 끝난 후 위원 두 명이 내게 다가와 자신들의 임기 중 가장 중요한 증언이었다고 밝혔지만,

---

* GATT 제1조 최혜국대우원칙은 원산지와 관세없이 상품을 동등하게 대우한다는 원칙을 뜻한다.—옮긴이(이하 각주는 모두 옮긴이 주)

그 후 10년이 지나도록 실제 변화는 거의 없었다. 1990년대 중국의 WTO 가입 허용, 북미자유무역협정(NAFTA) 비준, 워싱턴의 급진적 자유무역 의제 등에 반대하는 사설을 쓰며 투쟁했을 때와 마찬가지로, 청문회 날 중국에 대한 내 경고 역시 대부분 무시당했다.

◆

다행히도 2010년 이전부터 대중국 무역 문제가 단순히 고립된 이슈가 아니라 미국의 대외 무역정책 분야에서 전형적인 문제가 표출되는 이슈라는 점이 뚜렷해졌다. 다국적 기업과 수입업체들의 영향력 아래 있던 공화당과 민주당 정치권은 자신들의 실수를 인정할 수도 없었고, 인정하려 들지도 않았다. 양당 인사들은 확신에 차서 기업 이익과 경제적 효율성을 극대화하고 소비자 가격을 최소화하는 정책을 추진했고, 그 결과 미국 노동자와 제조업체를 보호하기는커녕 오히려 위험에 빠뜨렸다.

오늘날 그 결과는 내가 예상했던 것보다 훨씬 더 가혹하고 명백한 실패로 드러나고 있다. 일부 수입업체와 소매업체에 돌아가는 이익은 급증했으나, 많은 제조업체가 황폐해져 파산하거나 공장을 해외로 이전해야 했다. 그렇다면 일반 국민은 어떤 상황에 놓였을까? 일부 제품 가격은 인하되었지만, 1980년대 이후 제조업 부문의 고용 감소세가 뚜렷해지면서 실질 임금 상승률이 완전히 정체되었다. 그리하여 노동계급 가정에서는 한때 제조업 부문 소득으로 뒷받침되던 종전의 생활 수준을 유지하려면 저부가가치 서비스 부문에서 전

일제 맞벌이를 해야만 한다. 어찌 보면 미국의 지도자들이 좀 더 나은 현재의 소비를 위해 산업기반의 건전성과 이를 떠받치는 고임금 제조업 일자리를 맞바꿨다고 해도 과언이 아니다.

세부적으로 살펴보면 문제는 더욱 명확해진다.

- 미국은 대일본 50년 연속 무역적자와 더불어, 중국과는 수년간 연간 3천억 달러 이상의 무역적자를 기록하고 있으며, 대유럽(주로 독일과 아일랜드) 무역적자 규모 역시 날로 증가하고 있다. 또한 베트남 전체 경제의 무려 27%가 대미 수출에 의존한다.
- 1976년 애플에서 출시된 최초의 개인용 컴퓨터는 미국에서 제작되었다. 오늘날 대부분의 개인용 컴퓨터는 수입품이며, 소수의 국내 생산품조차 수입 부품으로 조립된 상품이 태반이다. 2020년 기준 약 900억 달러 상당의 컴퓨터가 수입되고 있다.
- 1995년 미국은 전 세계 생산량의 45%를 점유하는 세계 최대 태양전지 생산국이었다. 그런데 오늘날 전 세계 태양전지 생산량의 78%가 중국산이며 미국산은 거의 없는 실정이다.
- 1960년대부터 80년대까지 미국은 캘리포니아의 마운틴 패스* 광산의 채굴을 통해 희토류의 주요 공급원이었다. 오늘날 중국은 적극적인 산업 정책을 통해 전 세계 생산량의 62%를 차지하는 반면, 미국은 단지 12%만을 점유하고 있다.
- 노스캐롤라이나에는 가구 제조업이 활발해 9만 개의 중산층 일자리가 있었다. 중국이 WTO에 가입한 지 10년 이내에 수입품이 넘쳐나 노

---

* 마운틴 패스(Mountain Pass) 광산은 1919년 발견된 이래 희토류 생산량 세계 2위를 기록했다. 그러나 중국과 가격경생력에서 밀리고 정련 시설에서 방사능 폐수가 유출되면서 2002년 광산이 폐쇄되었다. 현재는 국제 헤지펀드 컨소시엄인 MP머티리얼즈가 인수했다.

동력의 절반이 일자리를 잃었다. 현재 미국에서 판매되는 가구의 73%가 수입품이다.[1]

- 1990년 미국은 약 400억 달러의 자동차를 수입했다. 이 수치는 2020년에는 1,800억 달러로 폭발적으로 증가했으며, 미국 역사상 최초로 미국에서 판매되는 자동차의 절반 정도가 중국에서 조립되는 것으로 추정된다.
- 1970년대와 80년대에 미국은 세계 최고의 핵심 반도체 생산국이었다. 오늘날 미국은 전 세계 공급량의 12%만 생산하며, 최첨단 반도체 칩의 생산 기술도 크게 낮아졌다.
- 미국 역사상 처음으로 식량의 수입량이 수출량을 상회하고 있다.

◆

2016년 도널드 트럼프가 대통령에 당선된 이유는, 그가 그동안 비참한 결과를 가져온 실패한 정책에 반대하고 이를 바꾸겠다고 약속했기 때문이다. 트럼프가 내게 무역정책과 대외협상을 총괄해달라고 부탁한 이유도, 내가 오랜 세월 자유무역 세력에 맞서 싸워왔기 때문이다. 나는 거의 40여 년을 실패한 초(超)자유무역 정책에 반대하는 법정 투쟁과 협상, 사설 등의 활동에 전념해 왔다.

이 책에 담긴 국제 무역에 대한 나의 소신은 우리를 이 지점까지 몰아붙인 급진적인 자유무역주의와 완전히 결을 달리한다. 요약하자면, 나는 미국의 무역정책이 노동계급의 가정을 돕는 데 초점을 맞춰야 한다고 믿는다. 물론 기업이윤과 경제적 효율성을 높이고 소비자 물가를 낮추는 것도 중요하지만, 이런 목표들은 사실 부차적이다. 오늘날 세계를 조망할 때, 노동자를 도울 수 있는 유일하고도 실질적인 방법은 미국 제조업 부문을 지원하는 것이다.

우리는 국제 무역도 다른 경제정책과 마찬가지로 대다수의 시민 복지에 기여하고 가족을 더 굳건하게 하고, 지역사회를 더 낫게 만드는 경우에만 유익하다는 사실을 유념해야 한다. 이렇게 원대한 목표가 우리의 진정한 목표다. 이러한 맥락에서 우리 시민이 생산자라는 사실이 첫 번째이고, 소비자라는 사실은 그다음이다. 생산이야말로 시민이 노동의 존엄성을 누리고 가족을 부양하며 사회에 적극적으로 참여하는 역량을 갖추게 한다. 대학 교육 미이수자를 포함하여 모든 국민이 생산성을 발휘하는 기회를 얻는다면, 국가에 얼마나 좋은 일인가.

1990년대와 2000년대 초반의 미국 무역정책은 이러한 점을 도외시했다. 내가 2017년 초반 미국 무역정책 전반의 운영 책임을 맡았을 때, 이러한 실패를 잊지 않고 미국 노동자들의 발전을 목표로 삼는 새로운 궤도를 그려야 한다고 다짐했다. 트럼프 대통령과 내가 시작한 미국 무역정책은 여러 성공적인 변화를 끌어냈으며, 그렇기에 바이든 행정부 역시 계속 정책을 이어가고 있다.

트럼프 행정부는 국제 무역정책에서 두 가지 역사적인 성과를 거두었다. 첫째, 목표가 바뀌었다. 전임 대통령들은 해외 제조업을 장려하고 기업이 해외에서 생산된 제품을 국내로 더 쉽게 들여올 수 있도록 빅딜 협상을 빈번히 추진했다. 그러면서 WTO 관료들의 결정은 신성불가침한 것으로 받아들였다. 트럼프 대통령은 이 모든 것을 바꿨다. 그는 제조업 일자리를 미국에 되돌리기 위해 최선을 다했다. 그는 공산품과 농산물의 수입을 줄이고 수출을 늘리도록 지원했고 성공의 척도를 새로운 일자리 창출, 임금 인상, 공장의 국내 복귀에 두었다. 우리는 새로운 목표들을 별자리로 삼고 수입품에 대한 관세를 올리고 불공정 관행과 맞서 싸웠다. 무역 상대국들이 우리에게 더 나은 시장 접근을 허용하도록 압박했다. 마침내 우리는 WTO에 맞서 불공정하고 민주적이지 않은 상소기구를 사실상 무력화하기에 이르렀다.

트럼프 행정부의 두 번째 공헌은 미국에, 더 나아가 전 세계에 중국 의존성의 위험을 일깨운 것이다. 중국은 미국의 적수다. 겉치레하는 수사 어구와 달리, 중국 정부가 하는 행동과 발언들은 우리를 적으로 간주하고 있음을 알게 해준다. 중국은 군사, 외교, 경제각 분야에서 우리에게 위협을 가하고 있다. 트럼프 행정부 이전에는 중국이 종종 우호국으로 묘사되곤 했다. 이는 환상이다. 현실의 중국은 전 세계에 자국 체제를 강요하는 중상주의 국가다. 중국은 자유민주주의 질서에 반대하고 미국 헤게모니에 마침표를 찍고 싶어 한다. 트럼프의 정책은 무역 상대국이 무역적자라는 형태로 전가했던 수조 달러의 부와 경제적 의존이라는 흐름을 완전히 뒤바꿔놓았다. 이 정책은 매우 성공적이었다. 코로나19가 발병하기 전까지 대중국 무역적자는 전년 대비 5분기 연속 감소했다. 중국 의존도가 줄어들고 있다. 세계의 공급망이 중국에서 미국 및 다른 국가로 옮겨가고 있다. 역사적인 '1단계 무역 합의'*로 중국은 상당한 제

---

* 트럼프 전 대통령 재임 당시인 2020년 1월 미국과 중국 간 1단계 무역 합의가 이루어졌다. 이에 따라 중국은 2021년 말까지 2년에 걸쳐 공산품, 에너지, 농산물 등 미국산 제품을 2017년과

도적 변화를 겪어야 했으며, 우리나라에서도 국산 제품을 위한 새
로운 시장이 열렸다.

◆

이 책에는 두 가지 목표가 있다. 첫째, 무역정책에 대한 대중의 시각
을 바꾸고 싶다. 나는 무역정책에 대한 철학의 근거와 트럼프 행정
부의 노선 변경을 뒷받침했던 실증 데이터를 제시하려 한다. 둘째,
이 철학을 구현하기 위해 트럼프 행정부가 어떤 일을 해냈는지를 충
분히 설명하고 싶다. 이를 통해 미국 노동자들을 돕고자 하는 무역
정책이 어떻게 현장에서 작동되었는지 알 수 있을 것이다.

　이 책의 1부에서 내가 국제 무역에 대해 어떻게 생각하는지를 먼
저 자세히 설명하려 한다. 우리가 설정한 무역정책의 방향성이 미국
과 전 세계의 국제 무역에 미치는 영향에 대해 좀 더 풍부하고 완전
한 이해를 제공할 것이다. 적어도 텔레비전과 장난감을 사는 데 얼
마를 낼지의 문제에 사로잡히지 않고 말이다. 그래서 네 개의 장에
걸쳐 내가 무역정책에 관심을 갖게 된 이유(1장), 내 철학을 아우르
는 관점(2장), 이 철학이 미국 전통의 일부인 이유(3장), WTO가 실
패하는 과정(4장)에 대해 차례로 설명한다.

　2부는 트럼프 행정부가 어떻게 중국과의 경제 관계를 재설정하고
노동자 중심의 무역정책을 추구했는지에 초점을 두고 있다. 전 세

비교해 2친익 달러 규모를 추가 수입하기로 합의했다. 그러나 미국은 합의 이행이 대부분 불발되
었다는 시각이 지배적이며, 최근 무역전쟁의 전운이 감도는 배경이 되고 있다.

계의 군사, 외교, 경제 각 분야에서 중국이 미국의 주요 적수라는 사실은 점점 명확해지고 있다. 하지만 무역정책에서 우리는 아직 중국을 적수로 취급하지는 않는다. 오히려 중국은 최혜국대우를 받고 있다. 어떤 이들은 독일이 천연가스의 대가로 러시아에 수십억 유로를 보내는 것에 비판하면서도, 우리가 텔레비전 등의 소비재를 구매하려고 중국에 수천억 달러를 보내는 것은 아무렇지 않게 생각한다. 하지만 중국과의 관계에서 우리의 아킬레스건은 무역이다. 이러한 약점이 우리의 힘을 약화하고 다양한 국제 무대에서 우리의 행동을 왜곡한다. 우리가 직면한 중국의 위협을 직시해야 한다. 중국이 우리와 근본적으로 방식이 다른 국가라는 점을 무신경하게 모른 척하고 있다. 중국의 행동과 수사에 담긴 함의와 암시에 주목해야 하며, 대외적인 발언과 실행만 보아서는 안 된다.

이 문제가 매우 심각하다고 생각해서 세 장을 할애했다. 중국이 미국 안보에 미치는 위협(5장), 중국 경제모델이 작동하는 방식(6장), 이 모델이 미국 경제의 활력을 어떻게 위협하는지(7장)를 차례로 설명한다. 이러한 토대 위에서 트럼프 행정부가 어떻게 관세를 이용해 중국과 협상했는지(8장부터 10장)를 보게 될 것이다. 마지막으로 미국이 중국과의 디커플링* 전략을 어떻게 발전시켜야 하는지(11장)에 관한 내 견해를 밝힘으로써 중국에 관한 장을 마무리하려 한다.

물론 중국이 우리나라가 직면한 복잡한 무역 이슈의 전부는 아니

---

* 디커플링(Decoupling) 또는 탈동조화는 한 국가의 경제가 인접 국가나 세계의 경제 흐름에서 벗어나 독자적인 경제 흐름을 보이는 현상을 뜻한다.

다. 이 책의 3부는 우리가 어떻게 멕시코, 캐나다와의 북미자유무역협정 재협상을 타결했는지(12장부터 14장)를 다룬다. 또한 4부에서는 다른 협상국과의 협상을 포함한 다양한 국제 무역 이슈를 논의할 것이다. 마지막으로는 국제 무역에 대한 미국의 접근 방식과 앞으로의 노선에 대한 내 성찰을 밝히며 결론을 내리려 한다.

◆

한때 거의 만장일치에 가까웠던 자유무역에 대한 워싱턴 합의는 이미 사문화되었다. 트럼프 대통령 임기 마지막 날, 수십 년간 나와 의견을 달리했던 몇몇 공화당 의원들은 내가 자신들의 무역에 관한 사고방식을 바꿨다고 털어놓았고, 일부 완고한 당내 자유무역 수호자들은 서서히 은퇴를 앞두고 있었다. 바이든 대통령은 상원의원 시절에 과거의 실패한 무역정책 대부분을 지지했던 전력이 있었으나, 2020년 대선 운동 기간에 트럼프의 무역정책을 사실상 채택했다. 바이든 행정부의 후속 결정으로 대중국 관세는 대부분 현상 유지되었으며, WTO를 계속 무시한 채로 반도체와 전기차의 국내 생산을 장려하고 있다. 이는 우리가 시작한 우선순위의 변화가 양당 모두에 확고하게 자리 잡았다는 것을 보여준다.

새로운 노선을 찾는 사람이라면 이러한 일이 어떻게 일어났는지 이해하는 것이 필수적이다. 트럼프 재임 기간에, 나는 종종 노동자 중심의 무역정책의 역사와 철학을 통찰할 수 있는 책 한 권을 소개해 달라는 요청을 받곤 했다. 단언컨대, 이 책이 바로 그러한 책이다.

제1부

토대들

1장

......

시발점

....

2016년 12월 도널드 트럼프 대통령 당선인을 만나기 위해 마라라고 리조트*에 도착했을 때부터, 나는 미국 무역대표부(USTR)의 자리를 제안받을 것을 예상했고, 실제로도 그렇게 되었다. 호두나무 원목이 깔린 옛 도서관에서 대통령 당선인의 맞은편 테이블에 앉고 나서야, 나는 내가 제안받은 자리가 단순한 일자리가 아니라 평생을 거쳐 준비해 온 투쟁에 나설 기회임을 깨달았다. 대학 교육 미이수자를 포함한 노동자들이 안정적이고 보수가 좋은 일자리를 통해 자신과 가족을 위해 더 나은 삶을 살 수 있는 사회. 그러한 기반을 쌓기 위해 미국의 무역정책을 바꾸기 위한 투쟁의 기회였다.

　물론 내가 받아들인 일자리가 어떤 자리인지는 나도 충분히 알고 있었다. 4년 동안 하루 18시간씩 주 7일을 근무해야 한다. 내가 팀원들과 함께 싸울 상대는 대기업이다. 중국, 멕시코, 캐나다, 유럽에서 온 다양한 국적의 세계주의자와 민족주의자들과도 싸워야 하는데, 그들의 시각은 미국 노동자들의 이해와 상당히 동떨어져 있다.

---

* 미국 캘리포니아주 팜비치에 있는 트럼프 대통령의 개인 별장

또한 나는 정통적인 자유무역 노선을 지지하는 공화당 사람들과도 대립해야 한다. 실제로 그들 중 일부는 트럼프 행정부에서 내 동료였다. 그렇다고 특별히 당혹스럽지는 않았다. 사실 나는 싸울 각오가 되어 있었다. 그리고 당시 나는 거의 35년 동안 이론보다는 실무에 기반한 철학을 발전시켜 왔다.

이 문제에 관심을 둔 계기에 대해 종종 질문받곤 한다. 왜 내 인생의 많은 부분을 이 싸움에 바친 것일까?

그 해답은 오하이오주 애쉬타불라, 즉 이리호의 가장 북동부에 있는 작은 공업 도시에서 내가 태어나고 자란 데서 찾을 수 있다. 1950년대와 60년대에 내가 성장하는 시기만 해도 애쉬타불라는 번성하는 도시였다. 미네소타 광산에서 철광석을 들여와서 철강으로 제련한 후 철도를 통해 피츠버그까지 운송하는 항구 도시이니까 말이다. 철도 산업이 활기를 띠었고, 항구 근처 브리지 스트리트에 철광석을 실은 수백 대의 화차가 하역하러 대기했다. 또한 애쉬타불라에는 디트로이트의 자동차 산업과 연결된 부품 업체들이 많이 있어 소규모 제조업 일자리가 풍부했다. 그런데 최근에는 철강 산업이 철광석 공급을 해외에 의존하게 되면서 화차가 하역하는 철광석의 양도 현저히 줄었다. 디트로이트의 자동차 산업을 뒷받침하는 제조업 일자리도 점차 감소했다. 하지만 어렸을 때만 해도 내 고향은 번영하고 주민들이 북적이는 평범한 미국 도시의 하나였다.

아버지는 의사이셨다. 그분의 이야기는 흥미롭다. 원래 라이트하이저 가문은 1748년에 미국으로 건너왔다. 조지 라이트하이저는 아들들을 데리고 독립전쟁에 참전했다. 전해지는 바에 따르면 그분은 문맹에다 출신이 비천했다고 한다. 19세기를 거쳐 20세기에 이르기까지 라이트하이저 가문의 삶과 생계는 미국 역사의 씨줄과 맥이 닿는다. 조상들은 농부이자 선철 제련공이었다. 그러다가 산업혁명이 미국 사회를 변화시키면서 많은 사람이 블루칼라 노동자가 되었다. 아버지는 20세기 초에 태어나 오하이오주 스튜벤빌 근처의 소도시에서 자랐다. 아버지와 숙부는 우리 가족 중 최초의 대학 진학자였다. 고향인 밍고 정션에는 경제 활동의 중심지이자 주민 상당수를 고용하는 제철소가 하나 있었다. 농부의 아들인 할아버지는 벽돌공이셨다. 아버지는 제철소에서 일한 후 느지막이 대학에 진학했다. 1933년 스물아홉 살이라는 비교적 늦은 나이에 웨스트버지니아 대학교를 졸업한 후, 아버지는 의과대학—처음에는 웨스트버지니아에서, 그다음에는 뉴욕대학교(NYU)—에 진학했다. 그 덕분에 우리 가족은 상당히 여유 있는 삶을 꾸릴 수 있었다. 아버지와 마찬가지로 어머니도 가족 중 처음으로 켄터키 대학교에 진학했다. 어머니의 가족은 아일랜드계이지만 스코틀랜드계가 약간 섞여 있다. 그러니까 우리 형제는 아일랜드, 스코틀랜드, 독일이 골고루 섞인 혈통인 셈이다. 우리는 애쉬타뷸라의 항구 근처에 있는 가톨릭 성모학교에 다녔다. 친구들은 블루칼라 직업을 가진 가정의 자녀들이었다. 애쉬타뷸라에는 각지에서 온 이민자들이 많았는데, 특히 이탈리아, 그리고 흥미롭게도 핀란드에서 온 이민자 공동체가 상당한 규모였다. 가톨릭 교구도 세 곳이나 있었다. 내가 다니던 교구는 1890년대 항구에서 일하는 이민자 공동체가 급속도로 성장하면서 분구된 곳이다. 마운트 카멜은 이탈리아 이민자들이 주로 거주하는 교구이고, 또 그 근처에 성 요셉 교구가 있었다. 지금은 세 교구가 모두 하나로 통합되었다. 가톨릭 성모학교는 오래전에 폐교되었고, 지금까지 건물이 비어 있다.

우리 집은 이리호에서 몇 마일 떨어진 곳에 있었다. 이리호를 따라 애쉬타불라 항구로 향하는 배를 보던 기억이 지금도 생생하다. 또래 친구들처럼 나도 열두 살 무렵부터 매년 여름방학 아르바이트를 했다. 그때 나는 마을 최초의 자동 세차장에서 일했고, 다른 해에는 식료품점에서 식료품을 포장하기도 했다. 기회가 되면 가끔 컨트리클럽에서 캐디를 하기도 했다. 고등학교 졸업 연도부터 로스쿨 1학년 때까지 여름방학 때는 끝없이 펼쳐진 아파트 따위를 그리며 시간을 보냈다.

애쉬타불라는 20세기 중반에 성장하기 나름 좋은 곳이었다. (유명한 라이트 형제 중) 윌버 라이트*가 말한 내용을 인용하고 싶다. "젊은이에게 인생에서 성공하는 방법을 조언한다면, 좋은 아버지와 어머니를 골라 오하이오에서 인생을 시작하라고 말하고 싶다."[1] 하지만 요즘 애쉬타불라에서 성장하는 것은 그때만큼 유망하지 않다. 이 도시의 인구는 1970년 약 2만 4천 명으로 정점을 찍었다. 그 이후로 많은 일자리가 사라졌다. 주민들은 더 푸른 초원을 찾아 다른 곳으로 떠났다. 남은 주민 중 상당수는 어려움을 겪고 있다. 주민의 거의 3분의 1이 빈곤에 시달리고 있다. 주민의 10% 미만이 대학 학

---

* 윌버 라이트(Wilbur Wright, 1867년~1912년)는 인디애나주에서 목사의 아들로 태어났으나 출생 후 오하이오수보 이사하여 그곳에서 성장했다. 동생 오빌 라이트와 함께 세계 최초로 유인 동력비행에 성공한 인물이다.

위를 가지고 있고, 대다수는 고등학교 이하의 학력이다.

애쉬타불라와 중서부의 많은 산업 중심지에서 실제로 일어난 일에는 여러 가지 원인이 있지만, 기술적 변화와 더불어 가장 큰 원인의 하나는 빈곤한 국제 무역정책이 일자리의 본질을 바꿔버렸기 때문이다. 철강 수입이 급증하면서 항구가 타격을 입었고, 일본산 수입 자동차가 범람하여 부품 제조 일자리를 사라지게 했다. 미국은 더 이상 우리에게 필요한 상품들을 직접 만들지 않는다. 대신 다른 나라에서 구매한 물건을 줄줄이 이어지는 컨테이너선을 통해 여기까지 실어 온다. 매일 사용하는 물건들을 생각해 보자. 그중 이 나라에 사는 사람들이 제조하는 것들이 얼마나 될까?

1960년대에 나는 대학 진학을 위해 짐을 쌌다. 워싱턴 DC에 있는 조지타운 대학교와 로스쿨은 애쉬타불라와는 동떨어진 세상이었다. 학문적으로나 사회적으로나 새로운 자극과 활력이 넘쳐났다. 내 시야가 사방으로 뻗어나가는 기분이 들었다. 하지만 어떤 의미로는 그동안 알고 지내던 사람들과 관심사가 달라지면서 나는 무척 당황스럽고 불안했다. 1970년대 초반 무역의 흐름은 벌써 빠르게 변화하고 있었다. 여름방학이 되어 고향에 돌아갔을 때, 나는 사람들의 삶에서 이러한 영향이 고스란히 나타나는 것을 보았고, 또 그런 모습이 내키지 않았다. 하지만 조지타운의 변화 빠른 세상에 이러한 현실적 관점을 전하기는 쉽지 않았다. 그곳에서는 자유무역의 흐름에 대한 저항은 대개 변호할 수 없거나 시대착오적인 것으로 여겼다.

엘리트 세계는 세계화의 이점은 전면에 부각하는 반면, 그로 인해 피해 보는 사람들의 걱정거리는 동떨어진 것으로 무시하곤 했다. 자유무역을 옹호하는 논리는 일견 명확해 보였지만, 내가 보기에는 비용·편익의 상대적 우선순위가 심각하게 비뚤어진 운동장에 불과했다. 자유무역의 옹호자들은 제조업 중심 지역사회들의 고통이 가중되는 현실을 전적으로 이론에 치중해서 아무것도 아닌 것처럼 치부했다. 더구나 목소리가 큰 자유무역 찬성론자들은 피해받는 노동자와 그 가족의 관점에서 희생의 실체를 보려 하지 않았다. 비인격적인 시장 불변의 힘은 그들에게 적당한 무화과 잎*을 제공했고, 어쨌든 세계화로의 전환이 더 나은 방향으로 여겨졌다.

로스쿨 졸업 후, 나는 워싱턴의 코빙턴 앤 버링 법률사무소에서 몇 년 동안 변호사로 일했다. 1977년 부통령 선거에 출마한 로버트 돌(Robert Dole) 상원의원은 상원 재무위원회에서 보좌관으로 일할 만한 보수 성향의 젊은 변호사를 찾고 있었다. 엘리자베스 돌이 법률사무소에 있는 친구한테 전화했고, 그 친구가 나를 추천했다. 돌 상원의원을 처음 만났을 때부터 우리는 서로 호감을 느꼈다. 사실 내 인생에서 이보다 더 중요한 만남은 없었다. 몇 달 후 그는 내게 수석 보좌관 자리를 제안했고, 직원 채용도 일임했다. 그 후 몇 년 동안 나는 처음에는 그의 참모로, 나중에는 여러 포럼에서 그와 긴밀히 협력하며 일했다. 내가 돌 상원의원과 함께 일하던 (1978년 12월부터 1983년 4월까지) 기간이 그의 경력 최정점인 시기였다. 그는 상원 재무위원회에 소속된 중진 의원이었고 1981년에는 위원장이 되

---

* 무화과 잎은 당면한 문제를 숨기거나 위장하는 것을 뜻한다. 아담과 이브가 하느님의 말씀을 어기고 선악과를 먹은 뒤 부끄러움을 감추기 위해 무화과 잎을 사용해 몸을 가렸다는 성경 이야기에서 유래되었다.

었다. 자연스럽게 나는 위원회의 사무국장이 되었다. 돌 상원의원은 똑똑하고 강인했다. 우리는 함께 레이건 행정부의 경제 계획 수립과 법안의 의회 통과를 도왔다. 1983년 나는 돌 상원의원의 보좌관을 그만두고 레이건 행정부에서 빌 브록(Bill Brock)이 이끄는 미국무역대표부(USTR)의 부대표로 임명되었다. 브록은 테네시주 출신의 영리한 정치인이었다. 그는 하원의원과 상원의원을 지냈고 공화당 선거대책위원회 위원장을 역임하며 1980년 선거에서 완승했다.

이 무렵 나는 무역정책에 열정을 쏟고 있었다. USTR의 직원들은 주요 다자간 무역 협상(우루과이 무역 라운드)을 시작하고 있었고, 일본과의 주요 쟁점인 철강과 자동차 부문의 무역 협상을 진행 중이었다. 로널드 레이건은 겉으로는 자유무역을 지지했지만, 마음속으로는 항상 미국의 국익을 강력하게 옹호했다. 그리고 그는 변함없이 하나의 전제하에 움직였다. 즉 자유무역의 경기는 평평한 운동장에서 이루어질 때만 미국의 번영을 위한 힘이 될 수 있다는 전제였다. 1985년 9월 23일 연설에서 레이건 대통령은 이렇게 밝혔다.

무엇보다도 자유무역은 정의상 공정한 무역이어야 합니다. 자국 시장이 다른 나라의 수출에 빗장을 건다면 그것은 더 이상 자유무역이 아닙니다. 정부가 자국 제조업체와 농부에게 보조금을 지급하여 다른 시장에 상품을 덤핑할 수 있도록 한다면, 그것은 더 이상 자유무역이 아닙니다. 정부가 미국 제품의 위조나 복제를 허용하는 것은 우리 미래를 훔칠 뿐, 더 이상 자유무역이 아닙니다. 정부가 국제법을 위반하는 방식으로 수출업체를 지원하여 경쟁의 장이 공평하지 않다면, 그것은 더 이상 자유무역이 아닙니다. 정부가 상업적 이익을 위해 산업에 보조금을 지급하고 비용을 부담하여 경쟁업체에 불공정한 부담을 지운다면, 그것은 더 이상 자유무역이 아닙니다.[2]

레이건 대통령은 이론상의 자유무역과 실제 자유무역을 구분했다. 그는 수입 철강에 쿼터를 부과하고, 일본과의 경쟁에서 할리 데이비드슨을 보호하고, 반도체와 자동차의 수입을 제한하고, 고평가된 달러에 맞서는 등 1980년대 미국 산업을 강하게 유지하기 위한 여러 조치를 취했다. 실제로 레이건이 퇴임한 후, 광적인 자유무역주의자 그룹의 한 사람은 그가 허버트 후버(Herbert Hoover) 이후 가장 보호주의적인 대통령이라고 말했다.[3] 나는 항상 그 말을 칭찬으로 받아들였다는 사실을 여기서 밝히고 싶다.

1983년부터 1985년까지 나는 USTR에서 두 명의 부대표 중 한 명으로 일했다. 내 동료는 아시아, 유럽, 중동 등을 담당하는 지역별 사무국을 담당했고, 나는 부문별 사무국을 맡았다. 다시 말해, 산업, 농업, 투자, 서비스, 무역 분야 정책을 담당했다. 직제의 특성을 고려하면, 이론적으로는 USTR에 들어오는 의제에 관해서 두 명의 부대표가 각각 거의 전권을 주장할 수 있다는 의미다. 하지만 우리의 경우, 책임이 잘 분담되었다. 내 동료가 다자간 차원에서 협상 노력을 조율하는 동안, 나는 무역 상대국과의 실제 협상을 상당수 처리했다. 그리고 그러한 무역 협상 과정에서 USTR은 나의 진정한 조타실이 되었다.

레이건 행정부에서 우리 대표부는 무역 관계에서 미국의 권리와 공정성을 강화하기 위한 여러 조처를 했다. 첫 번째 주요 협상은 소련과 미국 사이에 있었던 장기간의 곡물 협상이었다. 이를 통해 소련이 아프가니스탄을 침공한 후부터 곡물 수출을 중단했던 카터 대통령의 불행한 결정을 바로잡을 수 있었다. 이 시기는 '악의 제국' 시절이었는데, 나는 미국 고위 관리 중 처음으로 모스크바를 방문한 사람이다.

나의 다음 협상은 철강과 관련된 것이었다. 레이건 대통령은 국내 산업에 위협이 된다는 이유로 전 세계 여러 나라에서 수입되는 특수 철강을 제한한다는 전략적인 결정을 내렸다. 이 양자 간 협상을 나와 USTR 실무진들이 진행했다. 그 후 레이건은 탄소강에 대해서도 비슷한 수입 제한을 부과하기로 했다. 우리 팀은 여기서도 몇 가지 합의를 끌어냈다. 내가 부대표 시절에 주도한 협상은 총 20여 건에 달한다. USTR에서 근무하는 동안, 나는 무역 상대국의 불공정 관행, 무역적자 증가, 일본의 산업 정책 등이 미국 일자리에 미치는 영향을 점점 더 파고들기 시작했다. 중국과의 투자 조약 체결을 위한 협상을 진행한 시기도 있었다. 물론 그때는 1984년으로 지금의 중국이 아니었다. 합의에 이르지는 못했으나, 개인적으로는 중국과 처음으로 가까이서 일한 경험을 쌓았다.

이러한 무역 협상을 통해 분명하게 깨달은 교훈이 있다면, 그 누구도 자신에게 가치 있는 것을 공짜로 포기하지 않는다는 것이다. 성공적인 협상을 위해서는 전략적으로 레버리지*를 사용해야 한다.

---

* 레버리지(leverage)란 본래의 힘보다 더 큰 힘을 발휘하게 하는 지렛대 효과를 뜻한다. 협상에서는 상대의 약점을 포착하는 등 적은 값을 지불하고 큰 대가를 얻을 수 있는 수단을 가리킨다.

우리로서는 불공정 거래 이슈에서 특정 조치를 요구하고 그에 따르지 않는 경우 비용을 부과할 수 있는 잠재력이 있다. 그리고 그 레버리지로는 관세를 일방적으로 부과할 수 있다는, 신뢰할 만한 위협*이 수반되어야 한다. 일본 및 기타 국가와의 철강과 자동차 부문의 양자 간 수출자율규제협정(VRA)**, 즉 미국 기업의 숨통을 틔우기 위해 무역 상대국이 스스로 수출물량을 제한하도록 조율하는 협정은 이러한 레버리지가 있기에 가능했다. 합의에 이르지 못하면 우리는 언제든 상대국으로부터의 수입을 차단할 것인데, 트럼프 행정부에서 확고히 해온 교훈이며, 이는 무역 분야에서 레이건 행정부와는 또 다른 차이가 있는 지점이다.

레이건 시대와 트럼프 시대의 가장 주목할 만한 차이점은, 트럼프 대통령은 무역 문제에 큰 관심을 가졌고 심지어 그것이 대통령 출마를 결심한 이유 중 하나였다는 것이다. 레이건 대통령은 더욱 중요한 국내외 정책 이슈에 밀려 무역이 최우선 순위가 되지 못했고, 무역에 대해 논의하거나 회의를 여는 횟수도 1년에 몇 차례에 불과했다. 조지 부시 대통령과 오바마 대통령도 마찬가지였다. 그러나 트럼프 대통령에게 국제 무역 문제는 그의 사고를 지배하는 핵심 우선순위였고, 나는 USTR에서 중책을 맡으면서 트럼프가 얼마나 깊이 참여하고 있는지를 직접 겪어 알게 되었다.

---

* 신뢰할 만한 위협(credible threat)은 게임 이론에서 상대를 공격하겠다는 선언이 단순 위협이 아니라 실현 가능하다는 점을 상대가 확신하도록 만드는 전략을 뜻한다.

** 1981년 오일 쇼크와 그에 뒤이은 일본산 자동차의 무차별 공세로 미국 자동차 업계가 고사 위기에 저하사, 미·일 양국이 일본산 자동차의 대미 수출을 연 168만대로 제한하고, 3년 뒤에는 185만대로 늘려 시행하기로 했던 협정을 뜻한다.

레이건 이후 시대

1987년 9월 2일, 나는 평소 보던 신문 더미를 훑어보다가 외교 정책과 무역 이슈에 대해 전면에 실린 광고를 발견했다. "미국의 외교 국방 정책에는 약간의 근성만 있으면 치유할 수 없는 문제가 없다." 도널드 J. 트럼프의 ≪미국 국민 여러분께≫라는 연설의 한 대목이었다.

트럼프는 "수십 년 동안 일본과 다른 국가들이 미국을 이용해 왔다"라고 지적하면서, "우리가 소유하지도 않은 선박을 보호하고, 우리에게 필요하지도 않은 석유를 싣고 우리를 도와주지 않을 동맹국을 향해 가고 있다고, 전 세계가 미국 정치인들을 비웃고 있다"라고 냉소했다. 이 서한은 미국이 사실상 세계의 경찰 역할을 하는 데 드는 비용을 주로 언급했는데, 이 비용에 막대한 무역적자가 맞물려 있는 관계로 무역 문제도 함께 다루었다. "수년 동안 일본인들은 (미국이 공짜로 제공하는 덕분에) 막대한 방위 비용에 구애받지 않고 전례 없는 흑자를 기록하면서 강력하고 활기찬 경제를 구축해 왔다. 이제 지급 능력이 있는 일본과 그 밖의 국가들에 비용을 물리고 막대한 적자를 끝낼 때이다."

나는 1980년대부터 도널드 트럼프를 알고 있었다. 실제보다 더 허세를 부리는 그의 성격 때문일 것이다. 젊은 변호사 시절, 나는 트럼프 셔틀을 타고 뉴욕에 자주 다녔다. 그리고 트럼프 타워와 뉴욕시에 있는 트럼프의 다른 부동산에 대해서도 잘 알고 있었다. 하지만 트럼프가 직접 10만 달러의 광고료를 내고 〈뉴욕타임스〉, 〈워싱턴포스트〉, 〈보스턴글로브〉지에 게재한 이 서한을 본 순간, 나는 처음으로 그의 무역 문제에 대해 진지한 관심을 기울였다. 그의 본능이 나의 것과 비슷함을 직감적으로 깨달았다. 그 후 수십 년 동안 나는 무역과 불공정 수입으로 인한 국내 피해에 대한 트럼프의 발언을 응원해왔다.

조지타운에 입학한 때부터 내가 아주 일찍 깨달은 진실 중 하나는, 무역에서 미국의 이익을 옹호하는 것이 워싱턴 DC의 시류에 맞지 않는다는 것이다. 무역의 원칙은 뉴욕과 뉴욕의 금융 투자의 이해득실에 훨씬 더 크게 영향받았다. 우리 편에는 노동계 인사들이 있었지만, 다른 사람들은 거의 함께하려 하지 않았다. 여론의 찬사를 받는 쪽은 자유무역에 대한 표준적이며 신고전주의적 입장이었다. 이러한 상황은 2016년 캠페인이 끝날 때까지도 마찬가지였다. 자유무역을 목청 높여 지지하지 않는 사람은 보호무역주의와 고립주의로 회귀하고 무역전쟁을 부추기는 인물로 간주되었다. 당시 하버드대 교수이자 클린턴의 고문인 니콜라스 번즈(Nicholas Burns)는 트럼프의 무역정책을 겨냥하여 "고립주의라는 완전히 실패한 레시피"라고 비판했다.[4]

자유무역 지지자들은 미국이 무역 개방을 통해 훨씬 더 잘 살고 균형 잡힌 나라가 되었다고 우리를 안심시킨다. 그들의 관점에서는 미국 노동자와 지역사회의 우려는 근시안적인 시각일 뿐이다. 신산업에서 새로운 일자리가 생겨나고 또 성장할 것이다. 노동자들은 새로운 지역으로 이동하면 된다. 정부의 직업 훈련이 남은 문제를 해결해줄 것이다. 모든 것이 잘될 것이라고 그들은 말했고 지금도 계속 말하고 있다. 모든 것이 뜻대로 풀리지 않았고 많은 지역사회에 엄청난 비용이 발생하고 있다는 사실이 분명해졌으나, 그때조차 워싱턴 DC의 대부분 사람은 이 비극이 먼 곳에 있는 얼굴 모르는 사람들에게 일어난다는 이유로 크게 걱정하지 않았다. 냉혹한 시장의 흐름을 막기 위해서 어떤 유용한 조치도 실행되지 않았다. 물론 워싱턴 기업무역협회 회원들이 국내 제조업체보다 수입업자들의 이익에 훨씬 더 관심이 많았기 때문이기도 했다. 로비 자금은 자유무역의 편에 있었다.

이후 수년 동안 트럼프의 무역 관련 발언을 지켜보면서, 나는 그의 훌륭한 직감에 믿음이 생겼다. 1988년 대통령 예비선거를 앞두고 도널드 트럼프의 대통령 출마 가능성에 대한 논의가 있었다. 그해 돌 상원의원 선거 캠프의 부수석 자격으로 나는 이 동향을 관찰하고 있었다. 당시 트럼프가 일본과의 불공정 무역에 대해 어떤 비판을 하고 있는지를 잘 알고 있었으며, 돌 상원의원도 무역 문제에서 비슷한 태도를 보여야 한다고 주장했다. 1989년 트럼프는 다이앤 소여*와의 유명한 인터뷰에서 무역적자를 줄이기 위해 일본산 수입품에 15% 내지 20%의 관세를 부과해야 한다고 주장했다. 1990년에 출간된 트럼프의 저서 『정상에서 살아남기』에서도 그의 무역 철학이 잘 드러났으며, 이후 2000년에 출간된 『우리가 누려야 할 미국』에서도 비슷한 노선하에 사고가 더 확장되었다.

1980년대와 90년대에 국제 무역의 중심이 일본에서 중국으로

---

* 다이앤 소여(Diane Sawyer)는 ABC방송의 공동 앵커이자 기자다.

옮겨 가면서 트럼프의 초점도 바뀌었다. 이때 내 초점도 바뀌었다. 노동자들의 일자리 손실과 무역적자를 우려하던 우리로서는, 날로 늘어가는 대중국 문제가 기존 대일본 문제보다 훨씬 더 심각하다는 것이 명백했다. 이 주제에 대해 나는 점점 더 트럼프의 말에 귀를 기울였다. 그는 우리가 직면하고 있는 문제의 토대를 이해하고 있었을 뿐만 아니라 실질적인 해결사였다. 내가 문제의 중심으로 여긴 사안들에 대해 그는 지식이 풍부하고 명료하면서 열정적이었다.

1990년대와 2000년대 내가 맡은 법률사무소 업무는 미국 제조업체(주로 철강 회사)가 미국 시장에 불공정하게 거래된 저가 제품을 쏟아낸 외국 제조업체를 상대로 소송을 제기하는 데 집중되었다. 우리는 외국 생산업체의 덤핑과 보조금 지급을 처벌하는 법을 활용했다. 기본적으로 소송 절차를 거친 후 수입 제품에 관세를 부과하여 불공정 이득을 상쇄하는 방식이었다. 이 사건들은 국내 법원에 제소되었을 뿐만 아니라 제네바의 WTO 분쟁해결절차에도 제소되었다. 그런데 WTO의 결정이 무역협정문에 근거하지 않을뿐더러 국내법과 부합하지 않는 경우도 많았다. 불공정 무역 문제는 WTO에서 해결되기는커녕, 오히려 복잡하게 꼬인 셈이다.

2000년 이후 중국은 광범위한 국가 소유권, 막대한 국가 보조금, 폐쇄적인 내수 시장, 환율 조작, 정부가 후원하는 지식재산권의 편취, 그 밖에 온갖 중상주의적 관행으로 인해 골칫거리가 되고 있었다. 우리의 무역적자는 전례 없는 수준으로 치솟았다. 대외관계의 적대국인 중국은 정부가 후원하고 조직화한 온갖 형태의 불공정 무역을 통해 2,700억 달러 이상의 대미 무역 흑자를 거두었다. 그 과정에서 미국의 일자리가 사라지고 있는데, 우리는 손 놓고 있었을 뿐이다. 이 시기에 미국 노동자들이 받은 경제적 충격을 훗날 경제학자들은 "차이나 쇼크"라고 불렀다.[5] 그 정도가 너무 심각해서 평소 무역을 옹호하던 사람들조차 조금씩 긴장하기 시작했다.

2008년 금융 위기 이후 극심한 경기 침체는 막대한 무역적자를 다소나마 줄인 유일한 요인이다. 하지만 그것만으로는 충분하지 않았다. 우리는 지속 불가능한 길을 걷고 있었고, 당시에는 도널드 트럼프를 제외하고는 아무도 이를 해결할 꿈조차 품지 않았다. 2011년 트럼프의 대선 출마가 거론되었을 때, 나는 〈워싱턴타임스〉 기고문에서 트럼프의 "중국에 강경하게 대응하라"는 주장이 미국 보수주의와 공화당의 역사적 뿌리(이에 대해서는 3장을 보라)를 아주 잘 반영하고 있다고 밝힌 적이 있다. 그렇지만 무역 역사를 바꾸고 미국의 뿌리로 돌아가기 위해서는 결국 2016년 대선까지 기다려야 했다.

대통령 후보와 대통령 트럼프

2016년 선거운동 기간에 도널드 트럼프는 가는 곳마다 무역 문제를 꺼냈다. 그는 중국과의 문제에 대해 말하고 북미자유무역협정(NAFTA)의 폐해를 토론했다. 그리고 무역적자와 그로 인해 노동자들이 얼마나 피해를 보고 있는지를 이야기했다. 피츠버그 외곽의 펜실베이니아주 모네센*에서 한 연설에서 그는 자신의 입장을 확실히 정리했다. 노동자들은 도널드 트럼프가 대통령이 되어 자신들 편에 설 것이며, 그들의 근심거리가 경제 발전을 위한 불가피한 비용으로 취급되는 일이 다시는 없을 것이라고 믿었다.

도널드 트럼프가 대선 유세에서 무역정책의 목표를 처음 제시했을 때, 그의 앞에는 긴 여정이 기다리고 있었다. 대통령으로 취임 후, 그는 USTR의 책임자인 나와 함께 원대한 계획을 실행에 옮기는 엄청난 도전을 시작했다. 자유무역주의자들의 반대, 무역 상대국들의 반발, 때로는 협상의 좌절 등 이미 예상된 굴곡에도 불구하고, 우리는 지난 6월 모네센에서 그가 제시한 로드맵을 대체로 지켰다. 그리고 우리의 뜻을 주요 무역 상대국에도 통지했다.

트럼프 대통령은 훌륭한 상사이고, 우리는 다함께 그의 약속을 지키려고 분투했다. 2020년 5월 19일 내각 회의에서 약속된 이정표를 마무리한 후, 그는 이렇게 말했다. "내가 당선되었을 때 영입 일순위 중 한 명이 바로 밥 라이트하이저라오. 그는 권위자였고, 최고의 무역 협상가로서 전 세계에서 모두가 존경하는 경력과 명성을 가지고 있었어요. 그 후로 지금까지 그는 명성을 충분히 보여줬어요."[6] 나는 감사 인사를 하며 3년6개월 전 마라라고에서의 그날을 떠올렸다. 오랜 시간이었지만, 그만한 가치가 있었다.

---

* 모네센은 작지만 번영하는 철강도시로 전형적인 민주당 텃밭이었다. 휠링-피츠버그 회사가 파산을 신청한 이후 극심한 경기 침체와 인구 유출에 시달리던 모네센은 2016년 트럼프를 지지하게 된다.

2장

현재 우리가 있는 위치

무역정책을 평생 고민해 온 나는 몇 가지 기본적인 결론에 도달했다. 첫째, 제2차 세계대전 이후 새로운 수출 활로를 기대하며 그 대가로 수입 장벽을 낮추는 전략은 1990년대에 예상했던 궤도를 크게 이탈했다. 미국은 세 차례에 걸친 협상을 통해 자유무역에 "모 아니면 도"라는 담판을 걸었다. 그 후 우리는 수백만 개의 일자리를 잃고 무역적자가 폭발적으로 증기히는 모습을 지켜봐야 했다. 둘째, 미국은 국내 시장에서는 공정 무역을, 해외 시장에서는 상호 호혜적 접근을 동시에 주장해야 한다. 지난 수십 년 서투른 무역 협상은 이 두 목표를 모두 달성하는 데 실패했다. 셋째, 균형 잡힌 무역을 보장하는 정책이 필요하다. 우리는 소비재를 얻으려고 우리의 부를 외국으로 계속 이전하는 것을 감당할 여유가 없다. 이것이 현실이다. 그러면 보다 근본적인 질문을 던져보자. 우리는 어떻게 현재의 지점에 이르렀는가? 또 앞으로 이러한 목표들을 달성할 수 있는 무역 철학은 무엇일까?

어떤 사람들에게 무역이란 주로 세계 무대에서 활약하는 방식이다. 미국이 우방을 확보하고 정치적 사건에 영향력을 행사하려면 경제력을 이용해야 한다는 주장이다. 우리가 무역을 더 많이 (바꿔 말하면, 수입을 더 많이) 할수록 다른 나라들이 중국 대신 우리를 좋아한다는 논리다. 또 어떤 사람들에게 무역이란 소비자를 위해 가장 저렴한 제품을 얻는 행위다. 그 때문에 제조업 일자리가 사라진다고 해도 그들은 이를 공정한 교환으로 본다. 그런데 과연 값싼 텔레비전이 미국 공장보다 가치가 있을까?

대부분의 미국인은 이 두 접근 방식의 어느 쪽도 원하지 않는다. 보통 사람들에게 경제정책과 무역정책은 우리 공동체를 번영하게 하는 것이어야지, 고도의 외교 정책을 구사하거나 값싼 물건을 사는 것이 아니다. 보통 사람들은 더 나은 일자리, 더 든든한 가족, 더 안전하고 번영하는 지역사회를 원하며, 미국의 강점이 생산자로서의 국민에 있다고 믿는다. 이렇듯 공동선이라는 목표를 추구하는 무역 정책이야말로 트럼프 행정부에서 추구하려던 것이다. 우리의 목표는 60년 동안 횡행하던 실패한 정책을 되돌리기 위한 것, 그 이상도 그 이하도 아니다. 외교 정책이나 경제적 효율성을 중시해온 엘리트는 국민 대다수와 점점 멀어졌다. 이제 국민이 정책을 되찾을 때가 되었다. 그리고 실제로 그렇게 했다.

공동선 경제학

트럼프 행정부가 때로 자유무역주의의 정설을 깨뜨리기는 했으나,

비평가들의 주장과 달리 보호무역주의와 경제자립을 옹호하지도, 복고적인 팃포탯* 전략을 선택하지도 않았다. 그 대신, 무역 자유화의 혜택과 노동의 존엄성, 더 일반적으로는 공동선을 우선시하는 정책들 사이의 균형을 맞추려고 노력했다. 그리고 최우선 목표는 더 높은 임금을 지급하는 양질의 일자리를 늘리는 것이다.

이 정책에 따라 미국 무역대표부는 국내 일자리를 보호하기 위해 적극적이고 때로는 논란의 여지가 있는 조치를 했다. 그렇게 해서 지속 불가능한 무역전쟁을 촉발하지 않고서도 미국 수출업체의 해외 시장 접근을 계속 확대하는 데 성공했다. 2018년 처음 서명되어 2020년 7월 1일 발효된 미국-멕시코-캐나다 협정(USMCA)은 공동선을 지향하는 무역정책의 가장 포괄적이고 모범적인 예다(이 협상 과정에 대해서는 12장~14장에서 설명한다). 4장에서 논의하겠지만, 이 새로운 사고방식은 트럼프 행정부의 대중국 및 WTO 정책에도 동기를 제공했다. 어떤 도전과제에 맞서든 간에, 트럼프 행정부는 항상 같은 목표를 지향했다. 그것은 바로 노동자 중심의 균형 잡힌 무역정책을 통해 미국인의 공동선에 기여하고, 또한 가능하다면 초당적 합의를 달성하려는 것이다.

여기서 분명히 밝히고 싶다. 2차 세계대전 이후 무역 정론이 천편일률적으로 미국에 비우호적이었다고 내가 주장하려는 것은 아니다. 미국은 중국에 이어 두 번째로 큰 수출국이며, 해외 시장이 수백만 개의 미국 일자리를 지탱해 왔다. 또한 글로벌 경쟁은 기술 우

---

* 팃포탯(Tit For Tat, TFT)은 상대가 협조적 신호를 보내면 협조하고, 그와 반대로 적대적 신호를 보내면 협조하지 않는다는 맞대응 전략이다. 흔히 '눈에는 눈, 이에는 이' 방식을 뜻한다.

위를 유지하는 데 필수 불가결한 요소다. 우리 기업들은 해외 기업들과 정면으로 맞서 경쟁해야 하며, 수시로 해외의 첨단 기술과 접목해 자체 기술을 향상해야 한다. 우호적이고 안전한 국가 간 연구개발 협력은 매우 중요하다. 미국 농업 부문의 수익성 역시 수출에 의존하고 있다. 미국 서비스 부문 역시 기술, 금융서비스 및 제반 분야의 세계 시장에서 선두를 달리며 매년 상당한 흑자를 내고 있다. 이렇게 미국이 보유한 여러 경쟁 우위를 우리는 소중한 자산으로 생각하고 있다.

특히 서비스수지 흑자는 미국 경제에서 비중이 매우 높다. 그러나 이것이 어떤 의미인지부터 먼저 정확히 이해해야 한다. 첫째, 상품수지의 적자 규모에 비교하면 서비스수지 흑자 규모가 훨씬 작다. 둘째, 상품 부문에 비해 서비스 부문의 통계 신뢰도가 낮다. 서비스 특성상 국경을 통과하는 상품보다 집계가 쉽지 않다. 그래서 서비스 통계를 산출하기 위해, 상무부는 해당 산업군의 기업들에게 설문조사를 보낸 다음 그 응답 결과를 바탕으로 수입액과 수출액을 추정하고 있다. 이때 독자들이 수출이라고 생각하지 않을 부문들의 통계가 수출로 분류되어 집계된다. 예를 들어, 미국에 오는 외국인 유학생과 외국인 관광객이 서비스 수출 실적의 상당 부분을 차지한다. 마지막으로, 미국 서비스 흑자의 80% 이상이 로열티와 금융서비스 수익에서 발생한다. 그런데 금융서비스는 비록 미국이 경쟁 우위이긴 하나, 국내보다 해외에서 상대적으로 더 많은 고용을 창출하고 있다. 또한 로열티는 미국 기업이 해외 자회사의 지식재산권 사용에 대한 대가로 돌려받는 것이라서, 실제 미국의 고용이나 사회복지에 파급효과가 별로 없을뿐더러 극단적인 사례에서 미국 기업이 조세를 회피하는 수단이 되기도 한다.

그동안 무역정책은 위대한 미국 경제를 건설하고 세계를 더 안전하게 만드는 데 이바지했다. 일본과 서독이 빠르게 재건하고 세계 공동체의 책임 있는 일원이 될 수 있었다. 1951년 유럽석탄철강공동체(ECSC) 설립을 시작으로 유럽 내 무역 장벽이 허물어지면서, 서유럽의 민주주의 국가들은 함께 단결하며 미래 협력 모델을 제시했다. 제2차 세계대전 이후 미국의 무역정책이 서유럽에 혜택을 몰아준 이유는 아무리 자유무역을 표방했다고 해서 이 시기 냉전 구도를 외면할 수 없어서다. 차라리 변화하는 정치적 상황과 국익에 따라 무역 자유화의 비용 편익을 조정하는 것이 더 나은 선택이었다. 누구도 소련과의 자유무역과 경제적 상호의존을 주장할 수 없었을 테니까 말이다.

베를린 장벽과 함께 무너진 미국의 수출 규제

그러나 1989년 소련이 몰락하자, 미국은 경계를 늦추기 시작했다. 대중들은 독재의 종식과 민주적 시장 자본주의의 승리가 필연적이라고 믿었다. 탈냉전 이후 무역 자유화를 추진한 결과, 몇 가지 이점들도 분명히 드러났다. 예를 들어, 최근 수십 년에 걸쳐 무역 장벽이 낮아지고 자유무역협정(FTA)이 활발해지면서 다국적 기업들의 수익이 크게 늘었다. 그러자 기업 CEO뿐만 아니라 은퇴 계좌에 주식을 보유한 미국 중산층도 함께 혜택을 누렸다. 또한 무역 자유화는 미국의 많은 대도시를 되살렸다. 값싼 수입품, 대형 할인점 및 온라인 소매업체가 등장해 대중이 이용할 수 있는 소비재 종류가 점점 더 다양해졌다. 그뿐 아니라 중국, 인도를 비롯한 개발도상국 전역에서도 수백만 명이 빈곤에서 벗어날 수 있었다.

당시에는 공산주의 중국을 포함한 전 세계가 자유민주주의의 물결에 동참한다고 대부분 생각했기에 무역 자유화가 완전무결해 보였다. 그간 몰아친 파도와는 달리, 이번에는 어쨌거나 지상으로 다시 곤두박질칠 일은 없으리라고 예상되었다. 무역 자유화 구상이 한층 담대해질 것이라는 전망이 대세를 이뤘고, 그 최종 목표는 중국의 저임금 노동자와 신흥 중산층 소비자를 겨냥한 시장 개방이었다.

1990년대와 2000년대 초반의 정책은 이러한 자유무역 정신의 결정체였다. 클린턴 행정부 하에서 미국은 노동자와 국익을 희생시키면서 다국적 기업과 외국의 이익을 위해 자유무역을 곱절로 강화했다. 그 결과 NAFTA가 체결되고 1994년 1월 1일 발효되었다. 이 협정을 통해 미국, 멕시코, 캐나다 사이에 유통되는 상품과 서비스 부문의 무역 장벽이 대부분 사라졌다. 조지 H. W. 부시 대통령과 클린턴 대통령은 이를 위해 열심히 분투했으나 결코 인기를 얻지 못했다. 다음은 우루과이라운드 협정인데, 이 역시 인기가 없었다. 무엇보다도 이 협정이 세계무역기구(WTO)를 탄생*시켰으니까 말이다.

---

* WTO는 기존의 GATT(관세 및 무역에 관한 일반협정) 체제를 대신하여 우루과이라운드 협정의 이행을 감시하는 국제기구로 1995년 1월 공식 출범하였다. GATT에 없던 경제 분쟁에 대한 판결권 및 강제집행권, 세계무역분쟁 조정, 반덤핑 규제 등 준사법적 권한을 행사하는 것이 핵심이다.

그리고 2000년 트라이펙타*를 거둔 상황에서, 미국은 중국에 영구적인 최혜국대우를 부여했다. 이듬해 중국은 WTO에 가입했다. 이는 극적인 시장 개방이 번영과 세계 평화로 이어질 것이라고 믿은 리버보트 카지노**인 셈이다. 그러니까 클린턴 대통령과 엘리트들에게 감사라도 해야 할까?

세계주의자의 망상에 첫 균열이 생기고 곧 구멍이 커지기 시작했을 때는 어떤 수사어구로도 감출 수 없었다. 2000년부터 2016년까지 미국은 거의 500만 개의 제조업 일자리를 잃었다. 중위가구소득은 정체되었다. 그리고 번영이 사라진 자리에는 앙상한 사회 구조만 남았다. 1990년대 중반부터 미국 사회는 경제학자 앤 케이스(Anne Case)와 앵거스 디턴(Angus Deaton)이 "절망사"***라고 부른 현상에 직면했다. 두 경제학자는 1999년과 2013년 사이에 대학 교육을 받지 못한 백인 중년 성인 중 간경변으로 인한 사망이 50%, 자살은 78%, 약물 및 알코올 과다 복용으로 인한 사망은 323% 증가했다는 연구 결과를 발표했다. 2014년부터 2017년까지 절망사는 계속 증가하여 1918년 독감 대유행이 있었던 3년을 제외하고 미국인의 기대 수명이 최초로 감소하게 되었다.[1]

물론 무역만이 최근 제조업 일자리 감소와 그에 따른 사회적 고통

---

* 트라이펙타(trifecta)는 미국 선거에서 대통령, 상원과 하원 다수당을 모두 차지하는 것을 뜻하며, 2000년 11월 엘 고어가 석패하기 전까지 민주당의 3연승이 이어졌다.

** 육상 도박 금지정책을 회피하기 위해 고안된 선상 카지노로 1900년대에 크게 유행했다.

*** 2015년 노벨경제학상을 받은 경제학자 앵거스 디턴과 보건경제학의 권위자인 앤 케이스는 〈절망사와 자본주의의 미래〉라는 저서에서 저소득.저학력 백인층에서 주로 나타나는 "절망사" 현상을 다뤘다. 두 사람은 부부이기도 하다.

의 원인은 아니다. 자동화, 생산성 향상, 환율 조작, 2008년의 금융 위기 등도 중요한 역할을 했다. 하지만 고임금 지역에서 저임금 지역으로 일자리가 오프쇼어링*되면서 미국의 러스트 벨트와 다른 지역사회가 황폐해졌다는 것도 부인할 수 없는 진실이었다.

이른바 "자유무역"은 존재하지 않았다

오늘날 제한 없는 자유무역에 반대하는 방향으로 흐름이 바뀐 이유는 상당 부분 트럼프 행정부가 일으킨 변화 때문이다. 어쩌면 자유무역은 영미식 상상력의 산물인 유니콘에 지나지 않다는 것을 충분한 증거와 경험이 뒷받침하고 있다. 영미권 국가를 제외하고는 아무도 자유무역을 믿지 않으며, 실천하지도 않는다. 지난 몇십 년간 일부 강경한 이데올로기 신봉자를 제외하고 영미권에서조차 이를 믿는 사람은 거의 없다. 자유무역은 어느 곳에서도 작동하지 않는 이론이다.

모든 위대한 국가 경제는 보호장벽 안에서 정부 자금으로 구축되었다. 영국의 산업 혁명은 관세라는 장벽의 도움을 받았다. 19세기 후반 미국 산업의 폭발적인 성장은 보호주의와 보조금의 산물이었

---

* 오프쇼어링(Offshoring)은 기업들이 업무 일부를 해외 기업에 맡겨 처리하는 것이다. 오프쇼어링은 국경을 넘으며 고도의 핵심업무로까지 확산된다는 점에서 같은 아웃소싱의 일종인 하도급과 차이가 있다.

다. 마일당 무상 토지 제공이라는 유인 없이 미국의 위대한 철도*가 건설될 수 있었을까? 마찬가지로 일본, 독일, 중국 등 현대의 제조업 국가들도 모두 산업 발전 과정에서 관세, 무역장벽, 각종 보조금 등의 혜택을 받았다. 무엇보다 소비를 통해 부강해진 나라는 없다는 사실을 기억해야 한다. 거의 모든 국가는 생산을 통해 위대해졌다.

상호 의존성의 한계

자유무역 옹호자들은 국제 무역이 늘어나면 자연히 국제 평화가 확산할 것이라고 주장한다. 이러한 관점은 제2차 세계대전 이후의 시대로 거슬러 올라간다. 제2차 세계대전 이전에는 현대의 기준으로 볼 때 관세가 높은 수준이었다. 1820년대부터 1940년대 후반까지 미국의 무역가중 평균관세율(총 수입액의 가중치에 따라 계산된 평균 관세율)은 20% 아래로 떨어진 적이 거의 없었다. 프랭클린 루스벨트 대통령과 뉴딜 의회는 1930년대에 상대적으로 관세 자유화 시대를 열었지만, 그 후에도 관세율은 10년 내내 10%대 중후반을 유지했다. 그러나 전쟁이 끝나자 민주당과 공화당은 또 다른 분쟁을 예방하기 위한 수단으로 관세 재조정이란 카드를 내밀었는데, 그 배경에는 무역이 국가 간 상호 의존을 촉진한다는 이해가 깔려 있었

---

* 미국 남북전쟁 중인 1862년 6월에 태평양철도법이 제정되면서 대륙횡단철도에 참여하는 철도 회사는 철도 건설구간에 비례해서 보조금과 무상 토지를 받게 되었다. 그 결과 공사 시작 6년 5개월만인 1869년 5월 1,756마일(2,826킬로미터)의 대륙횡단철도가 완공되었다

다. 이로써 무역 자유화는 경제정책의 도구일 뿐만 아니라 항구적인 평화를 위한 길로 인식되었다. 실제로 루스벨트 행정부에서 1933년부터 1944년까지 국무장관을 역임하며 무역정책을 주도한 코델 헐(Cordell Hull)은 자신의 철학이 다음의 사고에 기반하고 있다고 말했다. "방해받지 않는 무역은 평화주의로 이어지며, 높은 관세, 무역 장벽, 불공정한 경제 경쟁은 전쟁으로 직결된다."[2]

미국은 제2차 세계대전 이후 상호의존에 대해 종종 무비판적으로 열광했으나, 중국의 위협에 직면한 오늘날에는 절제할 필요가 있다. 역사적으로 볼 때 상호의존이 항상 평화로 이어지는 것은 아니다. 미국의 사례만 보더라도, 남부와 북부 간의 상호 의존적 경제 관계가 남북전쟁을 막지 못했다. 세계 무역은 제1차 세계대전 발발 직전 몇 년간 급속도로 성장했다. 1913년 세계 GDP 대비 수출 비중은 거의 14%로 정점을 찍은 후, 1970년대까지 거의 평탄하게 유지되었다. 마찬가지로 독일이 19세기 후반 주요 수출국으로 부상했다고 해서 20세기 전반기 국제 무대에서의 행보가 온건했다고 말할 수 없다. 일본의 대미 원자재 의존도는 오히려 진주만 공격의 동기를 제공했다. 4장에서 논의될 최근의 사례를 보면, 2001년 중국이 WTO에 가입하면 모범적인 세계 시민으로 거듭날 것이라는 기대가 부풀었으나, 중국은 이후 남중국해에서 군사력과 영토 확장을 위해 막대한 투자를 쏟아부었다. 또한 우크라이나와 러시아 간의 대규모 무역이 2022년 푸틴의 침공을 막을 수 있었던가?

반대로 무역 갈등이 더 광범위한 외교 정책 목표에 항상 위협이 되거나 불안정하게 만든 것은 아니다. 미국이 프랑스와 서독과 가끔

류 관세를 놓고 충돌했던 1960년대 '치킨 전쟁', 그리고 미국이 브레턴우즈 체제를 사실상 포기한 1970년대 '닉슨 쇼크' 시기에 모두 관세가 폭등했으나, 북대서양조약기구(NATO) 동맹은 이를 견뎌냈다. 또한 미국과 일본은 1980년대 무역 갈등을 빚으면서도 양국 간 안보 동맹을 굳건히 지켰다.

한 국가 또는 지도자는 통상 각 사안들을 구분하여 처리하기 마련이다. 원대한 외교적 목표를 달성하기 위해 무역에서 양보해야 하는 불가피한 상황에서도, 장기적으로는 비용이 더 많이 들 수 있다는 점을 명심해야 한다. 예를 들어 1948년 〈관세 및 무역에 관한 일반 협정(WTO의 전신인 GATT)〉에 인도의 가입을 허용한 조치는 산업 관세의 거의 1/3을 철폐하는 효과가 있었으나, 당시 냉전주의자들로서는 한 치의 주저도 없었다. 냉전 시대에 인도를 미국 진영으로 끌어들이기 위한 결정타였으니까 말이다. 하지만 인도가 세계 최대 경제 대국의 하나이자 때로는 미국의 골치 아픈 무역 상대국이 된 오늘날, 그 결정의 부정적 여파는 지속되고 있다. 세월이 가면서 미국의 양보는 꾸준히 쌓여 왔다.

외교의 렌즈를 통해 무역을 바라보는 경향은 때때로 지나치게 소심하고 수동적인 태도로 이어지기도 한다. 가장 생생한 예로 조지 W. 부시 행정부와 오바마 행정부가 실패한 전례를 들 수 있다. 중국이 보조금 지급을 통해 시장을 왜곡하고 외국 기업에 기술 공유를 강요할 때 두 행정부는 이에 제대로 맞서지 못했다. 그 외에도 트럼프 행정부가 취임하기 전까지 미국은 자유무역협정에 따른 환경 협의를 요청하는 절차를 발동한 적이 없었다. 그러나 트럼프 행정부는 페루의 불법 목재 벌채와 한국의 불법 어업*을 단속하는 데 이러한 도구를 적절히 사용했다.

미국이 경제적 레버리지를 함부로 휘둘러서는 안 되겠지만, 그렇다고 외교 여건이 흔들릴까 봐 무대책으로 일관하는 것은 핑계에 불과하다. 트럼프 행정부가 쏟아내는 많은 정책을 두고 어떤 평론가는 "하늘이 무너져 내리는 것 같다"고 표현했지만, 어쨌든 트럼프 대통령 재임 내내 미국은 주요 경제국 중에서 가장 개방적인 태도를 유지했다. 대중국 관세 부과와 국내의 철강, 알루미늄, 태양광 산업을 살리려는 노력에도 불구하고, 2019년 미국의 무역가중평균관세율은 2.85%(중국 이외의 국가로부터의 수입품에 대해서는 1.3%)에 불과했다. 이는 오바마 행정부 마지막 재임 연도인 1.5%보다 약간 높지만, 유럽연합이 WTO 회원국의 수입품에 부과하는 3.0%보다는 여전히 낮은 수치다.

트럼프 행정부가 목표한 관세의 궁극적인 효과는 역사가 판단할 것이다. 그러나 트럼프 행정부의 관세 조치가 필연적으로 1930년대식 무역전쟁으로 비화되리라는 주장은 틀렸음이 현실에서 이미 증명되었다. 자유무역을 둘러싼 지정학적 주장은 대체로 시대착오적이다. 관세가 반드시 무역전쟁을 촉발하는 것은 아니며, 관세 철폐가 전쟁 억지력으로 이어진다는 보장도 없다.

---

* 2019년 트럼프 행정부는 한국을 '예비 IUU(불법·비보고·비규제) 어업국'으로 지정하고 한미 FTA에 근거한 환경협의를 요청한 바 있다. 이 사건은 일반분쟁해결절차에 돌입하기 전에 한국 정부가 『원양산업발전법』을 개정하여 IUU어선 규제를 시행함으로써 일단락되었다.

효율성에 대한 강박관념

어떤 사람들은 자유무역의 합리적 근거로 효율성을 내세운다. 이러한 신념을 가진 사람들에게 무역정책의 유일한 목표는 시장 효율성이 된다. 즉 관세 및 비관세 장벽이 낮아지면 상품과 서비스의 생산 및 유통 비용이 절감되고, 결과적으로 사회 전체가 더 잘살게 된다는 믿음이다. 물론 소비자 관점에서 보면, 가격 인하는 여러 이점도 있다. 그런데 이러한 관점을 신봉하는 사람들은 효율성을 올곧게 추구할 뿐, 실제 생산에 종사하는 보통 사람들에 미치는 영향을 거의 고려하지 않는다. 효율성을 중시하는 자유무역주의자들은, 미국 생산자들이 겪는 하강 국면을 자신들의 접근 방식을 반박하는 증거로 받아들이기는커녕 안타까워도 거쳐야 하는 부작용으로 생각한다. 자유무역은 항상 의문의 여지가 없는 당연한 명제로 받아들인다. 다시 말해 경제학자들은 자유무역을 대세로 가정한다. 그래서 이상적인 사고의 전개, 즉 먼저 바람직한 사회 비전을 구상한 다음 공동선의 관점에서 그 비전을 실현할 무역정책을 제시하는 것과 정반대로 움직이게 된다. 대부분 경제학자는 무역 장벽을 낮추면 경제적 혼란이 발생한다는 사실을 인정하지만, 그렇다고 할지라도 이러한 영향을 사회가 더 잘 관리할 수 있도록 무역 규칙을 조정하자고 제안하는 사람은 아주 소수에 불과하다. 우파 자유주의자들은 값싼 소비재로 인한 대중의 혜택이 비용을 넘어서니 부정적인 영향이 문제가 되지 않는다고 강변한다. 동시에 공장 노동자들은 컴퓨터 프로그램을 다루도록 재교육받으면 된다는 논리를 내세운다. 이에 비해 좌파적 진보주의자들은 세계화의 거친 면을 다듬기 위해 무역 적응 원조와 기타 부의 이전 계획을 장려하고자 한다.

다음 단락에서 설명하겠지만, 좌우의 어떤 대응도 노동자 계급의 자유무역 문제를 현실적으로 해결하지 못한다. 엘리트들이 상황을 잘못 이해하는 가장 큰 이유는 노동의 사회적 구성에 대한 인식이 없기 때문이다. 효율성에 집착하는 이들은 고용을 단순히 자원을 배분하고 생산을 보장하는 수단으로만 보는 경향이 있다. 따라서 개인이 의미 있는 일(work)을 통해 얻을 수 있는 존엄성을 과소평가한다. 19세기 교황 레오 13세부터 아서 브룩스*, 오렌 캐스**에 이르는 사상가들은 오늘날 질서 있는 사회에서 일이 갖는 중심 역할에 대해 설득력 있는 글을 썼다. 한 개인이 적절한 임금을 받고 정직하게 일하면 자기 자신이 의미 있는 존재이며 사회에 기여하고 있다는 자긍심을 갖게 된다. 안정적이고 보람 있는 고용은 좋은 습관을 강화하고 나쁜 습관을 억제한다. 또한 일하는 인간은 보다 좋은 배우자, 부모, 이웃, 시민으로 성장한다. 그런데 한 개인이 안정적이고 보수가 높은 일자리를 잃고 존엄성을 상실한다면, 단순히 저가의 수입품 소비나 복지 수당으로 보상할 수 있는 문제가 아니다.

이 모든 것이 효율성과 무관하다는 뜻은 아니다. 하지만 효율성이 무역정책의 유일한 요소가 되어서는 안 되며, 일부 주장에서 보듯

---

* 아서 브룩스(Arthur Brooks, 1964년 출생)는 미국기업연구소(AEI) 소장을 10년간 역임했으며 행복 및 사회적 기업가 정신 과정을 다룬 『국민총행복론』 등의 저서가 있다.

** 오렌 캐스(Oren Cass, 1983년 출생)는 맨해튼 연구소 수석연구원 출신으로 2021년 내셔널 보주주의 싱크탱크인 아메리칸 컴퍼스를 출범시켰다.

우상 숭배의 대상이 되어서도 안 된다. 정책 입안자들은 세금, 의료, 환경 규제 등 많은 사안에서 효율성과 다른 목표 간의 균형을 맞추고 있다. 무역에서도 매한가지이다. 다른 모든 문제와 마찬가지로 무역 분야에도 상충 관계가 존재한다.

그런데 최근 몇 년 동안 많은 사람이 효율성에 집착하면서 무역 자유화의 부작용을 간과해 왔다. 특히 엘리트들이 자유무역을 신념으로 받아들이게 되자, 기업들은 부정적인 여론을 아랑곳하지 않고 일자리를 해외로 보낼 수 있게 되었다. 실제로 1981년부터 2001년까지 제너럴 일렉트릭의 강경한 CEO였던 고(故) 잭 웰치(Jack Welch)는 한때 자사의 공급업체들을 향해 일자리를 아웃소싱하지 않으면 거래를 중단하겠다고 위협한 적도 있다. 경영 컨설팅 회사는 앞다퉈 "공급망 재배치"를 만병통치약처럼 선전했다. 안타깝게도 코로나19가 고통스럽게 확산될 때, 아웃소싱 열풍에 휩쓸린 기업들은 그 위험을 인식하지 못했다. 기업들은 예상되는 교통 문제, 인력의 투입 중단, 외국 정부의 정책 변화와 불안정성 등 실재적 위험을 무시했다.

재교육과 서비스 및 기술 부문 일자리가 해답이 아닌 이유

상호 의존성 또는 효율성의 이점이 자유무역이 미국 노동계급에 미치는 비용을 정당화한다고 주장하는 사람들은, 종종 노동자들이 새로운 서비스 부문이나 기술 직종으로 옮겨가도록 돕는 재교육을 통해 이러한 부정적인 영향을 상쇄할 수 있다고 제안한다. 이론적으로는 재교육이 매력적으로 들릴 수 있지만 정작 현실화하기는 힘들다. 경제가 급변하는 초창기에 일자리를 잃었던 사람들과는 달리, 선진화된 경제의 실직자들에게는 매력적인 선택지가 줄어들고 있다. 역사적으로 보면 늘 그랬던 것은 아니다. 예를 들어, 19세기 영국에서 보호주의적 『곡물법』이 폐지*됐을 때, 농업 노동자들은 시골을 떠나 공장 일자리가 있는 산업화한 도시로 떠났다. 이와 다르게 1990년대 일자리를 잃은 미국 공장 노동자들은 갈 곳이 없거나 일자리를 찾더라도 비숙련·저임금 서비스직에 종사해야 했다.

이러한 추세를 되돌리려고 시도하기보다는, 차라리 선진국 경제는 서비스, 디지털 경제, 연구개발에 대한 의존도를 높여야 한다고 주장하는 이들도 있다. 이런 부문은 미국의 경쟁력에 크게 기여하고 있으며, 특히 서비스 부문은 오늘날 대부분의 미국인을 고용하고 있고 앞으로도 계속 그럴 가능성이 높다. 그러나 제조업 부문의 번창 없이 미국 경제가 노동자들의 요구를 계속 충족시킬 수 있다고 상상하기는 쉽지 않다.

기술 분야는 여러 장점에도 불구하고 고임금 일자리의 원천이 아니다. 약 2억 5천만 명의 미국 성인 중 절반 이상이 대학 졸업장이 없다. 역사적으로 제조업 일자리는 이 계층에게 안정적이고 보수가 높은 일자리를 제공하는 최고의 원천이었다. 아마도 대규모 교육투

---

* 『곡물법(Corn Laws)』은 1815년 영국과 아일랜드에서 외국의 값싼 곡물 수입으로부터 자국의 곡불 생산자와 지주층을 보호하기 위해 도입되었다가 1846년 폐지되었다. 곡물법 폐지는 자유무역의 승리를 상징하는 사건이 되었다.

자가 이루어지면 전직 자동차 노동자들에게 코딩을 가르칠 수 있을 것이다. 그렇다고 해도 이들을 모두 고용할 만큼 일자리가 충분하지 않다. 애플, 페이스북, 구글, 넷플릭스의 총고용 인원은 30만 명이 조금 넘는데, 이는 1960년대 제너럴 모터스가 고용한 인원의 절반에도 미치지 못하는 수치이다.

게다가 데이터 입력, 콜센터 업무 등과 같이 근로자들이 쉽게 접근할 수 있는 서비스 및 기술 일자리는 그 자체로 오프쇼어링에 취약하다. 경제학자들은 미국에서 약 4천만 개의 서비스 부문 일자리가 결국 해외로 이전될 가능성이 있다고 추정한다.[3] 이는 현재 미국 내 제조업 일자리의 3배가 넘는 수치이다. 대학 학위가 없는 사람들은 안정적이고 보수가 좋은 일자리를 얻는 데 점점 더 가파른 절벽에 맞닥뜨리고 있다. 요약하자면, 미국 정부는 자국의 노동자를 우선시하려는 적절한 조치를 하지 않고 있다.

지속적이고 장기적인 무역적자가 문제인 이유

다른 관점에서 보면, 우리나라의 장기적인 대규모 적자는 자국의 이익 보호에 실패한 국가에 관한 이야기이다. 1990년대 초반부터 미국의 무역수지는 급격히 악화하였다. 1995년 WTO가 탄생하고 2001년 중국이 이에 가입한 이후로 그 속도는 더욱 빨라졌다. 1991년 800억 달러에서 시작된 상품수지 적자는 2021년 1조 1,000억 달러에 달했고, 2022년의 상황은 더욱 나빠졌다. 무역적자는 14배 증가했지만, GDP는 고작 4배 증가했다. 자유무역을 옹호하는 사람들이 약속한 상생은 실현되지 않았다.

미국은 수십 년 동안 막대한 무역적자를 기록해 왔다. 2000년 이후 누적된 무역적자는 총 11조 달러가 넘는다. 이 중 어느 것도 공짜는 없다. 우리는 단기적인 소비를 위해 우리의 자산을 거래하고 있다. 하지만 놀랍게도 이것이 왜 중요한지를 두고 아직도 논쟁하고 있다. 상식을 갖춘 평범한 미국인들은 적자가 인생에서 큰 문제라는 것을 안다. 수입이 지출보다 많으면 부자가 된다. 수입보다 지출이 많으면 가난해진다. 일부 경제학자들만이 이 간단한 개념을 이해하는 데 어려움을 겪는 모양이다.

자유무역주의자들과 그들의 주장에 휘둘리는 사람들은 다음의 비유를 통해 위안을 얻는다. "내가 이발사와의 거래에서 적자를 보고 있다고 치자. 이발사가 내게 돈을 돌려주지 않는다고 해도, 결과적으로 우리 둘 다 더 만족하게 되었다. 그러니까 무역적자가 긍정적으로 작용한다는 점을 알 수 있다." 그러나 이발사에게 받는 적자는 그렇다 치더라도, 이발사, 정육점, 제빵사, 심지어 고용주를 포함한 다른 모든 사람과의 거래에서 적자를 본다면, 상황이 완전히 달라진다. 게다가 무역적자가 장기화되면 자산 매각을 통해 자금을 조달해야 하는데, 이러한 상황은 시간이 흐를수록 지속 불가능하다. 이발사에게 돈을 지급할 때 현금 잉여금을 쓴다고 해도, 자산 즉 자신이 소유하고 있는 물건을 팔아야 한다면, 어떻게 미래의 부를 기대할 수 있을까? 만약 그가 고용주한테 노동력을 판매하면서 생긴 흑자로 자신이 소비하는 상품 생산자 및 서비스 공급자와의 무역적자를 상쇄할 수 있다면 이는 긍정적인 현상이다. 그러나 그가 집을 대출 받아서 소비에 필요한 자금을 조달하고 있다면 가계를 지탱할 수 없다. 그리고 이것이야말로 지난 30년 동안 미국이 해마다 무역 적자를 내면서 해온 일이다.

다시금 강조하건대 무역적자가 늘 해롭다는 뜻이 아니다. 분명히 한 국가가 올해에 적자를 내고 다음 해에 흑자를 낸다면 해로울 게 없다. 흑자가 적자를 상쇄하면 모든 일이 평화롭다. 마찬가지로, 한 국가가 두 번째 국가와 무역적자를 기록하고 세 번째 국가와는 흑자를 기록한다면 그것도 괜찮다. 서로 상쇄되기 때문이다. 실제로 세 나라가 골고루 효율성을 높이고 자원 배분을 극대화하여 이익을 얻게 된다. 그런데 내가 우려하고 트럼프 행정부에서 일하게 된 동기는 우리나라가 수십 년간 세계 각국을 상대로 해마다 막대한 무역적자를 기록하고 있기 때문이다.

양자 간 적자는 다음 두 가지 예외적 상황에서 문제가 되지 않는다. 첫째, 무역의 내용이 중요할 수 있다. 예를 들어, 미국과 같은 대규모 제조업 경제가 공산품 생산에 필요한 기초 원자재를 해외로 선적해 보내는 것은 국익에 맞지 않는다. 이는 미국을 덜 발전시키고 더 가난하게 만들며 수백만 개의 고임금 제조업 일자리를 잃게 한다. 역사적으로 이러한 관계는 식민지에서나 찾아볼 수 있다. 미국은 다른 나라를 위한 광부나 삼림 벌채꾼이 되어서는 안 된다. 국내에서 부가가치를 창출해야 이익이 된다. 당연히 국가 안보에 중요한 제품의 제조는 다른 나라에 의존해서는 안 된다.

두 번째 예외는 지정학적 적대국에 막대한 무역적자를 내는 것으로, 특히 어리석은 경우다. 우리는 매년 수천억 달러 상당의 부를 중국으로 수출하고 있다. 이를 통해 중국은 경제를 발전시키고 군대를 강화하며 미국의 정치 상황에 레버리지를 행사하려 든다. 동시에 세계 각국 지도자들의 눈에 중국을 더욱 강력한 존재로 보이게 한다. 세계 역사상 라이벌, 아니 사실상 적수인 두 나라가 이렇게 일방적인 경제 관계를 맺은 사례가 또 어디 있을까? 우리가 중국에 돈을 주었기 때문에 중국은 우리에게 도전하고 있다. 적어도 냉전 시대에 우리가 소련에 그런 돈을 송금한 적은 없었다. 만약 그렇게 했다면 우리는 소련에 패배했을지도 모른다.

자유무역 경제학자들은 이러한 지속적인 대규모 무역적자라 할지라도 자본 계정의 다른 측면에 불과하므로 문제될 게 없다고 말한다. 이렇게 흑자로 벌어들인 달러가 투자의 형태로 미국으로 돌아온다고 가정했기 때문이다. 어리석게도 일부 경제학자들은 이런 현상이 오히려 우리 경제가 강하다는 증거라고 한술 더 뜬다. 대규모 적자는 미국 소비자들이 타국의 소비자들보다 더 많이 소비할 때 발생하기 때문이다. 그런데 이 주장은 자유무역이 실제로 존재하고 외국 정부의 관행이 우리 제품의 유통을 막지 않는다는 전제 하에서만 유효하다(외국 정부의 무역관행에 관해서는 이 책의 후반부에서 다시 논의하겠다).

이러한 경제 분석의 진짜 문제는 우리나라의 자산을 누가 소유하고 있는지는 중요하지 않다고 가정한다는 데 있다. 현실에서 잉여 달러는 미국으로 다시 들어온다. 그렇지만 그 달러는 우리의 상품과 서비스가 아니라 자산을 구매하는 데 쓰인다. 외국인이 미국의 주식, 부채, 부동산을 매입할 때 달러가 다시 돌아오는 것이다. 그리고 자산을 매입한 새로운 외국인 소유자는 해당 자산의 미래 수익을 영원히 누리게 된다.

워런 버핏이 2003년 자신의 유명한 논문 『절약 마을과 낭비: 무역적자 증가가 미국을 망치고 있다』에서 지적했듯이, 막대한 무역적자에는 복리 효과가 있다.[4] 이를 우리는 '음의 복리효과(negative compounding effect)'라고 부른다. 외국인이 우리 자산을 영구히 구매하면, 해가 갈수록 그 자산에서 얻는 이익이 늘게 된다. 그 이익은 복리 효과를 내기 때문에, 무역적자가 해마다 계속 누적되면 그 효과는 시간이 지남에 따라 배가된다. 따라서 연간 5천억 달러에서 1조 달러에 이르는 막대한 무역적자가 누적되는 데다가 해마다 무역적자로 인한 채무에 지급해야 하는 이자의 복리 효과까지 부담으로 더해진다.

그렇다면 얼마나 문제가 심각한가? 한 국가에는 순투자 포지션이 있다. 이는 한 국가가 다른 모든 국가의 주식, 채권, 부동산 등 자산을 얼마나 많이 소유하고 있는지와 또 다른 모든 국가가 해당 국가의 자산을 얼마나 많이 소유하고 있는지를 비교한 대차대조표이다. 예를 들어 미국의 순투자 포지션은, 미국인이 전 세계에 소유한 자산과 외국인이 미국에 소유한 자산을 비교한 것이다. 순투자가 가장 많은 나라가 가장 부유한 나라라고 해도 과언이 아니다.

미국의 순투자 포지션은 수십 년 동안 긍정적이었고 매우 높았다. 실제로 미국은 20세기에 걸쳐 순투자 관점에서 세계에서 가장 부유한 나라다. 그런데 지난 30년간 이 수치가 매우 극적으로 변했다.

버핏이 2003년에 무역적자의 급증에 대해 불만을 토로했을 때, 미국의 순투자는 마이너스 2.5조 달러가 넘었다. 지금은 마이너스 18조 달러다. 다시 말해, 외국의 이해관계자가 소유한 미국의 부채, 주식 및 부동산이 우리가 소유한 외국의 자산보다 18조 달러나 더 많다. 이는 그들의 자녀들이 그 부를 모두 이어받아 투자 이익을 누릴 수 있고, 우리 자녀들은 그럴 수 없다는 의미이다. 18조 달러만 있으면 미국의 상위 100대 기업 대부분을 사들이고 거스름돈까지 돌려받을 수 있다.

이 모든 일이 원래는 불가능했다는 점을 기억해야 한다. 금이 무역과 연계되던 시대에는 한 국가가 큰 적자를 내기 전에 금이 바닥나곤 했다. 1950년대에 변동통화제도로의 전환을 주장한 밀턴 프리드먼(Milton Friedman)은 금 본위제에서는 한 국가의 통화가 무역 상황을 반영해 균형을 향해 수렴한다고 가정했다.[5] 따라서 몇 년간 대규모 무역적자를 기록한 국가는 통화에 대한 수요가 줄어들어 통화 가치가 떨어질 것이다. 그러면 해당 국가는 자국 통화로 수입하기는 어려워지고 수출하기는 쉬워진다. 따라서 통화 약세가 무역 불균형을 바로잡는 데 도움이 된다. 실제로 이러한 현상은 전 세계에서 정기적으로 일어나고 있다.

그런데 문제는 이러한 자정 메커니즘이 미국 달러에는 적용되지 않았다는 사실이다. 우리는 비교적 짧은 기간 동안 수조 달러의 무역적자를 기록했지만 통화는 약세를 나타내지 않았다. 그 원인에 대해 토론해보자. 첫 번째 이유는 무역 상대국의 환율 조작이다. 적어도 원인 중 하나인 것만은 확실하다. 일본은 경쟁 우위를 확보하려고 고의로 통화 약세를 유지했다. 중국은 확실히 그렇고, 다른 아시아 국가들도 이를 따랐다. 두 번째 이유는 적어도 지금은 달러가 통화 중에서 가장 위상이 높기 때문이다. 달러는 기축 통화이며, 종종 안전한 통화(safe-haven currency)이기도 하다. 다시 말해, 정치적 또는 경제적 위기가 발생하면 전 세계 사람들이 재산을 지키기 위해 달러를 사들인다. 가장 최근에는 러시아와 우크라이나 전쟁으로 달러가 급등하여 유로와 동등한 수준까지 올랐고 엔화 대비로는 달러당 137엔을 기록했다. 이는 달러 가격을 높이는 압력으로 작용하고 통화 조정이 쉽지 않다. 높은 달러로 수입품을 더 저렴하게 살 수 있으니 당연히 무역적자의 원인이 된다.

일부의 생각과는 달리, 이 현상은 고전 경제학자들의 기본적인 이해와 일치하지 않는다. 애덤 스미스(Adam Smith)와 데이비드 리카도(David Ricardo)는 다른 국가와의 무역이 궁극적으로 균형을 이룬다는 가정하에 무역 현상을 분석했다. 존 메이너드 케인즈와 프리드리히 하이에크(Friedrich Hayek)의 위대한 논쟁을 봐도 마찬가지이다. 두 사람 중 누구도 한 국가가 수십 년간 막대한 무역적자를 내고도 살아남을 수 있다고 가정하지 않았을 것이다.

만성적 무역적자는 더 나아가 금융 호황과 거품을 일으킨다. 막대한 적자가 계속되다 보면, 미국에 돌아온 달러가 반드시 생산적인 투자로 이어진다는 보장이 없다. 특히 유동성이 높은 자산에 투자가 몰리면 자산 가격이 상승하는 경우가 많다. 예를 들어, 2000년대 초 "안전한" 자산을 찾던 외국 중앙은행들은 서브 프라임 주택담

보대출의 주요 보증기관이었던 패니메이*와 프레디맥과 같은 정부 지원기업의 채권을 집중 매입했다. 결국 기업의 펀디멘털이 못 따라가자 버블이 꺼지고 말았다. 이 현상이 2008년 주택 버블이 비참하게 꺼진 원인의 하나로 생각된다.

이렇듯 엄청난 규모의 만성적 무역적자가 오늘날 미국을 더욱 가난하게 만들고 있다. 그렇다면 진정한 문제는, 우리가 무엇을 할 수 있는가에 관한 것이다. 세 가지 주목할 만한 제안이 있다. 첫 번째는 버핏의 제안으로, 상품을 미국으로 수입할 때 수입증명서를 요구하자는 것이다. 이 증명서는 수출업체에서만 받을 수 있다. 또 다른 제안은 국내 투자에 추가 세금을 부과하자는 것이다. 그렇게 되면 달러가 다시 들어오더라도 자산 구매가 줄어들 테고, 자연히 달러 가치가 낮아진다. 내가 제안하고 싶은 세 번째 제안은 수입품에 관세를 부과하여 달러의 과대평가를 상쇄하자는 것이다. 이러한 관세는 적자 규모에 따라 올리거나 내릴 수 있다. 또한 미국 소비자가 지나치게 움츠리지 않도록 관세율을 유연하게 적용할 수도 있다.

무엇보다 무역 불균형이 지속되면 세계 경제 전체를 위협할 수 있다는 점에 유의하자. 베이징대학교 교수이자 『무역전쟁은 계급전쟁이다』의 공동 저자인 마이클 페티스(Michael Pettis)는 국가는 국민의 소비를 늘리고 생활 수준을 높이기 위해서 무엇보다 수출을 늘려야 한다고 주장한다. 이를테면 이것이 비교우위와 무역의

---

* 패니메이(Fannie Mae)는 미국 연방저당권협회(FNMA: Federal National Mortgage Association)의 약칭이다. 미국 주택구입 희망자들이 금융기관에서 대출을 쉽게 받을 수 있도록 금융기관에 자금을 내수는 성무시원기업(GSE: government-sponsored enterprise)이다. 프레디맥(연방주택금융저당회사의 약칭)과 함께 미국의 2대 모기지 업체다.

경제적 부가가치가 작동하는 방식이다. 제대로 작동하는 세계화된 시장에서는 개별 국가들은 시간이 흐름에 따라 자연히 균형을 이룬다. 한 국가가 만성적으로 대규모 무역 흑자를 낸다면, 그 국가는 자국민의 소비를 줄이고 여분의 자원을 제조업 부문으로 돌려 수출을 촉진하는 정책을 추진함으로써 궁극적으로는 무역 상대국의 자산을 소유하고자 한다.[6] 실제로 2021년 중국의 GDP 대비 가계 지출(소비)은 38%로 세계 평균 63%에 턱없이 부족하다. 주요 경제국 중 가장 취약한 소비 수준이다.[7] 이러한 정책들의 예시로는 환율 조작, 생산 능력 및 인프라에 대한 정부 투자지출, 수입 제한, 착취적인 은행 제도, 노동 경직성, 임금 억제 등이 포함된다. 그야말로 불공정 무역 정책이다. 그 결과로 흑자국의 노동자들은 소비 감소와 임금 감소로 인해 더 가난해지고, 적자국의 노동자들 역시 일자리 상실과 소득 감소로 인해 더 가난해진다. 반면, 흑자국에서 생산수단을 소유한 자(중국공산당과 그 계열사 등)와 적자국의 수입업자들은 더욱 부유해진다.

이러한 만성적 흑자국이야말로 진정한 보호무역주의자다. 적자국이 이러한 흑자를 줄이기 위해 취하는 조치, 예를 들어 버핏 룰*, 투자 할증, 관세 부과 등은 흑자국의 불공정 무역으로 인한 파급효과를 줄이고 실질적인 시장 기능을 회복하고자 한다. 다음과 같은 상황에서는 경제학에서 유명한 "차선의 이론"을 고려할 수 있다. 예를 들어 상호 의존적인 시장에서 특정한 시장 왜곡을 제거할 수 없

---

* 워런 버핏이 주장한 세제안으로 배당금과 자본소득을 포함한 연간 소득이 100만달러를 넘는 부유층에 최소한 30%의 세율을 부과하자는 내용이다.

는 경우, 또는 전반적으로 체제 균형을 위해서 다른 상쇄 요인을 도입해야만 가장 효율적인 결과를 달성할 수 있는 경우 등이 여기에 해당한다.[8] 내가 제안하는 유연한 상계관세는 장기적으로 세계 시장의 효율성을 높일 것이다. 소수의 부유한 미국 수입업자들은 손해를 볼 수 있지만, 무역 체제 전반에는 큰 이익이 되고 미국 노동자들은 고용과 임금 증가에 힘입어 더 나은 삶을 살 수 있다.

자유무역협정이 미국에서 작동하지 않는 이유

자유무역주의자들은 미국이 더 많은 자유무역협정(FTA)을 추진하지 않는다고 매번 불평한다. 미국 국제무역관리청(ITA)*의 말에 따르면 FTA는 "상품과 서비스의 무역에 영향을 미치는 특정 의무, 투자자 및 지식재산권의 보호 등에 대해 두 개 이상의 국가가 합의하는 협정"이다.[9] FTA를 주장하는 사람들의 인식 수준은 협정이 많아질수록 무역이 활발해지니 얼마나 좋으냐는 것이다. 하지만 현실은 꽤 다르다. 관세 인하를 통해 미국 시장에 더 쉽게 접근하도록 허용하는 것이 우리에게 도움 되지 않는 경우가 더 많다. 세계 최대 시장인 우리로서는 FTA로 인해 상대국로부터의 수입만 늘어날 뿐 정작 우리의 수출은 실질적으로 제자리인 경우가 훨씬 많다. 이는 대부분의 FTA가 무역 상대국의 불공정 무역 관행을 의미 있고 시정 가능

---

* 미국 상무부 산하의 국제 무역을 관장하는 연방정부기관이다.

한 방식으로 해결하지 못해서다. 많은 FTA 상대국은 자국 통화 가치를 조작하고 제조업체에 보조금을 지급하며 차별적인 규제 요건과 같은 비관세 장벽을 두텁게 유지한다. 그런데 이러한 비관세 장벽은 전통적인 보호무역조치보다 적발이 쉽지 않다. 이러한 모든 것들이 미국 생산업체의 경쟁력을 떨어뜨리고 있다. 또한 앞서 언급한 만성적으로 고평가된 미국 달러가 여건을 옥죈다. 게다가 다른 국가들이 국내 산업 보호를 위해 부가가치세(VAT)를 부과하여 수출업체를 돕는 것도 문제다(이에 대해서는 17장에서 다룰 것이다). 이러한 이유들로 인해 새로운 FTA를 채택할 때마다 미국 수출이 증가할 것이라는 약속은 실현되지 않았다.[10]

2020년에 미국-영국 FTA를 고려할 때, 나는 여러 제조업 CEO에게 전화를 걸어 대영국 수출을 늘리기 위해 내가 무엇을 할 수 있을지 물었다. 그런데 대부분 관세가 낮고 무역 패턴이 이미 정해져 있다는 짧막한 대답만이 돌아왔다. 그들은 의미 있는 새로운 판로를 발견하지 못했다. 나는 항상 변화가 예상되는 분야에서 구체적으로 무엇이 개선될지를 분석하려고 했다. 한편 다른 이들은 관세 모델(대부분 잘못된 것으로 거듭 입증되었다[11])하에서 실제 제품 판매와 연결하지 않고 예상되는 혜택을 제시하는 데만 몰두했다.

그런데 농산물 판매 분야만은 예외적이다. 이 분야는 전 세계적으로 보호받아 왔기에 시장 개방이 유리하다. 규모가 크지 않더라도 특정 농산물에는 도움이 될 수 있다. 우리는 새로운 농산물 판매를 위해 제조업 일자리를 희생하기보다는 우리의 경쟁력 있는 제품을 계속 거부하는 국가에 대해 더 많은 시장 접근을 요구하기로 결정했다. 이것이 트럼프 행정부가 일하는 방식이다. 대미 무역 흑자가 막대한 국가들은 우리에게 양보하지 않는다면 더 많이 잃어야 할 것이다. 그러자면 우리가 쥐고 있는 레버리지를 적극 활용해야 한다.

미국 관점에서 FTA를 통해 실질적으로 얻는 무역 이익은 거의 없다. 1990년대 초반 하버드의 경제학자 대니 로드릭*은 개발도상국이 무역 자유화로 전환한 배경과, 효율성과 재분배 측면에서 얻게 되는 이점에 관해 탐구했다.[12] 그의 연구 결과에 따르면, 개발도상국이 자유무역으로 전환할 경우 소득 재분배 효과가 효율성보다 이득이 더 큰 것으로 나타났다. 이후 연구에서 그는 미국의 예를 들어 이전 연구 결과의 파급효과를 설명하면서 다음과 같이 밝혔다. "미국처럼 평균 관세가 5% 미만인 경제가 완전한 자유무역으로 전환한다면 상상 이상의 재편을 불러일으킬 것이다. 각각 1달러의 효율성 또는 '순' 이득이 창출될 때마다 서로 다른 그룹 사이에는 50달러 상당의 소득이 발생하리라!"[13] 그의 말을 달리 해석하면, 기본적으로 새로운 FTA는 소비자에게 1달러 정도 도움을 주고, 생산자로부터 50달러를 빼앗아서 수입업자에게 건네주게 된다. 이는 결코 국익에 도움이 되지 않는다. 우리는 생산자를 우선시해야 하며, 이는 공동화된 우리의 제조 역량을 메우는 것을 의미한다.

---

* 대니 로드릭(Dani Rodrik, 1957년 출생)은 튀르키예 출신의 하버드대 케네디스쿨의 정치경제학자이다. 그는 세계화, 민주주의, 국민국가라는 세 가지 명제는 함께 존재할 수 없다고 수상해 본 가장 정교한 세계화 비판그룹에 속한다.

제조업이 변화를 만드는 이유

논설위원, 경제학 교수진 등 명석한 지식인들이 모여 미래를 고민하는 자리에서, 그들의 의견은 미국이 탈산업화를 향해 가고 있으며 제조업은 경제 발전의 한 국면에 불과하니 머지않아 서비스 경제를 맞이할 것이라는 데 거의 일치했었다. 그 모임의 다른 의제들만큼이나 이러한 신화 역시 완전히 넌센스이다. 위대한 경제 대국 중 어떤 나라도 제조업을 포기한 적이 없다. 오히려 대부분 제조업에 뿌리내리고 있다. 국제 무역의 대부분은 공산품과 농업에서 이루어진다. 고등학교 졸업자에게 가장 좋은 일자리는 제조업이며, 경제 혁신의 대부분도 이 분야에서 이루어지고 있다. 성공적이고 번영하는 미래에는 융성하는 제조업이 반드시 필요하다.

제조업에 대한 과소평가는 오래전부터 있었다. 2010년에 전임 인텔 CEO였던 앤드루 그로브(Andrew Grove)는 『미국이 일자리를 창출하는 방법』이라는 제목의 기고문을 썼다.[14] 이 글에서 그는 "제조업에 대한 일반적인 저평가, 즉 '지식 노동'이 미국에 남아 있는 한, 공장 일자리는 어떻게 되든 상관없다는 생각"에 대해 경종을 울렸다. 그로브의 요점은 미국이 제조업 일자리를 잃으면서 "기술 발전에 매우 중요한 경험의 사슬이 끊겼다"는 것이다. 배터리 산업의 경우처럼, 오늘날 "상품 제조업을 포기하면 미래 신산업에서 도태될 수 있다." 모든 경제에서 많은 혁신은 제조업을 통해 이루어지며, 더구나 제조 현장과 가장 가까운 일선에서 이루어진다. 생산 현장의 엔지니어들이 우리가 생산성 향상이라고 부르는 것을 만들어

내는 주역이다.

오늘날 우리 경제에서 제조업의 중요성에 대한 논쟁이 활발하지만, 한편으로는 제조업이 중요하지 않다고 주장하는 사람들도 점점 더 늘어나고 있다. 물론 모든 일자리는 중요하며, 제조업 이외의 다른 경제 분야도 우리 행정부에서 엄청난 관심을 받고 있다.

미국에서 제조업은 GDP의 약 11%를 차지하지만, 이 수치가 시사하는 것보다 훨씬 더 중요한 경제 동력이다. 매켄지 글로벌 연구소의 보고서에 따르면 제조업은 미국 자본 투자의 20%, 생산성 성장의 30%, 수출의 60%, 그리고 비즈니스 연구개발의 70%를 차지한다.[15] 혁신은 제조업 부문에 쏠려 있다. 게다가, 새로운 제조업 일자리 1개가 서비스 및 관련 산업에서 추가적 일자리를 최대 7개 창출하는 것으로 추산되는 점을 고려하면, GDP 수치가 제조업의 영향력을 과소평가한다고도 볼 수 있다.[16]

여기서 나는 문제를 분석할 때 자주 그러듯이, 먼저 상식적인 질문을 던지고 싶다. 무엇이 한 나라의 부를 창출하는가?

대부분 한 경제의 번영은 농업, 제조업, 광업(석유산업 포함)에서 비롯된다. 이러한 산업들은 실질적 의미에서, 또 미래지향적인 의미에서 국가에 가치를 더해준다. 한 나라가 생산하지도 않는 제품에 대해 혁신을 이루기 어렵기 때문이다. 서비스 산업은 주로 국가 내에서 부를 이동시킨다. 단적인 예로 의료 서비스를 생각해 보자. 의료는 매우 중요하나 국가에 부를 창출하지는 않는다. 소매업도 마찬가지이다. 일부 사람들을 부자로 만들 수는 있지만 국민을 부양할 수는 없다.

수입업체로부터 물건을 구매하려면, 우리는 가치를 창출해야 한다. 물론 은행업이나 전문 서비스처럼 수출이 가능한 서비스도 있지만, 대부분은 그렇지 않다(요식업이나 요양 서비스를 떠올려보라). 십중팔구 실제 제조업 고용률이 훨씬 더 높을 것이다. 공장설비 및 생산 제조업의 비영업 부서, 회계, 홍보, 기타 관련 서비스 등 과거에 제조업이라고 불렸던 많은 업무가 이제는 아웃소싱되는 경우가 많아서 제조업 고용인력에 포함되지 않을 뿐이다. 따라서 제조업이 제공하는 플랫폼이 없었다면, 서비스업으로 분류되는 많은 일자리 역시 우리나라에 존재하지 않았을 것이다.

사실 모든 경제 대국에는 상당한 규모의 제조업이 존재해왔고, 앞으로도 존재할 것이다. 이는 세계 4대 경제 대국인 미국, 중국, 독일, 일본 모두 공통된다.

제조업은 고등학교 교육을 받은 남성과 여성의 고용에 특히 중요하다. 그들이 중산층으로 진입하는 가장 확률 높은 승차권인 셈이다. 제조업 일자리가 일반적으로 높은 임금을 지급한다는 사실은 수잔 헬퍼(Susan Helper), 티모시 크루거(Timothy Krueger), 하워드 위알(Howard Wial)이 제조업 부문의 가치에 관한 브루킹스 보고서*에서 자세히 설명한 바 있다.[17] 안정적인 제조업 일자리는 대학 학위가 없는 사람들이 자신과 가족을 편안하게 부양하는 동시에 생산하는 과정에서 존엄과 자부심을 누릴 수 있는 주된 방법이다. 과거 제조업으로 유명했던 뉴저지주 트렌턴의 한 교각에는 이런 글

---

* 워싱턴 DC소재 대표적인 싱크탱크인 브루킹스 연구소(Brookings Institution)에서 발간하는 보고서

씨가 커다랗게 새겨져 있다. "트렌턴이 만들고, 세계가 이를 누린다." 제품을 만들지 않고 그저 누리기만 하는 도시와 국가를 자랑으로 내세울 리는 만무하고, 또 당연히 그럴 만하다.

시민이 생산자이자 소유자라는 개념은 현재의 생활 수준뿐만 아니라 시민의 자부심, 문명사회의 신용, 생산적 자산의 신중한 관리 등 장기적인 공동선에 있어서 중요한 역할을 한다. 여기서 단기적 이득과 장기적 공동선의 차이에 주목해야 한다. 소비는 최신 자동차나 가전제품과 같은 단기적인 이득을 제공한다. 그러나 생산은 국가의 장기적인 경제 능력에 관한 것으로, 이는 군사적인 방어 능력과도 직결된다.

미국은 자체적으로 군사 장비 제조 능력을 갖춰야 한다. 여기에는 첨단 군사 장비가 포함된다. 이러한 장비를 자체적으로 제조할 수 없는 국가는 분쟁 시 장비 공급이 끊길 수밖에 없다. 마찬가지로 코로나19 팬데믹과 같은 의료 위기 상황에서 필요한 의약품과 의료 장비의 제조는 정부가 통제할 수 있어야 한다. 또한 철강과 같은 핵심 산업 원자재는 언제든지 확보할 수 있어야 하는데, 이는 전쟁시 신속한 군사력 증강이나 대규모 자연재해 대응에 필수적이기 때문이다.

평상시에도 제조업은 해당 분야를 초월하여 국가 경제에 핵심 역할을 한다. 무엇보다도 제조업은 서비스 부문의 생산성 향상에 도움이 된다. 예를 들어, 컴퓨터와 반도체와 같은 제조 제품의 혁신은 그 자체로도 우리 경제를 더욱 효율적으로 만들 뿐 아니라, 기본 하드웨어의 개선에 따라 소프트웨어 및 기타 도구를 위한 플랫폼을 제공해준다. 따라서 제조업 중심의 혁신은 의료부터 여행에 이르기까지 모든 서비스 부문에 순기능으로 작용한다.

게다가 제조업은 무역적자 감소의 핵심이다. 물론 서비스 수출도 중요하지만, 국제 무역에서 차지하는 비중은 상당히 미미하다. 제조업 수출이 서비스 수출보다 9배나 더 비중이 크다. 또한 제조업 수출은 국내에 더 많은 일자리를 창출한다. 이에 반해 서비스 수출은 해외 시장에서 일자리를 창출하나 국내 고용 효과는 제한적인 경우가 많다.

마지막으로 제조업은 환경의 지속 가능성 측면에서 기여도가 상당히 높다. 브루킹스 연구소의 제조업 보고서에 따르면, "청정 경제(clean economy)"의 제조업 의존도는 전체 경제의 제조업 의존도에 비교해 3배가량 높다. 또한 2012년 기준 청정 경제의 일자리 270만 개 중 26%가 제조업에 해당하는데, 전체 일자리에서 제조업이 차지하는 비중은 훨씬 적을 것으로 추정된다. 보고서는 특히 전기차 기술, 에너지 효율 또는 물 사용 효율이 높은 가전 제품·설비, 친환경 화학 및 재생 에너지 발전 등 특정 청정 기술에서 이 현상이 더욱 두드러지게 나타났다고 분석한다.[18]

중국과의 거래에 대한 도전

중국을 고려하지 않고는 미국의 무역정책을 논할 수 없다. 이 책의 뒷부분에서 중국과의 무역 관계에 대해 자세히 설명하지만, 지금은 미국의 중대한 실수를 짚고 넘어가도록 하겠다. 우리는 중국의 비시장적인 공산주의 경제를 민주 자유시장의 동맹국 경제와 똑같은 방식으로 대하는 실수를 저질렀다. 이 책의 2부에서 더 자세히 살펴보겠지만, 한 국가가 주요 지정학적 적대국을 여느 시장 참여자와 똑같이 취급해서는 안 된다. 트럼프 행정부에서 우리는 중국의 경제적 약탈에 대응하기 위해 일련의 관세를 부과함으로써 대중국 경제 관계를 변화시키기 시작했다.

앞으로의 도전 과제

트럼프 대통령을 위해 일하는 동안, 우리는 미국 노동자와 혁신에 초점을 맞춰 무역정책의 방향을 바꿨다. 우리는 수십 년 동안 선반 위에 방치된 무역 집행 도구를 적극적으로 사용했다. 대규모 무역협정을 체결하여 제조업이 미국으로 돌아오도록 했다. 또한 중국산 수입품에 관세를 부과했다. 이러한 정책 결정에서 우리는 노동자들의 이익을 최우선으로 했다. 비판자들은 우리가 이 중 하나라도 꺼내 들면 세계가 폭발할 것처럼 과장했다. 하지만 그들은 틀렸다. 코로나19의 맹공격이 시작되기 전에 수십만 개의 제조업 일자리를 포함해 수백만 개의 새로운 일자리가 생겨났다. 이는 오바마 대통령이 영원히 사라졌다고 선언했던, 바로 그 일자리들이었다. 이를 되살리려면 "요술 지팡이"가 필요했다.[19] 트럼프 대통령이 그 지팡이를 찾은 것 같다.

우리의 요술 지팡이는 미국 우선주의 무역정책이다. 미국의 가구 실질소득은 코로나19 직전 연도에 6.8% 증가했는데, 이는 미국 역사상 보기 드문 수치이다. 미국 노동자들의 임금이 올랐다. 중국과의 양자 간 무역적자는 전년 대비 감소세가 6분기 연속 이어졌다. 사실, 우리는 자유무역의 원칙을 맹목적으로 고수하기보다는 노선을 새롭게 수정했고, 이는 바이든 행정부도 얼마간 계속 따르도록 하는 긍정적인 효과를 낳았다. 사실 무역이야말로 분열된 시대에서도 광범위한 양당 합의를 이루기 좋은 사안이다. 무엇보다도 멕시코와 캐나다의 무역 관계를 바꿔놓은 USMCA 협정은 상·하원, 공화당·민주당 할 것 없이 90퍼센트의 지지를 받았다.

이러한 강력한 합의는 깊숙이 뿌리내린 가치에 바탕하고 있기에 계속 준수해야 한다. 무역에 관한 한, 대부분의 미국인은 같은 것을 원한다. 즉 무역수지 균형을 굳건히 유지하면서 근로자들은 안정적이고 보수가 높은 일자리에 접근하고 싶어 한다. 상아탑 속의 보호무역주의나 무분별한 세계화로는 이를 달성할 수 없다. 그보다는 미래의 도전에 직면할 때, 우리는 궁극적으로 노동의 존엄성을 소중히 여기고 공동선에 대한 공동의 비전을 지지하는 합리적인 중도 노선을 택해야 한다. 이 비전은 저절로 실행되는 것이 아니라 단결되며 때로는 공격적인 행동을 요구한다.

3장

미국 무역정책에 관한
짧고 선별적인 역사

트럼프 행정부 출범 초기부터 우리가 미국 무역정책의 오랜 역사에 역행하고 있다는 이야기를 종종 듣곤 했다. "2차 세계대전 이후 합의"를 들먹이며, 우리의 미국 우선주의 정책이 이례적이며 급진적일 뿐만 아니라 미국의 번영을 위협할 것이라는 주장 말이다. 하지만 진실은 그 반대다. 미국의 무역 이익을 보호하는 것이 바로 우리가 이루려는 혁명의 이유였다. 더 나아가 트럼프 대통령의 미국 우선주의 정책은 사실은 미국을 수십 년간 이끌며 오늘날의 위대한 미국을 만든 "미국적인 시스템"을 그대로 승계한 것이다. 1890년까지 미국을 세계 최대의 경제 대국이 되게 하고 주 정부의 노동자와 농민을 강력한 중산층으로 만들어냈던 결정적 요소는 바로 관세와 보조금이었다. 그 시절 나는 "세상에서 새로운 것은 알려지지 않은 역사뿐"이라는 오래된 경구를 종종 떠올렸다.

 헌법 제정 당시부터 미국의 무역정책은 주 정부나 국제기구가 아니라 연방 정부가 결정한다. 헌법 제1조 8항 3호는 "의회"가 "외국과의 통상을 규제"할 권한을 가진다고 명시하고 있다. 헌법 제1조 10항 2호는 "주 정부는 의회의 동의 없이 수입품이나 수출품에 대해 검사법의 시행상 절대적으로 필요한 경우를 제외하고는 공과금이나 관세를 부과하지 못한다"라고 규정하고 있다. 제1조 8항 1호는 의회가 "세금, 관세, 공과금 및 소비세를 부과하고 징수할 권한"이 있으나, "모든 관세, 공과금 및 소비세는 미국 전역에 걸쳐 균일해야 한다"라고 분명히 밝힌다. 다시 말해, 미국 시장은 미국인에게는 자유무역지대라 할지라도 의회는 헌법에 따라 다른 국가의 미국 시장 접근을 제한할 수 있다.

헌법 제정자들이 새 국가의 무역정책을 연방 정부, 특히 의회의 통제하에 두기로 한 것은 제국 영국의 중상주의 정책에 대한 식민지 주민들의 불만에서 비롯된다. 그때의 경험은 무역정책이 민주적 정당성과 통제에서 벗어날 때 얼마나 비싼 희생을 치러야 하는지를 미국인들에게 똑똑히 보여주었다. 영국은 식민지 주민들이 원자재를 생산하고 다시 영국산 공산품을 들여오는 일련의 과정을 크게 제한했으나, 영국 의회에 대표를 보내지 못하는 식민지 주민들로서는 반대할 방법이 없었다. 식민지 주민들은 하역 및 운송에 대한 세금(관세)을 내야 했다. 하지만 곧 미국인이 될 식민지 주민들은 "대표 없는 과세"에 저항했다. 그리고 이러한 불만이 독립 혁명의 불을 지폈다.

영국 중상주의의 역사는 유구하다. 1651년까지만 해도 영국은 네덜란드와 스페인에 비해 무역에서 뒤처져 있었다. 그런데 그해 영국 의회는 『항해법』을 통과시켜 수입품을 운송하는 네덜란드 선박의 정박을 금지하고 자국의 식민지 무역을 통제했다. 1660년, 1663년, 1673년, 1696년에 추가적인 항해법이 통과되었다. 그 후 1733년 『설탕 및 당밀법』이 제정되어 대영제국 이외의 국가에서 "현재 또는 장래에 폐하의 소유 또는 지배하에 있는 식민지 또는 미국의 플랜테이션 농장"으로 수입되는 당밀에 높은 관세를 부과했다.

미국 식민지 주민들은 이를 수긍할 수 없었다. 그들은 즉시 새롭고 은밀한 방식으로 유럽 국가들과 밀거래를 시작했는데, 이는 당연히 불법이었다. 독립선언서의 표현을 빌리자면, 그들은 "세계 각국과 무역을 단절"하고 제국의 수출 시장 역할에만 헌신하기를 거부했다.

식민지 주민들은 대영제국의 불공정한 상업주의 관행에 희생되지 않으려고 끊임없이 저항했으나, 새로운 국가의 건국자로서 발전하는 자국 경제를 보호할 필요를 느꼈다. 역사학자 알프레드 에케스(Alfred Eckes)가 관찰했듯이, 식민지 주민들은 "관세를 국내 수익을 늘리는 효과적인 수단일 뿐만 아니라 다양한 제조업 기반을 구축하기 위한 강력한 수단으로 생각했다."[1] 1776년 이래로 미국의 무역정책은 국제적 통제로부터의 자유를 끈질기게 주장해왔을뿐더러 해외 상거래와 공동선의 연관성에 대해서도 현실을 직시했다.

미국 무역정책의 역사를 살펴보면, 트럼프 대통령이 당선 후 직면한 어려움이 무엇인지, 그리고 왜 그렇게 많은 유권자가 공동선을 우선하는 방향으로 정책이 선회하기를 원했는지 이해할 수 있다. 평론가들은 마치 트럼프 대통령이 전례 없는 접근법을 시도한 것처럼 말한다. 이 주장은 사실과 다르다. 정말 위험한 변화는 1990년대 초반 정책 입안자들이 우리의 무역정책을 사실상 다른 나라들이 결정하도록 방치했을 때 일어났다. 이 미친 실험은 과거 한 번도 시도된 적이 없었고, 앞으로도 다시는 시도되지 않기를 바랄 뿐이다. 이 실험의 파국은 포퓰리즘 운동의 원동력이 되어 결국 트럼프 대통령의 당선으로 이어졌다. 트럼프 대통령이 펼치는 무역정책의 주요 목표는 현실적이고 실용적인 뿌리를 되찾겠다는 것이다. 요컨대 미국의 역사를 보면, 양당의 극단적인 자유무역주의자들이야말로 진정한 급진주의자임을 알 수 있다. 트럼프 행정부는 미국을 최초로 부유하고 강력하게 만들었던 상식적인 원칙으로 돌아가려는 것뿐이다.

우리 시장의 특권

헌법 제정자들은 단순히 새 연방 정부가 미국 시장을 지렛대로 삼고 다른 국가와 무역 협상에서 유리한 조건을 얻으려고 했다. 그들은 일방적인 시장 개방은 순진한 생각이며 무역은 우리에게 이익이 되도록 구조화되어야 한다고 이해했다. 그런데 미합중국 출범 후 첫 수십 년이 흐르자, 이런 유형의 무역 상호주의만으로 충분하지 않다는 공감대가 형성되었다. 1800년대 초반 당파를 불문하고 지도자들은 정부가 상호주의를 추구할 때도 국가 안보를 차원에서 제조업 보호를 위한 조치를 적절히 취해야 한다고 믿게 되었다.

아마 알렉산더 해밀턴(Alexander Hamilton)만큼 제조업 진흥의 중요성을 잘 이해한 미국인은 없었으리라. 헌법 비준 전에 발간된 『연방주의자 논집(Federalist Papers)』 제11호에서 해밀턴은 미국인들이 대유럽 무역에서 자국 상선을 사용하지 못하도록 유럽 강대국들이 조정하고 있다고 경고했다. 헌법이 시행되고 초대 재무부 장관으로 취임했을 때, 그는 1791년의 유명한 저서 『제조업에 관한 보고서』를 발표했다. 이 책에서 그는 "우리와 가장 광범위하게 교류하는 각국의 규정들이 미국의 핵심 산업을 가로막는 중대한 장벽이 되고 있다"라고 지적했다. 달리 말하면, 주요 강대국들이 미국의 수출을 막고 있다는 것이다. 해밀턴은 정부가 강력히 대응하지 않는다면 미국인들은 외국산 제품에 계속 의존할 수밖에 없다고 경고했다. 이는 미국 경제에 재앙적인 결과를 초래할 것인데, "한 나라의 부, 독립 및 안보는 제조업의 번영과 깊이 관련"되어 있기 때문이다. 해밀턴은 무역 상대국들이 그들의 방식을 바꾸도록 설득하려면 단순한 불만 제기로는 어렵없다며, 다음과 같은 결론을 내렸다. "미국이 가장 덜 의존적으로 되려면, 외교 정책이 옳으냐 그르냐를 떠나 먼저 어떤 정책 수단들을 조합해야 하는지를 고려해야 한다." 그리고 나서 그는 무역 규제와 정부 지원 등 일련의 정책 옵션을 설명하면서, 이를 통해 "미국이 외국과 독립적으로 군수품 및 기타 필수재를 얻게 될 것"이라고 단언했다.

토머스 제퍼슨은 해밀턴의 이러한 열정을 공유하지 않았지만, 적어도 무역 상호주의의 중요성을 잘 알고 있었다. 민주공화당*의 창

---

* 건국 직후인 1792년 토머스 제퍼슨과 제임스 매디슨 등 반연방파가 창당한 정당. 후일 32년 만에 애덤스 지지파인 국민공회당과 잭슨 지지파인 민수냥으로 분열되면서 지금의 공화당과 민주당의 전신이 되었다.

시자인 제퍼슨은 미국이 자유무역과 저율의 관세를 유지하는 농업 중심 국가가 되어야 한다고 믿었다. 그리고 농산물에 대한 공정한 거래 조건과 가격을 보장받으려면 상호주의가 필수적인 전제라는 점도 이해했다. 제퍼슨은 1793년 『상업에 관한 보고서』에서 공정 거래 조건을 보장받지 못한다면 "통상 금지, 관세, 규제를 통해 우리 시민과 상업 및 항해를 보호해야 한다"라고 주장했다. 결론적으로 미국 건국기 경제 정책의 두 맞수, 즉 제조업 진흥을 위한 산업 정책을 우선시하는 세력과 농업 교역을 지지하는 세력은 공통으로 상호주의와 레버리지로 국내 시장 접근을 허용하는 정책수단이야 말로 무역정책의 핵심이라는 데 의견이 일치했다.

1812년 전쟁*은 초기 무역정책의 양당 합의를 발전시켜 미국 제조업에 대한 보호주의를 부분적으로 강화하는 데 도움이 되었다. 영국의 전시 봉쇄와 침공이 시작되자, 그간 영국산 제품에 크게 의존했던 미국은 광범위한 물자 부족과 같은 부메랑에 시달렸다. 그러자 제퍼슨 등 중농주의 정치가들도 미국과 같은 독립 국가는 안보 차원에서라도 일부 상품을 자체 생산할 필요가 있음을 깨달았다. 제퍼슨은 1774년에 "세계 모든 지역과의 자유무역은 자연권"이라고 썼는데, 1816년에는 "오늘날 국내 생산에 반대하는 사람은 우리를 영국에 의존하게 하거나, 그렇지 않다면 짐승 가죽을 걸치

---

* 미국 대통령 제임스 매디슨은 독립전쟁에서 승리한 지 29년 만인 1812년 다시 영국과 전쟁을 벌였다. 나폴레옹 전쟁이 발발하자 영국이 프랑스와의 중립 무역을 막기 위해 해상 봉쇄를 감행한 데서 비롯되었으며, 1815년 2월 벨기에에서 헨트 조약을 체결하면서 전쟁은 승패 없이 끝났다. 흔히 '잊힌 전쟁'으로도 불리는 미·영전쟁을 통해 미국은 단일국가로의 정체성과 결속력을 다지게 되었다.

고 야수처럼 살게 하려는 의도가 틀림없다"라고 비난하고, "나는 경험을 통해 제조업이 안락함을 넘어서서 우리의 독립에 필수적이라는 것을 터득했다"라고 입장을 바꿨다.[2] 전쟁이 끝난 지 1년 후 의회가 한시적으로 25%의 보호 관세를 최초로 도입한 것도 어찌 보면 당연한 수순이었다.

해밀턴과 제퍼슨, 그리고 그들의 후계자들 사이에 관세 논쟁은 해결되지 않는 불씨였다. 농업을 기반으로 하는 남부 민주공화당원들은 일부 관세가 안보를 위해 필요하다고 인정하면서도 남부 농민들이 최대한 값싼 공산품을 구매할 수 있도록 관세를 낮추려고 했다. 반면에 연방파(이후 휘그당)는 안보와 경제를 이유로 들며 더 높은 관세를 요구했다. 그렇게 의견이 분분한 가운데 건국 시대에는 기본 원칙에 대한 합의가 이루어졌고, 이후 2세기 동안 무역에 대한 미국인의 사고를 지배하게 되었다.

1. 미국의 무역정책은 연방 정부에 의해 수립되며 미국 전역에 적용된다. 1830년대에 사우스캐롤라이나주의 존 C. 칼훈*(John C. Calhoun)은 주 정부가 연방 정부의 무역정책에 동의하지 않는 경우 특정 관세를 징수하지 않을 수 있다고 제안했다. 그러나 앤드루 잭슨 대통령은 필요한 경우 사우스캐롤라이나주에 무력을 행사하더라도 주 정부의 결정을 번복하겠다고 통보했다. 그 이후로 미국이 무역 문제에서 하나의 연합체로 행동한다는 데 의문의 여지가 없다.

---

* 존 C. 칼훈(John C.Calhoun, 1782~1850)은 사우스캐롤라이나주 출신의 정치인으로 주 정부의 권리와 제한된 연방정부를 주장하여 후일 남부 분리주의 운동에 영향을 미쳤다. 1825년부터 1832년 사이에 존 애덤스와 앤드루 잭슨 아래서 부대통령을 지냈다.

2. 미국은 다른 국가로부터 유리한 조건을 끌어내기 위해 무역 협상에서 레버리지를 사용할 수 있고, 또 사용해야 한다. 뮤지컬 ≪해밀턴≫을 본 사람이라면, 알렉산더 해밀턴과 토머스 제퍼슨의 의견이 많이 다르다는 것을 알 것이다. 그러나 위에서 살펴본 바와 같이, 두 사람은 다른 나라의 불공정하거나 차별적인 무역 관행을 받아들여서는 안 된다는 점에 동의했다. 또한 두 사람 모두 필요한 경우 더 나은 무역 조건을 얻기 위해 주요 교역국의 미국 시장 접근을 제한해야 한다고 주장했다.

3. 미국은 원하는 종류의 제조업 기반을 스스로 결정할 수 있고, 또 결정해야 한다. 초기 정당들은 정부가 국내 제조업을 언제 어떻게 지원해야 하는지에 대해서는 합의하지 못했지만, 미국이 외국산 제품에 전적으로 의존해서 안 된다는 점에 동의했다. 또한 해밀턴(그리고 이후 제퍼슨)도 공언했듯이, 미국 정책 입안자들은 국내 산업 기반의 존립 자체로 만족해서는 안 된다. 특히 외국 정책으로 인해 미국 제조업체가 불공정한 불이익을 받는다면, 연방 정부는 특정 국방 자재를 자체 생산할 수 있도록 필요한 조처를 취해야 한다.

헌법 제정자들이 복잡한 무역 규칙이 작동하는 세상을 만듦으로써 구대륙의 부유한 국가들이 미국에 비해 불공정한 이점을 누리게 되었다. 그런고로 이러한 불이익을 그대로 감수하기보다는, 정책 입안자들은 헌법상 허용된 수단을 활용해 노동자와 기업을 위해 가능한 한 최상의 거래를 할 필요가 있었다.

이후 200년 동안 미국의 정책 입안자들은 무역정책을 놓고 수많은 논쟁을 벌였으며, 다양한 유형의 무역정책을 현실 속에 도입하면서 상황의 변화에 따라 여러 차례 조정했다. 그 결과는 미국의 평균 관세율(1821년~2016년)에 잘 요약되어 있다. 아래 그래프에서 실선(두 선 중 더 높은 선)은 모든 관세 물품에 대한 평균 관세율을 나타낸다. 점선은 특정 무역협정에 따라 무관세가 된 물품을 포함한 전체 수입품의 평균 관세율을 보여준다.

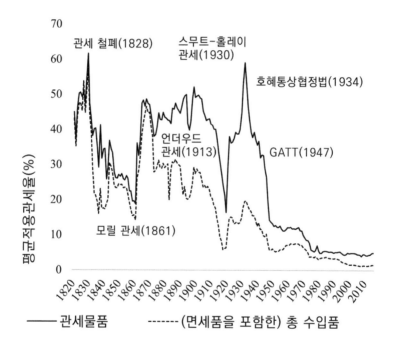

〈미국 평균 관세율(1821년~2016년)〉

출처: 세인트루이스 연방준비은행, 미국 상무부, 통계국의 『미국 식민지 시대부터 1970년까지의 역사 통계』, USTR의 『소비, 관세징수, 부가가치세율을 위한 미국 수입품 (1891년~2016년)』

남북전쟁 이선에는 관세가 연방 정부 세입의 80% 이상을 차지했다. 이토록 관세가 정부 자금에 긴요한 상황에서 관세 철폐는 불가능했다. 그러나 1830년에서 1860년 사이의 관세율은 전반적으로 하락했는데, 이는 같은 기간에 민주당과 농업 지지자들의 강력한 세력을 반영한다. 남부의 노예제 경제는 농업과 수출, 유럽산 공산품에 주로 의존했다. 칼훈과 같은 남부 주민들은 대체로 낮은 관세를 옹호했다.

그런데 켄터키주의 헨리 클레이(Henry Clay)는 색다른 접근 방식을 주장했다. 1832년 클레이는 "미국 시스템"을 옹호하면서, 자유무역 옹호자들이 위험할 정도로 순진하다고 주장했다.

> 자유무역에 대한 요구는 간호사의 품에 안긴 버릇없는 아이가 하늘의 달이나 반짝이는 별을 달라며 보채는 소리만큼이나 터무니없다. 자유무역은 존재한 적도 없고 앞으로도 존재하지 않을 것이다. 무역은 적어도 두 당사자가 있어야 한다. 자유롭기 위해서는 공정하고 평등하며 호혜적이어야 한다. 그런데 우리가 아무런 관세 없이 외국 생산물의 통관을 위해 우리의 항구를 활짝 열어놓는다고 해도, 어떤 국가가 항구를 열고 우리의 잉여 농산물을 제한 없이 수입하겠는가? 우리 측에서 자유무역을 가로막는 모든 장벽을 무너뜨린다고 해도, 외국 세력이 그들의 장벽을 제거할 때까지 그 일은 끝나지 않을 것이다.[3]

클레이는 "자유무역" 정책이 미국 제조업에 해를 끼치고 "실질적으로 주 정부들을 재(再) 식민지화하여 영국의 상업적 지배하에 두게 될 것"이라고 주장했다. 그는 또한 보호 관세, 즉 수입을 억제하고 국내 제조업을 장려할 수 있도록 높은 관세를 부과하면, 미국이 영국 등의 해외 공급처에 대한 의존도를 크게 낮출 수 있다고 제안했다.

위의 그래프에 나타나듯이, 생전에는 클레이의 주장이 널리 받아들여지지 않았다. 1828년 앤드루 잭슨이 당선된 이후부터 1850년대까지 잭슨주의가 지배하는 민주당이 클레이의 휘그당보다 훨씬 강세였다. 그러나 1850년대에 휘그당이 해체되고 클레이의 미국 시스템과 해밀턴의 경고에 찬성하는 새로운 공화당이 등장했다. 1860년 강령에서 공화당은 "**국가 전체의 산업 이익을 장려하기 위해** 수입품을 조절하는 건전한 정책"을 전면에 내세웠다.[4] 1860년 신당을 승리로 이끈 에이브러햄 링컨은 클레이를 가리켜 "나의 정치적 이상형이며, 내 보잘것없는 삶을 걸고 지지했던 인물"이라고 밝혔다.[5] 링컨이 취임하기 전에도 남부 소속 의원들의 이탈로 1861년 『모릴 관세법(주요 후원자인 버몬트주의 저스틴 모릴 의원의 이름을 딴 법안)』이 통과되어 보호주의의 시대가 열렸다. 남북전쟁이 계속되고 자유무역과 노예제도를 지지하던 많은 남부인이 떠나자, 공화당은 국내 제조업을 뒷받침하고자 관세를 계속 인상했다.

이 정책은 대부분의 미국인에게 인기를 끌었다. 1872년, 4연속 대선 승리를 앞두고 있던 공화당은 선거 공약에서 담배와 주류에 대한 세금을 제외한 연방 세입은 "수입품에 대한 관세로 조달한다. **그 세부 사항은 적정한 임금 확보와 국가 전체의 산업, 번영 및 성장을 촉진하는 데 도움이 되도록 조정되어야 한다**"라고 명시했다.[6]

헨리 클레이가 예측했던 대로 이러한 정책은 미국의 경제 성장과 제조업 호황을 누리는 밑바탕이 되었다. 미국으로 쏟아져 들어온 이민자들로 1860년 3,140만 명이었던 인구가 1910년 9,220만 명으로 증가했다. 하지만 이것이 전부가 아니다. 공화당이 백악관을 처음 점령한 지 불과 30년 후인 1890년에 미국은 가장 큰 경제 대국이 되었다. 2004년 연구에 따르면, 1860년부터 1910년 사이의 미국 산업생산은 무려 1,030%가 급증했다. 이 기록을 고려할 때, 많은 미국인이 그간의 무역정책을 성공적이라고 본 것은 어쩌면 당연하다. 더군다나 영국의 자유무역 모델이 차츰 설 자리를 잃고 있음을 생각하면 더욱 그렇다. 당대 인기 있는 대통령 중 한 사람인 윌리엄 매킨리(William McKinley)는 하원 세입위원회 위원장으로서 고율의 관세를 강력히 지지함으로써 전국적인 명성을 얻었다. 트럼프 대통령이 매킨리 대통령에 대해 자주 호의적인 발언을 한 것은 놀라운 일이 아니다. 매킨리의 부통령이자 후임자였던 시어도어 루스벨트(Theodore Roosevelt)는 1895년 헨리 캐봇 로지*에게 보낸 서신에서 당시의 분위기를 이렇게 전했다. "내가 자유무역주의자가 아니라서 정말 다행입니다. 이 나라에 자유무역 교리를 펼치면서 벌이는 악의적인 방종은 필연적으로 사람이 마땅이 따라야 할 도덕의 퇴행을 불러올 것입니다."[8]

그로부터 일 년 후, 1896년 공화당 전당대회는 매킨리를 대통령 후보로 지명하면서 공화당의 무역정책을 옹호하는 내용을 강령에 포함했다. "보호는 국내 산업과 무역을 발전시키고 우리 자신을 위한 내수시장을 확보한다. 반면 상호주의는 대외 무역을 발전시키고

---

* 헨리 캐봇 로지(Henry Cabot Lodge, 1850년~1924년)는 메사추세츠주 출신의 공화당 의원이며 우드로 윌슨과 함께 미국 고립주의를 대표하는 인물이다.

우리의 흑자를 유출하는 출구를 찾게 한다."[9]

공화당에 반대했던 윌리엄 제닝스 브라이언*과 포퓰리스트 민주당 당원들의 노력이 실패한 주된 이유는, 새로운 이민자 유권자를 포함한 도시 노동자들이 공화당 정책이 좋은 일자리와 높은 임금을 제공한다고 믿었기 때문이다. 실제로 1860년 링컨부터 1932년 대선까지 민주당 대통령으로 당선된 사람은 그로버 클리블랜드(Grover Cleveland)와 우드로 윌슨(Woodrow Wilson) 단 두 명뿐이었다. 공화당의 승리는 대부분 압승이었다. 시어도어 루스벨트와 윌리엄 하워드 태프트(William Howard Taft) 대통령 간의 분열로 1912년 민주당이 승리하면서 평균 관세율은 약 40%에서 약 25%로 인하되는데, 이는 모릴 관세법 승인 이전과 이후를 통틀어 가장 낮은 관세율에 해당한다. 그러나 1920년 공화당의 압승으로 민주당은 기회를 놓쳤고, 관세는 다시 보호주의 수준으로 복귀했다. 공화당은 1924년 강령에서 "우리는 생산적인 산업에 필요한 조치를 확대하기 위해 보호 관세에 대한 입장을 재확인한다"라고 다시금 강조했다. 유권자들은 1924년과 1928년 대통령 선거에서 공화당에 두 번의 승리를 안겨주며 이에 화답했다. 엄청난 경제 성장기에 집권한 공화당 대통령 12명은 스스로를 보호무역주의자임을 자랑스럽게 여겼다.

그러나 1932년 미국 경제가 대공황의 영향권에 들면서, 유권자

* 윌리엄 제닝스 브라이언(William Jennings Bryan, 1860년~1925년)은 1896년 대통령 후보 경신에서 농부들에게 부채탕감을 약속하며 은화 자유주조제도를 지지했으나, 후일 공화당의 매킨리에게 패배했다.

들은 변화를 받아들일 준비가 되어 있었다. 대공황의 시작을 알리는 1930년 주식시장 폭락 후 몇 달 안에 공화당이 주도하는 의회는 당시 논란이 많았던 『스무트-홀레이 관세법』*을 통과시켰다. 경제 정책의 관점에서는 새로운 관세법이 1930년대 초의 경제 위기에 영향을 거의 미치지 않았다. 무역 역사가인 더글러스 어윈은 이렇게 논쟁을 결론지었다. "대공황 발발에 있어 통화 및 금융 요인이 가장 중요하다는 점을 고려한다면, 스무트-홀레이 관세가 경제 위기에서 상대적으로 역할이 미미했다고 확신한다."[10] 어윈은 1929년 관세 수입이 국내총생산의 1.4%에 불과했던 반면, 통화 공급은 ⅓ 수준으로 감소했다고 지적한다. 게다가 스무트-홀레이가 미국 무역정책을 극적으로 바꾼 것도 아니었다. 기껏해야 평균 관세율이 40%에서 46%로 인상되었을 뿐이다. 이러한 사실을 보면, 대공황의 재앙적 영향에 대해 관세 인상이 책임있다고 주장하는 것은 신빙성이 없다. 어쨌든 스무트-홀레이 관세의 경제적 효과는 크지 않았을지 모르지만 정치적 효과는 막대했다. 스무트-홀레이 관세를 반대한 대표 인물은 하원 세입위원회 소속 테네시주 출신의 민주당 의원인 코델 헐(Cordell Hull)이었다. 1933년 3월, 헐은 신임 대통령 프랭클린 루스벨트의 국무장관으로 취임했다. 헐은 그 중요한 직책을 11년 동안 누구보다 오래 역임했다. 그리고 그는 무역정책을 확연히 다른 방향으로 이끌었다.

---

* 스무트 상원 재정위원장과 홀레이 하원 세입위원장이 제안하여 2만 여 품목에 대한 관세율을 미국 사상 최고 수준으로 인상하였다. 3년간 다른 무역 상대국의 보복관세가 이어지면서 전 세계 경제 성장이 침체하는 결과를 낳았다.

무엇보다도 헐은 현재 많은 비평가가 "자유무역"으로 여기는 정책을 추진하지 않았다. 적어도 일방적으로 모든 수입 제한을 철회한다는 의미에서 자유무역은 아니었다. 그렇지만 그는 평화를 지키기 위한 지정학적 전략으로서 자유무역을 다음과 같이 옹호했다.

1916년 무렵 나는 국무장관으로 12년을 일하며 깨달은 철학을 수긍했다. … 다른 요인들도 많겠지만, 적어도 이것만큼은 추론할 수 있다. 만약 무역이 더 자유롭게 이루어진다면, 무역에 관한 차별과 방해가 더 줄어든다면, 한 나라가 다른 나라를 치명적으로 질투하지 않고 모든 나라의 생활 수준이 높아져서 전쟁의 씨앗이 될 경제적 불만을 제거할 수 있다면, 우리는 지속적인 평화를 위해 더 나은 기회를 가질 수 있다.[11]

뉴딜 민주당은 대체로 1861년부터 1932년까지 미국 정책을 지배한 보호무역주의에 반대했지만, 그렇다고 수입품이 미국 시장을 장악하도록 내버려 둘 생각은 없었다. 그보다는 오히려, 그들의 견해는 제퍼슨의 상호주의에 대한 신념과 일치했다. 이 사실은 1936년 민주당 강령에서 발췌한 다음 내용에서도 확인된다.

우리는 이 행정부가 달성한 대외 무역의 증가를 계속 촉진하고, 우리의 농산품과 공산품을 수출하는 데 걸림돌이 된 관세 장벽, 쿼터 및 금수 조치를 낮추기로 상호 합의한다. 그럼에도 우리는 불공정 경쟁, 외국 정부의 보조금, 또는 해외의 값싼 노동력에 의해 생산되는 상품의 덤핑행위에 반대하며 과거처럼 농업인과 제조업체를 적절히 보호하는 조치를 계속 유지할 것을 제안한다.[12]

이렇듯 우리를 공정하게 대우하는 국가에 대해 호혜적으로 대우하되, 불공정하게 거래되는 수입품에 대해서는 강력히 제한하자는 원칙은, 냉전이 종식될 때까지 무역정책의 주요 동인이 되었다. 또한 공화당과 민주당이 관세 수준에 이견이 있었지만, 그들이 원했던 낮은 관세조차 오늘날에 비하면 훨씬 높다는 점도 짚고 넘어가야 한다. 본질적으로 무관세를 주장한 정치가는 아무도 없었다.

1934년의 〈호혜통상협정법(RTAA: The Reciprocal Trade Agreements Act)〉은 대통령에게 다른 국가와 양자 간 무역협정을 협상할 수 있는 권한을 부여했다. 각 협정에는 조건 없는 최혜국대우 조항(MFN)이 포함되어 있었는데, 이는 양자 협상에서 이루어진 양보가 최혜국대우를 받는 다른 국가들한테도 똑같이 적용된다는 뜻이다. RTAA는 3년마다 의회에 갱신을 요청해야 하지만, 대통령이 협상한 협정을 의회 표결에 부치지 않았다. 이는 매우 진일보한 내용이었다. 관세에 대한 헌법상 의회의 권한 일부가 행정부에 위임되었으니까 말이다. 그리고 이러한 위임은 몇 년에 걸쳐 확대되었다.

GATT: WTO의 전신

1947년 4월, 미국 대표들은 제네바에서 〈관세 및 무역에 관한 일반협정(GATT)〉을 협상하여 결국 23개국이 서명했다. 이 협정을 계기로 스위스 제네바에 관료들로 구성된 기구가 생겨나 국가 간 무역 협상을 지원하기 시작했다. 미국은 대통령 행정명령을 통해 계약 당사국으로서 GATT에 가입했다. 의회는 투표하지 않았다. GATT는 전후 본격적인 국제 무역기구 설립이라는 꿈에 훨씬 미치지 못했으나, 적어도 1930년대의 무역전쟁으로의 회귀를 피하고 더 넓게는 국제 무역 촉진을 통해 "상호 연대를 통한 평화와 안정"이 공고해지리라고 기대되었다.

GATT는 다음과 같은 핵심 조항을 포함한다.

- GATT 회원국은 다른 모든 회원국에 대해 최혜국 대우를 제공해야 한다. 이 조항은 특정한 예외를 제외하고 한 회원국에 대해 제공하는 모든 무역 자유화 조치가 다른 회원국으로 확대됨을 의미한다.
- GATT 회원국들은 관세 일정을 협상하고, 특정 예외가 적용되지 않는 한 협상 수준 이상으로 관세를 인상하지 않기로 합의한다.
- GATT 회원국들은 서로에게 "내국민 대우"를 하여야 한다. 즉 일반적으로 "국내 생산을 보호하기 위한" 내국세 및 규제 조항을 적용하지 않기로 한다.

의미심장하게도 GATT 회원국들은 이 원칙을 비롯한 GATT의 제반 원칙들을 거의 교리처럼 받아들였다. 마치 새로운 위대한 종교가 창시된 것 같았다. 신봉자들은 과학이 아니라 믿음에 기반한 데다가 대부분 종교가 그렇듯 태초의 계율을 제대로 따르지 않았다.

GATT가 반드시 규제 없는 무역의 시대를 연 것은 아니었다. 오히려 미국 정책 입안자들은 동맹국과의 무역을 장려하면서도 관세

인하라는 헌법상 권한을 정기적으로 꺼내서 국내경제가 혼란에 빠지고 노동자들에게 피해 주지 않도록 노력했다.

GATT의 혜택은 미국의 동맹국에 한정되었다. 따라서 냉전 기간 내내 미국은 소련을 비롯해 국익에 반대되는 국가와의 무역에 상당한 장벽을 유지했다. 예를 들어 쿠바는 원래 GATT 회원국이었지만, 피델 카스트로(Fidel Castro)가 쿠바에 공산주의 정부를 세운 후 미국은 쿠바와의 모든 무역을 사실상 차단했다. 냉전 시대에는 적대국이 미국 시장에 무제한으로 접근할 수 있어야 한다거나 더 나아가 미국 기업이 적대적인 국가에 투자하도록 장려해야 한다는 관념 자체가 오히려 기괴한 생각으로 여겼을 것이다.

무역 자유화 협상은 수십 년에 걸쳐 이루어졌다. 1947년 이후 GATT 체계는 천천히, 그리고 신중하게 성장했다. 1948년부터 1960년 사이에 미국과 동맹국들은 네 차례에 걸쳐 관세 인하 협상을 진행했다. 다음 협상인 이른바 케네디 라운드는 1964년 5월에 시작되어 37개월이 소요되었다. 그다음 협상인 도쿄 라운드는 1973년 9월에 시작되어 6년 이상 걸렸다. GATT 시대의 정책 입안자들이 보여준 신중함 덕분에 미국 근로자와 기업은 무역 규정의 변화에 적응할 시간이 충분히 주어졌다.

무역적자가 국익에 위협이 되자, 닉슨 대통령은 이에 적극 개입했다. 20세기의 대부분 기간에 무역 흑자를 누려왔던 미국은 1970년대 초반 무역 자유화 조치로 인해 무역적자에 직면했다. 당시 미국 달러는 온스당 35달러의 가격으로 여전히 금 본위제에 묶여 있었고, 다른 나라들은 달러를 금으로 교환하도록 압력을 가하고 있었다. 미국에 곧 금이 바닥날 것이라는 합리적 의심이 커졌다. 이에 대응하여 닉슨 대통령은 달러를 금으로 교환하는 관행을 중단했다. 또한 외국 생산자가 미국 시장에서 상당한 이점을 누리지 못하도록 놀랍게도 수입품에 10%의 관세를 부과했다. 이에 대해 미국의 주요 무역 상대국들은 자국 통화의 가치를 재평가하여 미국 생산품이 국제 경쟁력을 강화하도록 보조를 맞췄다. 닉슨의 조치는 명백히 자유무역을 방해했지만, 미국 제조업 경제를 지키고 GATT체제에 대한 미국의 지지를 유지하는 데 필수적이었다.

의회는 수입품이 미국 경제에 교란을 일으키지 않도록 새로운 수단을 고안했다. 1962년 『무역확장법』 232조는 국가 안보 우려를 해소하는 데 필요한 경우 대통령에게 수입을 조정할 수 있는 권한을 부여했다. 1974년 『무역법』 301조는 대통령에게 불공정하거나 차별적인 무역 관행에 대응하여 관세 및 기타 무역 제한 조치를 사용할 수 있는 광범위한 권한을 부여했다. 그리고 1979년 의회는 국내 근로자와 기업이 불공정한 수입품에 효과적으로 대응할 수 있도록 반덤핑 및 반보조금 관세법을 대폭 강화했다. 자유무역을 보완하는 이러한 조치들은 미국 근로자와 기업이 수입품의 홍수로 인해 피해를 보지 않도록 고안되었다.

1947년 1차 제네바라운드 이후 수십 년 동안, 7차례의 무역 협상—안시(1949년), 토키(1950~51년), 2차 제네바(1956년), 3차 제네바(1960~61년), 케네디(1964~67년), 도쿄(1973~79년), 우루과이(1986~93년)—이 열렸다. 이들 라운드는 대부분 관세 인하와 관련된 것이었다. 전년도에 암살당한 미국 대통령의 이름을 딴 케네디 라운드는 반덤핑 협정을 체결하고 개발도상국을 어떻게 도울 것인가 하는 문제—그리고 그 후로도 계속 논쟁을 불러일으킨 문제—를 처음 포착했다는 점에서 주목할 만하다.

도쿄라운드는 자국 시장에서 외국 상품의 판매를 더 어렵게 만들려는 비관세 장벽과 그 밖의 규제를 줄이고 일부 제도적 개혁을 추진했다. 나는 돌 상원의원과 함께 상원 재무위원회 소속 공화당 수석보좌관으로 도쿄라운드에 참여하면서, 처음으로 깊이 있게 무역 문제를 접했었다. 당시 USTR 대표는 민주당의 저명한 변호사이자 정치가인 로버트 스트라우스(Robert Strauss)가 맡았다. 위원회 회의에 앞서 그를 만나보면서 비록 그가 무역법에 대해 정통하지는 못했지만, 명예의 전당에 오를 만한 수완가라고 생각했던 기억이 난다.

일반적으로 GATT 시대의 미국 정책 입안자들은 단순한 세계화 지지자가 아니었다. 오히려 그들은 동맹국을 도우려는 이해관계와 다른 국가들이 미국 시장을 부당하게 이용하는 것을 막으려는 노력 사이에 균형을 맞췄다.

로널드 레이건의 무역정책은 이러한 균형을 잘 보여준다. 효율적인 시장을 믿는 레이건 대통령은 세금 인하와 불필요한 규제 철폐를 지지했다. 그러나 레이건은 수입품이 쇄도하여 국내 문제를 일으킨다면 이에 기꺼이 대응했다. 예를 들어, 그는 관세를 통해 일본산 오토바이 수입을 막고 할리-데이비드슨이 경쟁력을 얻도록 했다. 일본이 반도체 무역에 관한 협정을 위반했을 때도, 레이건 대통령은 일본 전자 기업의 다양한 제품에 대해 100%의 징벌적 관세를 부과했다. 미국 철강 생산업체와 자동차 제조업체가 수입품으로 인해 어려움을 겪자, 그는 USTR에 "자발적 제한 협정", 즉 무역 상대국이 미국 기업의 숨통을 틔우기 위해 수입 제한에 합의하는 협상에 나서도록 했다. 나는 레이건 행정부에서 USTR 부대표로 일하면서 이러한 협정을 많이 다뤘다. 협상 테이블에 나온 국가들도 자신들이 협상에 나서지 않는다면 레이건 대통령이 언제라도 더 강력한 조처를 할 것이라고 알고 있었다.

또한 레이건 대통령은 무역적자의 증가세를 줄이려고 노력했다. 그의 재임 동안, 미국 경제의 호황과 달러화 강세로 인해 수입량이 크게 늘어 경상수지 적자가 1981년 GDP의 0.15%에서 1985년 3%로 증가했다. 1985년 9월, 민주당은 더욱 공격적인 무역정책을 주문했다. 특히 원내대표였던 경제 민족주의자 딕 게파트(Dick Gephardt) 의원은 비판의 목소리를 높였다. "지금 우리는 기로에 서 있습니다. 세계 경제에서 승자가 될 것인지, 아니면 패자가 될 것인지를 선택해야 할 시점입니다."[13] 게파트를 비롯한 민주당 의원들은 대미 무역 흑자가 "과도하고" 불공정 무역관행을 일삼는 국가에 25%의 추가 관세를 부과하는 법안을 추진하고 있었다.[14]

그런데 게파트 의원이 이 발언을 했을 때는 이미 레이건 행정부가 행동에 나선 뒤였다. 1985년 9월 22일, 뉴욕 플라자 호텔에서 제임스 베이커 재무장관은 프랑스, 서독, 일본, 영국과 이른바 플라자 협정(Plaza Accord)을 체결했다. 플라자 협정에 따르면, 미국과 동맹국들은 주요 비달러 통화의 가치 절상을 통해 미국 제품의 경쟁력을 상대적으로 높이자는 데 동의했다. 미국의 경상수지 적자는

1987년 GDP의 3.3%로 정점을 찍었지만 이후 급격히 감소했다.

레이건의 행동은 당시 자유무역주의자들로부터 강한 비판을 받았다. 1988년 자유주의 계열인 케이토 연구소(Cato Institute)는 "로널드 레이건은 이번 조치로 보호주의의 거물급 챔피언인 허버트 후버 이후 가장 보호주의적인 대통령이 되었다"라고 논설을 썼다.[15] 이 성명은 정말 터무니없다. 레이건 대통령은 실용적인 노선을 취한 것은 노동자와 기업이 강한 미국 경제의 혜택을 충분히 누릴 수 있도록 공정한 기회를 보장하고 동시에 외국의 불공정 거래 관행으로 인해 임금과 일자리를 잃지 않도록 하기 위한 선택이었다. 그런데 케이토 연구소가 레이건 대통령을 보호무역주의자라고 비난했다는 사실만 봐도 그가 수입에 결코 간섭한 적이 없는 소박한 자유무역가라는 신화가 거짓임을 알 수 있다.

레이건 대통령의 무역정책에 대해 한 가지 더 짚고 넘어가자. 당시 주요 무역 분쟁에는 정치적 적대국이 관련되지 않았다. 소련과의 무역이 매우 제한적이었기 때문이다. 실제로도 소련과의 강력한 경제 관계를 옹호하는 이는 아무도 없었을 것이다. 그보다는 1980년대의 주요 무역 이슈는 동맹국, 특히 일본을 겨누었다. 그런데 레이건 대통령은 우방을 상대로도 경제적 이해관계를 옹호해야 하는 상황을 충분히 이해했다.

GATT 시대에 수십 년간 이어진 미국의 신중론은 큰 성과를 거두었다. 1990년대 초반까지 미국은 역사상 가장 강력한 경제적, 지정학적 지위를 누렸다. 무엇보다 미국은 냉전에서 승리했다. 1970년대의 인플레이션의 시련을 해결했고, 1980년대에는 경제 호황을 맛보았다. 어쩌면 정책당국이 불공정 무역에 대한 우려를 씻어 내고, 철강, 자동차 등 핵심 산업을 보호했기 때문에 소련을 이기는 데 필요한 대중의 지지를 받았는지도 모른다.

오늘날까지도 세계화의 옹호자들은 자신들의 주장을 뒷받침하 겠다며 GATT 시대의 성공담을 소환한다. 그러나 그들은 틀렸다. 1994년 정책 입안자들이 GATT 체제를 새로운 국제기구로 대체하 기로 했을 때, GATT 시대의 실용주의는 사실상 폐기되었다. 그리 고 그 새로운 기구가 바로 WTO다.

세계화의 시대

1940년대 후반 GATT 체제의 일환으로 국제 무역기구를 설립하려 는 진지한 협상이 있었으나, 의회의 반대로 실패로 돌아갔다. 그러 나 냉전이 종식되면서 미국과 유럽연합의 정책 결정자들은 무역 의 무 규정을 집행할 책임이 있는 새로운 다자간 기구를 만들 기회를 포착했다. 수년 동안 미국 정치인들은 무역 상대국들이 GATT에 따 른 다양한 협정상 의무를 이행하지 않는다고 불평해왔는데, 사실 꽤 타당한 불만이었다. 예를 들어 1980년대 미국과 일본 간의 많 은 분쟁은 시장의 폐쇄성 같은 일본의 관행에서 비롯되었다. 다수 의 정책 입안자는 새로운 다국적 조직을 만들고 그 조직에 무역 분 쟁에 대한 판결권을 부여함으로써 무역 상대국의 원활한 협력을 얻 게 되기를 바랐다.

하지만 일본과 서유럽의 무역 상대국들은 또 다른 의제를 고민했다. 그들은 미국인들이 무역 협상에서 미국의 거대한 시장을 레버리지로 사용하는 것을 멈추고 싶었다. 위에서 살펴본 바와 같이 레이건 대통령은 반복적으로 관세를 사용하거나 사용하겠다고 위협하여 무역 상대국의 행동을 바꾸도록 압박했다. 미국 의회가 관세를 인상할 가능성을 우려하지 않았다면, 과연 다른 국가들이 플라자 협정에 동의했을까? 이들은 WTO를 만들어 미국이 일방적인 조치 대신에 다자간 무역 소송에 의존하도록 압박한다면, 미국 정책 결정자들의 영향력이 크게 약화할 것이라고 내다보았다. 한편 클린턴 대통령은 WTO의 분쟁 해결 조항을 통해 미국이 효과적으로 국익을 방어할 수 있다고 확신했고, 1994년 의회는 미국의 WTO 가입을 승인했다. 그런데 이 표결이 1994년 중간선거에서 민주당이 대패한 지 몇 주 후인 레임덕 회기에 이루어졌다는 데 주목해야 한다. 다시 말해, 미국 국민이 압도적으로 거부한 의회에서 미국의 WTO 가입이 승인된 것이다. 앞서 1993년에는 역시 같은 의회가 새로운 북미자유무역협정(NAFTA)을 승인한 바 있다.

문서상으로는 WTO나 NAFTA가 미국 정책 입안자들의 레버리지 사용을 막을 근거가 없다. 하지만 트럼프 전까지는 아무도 그렇게 하지 않았다. 사실 트럼프 행정부는 미국 정부가 여전히 국익을 보호할 법적 권한을 가지고 있음을 증명하고자 했다. 하지만 1995년부터 2016년까지 여야를 막론하고 역대 대통령들은 세계화에 모든 것을 걸었다. 힘들고 때로는 불공정한 수입 경쟁에 직면한 노동자와 기업을 돕기 위해 그들은 아무것도 할 권능이 없는 것처럼 행동했다. 강력하고 효과적인 산업 기반을 촉진하기 위해 미국의 무역 정책을 사용해야 한다는 해밀턴주의는 폐기되었다. 상호주의에 대한 제퍼슨주의자들의 우려 역시 대부분 무시되었다. 미국은 WTO에 수십 건을 제소했고 그 중 상당수를 승소하거나 일부 승소했다. 그렇다고 의미 있는 변화는 없었다. 무역 상대국들이 우리를 상대로 훨씬 더 많은 소송을 제기했고 거의 모든 소송에서 이겼다. 그리고 미국 정부는 이를 준수하기 위해 국내법을 뜯어고쳤다. 놀랍게도 미국은 WTO 출범 이후 거의 매년 상당한 무역적자를 기록하면서도 WTO로부터 세계 최고의 무역 보호주의자라는 무법자라고 꾸준히 매도당했다.

처음부터 WTO 체제는 미국 기업과 노동자들이 글로벌 시장에서 상당한 불이익을 받고 있다는 사실을 분명히 보여주었다. 1995년 미국의 경상수지 적자는 GDP의 1.486%에 달했다. 2000년에는 그 수치가 3.92%로 치솟았는데, 이는 심지어 1980년대 중반 민주당이 관세를 요구해 결국 플라자 합의를 끌어냈을 당시의 무역적자보다 훨씬 큰 규모였다.

그러나 이번에는 정부가 수입품에 잠식당하는 미국 노동자와 기업에 아무런 조치를 하지 않기로 했다. 보호조치는커녕 레임덕에 빠진 대통령과 의회 지도자 등은 세계화를 이중으로 강화하기로 결심했다. 2000년 미국은 중국을 WTO에 가입시키려는 노력의 일환으로 공산주의 국가인 중국에 항구적 정상무역관계(PNTR)* 지위를

---

* 항구적 정상무역관계(PNTR, Permanent Normal Trade Relationship)는 의회가 특정 국가와의 무역 관계를 매년 심사하지 않고, 한번 결정되면 그 이후에 자동으로 지위가 연장되는 것

부여하는 역사상 최악의 실수를 저질렀다.

이 얼마나 급진적인 발상인지를 생각해 보라. 중국은 과거나 지금이나 공산주의 독재 국가이며, 지정학적 이해관계가 우리와 충돌한다. 미국은 한때 중국과 일부 무역을 했지만, 중국은 GATT 체제의 일원이 아니었다. 실제로 1990년대에는 의회가 매년 중국에 최혜국 대우를 부여할지를 투표로 결정했다. 물론 의회가 최혜국 대우를 취소한 적은 없지만, 투표를 거쳐야 한다는 사실만으로도 중국은 미국 정책 입안자들의 기분을 상하게 하지 않으려고 애썼다. 또한 국내 기업들이 중국으로 공장을 이전하거나 공급망을 의존하는 것을 꺼릴 수밖에 없었다. 결과적으로 최혜국 대우를 유지하기 위해 매년 의회의 승인을 받아야 하는 국가에 의존하기에는 위험이 뒤따르니까 말이다.

그런데 중국의 WTO 가입이 허용되면서, 이 모든 것이 바뀌었다. 친중국파들은 "최혜국"이라는 용어가 더 이상 적절하지 않으며, "정상무역관계"를 영구적으로 부여하는 것이라고 주장했다. 어쨌든 어떤 용어를 사용하든, 중국에 PNTR을 부여함으로써 우리는 지정학적 적대국에 엄청난 양보를 했으며, 기업들이 중국을 글로벌 제조 기지로 활용하는 길을 터준 것이나 다름없다.

안타깝게도 양당의 지도자들은 PNTR을 추진하면서 다음과 같은 이유를 들었는데, 나중에 이 주장은 당황스러울 정도로 거짓으로 판명되었다. 2000년 3월, 클린턴 대통령은 중국을 WTO에 가입시키

을 뜻한다. 최혜국 대우(MFN)와 실질적으로 유사하나, 용어가 주종관계를 연상시킨다는 이유로 PNTR이라는 새 용어를 도입하였다.

는 것은 "경제적 결과를 고려할 때, 미국에 100대 0으로 유리한 거래"라고 장담했다.[16] 두 달 전, 당시 대통령 후보였던 조지 W. 부시는 중국에 PNTR을 부여하면 "미국 기업과 농민들이 성장하는 중국 시장에 접근할 수 있으니 대중 무역적자가 줄어들 것"이라고 주장했다.[17] 의회는 이에 동의했고 2000년 표결에 부쳤다. 어떻게 그토록 많은 지도자들이 잘못된 판단을 할 수 있었을까?

따라서 새로운 세기가 시작될 무렵, 미국은 그간의 역사에서 우리에게 도움이 되었던 신중론을 완전히 접고 대신에 국제기구를 신뢰하게 되었다. 또한 지정학적으로 최대 적대국에 미국 시장에 대한 자유로운 접근을 허용했다. 그 결과는 참담했다. 미국과 중국 간의 무역 긴장을 걱정할 필요가 없어진 많은 기업이 재빨리 국내 노동자들을 버리고 공급망을 중국에 집중시켰다. 2000년에 미국의 제조업 일자리는 1970년대 초반과 비슷한 수준인 1,700만 개 이상이었다. 2009년에는 제조업 일자리가 1,200만 개 미만으로 줄어들었고, 그렇게 사라진 일자리는 대부분 다시 복귀되지 않았다. 경상수지 적자는 2006년 GDP의 6%까지 치솟았다가 2009년의 치명적인 경기 침체 이후에야 4% 이하로 떨어졌다.

미국의 대중국 상품 수출은 2000년 161억 8,500만 달러에서 2016년 1,155억 9,400만 달러로 증가했다. 그러나 같은 기간에 미국의 대중국 상품 수입은 1,018억 달러에서 4,624억 2,000만 달러로 급증했다. 대중국 상품 무역적자는 2000년 838억 3,300만 달러에서 2016년 3,462억 2,500만 달러로 증가했다. 게다가 이러한 달러의 홍수는 중국이 미국에 심각한 지정학적 도전을 가할 수 있는 초강대국으로 변모하는 데 도움이 되었다. 중국에 PNTR을 부여하면 무역적자가 줄어들 것이라는 부시 대통령의 예측과 "100대 0"으로 미국에 유리한 협상이라는 클린턴 대통령의 평가는 전부 거짓임이 드러났다.

앞으로 12장, 13장, 14장에서 다시 설명하겠지만, 다른 무역협정이라고 더 나을 바가 없었다. 적어도 NAFTA는 미국 노동자들에게 도움이 될 줄 알았다. 그런데 1994년 13억 5천만 달러의 흑자를 나타냈던 대멕시코 상품 수지가 2016년에는 632억 7,100만 달러의 적자를 기록했다. 1994년에 이미 139억 6,700만 달러의 적자였던 캐나다와의 상품 수지는 2016년에 109억 8,500만 달러의 적자로 소폭 감소했을 뿐이다. 자동차 공장은 놀라운 속도로 멕시코로 옮겨졌다. 불과 몇 년 만에 자동차 부품 제조업체들이 멕시코에서 수십만 개의 일자리를 창출했다. 당시 대통령 후보였던 로스 페로(Ross Perot)는 NAFTA의 위협에 관한 책을 출판하면서 "NAFTA는 무역보다는 투자에 관한 협정이다. 그 주요 목표는 멕시코에서 활동하는 미국 기업과 투자자를 보호하기 위한 것이다. … 협정의 대부분은 보험 증권 뒷면에 적힌 모호한 법률 용어와 비슷하다. 작은 활자 속에 미국인의 일자리를 빼앗고 미국의 주권을 근본적으로 축소하는 조항이 숨어 있다."[18]

적어도 부분적으로는 NAFTA로 인해 초래된 폐허는 현대의 비평가들이 국내 일자리에 대한 위협을 어느 정도는 파악하고 있었음을 시사한다. 경제학자 로버트 E. 스콧(Robert E. Scott)은 『NAFTA가 미국에 미친 영향』이라는 논문에서 NAFTA의 영향을 가장 많이 받은 산업들을 나열했다. 전기전자·기계(108,773개 일자리 손실), 자동차 및 부품(83,643개 일자리 손실), 섬유와 의류(83,258개 일자리 손실), 제재목과 목재 제품(48,306개 일자리 손실) 등이다.[19]

다음의 그래프는 인과 관계를 보여주지는 못하지만, 곰곰이 생각해 볼 만한 정보를 제공한다.

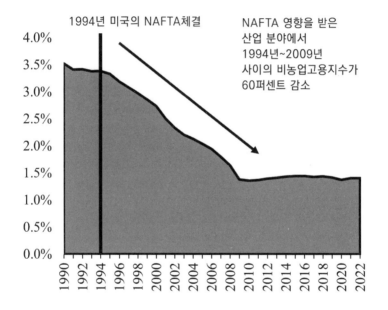

〈NAFTA로 인해 영향 받은 산업 분야의 비농업고용지수〉

출처: 경제정책연구소 분석과 고용통계국의 고용지표 발표에서 발췌함. 해당 산업 분야는 목재 제품, 전기전자·기계, 자동차 및 부품, 섬유와 의류 등을 포함함.

시간이 지남에 따라, 양당 지도부가 그토록 열렬히 환영했던, NAFTA 너머의 "세계화"는 미국인들이 기대했던 결과를 안겨주지 못했다. 1990년대 초반 미국이 지구상에서 가장 부유하고 강력한 나라였던 배경에는 WTO 가입 이전의 미국의 무역 및 경제 정책은 대체로 성공적이라는 점도 작용했다. 중국이 WTO에 가입하기 전 16년 동안 미국의 실질 중위가구소득(2019년 달러 기준)은 1984년 53,337달러에서 2000년 63,292달러로 증가했다. 그런데 그 후로 매년 실질 중위가구소득은 2000년 수준 아래로 떨어졌고, 심지어 2016년에는 63,683달러에 불과하므로 16년 동안 중위가구소득의 증가는 400달러에도 미치지 못한다.[20] 즉 부시와 오바마 행정부 기간에 중간층 가구의 생활 수준은 사실상 전혀 나아지지 않았다. (그런데 트럼프 대통령 재임 3년 만인 2019년에 이 수치는 69,560달러로 상승했다. 코로나19로 경제가 어려웠던 2020년에도 실질 중위가구소득은 67,521달러로 2016년 수준보다 거의 4,000달러가 높다.)

오바마 행정부는 미국의 무역정책이 효과가 없다는 사실을 알고 있었다. 2008년 오바마 후보는 더 나은 협정 조건을 얻고자 필요하다면 NAFTA에서 탈퇴하겠다고 위협했다.[21] 오바마 행정부는 WTO의 분쟁 해결 체계가 미국의 협정 이해를 전혀 반영하지 않는 방식으로 WTO 조문을 해석한다고 거듭 불평했다. 오바마는 수년간 노동자와 기업에 이익이 되는 새로운 협정을 체결하려고 무역 상대국들을 설득하고자 했다.

하지만 오바마는 세계화의 원칙에 발목이 잡혔다. 대부분의 미국 역사에서 무역정책의 기본 개념은 다음과 같이 명백하다. (1) 지정학적 적대국이 미국 시장에서 이익을 얻지 못하도록 한다. (2) 미국 시장 접근을 무역 협상에서 레버리지로 활용한다 (3) 미국인이 원하는 유형의 경제를 만들기 위해 필요한 경우 무역정책을 주저하지 말며, (4) 필요하다면 일방적으로 행동한다. 그렇지만 WTO 체제에서 미국 정책 입안자들은 이러한 원칙을 고스란히 포기했다. 그들은 중국이 미국의 이익에 적대적인데도 WTO 회원국의 권리를 내주었다. 그들은 미국 시장을 무역 협상의 레버리지로 사용하는 것이 잘못이라고 믿었다. 그래서 오바마는 미국이 NAFTA에서 탈퇴하리라는 레버리지를 원천적으로 포기했다. 마지막으로 오바마는 해외의 불공정 거래 관행으로 인해 "시장"이 심각하게 왜곡된 상황에서도 어떤 일자리가 국내에 존재할지를 결정할 수 있다고 신뢰했다.

위에 서술한 원칙들을 고려할 때, 오바마 정부가 무역 문제를 해결하기 위한 현실적인 선택은 두 가지뿐이었다. 첫째, WTO에 중국을 제소할 수 있고, 실제로 그렇게 했다. 그러나 중국의 지독한 관행 중 상당수(예를 들어 미국 기업이 중국 시장에 접근하려면 기술을 공유하라고 강요하는 정책)는 WTO 규칙 위반이 아니다. 또한 미국이 승소하더라도, 중국이나 그 밖의 독재정권이 WTO 결정을 준수한다면서 다른 새로운 정책을 꺼내 들고 똑같은 시장 왜곡을 일으키기도 했다.

둘째, 오바마 행정부는 협상을 통해 무역 규정을 다시 작성할 수 있었고 실제로도 그렇게 했다. 그런데 오바마 행정부는 결과가 뻔한 문제에 부딪혔다. 대미 무역 흑자를 누리고 있는 주요 경제국들은 구태여 미국에 양보할 의사가 없었다. 과거 GATT 체제하에서 미국은 라운드를 거듭하면서 관세 인하와 다른 무역 규정의 변화를 시도했다. 그것이 가능했던 이유는 (1) 주로 동맹국들과 협상했고 (2) 다른 국가들이 미국 시장에 대한 더 많은 접근을 원했기 때문이었다. 그런데 WTO 체제하에서 다른 국가들은 미국에 양보할 유인이 없었다. 그들은 이미 미국 시장에 자유롭게 접근할 수 있고, 만약 미국이 무역정책을 바꾸기를 원한다면 WTO 분쟁해결절차를 이용해 미국을 제소하면 그만이었다(예를 들어, 2001년 부시 행정부는 국내 철강 생산업체들을 보호하기 위해 홍수처럼 밀려드는 수입 철강에 대해 긴급 관세를 부과했지만, WTO 분쟁에서 패소하자 곧 관세를 철회해야 했다). WTO 내에서 주요 무역 협상을 위한 마지막 진지한 노력이라고 할 만한, 이른바 도하라운드(Doha Round)가 2007년에 결렬되었다. 그리고 WTO의 주요 협상은 회원국인 중국의 동의를 얻어야 했기 때문에 오바마 행정부가 많은 것을 얻을 기회가 없었다.

 WTO에서의 협상이 시간 낭비라는 것을 인식한 오바마 행정부는 유럽과 아시아의 동맹국들과 새로운 무역협정을 체결하려고 했다. 그러나 동맹국들도 미국이 설득력 있는 근거를 제시하지 않는 한 양보할 생각이 없었다. 범대서양 무역투자동반자협정(TTIP)으로 알려진 유럽연합(EU)과의 협상 노력은 EU가 워싱턴에서 찬성할 만한 거래 유형에 동의할 생각이 없었기에 실패했다. 오바마 행정부는 태평양 지역의 국가들과 환태평양경제동반자협정(TPP)을 체결했다. 그런데 TPP 국가들이 이 협정에 동의한 것은 오바마 행정부로부터 양보를 얻어냈기 때문이며, 결국 미국 기업들은 더 많은 좋은 일자리를 해외로 옮기도록 자극받았고 미국 노동자와 제조업체는 글로벌 시장에서 더욱 취약한 위치에 놓였다. TPP는 의회에서 표결에 부치지 않을 정도로 인기가 없었다. 결국 힐러리 클린턴조차도 반대했고, 트럼프 대통령은 취임하자마자 TPP에서 완전히 탈퇴했다.

요컨대, 오바마 행정부의 경험은 "자유로운 상업과 항해는 제한과 봉쇄의 대가로 주어져서는 안 되며, 또 그러한 조치를 완화할 가능성도 없다"라는 제퍼슨의 말이 얼마나 현명한지를 증명했다. WTO 시대에 미국의 정책 입안자들은 200년 묵은 지혜를 버리고 지정학적 적대국을 포함한 상대국들에 자유로운 통상을 허용한 대가로 우리의 무역을 가로막는 "제한과 봉쇄"를 완화해주기를 바랐다. 제퍼슨이 예측한 대로 이러한 노력은 실패로 돌아갔다.

2015년에는 우리가 다른 접근법이 필요했다. 무역 협상에서 원하는 것을 얻고 레버리지를 제대로 사용할 줄 아는 대통령, 언론의 세계화에 대한 찬양에 주눅 들지 않고 무역정책에서 호혜주의와 국익 수호라는 전통을 되살릴 줄 아는 대통령이 필요했다. 개발, 공정성, 균형을 위해서라면 공화당의 관세 부과 공약을 다시금 확인해줄 대통령이 필요했다.

그리고 2015년 6월 16일, 도널드 트럼프가 대통령 선거에 출마한다고 발표했다.

4장

WTO: 미국의 실패

많은 사람이 제네바에 본부를 둔 WTO를 규칙 기반의 국제 무역 체제 자체와 동일시한다. 하지만 이전 장에서 살펴본 바와 같이 WTO 설립 전에도 국제 무역 체제는 거의 50년 동안 존재했었다. 게다가 꽤 잘 작동했다. 제2차 세계대전 종전부터 1995년까지 국제 무역은 약 15배로 크게 확대되었고, 8차례에 걸친 다자간 무역 협상이 성공적으로 마무리되었다. 이 체제는 무질서하지 않으면서도 각국이 국익을 위해서라면 무역 제한 조치를 선택할 수 있는 유연성이 있었다. 또한 GATT 분쟁해결절차는 중립적인 (그러나 구속력이 없는) 중재 패널의 도움을 받아 분쟁을 해결하는 틀을 제공했으며, 사실상 대부분의 분쟁은 결국 정치적 협상을 통해 해결되었다.

그러나 냉전 종식의 분위기에 취해 있던 미국과 무역정책 엘리트들은 기존 체계가 불합리하다고 생각해서 이를 개선하려 했다. 그들이 찾은 해결책은 WTO, 특히 상소기구였다.

USTR에 재직하는 동안, 나는 정부 고위 관리들 사이에서도 WTO가 실제로 하는 역할에 대해 혼란을 겪는 모습을 목격했다. 많은 사람이 WTO가 관세율과 무역 규정을 정한다고 생각했다. 실제로 WTO는 모든 회원국이 합의한 대로 따르는 회원국 위주의 통제 조직이다. 기업이라기보다는 무역 협회에 더 가깝다. 나는 사람들에게 WTO에 관해서 두 가지를 떠올리라고 말하고 싶다. 하나는 각국이 모여 보조금, 어업 또는 기타 무역 문제에 대한 새로운 규칙을 협상할 수 있는 사무 공간이다. 또 다른 하나는 법정인데, 여기서 국가들은 무역 분쟁을 해결한다.

앞서 살펴본 바와 같이 협상 공간은 WTO 이전에도 존재했다. 그런데 1994년 우루과이라운드 협정의 핵심 혁신은 바로 법정, 다시 말해 WTO 분쟁해결절차다. 이것이 WTO 설립자들의 위대한 희망이었다. 더 이상 "더러운 정치인"들이 국가 대 국가 협상을 통해 무역 분쟁을 해결하도록 내버려 두지 않으리라. 그보다는 "냉정하고 계몽된" 전문가들로 구성된 패널이 사안을 넘겨받아 결정하며, 그 결정이 당사국들을 구속할 것이다. 국제 무역 체제의 새로운 사법부인 상소기구는 패널의 결정을 검토하고 WTO 규칙을 충실히 따르며 일관된 결정을 보장하는 임무를 맡게 된다.

상소기구, 더 나아가 WTO 자체는 미국뿐 아니라 국제 무역 시스템에 있어 거대하고 비극적인 실패다. 우루과이라운드 협정에서 미국이 얻을 수 있다고 들었던 것과 실제로 얻은 것과의 차이를 생각해 보자. 이 비교로 엄청난 고발이 쏟아질 것이다.

우리는 WTO가 미국 노동자, 농민, 기업을 위해 공평한 경쟁의 장을 마련할 것이라고 들었지만, 관세를 낮추고 주권의 일부를 포기한 대가로 얻은 것은 폭발적인 무역적자였다.

또한 이 체계가 미국의 상품과 서비스 시장 개방에 힘을 실어줄 것이라고 들었지만, 오히려 미국은 제기한 소송에서 거의 승소하지 못했을뿐더러 WTO에서 가장 자주 제소당하는 국가가 되었으며 제소된 사건의 90%에서 전부 패소 또는 일부 패소를 겪었다.

우리는 상소기구의 역할이 패널의 가장 중대한 결정만 바로 잡는 소극적인 역할에 머무를 것이라고 들었다. 그런데 우리가 마주한 것은 WTO 회원국들이 합의한 규칙을 단순히 적용하는 것을 넘어서 완성하고 확장하려는 자기 과시적인 기구였다.

국내법이 WTO의 규칙과 완전히 일치하기 때문에 WTO가 미국의 주권을 위협할 일이 없다고 했는데, 정작 상소기구는 미국 법률이 흠결이 있다고 계속해서 판정했고 그에 따라 의회는 해당 법률을 폐지해야만 했다.

WTO가 설립된 지 5년 후 중국의 가입이 승인되었을 때, 우리는 중국이 분쟁해결절차를 통해 규칙을 준수하고 비시장적 경향을 포기하고 규칙 기반의 국제 무역 체제에서 "책임 있는 이해 당사자"로 변모할 것이라고 들었다. 그러나 그 제도는 중국을 규율하는 데 실패했을뿐더러 사실상 20년 넘게 중국이 부상하도록 방치했다.

우리는 상소기구가 WTO의 협상 기능을 대체하기보다는 보완할 것이라고 들었다. 그러나 오히려 많은 국가, 특히 중국이 협상이 아닌 소송을 통해 자국의 이익을 증진하게 되었고, 우리는 다자 무역 협상에 완전히 희망을 잃게 되었다. 그 결과 우루과이라운드 협정에 포함된 불평등한 규칙과 예외 조항으로 인해 국제 무역 체계는 약화하고 미국의 이익이 훼손되었다.

간단히 말하면, 우리는 국제 무역의 황금기를 약속받았으나, 정작 우리에게 돌아온 것은 거대한 혼란이었다.

미국에 불리한 협상

3장에서 설명한 대로 1980년대 중반부터 1990년대 초반까지 진행된 우루과이라운드 기간에 GATT는 WTO에 흡수되었다. WTO는 GATT의 최혜국 대우 및 내국민 대우 원칙을 계승했다. 또한 새로운 분야를 포함하고 구속력 있는 새로운 분쟁해결절차를 구축했다. 애초 이 협정은 GATT보다 더 효과적일 것으로 예상되었다. 미국의 관점에서는 시장을 확대하고, 경쟁의 장을 공평하게 만들고, 노동자와 농민, 기업에 대체로 더 나은 환경을 조성하는 데 도움이 될 것으로 기대되었다. 우루과이라운드 협정이 의회에서 비준받았을 때, 클린턴 대통령은 "이 협정의 진정한 승자는 자동차 제조 노동자, 회계사, 엔지니어, 농민, 통신업체 종사자, 그리고 지금부터 노동에 대해 보상을 더 많이 받을 기회를 얻게 된 사람들이다."라고 밝혔다.[1]

그런데 결과가 어땠을까? 다음의 그래프를 보자.

1995년 1월 WTO 출범 이후 미국의 무역수지는 급락했다. 상품 무역수지의 급격한 감소는 서비스 무역의 흑자로 일부 상쇄되었지만, 1995년 이후 전체 무역수지의 순적자가 눈에 띄게 두드러진다.

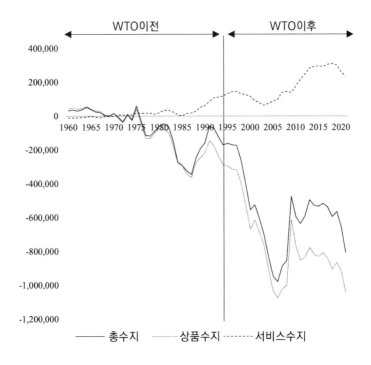

<**미국 무역수지**>

단위 : 1백만 달러(2020년 달러 기준)
출처: 경제분석국, 미국 통계국 경제지표분석과, 미니애폴리스 연방준비은행

그래프에 나타난 상품 무역수지는 미국이 WTO에 가입한 직후 곤두박질쳤다. 인플레이션의 영향을 배제한 실질 무역수지는 1994년부터 2006년 일시적으로 정점을 찍을 때까지 6배나 증가했다. 2008~9년 금융위기 당시에 적자 폭이 일시적으로 감소했지만, 회복세가 지속되지는 않았다. 2010~20년 사이의 평균 실질 무역적

자는 1994년 WTO 가입 이전의 4배에 달했다. 2021년에 그 수치는 더욱 악화하여 상품 및 서비스 적자가 8,600억 달러로 급증하고 그중 상품 적자만 1조 달러가 넘었다. 동시에 1990년대 후반에 잠시 급증했던 미국의 중간가구소득은 정체되었다가 이후 15년 동안 연속 감소했다.[2] 그렇게 노동자들이 "노동에 대한 보상을 더 많이 받을 기회"는 사라졌다.

이러한 배경에 WTO가 유일한 원인이라든가 결정적 원인이라고 주장할 생각은 없다. 분명히 우루과이라운드에는 서비스 및 무역의 기술 장벽, 지식재산권과 더불어 농업 분야에서 미국에 도움이 되고 무역적자를 어느 정도 상쇄할 수 있는 긍정적인 조항도 있었다. 그러나 우리는 우루과이라운드 협정이 경쟁의 장을 평평하게 하고 수출을 늘리며 임금을 올리는 새로운 도구를 쥐여줌으로써 무역수지를 개선할 수 있다고 믿었다. 클린턴 대통령과 WTO 지지자들이 제시한 눈높이와 비교해 볼 때, 이 제도는 미국에 큰 실망을 안겨주었다. 그리고 실제로도 그 피해는 막대했다.

미국의 힘에 대한 견제

우루과이라운드의 "보석"으로 여겨지는, 그래서 미국 협상가들의 최우선 순위가 된 것은 새로운 분쟁해결절차다. 이 아이디어는 내가 레이건 대통령 아래서 USTR 부대표로 일하던 시절부터 첫 씨앗이 뿌려졌다. 당시 내 상관이었던 브록 대사는 GATT의 비구속적 성격에 대해 상당히 우려하고 있었다. 미국이 소송에서 이기더라도 아무 일도 일어나지 않을 테니까, 그는 이 문제를 시급히 해결하길 원했다.

나는 브록에게 구속력 있는 분쟁해결절차에 대해 찬성을 하기 전에 향후 소송에서 우리가 주로 원고가 될 것인지 아니면 피고가 될 것인지를 고려해야 된다고 말했다. 우리가 구속력 있는 절차에서 피고가 될 가능성이 높다면 현재의 비구속적 절차가 더 낫지 않을까? 미국이 소송을 제기할 가능성보다 제소당할 가능성이 훨씬 더 높을 것으로 나는 판단했다. 브록은 내게 동의하지 않았다. 그렇게 미국의 운명이 정해졌다. 우리는 "법정"을 원했다.

다른 국가들, 특히 유럽도 법정을 원했다. 그렇지만 그들의 이유가 우리와 정확히 같지는 않았다. 실제로 유럽 관리들은 이 새로운 제도가 주로 미국의 힘을 견제하기 위해서라고 자국민에게 솔직하게 호소했다. 유럽연합 집행위원회(EC: European Commission) 위원인 레온 브리탄(Leon Brittan)은 이 결정을 이렇게 칭송했다. "(WTO 아래서) 미국과 같은 주요 무역 강국이 자신의 견해를 강요할 수 있는 수단은 현저히 줄어든다. 이는 다자간 게임 규칙을 더 존중하기로 공식적으로 합의했기 때문이며, 이는 앞으로도 우리의 목표다."[3] 〈르몽드〉지는 우루과이라운드 협정을 높이 평가하면서, 그 근거로 "미국과 같은 강대국이 다자간 게임 규칙에 동의했기 때문에 이제 다른 나라에 자신의 견해를 강요할 힘이 현저히 줄어들었다"라고 썼다.[4]

예상대로 WTO 분쟁해결절차는 미국의 힘이 약화하기를 바랐던 사람들의 낙관적인 기대를 뛰어넘었다. 2020년 USTR 보고서에서 언급했듯이, WTO에 제기된 사건들의 1/4 이상이 미국을 겨눈 것이다. 보고서에 인용된 분석에 따르면, 155건의 분쟁이 미국을 상대로 제기되었으며, 다른 회원국은 단 한 건도 분쟁과 관련 없었다.[5] 또한 미국을 상대로 제기된 분쟁의 약 90%가 미국의 국내법 및 행정조치가 WTO 협정에 어긋난다는 이유였다. 그러니까 지난 25년 동안 평균 매년 5~6회 정도 미국의 법률 및 행정조치가 WTO 협정에 불합치한다고 WTO가 판정했다는 의미다.

상원 재무위원회 위원장을 지낸 맥스 보커스(Max Baucus) 상원의원이 2003년 당시 "WTO는 원고의 법정"이라고 표현한 것처럼, 이를 뒷받침하는 충분한 자료가 있다. 그는 다음과 같이 언급했다.

> 미국에 대한 결정은 다른 어떤 국가에 대한 결정보다 훨씬 더 광범위한 영향을 미쳤다. 미국을 상대로 제기된 30건의 사건에서 패널은 미국 법률 2개, 규정 1개, 기관 관행 3개, 그리고 무역 조치 21개에 대해 개정 또는 폐지를 요구했다. 반면, 다른 국가의 무역구제 조치에 대해 제기된 34건의 사건에서는 WTO 규칙에 어긋나는 법률이나 규정이 발견되지 않았으며, 단 1건의 관행과 7건의 조치만이 개정 또는 폐지 대상이 되었다.[6]

이와 대조적으로, 미국이 현재 구조화된 분쟁 절차를 견뎌내며 얻은 성과는 상당히 보잘것없다. 우리는 여러 사건에서 일부 승소했는데, 끝내 우리가 이의를 제기했던 외국의 관행은 거의 바뀌지 않앉다. 우리가 승소하더라도 외국 정부가 보호주의적 목적을 달성하는 방법을 찾아낸 예도 있었다. 나는 USTR 직원에게 WTO 결정으로 인해 미국 노동자들이 혜택을 받은 사례, 다시 말해 미국 일자리가 늘어난 사례를 단 한 건이라도 찾아달라고 요청한 적이 있었는데, 그는 한 건도 찾지 못했다. 반면에 우리가 패소한 사건 대부분은 상소기구의 결정에 따라 중요한 정책, 관행 또는 법률을 변경해야 했다. 요컨대, 승소 사례는 소수이고 공허한데, 패소는 빈번했고 국내 기업과 근로자에게 매우 해로웠다.

스스로 팽창하는 법정

그렇지만 우리의 가장 큰 불만은 미국의 승패 기록이 아니다. 더 큰 문제는 시간이 지남에 따라 판사들과 WTO 사무국이 패널의 결정이 옳은지를 신속하게 판단하는 역할에 만족하지 않고, 자신들의 법학적 이해와 비전에 따라 무역 규칙을 작성하는 집단으로 인식한다는 점이다. 하지만 판례를 결정하는 것과 규칙을 만드는 것 사이에는 큰 차이가 있다.

실제로 상소기구는 선출되지 않은 입법 기관이 되어 국제 무역에 의미가 중요한 규칙을 만들었다. 원래 계획은 중재인이 특정 사건에 대해 일회적 판단을 내리는 것이었다. 의무나 선례를 새로 만들어서는 안 된다. 그러나 상소기구는 정확히 그런 역할을 맡았다. 새로운 사건을 결정할 때 종종 전례를 참조했다. 이에 따라 새로운 의

무가 생기고 법률이 제정되었다.

    항소 기구의 과도한 권한에 대한 미국의 불만은 트럼프 행정부 이전부터 있었다. 지난 20년 동안 모든 행정부에서 상소기구가 내린 결정의 품질에 대해 불만이 제기되어 왔다. 예를 들어, 조지 W. 부시 행정부는 "제로잉"*(반덤핑 관세 결정에 사용되는 방법론)에 대한 비난에 이의를 제기했는데, 실제로 별다른 조처를 하지 않았다. 오바마 행정부 하에서는 판사의 재임명을 막는 데까지 나아갔다. 트럼프 행정부에서는 상소기구가 자체 규정을 제대로 준수하지 않았고 미국의 이익에 적극적으로 해를 끼쳤다는 사실을 문서로 만드는 데 그치지 않고 단호한 조처를 했다.

    2020년 상소기구에 대한 USTR 보고서는 WTO의 위법행위를 포괄적으로 다루는 (무려 174쪽에 달하는) 최초의 기소장이다.[7] 이 보고서는 협정 체결 당시 미국이 의도한 바를 증명하기 위해 협상 내용을 상세히 공개했다. 또한 상소기구가 사건 결정에 대한 기한 제한을 위반하고 위원 임기를 협정문에 명시된 기간을 넘어서 연장했다는 사실을 보여주었다. 이 보고서는 잘못된 법리를 문서화하고 잘못된 결정 사례들을 자세히 설명했다. 전반적으로 상소기구는 궤도를 이탈한 실험이라는 사실이 드러났다. WTO 조직 일부가 마치 미친 괴물처럼 독립적으로 행동하면서 아무 권한이 없는 영역에까지 독자적인 권한을 행사하려 든 것이다.

---

* 제로잉(Zeroing) 방식이란 제품별 덤핑률을 합산하지 않고 마이너스 덤핑 차액(수출가격)본국 내수가격)이 나온 제품을 마이너스(−)가 아니라 '0'으로 계산하는 방식이다. 제로잉 방식에 따르면 덤핑 차액이 실제보다 높게 측정되므로, 미국은 자국의 피해를 극대화하여 상대국에 관세를 추가로 부과할 수 있다.

원래 WTO는 이런 방식으로 운영되지 않았다. 분쟁해결절차의 기본 원칙은 이렇다. 한 국가가 위반 가능성을 제소하면, 당사자의 협의를 거쳐 3명의 위원으로 구성된 패널을 임명하고 분쟁에서 누가 옳은지 그른지를 결정한다. 패널이 내린 결정에 대해서는 7명의 위원으로 구성된 상소기구에 항소할 수 있으며, 상소기구는 협정 문안에 명백한 해석 오류가 발견되지 않는 한 90일 이내에 승인해야 한다. 그렇게 상소기구의 역할은 제한적이었다. 회원국에 새로운 의무를 부과하는 역할이 아니었다. 하지만 실제로는 그렇게 되었다.

이 문제는 제도 설계에 깔린 사고의 근본적 오류에서 찾을 수 있다. 국제 관료 집단이 자국에 광범위한 영향을 미칠 수 있는 사건에 대해 여타의 편견을 제쳐두고 객관적으로 결정할 수 있다는 발상 자체가 결함이 있다. 예를 들어, 이 개념은 중국공산당(CCP)의 일원이 자신의 결정이 중국에 미칠 영향을 고려하지 않으리라고 가정한다. 물론 이 이야기는 말도 안 된다. 차이는 있지만, 인도, 한국, 유럽 또는 다른 국가의 관료들에 대해서도 같은 반론을 제기할 수 있다.

편견을 차치하고서도, 상소기구의 운영 방식은 미국인들의 공정 및 법치 관념과 근원적인 갈등이 있다. 이는 영미권과 대륙법 전통의 차이에서 비롯된다. 미국은 무역협정을 계약으로 간주한다. 즉 계약서에 적힌 대로 우리의 권리가 보장되고 우리의 의무는 바로 그 계약서에 적혀 있어야 한다. 협정 문구는 국가 간 상호 양보한 내용을 정확히 담고 있다. 실제로 협상에서는 단어 하나하나에 무게를 두고 모든 문구를 판단한다.

이와 대조적으로, 민법 전통에서 훈련받은 유럽인들은 WTO를 살아있는 협상 과정으로 보는 경향이 있다. 전문가들은 유리한 결과를 도출할 수 있도록 해석하고 또 그래야 한다고 본다. 이는 근본적으로 다른 관점이다. 한편에는 헌법의 정확한 문구를 따르는 미국 연방대법원과 원전주의자가 있으며, 그 맞은편에는 헌법이 현대인들이 원하는 것과 일치하도록 직관적으로 해석하는 판사들과 일부 진보주의자들이 있다. 상소기구는 후자의 접근 방식을 대표하는 기관이 되었다.

또한 상소기구는 절차적 규칙을 강압적으로 운영하여 권한을 뺏으려는 경향이 있다. 게다가 임기 제한을 우회하는 방법을 찾아냈다. WTO 규칙에는 상소기구 위원 7명의 임기가 정확히 명시되어 있다. 모든 위원은 4년 임기를 두 번만 중임할 수 있다. 그런데 상소기구는 위원들이 임기 만료 후에도 기존 사건을 계속 수행할 수 있다고 자체적으로 결정했다. WTO 협정 어디에도 이 관행에 대한 권한이 없다. 그렇게 상소기구 위원들은 임기보다 오래 근무하고, 고액의 보수를 받으며, 임기가 만료된 후에도 구속력 있는 의견을 작성했다.

또 다른 권력 남용 사례로, 상소기구는 3명의 패널 위원이 판단한 사실관계를 뒤집을 수 없는데도 사실관계에 관한 판단까지 내렸다. 미국의 항소법원처럼 상소기구는 법적 쟁점에 관한 결정만 내려야 하는데, 종종 원하는 사건 결과를 얻으려고 사실관계를 새롭게 검토했다.

그뿐만 아니라 상소기구는 패널 결정에 대한 검토는 90일을 넘지 않아야 한다는 기간 제한 규정도 지키지 않았다. 이는 사소한 절차 위반이 아니다. 기간 제한은 권력 남용이 횡행하지 않도록 막는 보루이며, 새로운 규칙을 작성하려는 거대한 관료제가 형성되지 않도록 하는 예방적 규정이기도 했다. 그러나 상소기구는 이를 사소한 위반으로 취급했다. USTR의 2020년 보고서를 보면, 조사 기간 중 90일 이내에 결론이 난 사건은 단 한 건도 없었으며 평균 시간은 149일이 걸렸다. 이는 두 가지 나쁜 영향을 미쳤다.

첫 번째는 분쟁 해결의 핵심 혜택을 무력화한다. 즉 회원국이 규칙을 위반할 때 신속한 구제를 받기가 어렵다. 상소기간의 잦은 연장은 중국과 같은 국가의 부정행위를 단속하기는커녕 수년에 걸친 소송이 끝날 때까지 WTO 규칙을 계속 위반해도 상관없게 되었다. 특히 태양광 산업과 관련된 사건에서 미국이 승소하더라도 그사이에 미국 산업이 고사했으니 일부의 승리에 그쳤을 뿐이다.

90일이라는 기한을 넘기면서, 상소기구는 점점 더 많은 판례를 축적했고, 이를 바탕으로 WTO 규정을 다시 쓰는 수준으로 확장했다. 상소기구는 마감 시한이 개의치 않고 100페이지가 넘는 장문의 의견서를 정기적으로 발행하여 권한 범위를 계속 확대했다.

상소기구의 점진적인 역할 변화는 전후의 다른 국제기구들의 궤적과도 상당히 일치했다. 국제 관료 조직에서 늘 그렇듯이, 상소기구와 이를 운영하는 관료들은 수년에 걸쳐 점점 더 많은 권한을 갖게 되었다.

그들은 또한 돈도 많이 벌었다. 분쟁을 해결한 판사들은 1년에 몇 건의 사건을 맡는 시간제 위원에 해당한다. 그런데도 판사들은 연간 약 30만 달러의 세금을 면제받고 제네바에 일 년 내내 거주할 수 있는 아파트를 무상으로 제공받았다. 기본적으로 판사들은 일당을 받지만, 일부 판사들이 1년 내내 매일 근무하는 것으로 보장받았다. 평균적으로 1년에 약 8일만 심리가 열리고 전체 상소기구가 연간 5~6건의 판결만 내리는데도 말이다. 이런 상황은 임기가 연장된 위원들의 경우에 더욱 심각했다. 사건이 마무리되면, 해당 기간에 대해 전액 보상을 받았다. 분명한 것은 일당으로 보수가 지급되는 경우 빠른 결정을 내릴 인센티브가 없다는 점이다.[8]

◆

미국 우선주의를 표방하는 공화당원들만이 이러한 불만을 터트렸던 것은 아니다. 앞서 언급했듯이 상소기구에 대한 불만은 20년 동안, 양당 행정부에 두루 걸쳐 있다. 실제로 WTO의 비판자 중 일부는 WTO를 속속들이 잘 아는 사람들이다. 당연히 USTR과 상소기구에서 일했던 위원들이 포함된다.

토마스 그레이엄은 미국인이며 2011년부터 2019년까지 상소기구에서 활동했다. 은퇴할 때, 톰은 고별사에서 상소기구를 신랄하게 비판했다. 그는 전직 동료들의 태도를 다음과 같이 묘사했다.

- 첫째, 상소기구의 역할에 대한 정통적 관점. 그들은 국제법원으로 자처하며, WTO 협정에서 허용하거나 협정 당사자들이 의도했던 것보다 훨씬 너 광범위한 권한을 가지고 WTO 규칙을 다루고 판사 중심의 법

률을 만들고 있다.
- 둘째, 상소기구가 자신의 역할을 확장하려고 세운 전제를 조금도 재고할 생각이 없는 사고방식.
- 셋째, 심각한 제도적 비판과 그를 제기한 사람들을 정당하지 않다고 보는 집단 사고.[9]

톰은 내 친구이자 몇 년간 로펌 동료로 일했다. 그가 사석에서 말하기를, 자신이 겪어본바 상소기구는 미국에 확실히 편견이 있고 내가 무엇을 상상하든 실제 문제는 그보다 더 심각하다고 말했다.

문제된 사건들

결코 완전한 예는 아니지만 상소기구의 권한 남용에 관한 몇 가지 예시를 들어보자. 이러한 사건들에서 미국 주권이 어떻게 훼손되는지, 그리고 상소기구가 신속하고 공정한 분쟁의 판정이라는 핵심 임무를 수행하는 데 얼마나 기본적인 실수를 저지르는지를 보자.

먼저 보잉(Boing) 대 에어버스(Airbus) 사건이다. WTO 분쟁 절차의 비효율성을 보여주는 가장 악명 높은 사건 중 하나가 아마도 상업용 항공기와 관련된 이 사건일 것이다. 보잉은 미국 내수시장을 통해 성장한 상업용 회사이다. 에어버스는 상업용 항공기 산업을 원했던 유럽 4개국이 힘을 합쳐 설립한 회사이다. 유럽 국가들은 고용 창출과 기술 개발 촉진을 위해 에어버스에 막대한 보조금

을 지원했다.

결국 미국 정부는 이러한 보조금에 대해 WTO 보조금 협정 위반으로 소송을 제기했다. 이는 에어버스가 A350과 A380이라는 두 종의 신형 여객기를 출시하기 위해 시장보다 낮은 대출을 받았을 때 발생했다. 유럽은 미국의 제소에 맞서 소송을 제기했고, 17년 동안 거의 결실을 거두지 못한 소송이 이어졌다. 잔다이스 대 잔다이스 소송(찰스 디킨슨의 〈황폐한 집〉에 나오는 소송)은 이 소송에 비할 게 아니다. 마침내 트럼프 행정부가 유럽의 보조금 지급에 대한 맞대응으로 WTO 규정에 따라 수입량에 상응하는 관세를 부과할 권리를 행사하고자 했다. 그런데 바이든 행정부는 취임하자마자 트럼프의 결정을 번복하고 관세 부과를 철회했다. 유럽은 다른 분야에서 협력 의제를 찾는 동안 5년간의 휴전에 동의했으며, 그 후로도 협조적인 태도를 보이지 않았다. 여전히 해결의 실마리가 보이지 않는 채, 이 거대한 사건은 계속되고 있다.

상소기구는 불공정 거래 관행을 장려했다. WTO 설립 훨씬 전부터 미국은 덤핑(부당하게 낮은 가격에 판매하는 행위) 또는 보조금을 받는 수입품은 불공정 무역에 해당하며, 이러한 수입품이 국내 산업에 피해를 주지 않도록 미국 등 다른 정부가 관세를 부과해야 한다고 주장해 왔다. 외국 생산자가 정부로부터 보조금을 받아 생산 비용을 충당한다면 불공정한 이득이 된다는 사실은 누구나 쉽게 알 수 있다.

덤핑 사건은 명확하지 않으나 시장 왜곡 측면에서 똑같다. 외국 제조업체가 자국에서 높은 가격으로 판매해서 고정 생산비용의 대부분을 충당한다면, 외국 시장(예: 미국)에서는 한계 비용보다 약간 높은 가격으로 판매할 수 있다. 그렇다면 모든 제조 비용을 감당해야 하는 국내 기업과 경쟁할 때, 외국 제조업체가 상당한 이점을 누리게 된다.

보조금 금지 및 반덤핑 법령은 진정한 시장 경쟁을 훼손하는 것이 아니다. 오히려 시장 경쟁을 강화하고 미국 기업이 자국에서 성공할 공정한 기회를 제공해준다. 그리고 이러한 법령은 WTO 규칙에 따라 명시적으로 허용된 바였다.

그런데도 상소기구는 수십 년 동안 불공정 무역의 편에 섰다. 미국의 반덤핑 및 보조금 금지 법령은 GATT 설립 수십 년 전부터 존재했고, 단 한 번도 상소기구가 제안한 방식대로 해당 법령을 완화하기로 미국이 합의한 적이 없었다. 그런데도 상소기구는 수십 건의 사건에서 이 법령을 왜곡하여 미국이 WTO 의무를 위반했다고 거듭하여 판정했다. 오히려 협상가들은 이런 사건에서 미국 정부의 조치를 얼마간 존중하는 문구를 협정문에 구체적으로 명시했다. 하지만 안타깝게도 이러한 문구는 무시되었다. 상소기구의 잘못된 결정은 외국 기업이 더 쉽게 보조금을 받고 우리 시장에 더 자주 덤핑하게끔 한다. 일련의 사건들을 살펴보면, 중국의 불공정 무역에 대해 해당 법령을 적용하기가 더 어려워졌다. 실제로 중국은 이러한 사법적 과잉의 가장 큰 승자가 되었다.

세이프가드가 철회되었다. 세이프가드 조치는 WTO 협정에 따라 특별한 경우에 허용된다. 수입품이 지나치게 범람하여 수입국의 시장과 산업에 "심각한" 피해를 발생할 경우, 수입국은 해당 수입품에 일정 기간 관세를 부과하여 공급량을 조정할 수 있다. 상소기구가 발족한 이후, 모든 국가가 취한 세이프가드 조치는 사실상 무효가 되었다. 상소기구는 새로운 의무를 부과하는 방식으로 원하는 바를 달성했다.

상소기구가 미국의 조세 정책을 간섭했다. 수십 년 동안 GATT 체제하에서 미국과 다른 회원국들은 자국 기업의 해외 판매 소득에 대해 과세할 필요가 없다는 뜻을 견지해 왔다. 해외 판매 수익에 세금을 부과하지 않으면, 기업의 수출 경쟁력이 높아진다. 유럽과 다른 지역의 국가들은 부가가치세 제도를 통해 이를 달성했다. 판매세와 마찬가지로, 부가가치세는 국내 기업이든 외국 기업이든 가리지 않고 국내 시장에 판매되는 모든 제품에 대해 부과된다. 또한 자국 기업이 제품을 수출할 경우, 정부는 부가가치세를 환급해 준다. 미국에는 부가가치세가 없지만, 미국 세법에 따라 수년 동안 미국 기업들은 해외 판매에 대한 국내 세금을 회피할 목적으로 사업을 구조화할 다른 선택지가 생긴 셈이다. 이러한 불공정성에 대해서는 17장에서 초월적 이슈로 자세히 다룰 예정이다. WTO 협정의 어떤 조항도 이러한 약속을 변경해서는 안 되었다. 그러나 상소기구가 만들어진 지 몇 년 만에 미국의 접근 방식이 불공정 보조금에 해당한다는 판정이 내려졌다. 미국의 관행이 EU의 부가가치세 제도보다 더 무역 시장을 왜곡한다는 증거가 없는데도 말이다. 오늘날까지 미국 기업들은 해외 매출에 대해 세금을 내며, 부가가치세가 있는 국가의 기업들은 대부분 세금을 회피한다. 이러한 규정은 분명 미국 기업들에 불공정한 불이익을 주고 미국인들의 일자리를 잃게 했다.

상소기구는 미국 정부 지출에 간섭했다. 2000년대 미국 의회는 덤핑 및 보조금 수입품에 부과된 관세로 징수한 자금을 피해 당사자인 기업에 제공하기로 했다. WTO 회원국이 반덤핑 및 반보조금 관세를 어떻게 사용할지를 제한하는 WTO 규정이 없으니 미국 의회가 그를 결정할 권리가 있었다. 그러나 상소기구는 금지된 보조금이라는 새로운 범주를 마련하여 미국 법률이 WTO 규칙에 위배된다고 판결했다. 이에 따라 미국 의회는 해당 법률을 폐지하고 피해 기업들은 아무런 보상도 받지 못하게 되었다.

상소기구는 미국의 사회 정책을 간섭했다. 수십 년 동안 의회와 주 정부는 도박을 규제해 왔으며, 이러한 권한을 WTO에 넘겼다고 볼 아무런 근거가 없다. 그런데도 상소기구는 미국의 도박 규제가 안티과 바르부다에 피해를 주는 무역 장벽이라고 판결했다.* 이 결정은 너무 터무니없어서 상소기구를 믿어왔던 부시 행정부와 오바마 행정부조차 이를 따르지 않았다.

WTO는 미국의 환경 안전 법령에 반대하는 판결을 했다. 참치-돌고래 사건으로 불리는 이 사건에서 미국 정부는 국내에 수입되는 참치를 포획할 때 돌고래를 적절히 보호할 수 있는 어로 방법을 요구하는 법률을 제정했다. 이에 WTO는 멕시코의 손을 들어줬다. 이 소송은 10년 넘게 진행되었다. 2018년 트럼프 행정부가 승소하여 마침내 소송이 종결되었다.

---

* 우루과이라운드 서비스 협상 당시에 미국이 명시적으로 제외한 '스포츠(sporting) 산업'에 인터넷 도박 서비스(사행성 산업)가 포함되는지가 쟁점이 된 사건이다. 2005년 4월 미국 패소 결정이 내려졌다. 패소 이후에도 미국이 권고사항의 이행을 실행하지 않자 안티과 바르부다는 자국 내 미국의 지식재산권을 보호하지 않는 교차보복을 단행하였으며, 그 결과 미국은 타협책을 강구하게 되었다.

미국 정부가 현행 WTO 분쟁 해결 체계에 동의했을 때, 우리는 이 절차를 통해 우리 수출품에 대한 해외 시장이 개방될 것이라고 들었다. 하지만 이 장에서 살펴본 바와 같이 실제로는 그렇게 되지 않았다. 오히려 미국이 분쟁 절차의 주요 대상국이 되었다. 왜 우리는 그 많은 소송에서 패소했을까? 간단히 말해, WTO 상소기구가 협정을 의도한 대로 적용하지 않았기 때문이다. 그 대신 판사들은 극단적인 사법 행동주의를 통해 우리에게 불리한 판결을 할 구실을 찾으려 했다.

조력자 중국

위의 모든 비판을 고려하더라도 WTO의 가장 큰 문제는 지정학적 최대 적성국의 불공정한 경제 관행에 대처하지 못한다는 점이다. 미국과 대부분의 서방 민주주의 국가들이 직면한 가장 큰 문제는 중국의 도전이다. 중국은 중상주의적 관행, 대부분 폐쇄적인 시장, 막대한 보조금, 국유기업(SOEs), 산업 스파이, 투자 통제 등을 통해 막대한 흑자를 창출하고 있다. 이중 상당수는 경제력 때문이 아니라 정부 정책의 결과이다. 이에 대해 WTO가 할 수 있는 일은 거의 없다. 가장 파괴적인 중국의 관행 중 상당수는 WTO 규정이 적용되지 않는다. 설령 적용된다고 하더라도 중국은 의무를 위반한 정책을 변경하고 다른 방식으로 목표를 달성하면 그뿐이다. 엎친 데 덮친 격으로, 중국은 WTO에서 자신들에게 효과적으로 도전할 수 있는 새로운 규칙을 제정하려고 할 때마다 거부권을 행사하고 있다.

WTO 규칙 자체로도 중국과 경쟁하는 국가를 도울 수 없다는 것이 분명하지만, WTO 분쟁해결절차는 중국의 불공정 관행에 이의를 제기하는 과정을 더욱 어렵게 만들고 있다. 상소기구는 일련의 사건에서 미국의 관행이 중국의 보조금과 불법 덤핑을 통제하고자 고안되었다고 결정했다. 이로써 미국과 다른 국가들은 산업 보조금 및 기타 불공정 행위에 대응하기가 훨씬 어려워졌다.

물론 중국 자체는 현 체제를 강력하게 옹호하고 있다. 당연히 2022년 6월 제네바에서 열린 제12차 장관급 회의에서 중국공산당 기관지 〈인민일보〉는 WTO의 성과를 옹호하고 미국을 공격했다. 이 기사는 중국의 엄청난 성장을 "윈윈(Win-Win)" 상황이라고 부르며, 현재의 미국 정책을 "극도로 이기적인 미국 우선주의 정책"이라고 공격했다.[10] 여기서 "윈윈"은 중국공산당과 한 줌의 과두정 당원들의 승리를 가리키는 게 아닐까? 이 기사는 이어서 중국의 제네바 동맹인 응고지 오콘조-이웨알라(Nagozi Okonjo-Iweala) WTO 사무총장*의 발언에 찬사를 보냈다. 당시 나의 반응은 우리가 허점을 볼 수 있으려면 먼저 목표물을 넘어야 한다는 것이었다.

---

* 나이지리아 재무부 장관 출신으로 2021년 3월부터 WTO 사무총장을 역임하고 있다.

미국 안보에 대한 직접적인 위협

상황이 더 이상 악화할 수 없다고 생각했는데, 2022년 말 WTO 분쟁 패널은 미국 정부가 민감한 국가 안보 문제에 대해 내린 결정을 번복할 수 있다고 판정했다. 이 분쟁은 트럼프 행정부가 철강과 알루미늄 수입품에 부과한 관세에서 비롯되었다. 미국은 중국 등이 WTO에 제기한 소송을 방어하면서 GATT 22조에 포함된 "필수 안보"를 근거로 내세웠다. 이 조항은 다음과 같다. "이 협정의 어떠한 조항도… 협정 체결 당사국이 자국의 필수 안보 이익을 보호함에 필요하다고 간주하는 조치를 방해하는 것으로 해석해서는 안 된다."[11] "간주한다"라는 문구는 단순히 예외 조치가 자의적 판단으로 시행될 수 있다는 뜻이며, 미국은 70년 이상 그렇게 조항을 해석해 왔다. 그런데 WTO 패널은 달리 생각했으며, 더 나아가 한 명도 아닌 두 명의 미국 대통령이 내린 국가 안보 판단을 무효로 만들려 했다.

지금은 패널이 철강 및 알루미늄과 관련된 국가 안보 조치를 검토할 수 있다고 밝혔으니까, 향후 패널이 미국이 수출 통제, 제재 및 무기 비확산 조치를 시행하는 것을 방해하더라도 막을 방법이 없다. 실제로도 중국은 미국의 새로운 반도체 수출 통제 규정에 대해 집중적으로 제소했다. 캐서린 타이(Katherine Tai) USTR 대표는 WTO가 철강과 알루미늄 사건에 군이 뛰어들어 "실로 매우 얇은 살얼음 위를 걷고 있다"라고 비난한 후, 미국은 이 잘못되고 위험한 결정을 따르지 않을 것이라고 밝혔다.[12] 나조차도 그녀보다 더 잘 표현할 수는 없었을 것이다.

얼어붙은 불평등한 시스템

WTO에서 분쟁해결 관료주의가 번성하면서, 오히려 협상 기능은 정체되었다. 이는 우연이 아니었다. 각국은 협상보다 소송을 벌이고 상소기구를 통해 WTO 규정을 확대하거나 변경함으로써 무역 의제를 더 쉽게 진전시킬 수 있다는 사실을 깨달았다. 그 결과 상당수 국가가 협상의 동기를 잃어버렸다 . 그리고 당연하게도 WTO 설립 이후 주요 다자간 무역 협상이 성공적으로 마무리된 사례는 없었다.

마지막 주요 협상 시도인 2001년 도하라운드는 실패로 끝났다. 소규모의 이니셔티브 역시 실패하거나 실망을 안겨주었다. 〈전자상거래 규칙에 대한 협상〉은 수년 동안 계속됐으나 절망적인 교착 상태에 빠졌다. 수산업계에 해로운 보조금을 제한하려는 협상이 20년 동안 진통을 겪었고, 결국 2022년 제12차 각료회의에서 WTO 회원국들이 백기를 들었다. 대신 연료 및 어선 현대화와 같은 가장 파괴적인 해양 고갈행위에 대한 보조금을 포함하지 않는, 지극히 낮은 수준에서 합의를 이뤘다. 이 야망이 낮은 합의는 지구의 어족 자원을 회복하기보다는 장관급 회의가 끝난 후 보도자료를 작성하고 사무총장에게 적어도 이번 사태가 완전한 재앙이 아니라고 보고하기 위해 성급히 급조된 것으로 보인다.[13]

1995년 상소기구가 설립되기 전에는, GATT의 체결 당사국이 양보를 원하면 협상을 통해 거래를 성사해야 했다. 그러나 WTO는 이러한 압박이 없으니, 각국이 외교적 절차를 중단하고 소송으로 직행한다고 해서 놀라운 일이 아니다. 성공적인 주요 협상이 결렬되는 또 다른 배경은 현재 WTO의 구성에서 찾을 수 있다. 같은 생각을 가진 23개 국가와 협상하기도 쉬운 일이 아니지만, 164개 국가, 게다가 상당수가 법치주의 시장 경제가 아니고 일부는 반시장적 독재 국가인 상황에서는 협상 자체로도 엄청난 난관이다. 더군다나 개별 국가는 자유무역을 발전시키는 것보다 자국의 이익을 찾는 데 훨씬 관심이 많다. 이러한 조건에서 중요한 협상에 대해 합의를 이루기란 정말 쉽지 않다.

거래가 전혀 없는 것이 나쁜 거래보다 더 낫다지만, 나 역시 다자간 무역 협상의 종말을 반길 수 없다. 규칙에 기반을 둔 무역 체계는 1947년부터 1995년까지 미국에 큰 도움이 되었다. 그리고 WTO의 마비는 우루과이라운드 협정이 미국의 이익을 해치는 불공정한 토대 위에 설계되어 있음을 의미한다. 가장 심각한 세 가지 불평등은 서로 다른 관세율, 개발도상국이라는 허점, 최혜국 대우의 예외다. 이러한 불평등 요소들이 규칙을 집어삼킬 수 있는 위협이 되고 있다.

관세 격차

우루과이라운드는 세계 각국의 관세율에 큰 격차를 남겼다. 이 협정은 비록 현재는 세계 주요 무역국이 된 중국과 같은 "개발도상국"에 높은 관세를 부과하고, 미국과 유럽 국가 간에도 현격한 격차를 남겼다. 예를 들어, 미국의 자동차 관세율은 2.5%로 중국의 25% 관세율과 EU의 10% 관세율에 비해 상대적으로 낮다. 인도의 자동차 관세율은 100%, 브라질의 경우 34%이다. 와인에 적용되는 평균 관세율은 약 3.5%이다. EU에서 해당 수치는 32%다. 브라질과 인도의 수치는 20%이며 다른 제품에 대한 관세는 종종 150%를 넘는다. 이 외에도 많은 사례가 있다.

국제 무역 체계가 1947년 이후에 설정된 유형을 계속 따랐다면, 미국은 향후 협상 라운드에서 이러한 불균형을 해결할 기회가 있었을 것이다. 하지만 WTO의 협상 기능이 사실상 소멸한 지금, 그러한 시정 기회는 더 이상 없다.

개발도상국이라는 허점

또 다른 문제는 이른바 개발도상국에 대한 대우이다. 무역 협상의 이상한 측면 중 하나는, 모든 당사자가 시장 개방과 새로운 협정 규칙 제정이라는 공동 목표에 동의한다고 공언하면서도, 꼭 예외 규정과 허점을 따로 마련해 필수적 의무를 배제하려 든다는 것이다. 내가 읽어본 모든 협정문은 이러한 패턴을 따르는 경향이 있다.

이러한 교묘한 수법 중 특히 악의적인 사례로는 개발도상국에 대한 "특별하고 차별적인 대우" 조항이 있다. 대부분 "개발도상국"에 적용되는 WTO 협정에 따른 의무 조항은 선진국에 비해 훨씬 적다. 실제 협상 내용에 따라 달라지지만, 일반적으로 개발도상국은 더 오랜 기간에 걸쳐 의무를 단계적으로 이행한다. 또한 개발도상국은 자국 기업과 경제를 돕는다는 명분으로 페널티를 받지 않고서도 선진국에 허용되지 않는 특정 조치를 도입할 수도 있다. 예를 들어, 개발도상국은 특정 산업을 진흥하거나 국제수지의 적자를 해소하기 위해 수입을 제한할 권리를 인정받는다. 동시에 비호혜적인 특혜 대우 조항이 적용된다. 미국은 개발도상국에 무관세 혜택을 받을 수 있도록 우대하는데, 이를 흔히 일반특혜관세제도(GSP: General System of Preference)라고 부른다.

이 특혜 개념은 얼마간 타당하지만, 한 국가가 "WTO에서만" 개발도상국이라고 "자체 지정"할 수 있다는 점에서 왜곡 가능성이 있다. 극단적인 예로 미국도 원하기만 하면 스스로 개발도상국으로 지정할 수 있다. 당연하게도 WTO 회원국은 대부분 개발도상국이라고 자처한다. 실제로 G20 국가(세계에서 가장 큰 20개의 경제 대국) 중 몇몇 국가는 WTO에서 개발도상국으로 자체 지정했다. 중국(세계 2위 경제 대국), 멕시코, 인도, 튀르키예, 사우디아라비아, 인도네시아, 남아프리카공화국, 아르헨티나 등이 여기에 해당한다. 이 거대하고 때로는 매우 부유한 경제 대국들이 WTO에서 미국과 다른 대우를 받는다니 어처구니없는 일이다. 이러한 불합리한 상황에 대응하기 위해 트럼프 행정부는 부유한 국가들이 스스로 선진국으로 다시 지정하도록 유도했다. 우리는 브라질과 한국을 설득하여 더 이상 개발도상국이 아니라고 선언하도록 했다. 하지만 문제는 여전히 남아 있다.

무엇보다 나는 "개발도상국"이라는 지위에서 드러나는 명백한 모순을 지적하고 싶다. 자유무역 이론가들은 한 나라가 WTO 규칙에 명문화된 것과 같은 자유무역정책을 따르면 더욱 발전 가능성이 높다고 주장해왔다. 그런데 WTO 회원국의 80%가 스스로를 개발도상국이라고 부르는 이유는 왜일까? WTO 규칙이 그들의 성장에 저해 요인이 된다고 생각하기 때문이 아닐까? 이는 마치 어떤 알코올 중독자 모임에서 회원의 80%가 계속 술을 마실 수 있는 우대증을 원하는 상황과 비슷하다. 특별 대우는 WTO 규칙을 준수할 자원이 없는 최빈국에게만 적용되어야 한다.

공격받는 최혜국대우

WTO는 최혜국대우(MFN)를 가장 중요한 원칙의 하나로 삼고 있다. 이 원칙에 따르면 한 국가는 모든 WTO 회원국에 같은 관세율을 부과하고 WTO 회원국의 모든 상품과 서비스를 똑같이 취급해야 한다. 어떤 회원국을 특별히 선호해서는 안 된다. 그러나 국제 관료들이 늘 그랬듯이 또다시 예외가 생겨났다. 한 국가가 다른 국가 또는 국가 그룹과 "실질적으로 모든" 무역을 포괄하는 자유무역협정(FTA)을 체결하는 경우, MFN보다 더 나은 혜택을 받을 수 있다. 다시 말해, FTA를 체결하면 다른 나라보다 더 나은 대우를 받을 수 있다. 물론 많은 국가가 MFN 원칙을 우회하기 위해 수많은 FTA를 체결한다. 그래서 실제로는 GATT 이전의 양자 간 무역협정보다 나아진 것이 없다.

USMCA와 같이 인접 국가들이 하나의 통합된 시장을 지향하는 예도 있지만, 대부분 이러한 협정은 특정 수출업체에 특혜를 주려는 계략에 불과하다. 그리고 이 사기의 주범은 대개 유럽이다. 유럽연합은 이러한 협정을 72건이나 체결했다. 이는 본질적으로 과거에 가혹한 비난을 받았던 "오래된 식민지 특혜"를 부활시키는 것이다. 우리는 유럽의 최대 시장인 동시에 최대 흑자의 희생자인데도 72개 유럽 회원국보다 더 나쁜 대우를 받고 있다. 중국 역시 또 다른 가해자다. 중국의 역내 포괄적 경제동반자협정(RCEP)*은 MFN 조항을 준수하지 않는 12개국을 포함한다. 따라서 중국은 가장 큰 고객인 미국을 제외한 다른 많은 국가에 특혜를 제공하고 있다. 물론 미국도 약 20개의 협정이 있다. USMCA를 제외하고 이런 협정들은 같은 맥락에서 비판받아야 한다.

WTO는 다시 초심으로 돌아가 MFN 기반의 조직으로 거듭나야 한다. 그렇게 하지 않는다면, 아니 할 수 없다면, 미국은 또다시 전세계를 대상으로 양자 무역 협상을 시작해야 한다. 현재 세계 각국이 사실상의 MFN를 받는다면, 미국은 다른 나라의 시장에 더욱 유리하게 접근하려면 우리의 시장 규모를 레버리지로 삼아 양자 협상을 진행하는 편이 더 낫다.

---

* RCEP(Regional Comprehensive Economic Partnership)는 동남아시아(ASEAN) 10개국과 한중일 3개국, 호주, 뉴질랜드, 인노 능 종 16개국의 관세장벽 철폐를 목표로 하는 자유무역협정의 일종이다.

변화의 필요성

개혁은커녕 자기 규제도 힘든 상소기구의 무능력을 고려해서, 트럼프 행정부는 상소기구의 파괴적인 영향력에 미국이 노출되는 것을 제한하고자 결단했다. 오바마 행정부가 특정 판사를 기피 신청했던 정도를 넘어, 트럼프 행정부는 상소기구가 평상시 업무 수행에 필요한 정족수를 채우지 못하도록 한 것이다. 이런 조치가 가능했던 것은 판사들은 합의에 따라 임명되기 때문이다. 미국을 대표하여 내가 새로운 판사를 임명하는 절차 개시에 동의하지 않는다면, 정족수를 보충할 방법이 없었다. 그 결과 상소기구는 7명에서 6명, 5명, 4명, 3명, 2명으로 서서히 줄어들었고, 마지막으로 2020년 11월 30일에 1명이 되었다. 아이러니하게도 이 마지막 판사로 중국공산당 소속인 홍자오가 남았다.

회원 수가 2명으로 줄어들자, 상소기구는 더 이상 작동할 수 없었다. 우리는 능란하게 제거 작업을 해냈다. 비평가들은 격렬히 비난했지만, 당시 내가 지적했듯이 상소기구를 아쉬워한 사람은 사실상 아무도 없었다.[14] 실제로 무역의 실제 구현과 이 법정의 존재 사이에는 상관관계가 별로 없다는 점에 나는 항상 주목해왔다.

상소기구를 없애야 했다. 그러나 WTO를 개조하려면 더 많은 일을 해야 한다. 트럼프 행정부에 대한 비판자들과는 달리, 아무도 규칙 기반의 무역체제에서 정글 법칙이 작동하는 현실로 되돌아가자고 주장하는 이는 없다. 그러나 현재의 WTO를 고수한다면 사실상 규칙 기반 체계의 근본 원칙을 깨뜨리는 것이다. 이 조직은 그러한 근본 원칙에 따라 움직이지 않는다는 것을 일관되게 보여 주었으니까 말이다. 미래를 내다볼 때, WTO는 핵심 원칙을 준수하고 원래 의도했던 대로 체계적인 개혁을 시행해야 한다. 단순한 조정만으로는 충분하지 않다.

첫째, 국제 관세 체계에 대한 재설정이 필요하다. 같은 제품이 국가마다 다른 관세를 부과받는 관행은 불공정하고 비효율적이며 시대착오적이다. 모든 관세에 대한 새로운 기준이 필요하다. 일부 국가의 심각한 정치적, 경제적 상황을 고려하여, 아주 드문 경우에만 예외를 허용해야 한다. 그 기준선을 논의하는 데 선진국의 평균 관세가 좋은 출발점이 될 것이다.

둘째, 최혜국대우(MFN)를 목적으로 하는 FTA 체결은 중단되어야 한다. USMCA나 유럽연합과 같이 인접한 국가 간의 한정된 관세 동맹은 반드시 허용되어야 하지만, 그렇지 않으면 각국은 모든 무역 상대국을 동등하게 대우해야 한다.

셋째, 특별 대우와 차별적 대우를 과감히 줄여야 한다. 최빈국들에 한정해서 특별 대우를 하고, 나머지 국가들은 무역 체계 안에 들어오거나 아니면 밖에 있거나 선택해야 한다.

넷째, WTO는 중국의 경제 공세를 막기 위한 새로운 규칙을 제정해야 한다. 분명한 것은 특정 상황에서만 보상 관세가 허용되어야 한다. 또한 필요한 경우 각국은 약탈적 중상주의 정책에 대응하기 위해 일방적으로 행동할 수 있어야 한다.

다섯째, 일몰제를 WTO 협정에 도입해야 한다. 경제는 변화하고 회원국의 의무도 변화한다. 어떤 기업도, 어떤 국가도 공급자와 영원한 계약을 체결하지 않을 것이다.

여섯째, WTO는 장기적으로 무역 균형을 보장하는 메커니즘을 채택해야 한다. 미국과 같은 국가가 수십 년 동안 수조 달러의 적자를 기록한다면, 약속은 좀 더 유연해질 필요가 있다.

마지막으로 분쟁해결절차를 폐지해야 한다. 상업적 중재를 모델로 한 새로운 제도가 그 자리를 대신해야 한다. 패널 절차는 1단계로 하되, WTO 회원국의 투표로 패널의 결정을 번복할 수 있어야 한다. 또한 결정은 당사자 협상의 기초가 될 뿐 구속력이 없어야 한다.

정글의 법칙, 아니면 현상 유지라는 양자택일 논리가 현 체제의 실패를 감출 수 없다. 더구나 미국의 이익과 관련해서는 더욱 그렇다. 현상 유지는 결코 선택사항이 아니다.

제2부

중국: 거대한 도전

5장

최대의 지정학적 위협

2017년 중국 국가안보업무포럼 연설에서 시진핑 주석은 자신의 역량을 숨기고 때를 기다려야 하는 시대는 끝났다고 선언했다.[1] 그 대신 중국이 세계 패권국의 역할을 맡겠다는 구상을 제시했다. 이 시나리오에서는 중국이 글로벌 무대에서 활력을 되찾고 공세를 높여가는 데 반해, 지치고 혼란스러운 미국의 국운은 점차 기울어지고 있다. 미국은 여전히 중국의 부상에 걸림돌이 될 만큼 강력하지만, 중국의 궁극적인 승리를 저지할 수는 없다고 시진핑은 선언했다. 가면이 벗겨진 것이다.

그렇지만 사실 그 가면은 언제나 설득력이 없었다. 수십 년 동안 중국은 자유무역주의자들의 바람과는 달리 미래의 민주적 낙원이 될 수 없다는 사실이 분명해졌다. 이제 중국은 미국 독립혁명 이래로 미국과 서구의 자유민주주의 정부 체제가 직면한 가장 큰 위협이 되었다. 그리고 우리가 그런 일이 일어나도록 도왔다.

통계를 통해 장래 미국이 직면한 경제적 도전의 규모를 전망해 보자. 20세기 전반에 걸쳐 오늘날 중국만큼 미국에 경제적으로 강력한 경쟁국은 없었다. 제국주의 일본과 나치 독일의 경제를 합쳐도, 또는 경제력이 최정점에 달했던 소련의 경제 규모도 미국 GDP의 60%에 미치지 못했다.[2] 중국은 2014년에 그 문턱을 넘었고 경제 성장률은 계속해서 미국을 크게 앞지르고 있다.[3] 그리고 중국의 경제력 상승이 군사력과 국제 금융 영향력을 떠받쳐주고 있다. 중국은 지난 한 세기 동안 미국이 직면한 가장 심각한 도전자다.

중국은 세계에서 두 번째로 큰 경제 규모를 가진 군사 독재 공산주의 국가이며 언제라도 미국을 능가할 수 있다. 그렇게 세계를 지배하는 국가가 되어 반미, 반민주 및 공산주의 체제를 확산하려는 목표 하에 전념하고 있다. 중국은 우리와 우리의 가치를 자국의 목표를 가로막는 장애물로 여긴다. 그뿐만 아니라 미국과 미국 시민의 삶의 방식을 극도로 싫어한다. 중국은 그들의 자녀들에게 우리를 싫어하도록 가르치고 있다. 중국은 가능한 한 모든 대결에 대비해 우리보다 훨씬 신속하게 군대를 증강하고 있다. 중국이 경제 성장을 통해 국익을 추구하는 것을 뭐라고 할 수 없지만, 일상적으로 약탈적이고 불공정한 관행에 가담하는 것은 비도덕적인 측면이 많다. 중국은 맹렬한 반미 외교단을 보유하고 있다. 세계에서 가장 많은 사이버 공격, 가장 많은 기술 도난, 가장 노골적인 스파이 행위의 근원이기도 하다. 가장 심각한 공해의 근원지인데도 이를 억제하려는 노력은 거의 기울이지 않고 있다. 그리고 현대 역사상 최악의 인권 관행을 가지고 있다. 중국은 우리의 정치 및 학술 기관에 영향을 행사하기 위해 매년 수백만 달러를 쏟아붓고 있다. 요컨대, 중국은 우리를 직접 겨냥하는 매우 강력한 적이다. 모든 미국인은 그 사실을 깨달아야 한다. 우리가 이 대결에서 패배한다면 세상은 매우 다른 곳이 될 것이다. 이것은 생사의 문제이다. 자칫하면 우리의 삶의 방식과 자유세계의 운명이 위태로워진다.

일반적으로 중국에서 흘러나오는 발언이나 (피터 스와이저* 등 많은 이들이 폭로했듯이) 중국에 완전히 종속된 타협적인 미국 지도자들이 재생산하는 수사 어구로는 이런 사실을 전혀 알 수 없다.[4] 더구나 아직도 미국은 편집증적 호전주의자이고, 중국은 단지 도전자에 대해서는 피를 볼 때까지 응징하겠다고 공언할지라도 근본적으로 우방과 공동의 기회를 추구할 뿐이라는 주장이 종종 제기된다.[5] 이렇듯 중국 지도자들의 흔한 수사는 때때로 미국에도 반향을 불러일으키며 중국의 노선을 방해하는 자들에게 가하는 치명적 위협을 과소평가하게 한다. 하지만 경제 및 지정학 전선에서 미국과 중국이 오랜 기간 교류하면서 얻은 교훈이 한 가지 있다면, 중국 정부가 하는 일을 주의 깊게 관찰하고 중국 정부가 하는 말을 크게 믿지 말아야 한다는 것이다.

1989년 톈안먼(天安門) 광장 진압 이후 전 세계적인 역풍이 있자, 중국의 철권통치는 외유내강을 조심스럽게 표방했다. 그러나 전 세계가 분노했다고 해서 중국의 늙은 지도자 덩샤오핑은 그에 굴하지 않았다. 그는 톈안먼 사태를 사과하지 않았다. 대신 새로운 당 강령을 내놓았다. 덩샤오핑은 일련의 내부 메시지를 통해 "능력을 숨기

---

* 피터 스와이저(Peter Schweizer)는 보수 성향의 정부책임연구소(Government Account-ability Institute: GAI)의 소장으로 주로 민주당 정부와 의회 안의 내부 거래를 폭로하는 저서를 출간하여 명성을 얻었다.

고 때를 기다린다"라는 문구로 요약되는 중국 외교 정책의 신중론을 펼쳤다.[6]

그 전략은 성공했다. 톈안먼 사태 이후 서방에서 일어난 분노는 의외로 짧았고 이내 사그라들었다. 그러나 중국은 톈안먼 사태에서 교훈을 얻었다. 즉 심각한 인권 침해와 같은 전 세계적인 반발은 자국의 이익에 해로운 결과를 초래할 수 있다는 교훈 말이다. 이 사건이 남긴 후유증은 중국이 자신의 행동과 의도에 대한 국제적 이해를 조율하기 위해 외교적 노력을 기울여야 한다는 것을 시사했다. 그들은 세계 지도자들을 안심시키기 위해 유화적인 수사의 힘에 집중했다. 그래서 걱정할 만한 상황이 여전했는데도 세계 지도자들은 실제로 꽤 쉽게 마음을 놓았다. 아마도 클린턴 행정부 시절 미국의 경우처럼 중국의 수사와 정치자금이 정치인들의 의제를 받쳐주었기 때문일 것이다.

1999년 클린턴 대통령은 중국의 정치 기부금과 핵 스파이 스캔들을 우려하여 중국의 WTO 가입 협상을 일시적으로 철회한 바 있었다. 그러나 협상은 곧 재개되었다. 1999년 4월 18일자 뉴욕타임스 기고문에서 나는 미국이 군사적 침략이나 인권 유린에 활용할 수 있는 경제적 영향력을 포기하는 데 대해 다음과 같이 우려했다.[7] "중국의 군사적·외교적 침략에 대응하기 위해 경제적 압력을 행사하는 것이야말로 우리가 해야 할 일이다… 아무런 변화가 없는 상황에서 중국이 세계무역기구에 가입하면, 미국은 대만에 대한 위협, 티베트의 인권 침해와 종교 박해에 대응하여 중국산 제품 수입을 제한하지 못하는 결과를 초래할 수 있다." 이는 현재 우리가 처한 상황을 정확히 짚어낸 말이었다. 당시 나는 찬성파가 거래를 후회하게 될 것이라고 말했다. 그런데 현재 드러난 결과는 단순한 후회를 넘어선 것이다. 30년 가까이 서방과의 협약 과정을 최대한 활용하는 중국의 전략은 국익 증진에 성공적이었던 것으로 입증되었다.

하지만 최근에는 시진핑 주석의 경제 및 군사적 영향력이 갈수록 커지면서 정중한 가면이 벗겨지고 있다. 중국 정부는 바이든 행정부 대표들과의 대화에서 노골적인 무례함과 공격성을 드러냈다. 이는 의도된 것이다. 중국 정부가 공개적으로 언급하는 내용 중 의도하지 않은 것은 거의 없다. 중국의 성명 내용은 특정 효과를 거두기 위해 고안되었으며 주로 국면의 통제력을 강화하는 데 주안점이 있다. 통제를 위한 투쟁은 중국 정책의 주요 동력이며, 이는 마오쩌둥 이후에도 변하지 않았다. 달라진 점이 있다면 중국이 점점 더 의도를 숨기지 않는다는 것이다. 최근 미국을 공개적으로 자극하는 이면에는 중국이 이제 더 대범하게 행동할 수 있는 역학 관계를 반영한다. 그리고 중국은 강화된 군사력을 지렛대로 하여 국제 무역의 지배적 위치에 내재된 영향력을 행사하려는 의도가 분명하다. 이러한 새로운 접근법은 2022년 10월 제20차 전당 대회에서 노골화되었다. 그 어조는 자신감 넘치고 심지어 강경했으며 마르크스주의, 독재주의, 군사주의적 성향을 분명히 드러냈다.

오늘날 미국은 각계 전선에서 점점 더 많은 중국의 위협을 받고 있다. 중국은 남중국해와 그 주변국을 힘으로 장악하려는 공격적인 태도를 보인다. 이러한 힘의 논리는 세계 각국에 대해 암암리에 행사하는 경제 위협에 의해 뒷받침된다. 더구나 세계는 가치 사슬에 공급되는 필수재와 원자재, 점점 늘어나는 부채를 지탱할 금융 투자를 조달하기 위해 중국에 점점 더 많이 의존하고 있다.

다른 관점에서 보면, 중국의 새로운 솔직함은 반가운 변화다. 아무리 낙관적인 사람들조차 미국이 공공연하게 적대적이고 강력한 적수를 상대하고 있다는 사실을 인정할 테니까 말이다. 적어도 우리는 우리 자신의 위치를 잘 알고 있다.

중국이 평화롭고 민주적인 국제 사회의 일원이라고 생각하는 어리석은 착각은 분명히 대의명분을 잃고 있다. 대화와 우정에 대한 중국의 말과 행동 사이에 뚜렷한 모순이 있다는 증거들이 전 세계 제반 분야에서 드러나고 있다. 이 책은 무역 분야에서의 중국의 전술에 주로 초점을 맞추고 있지만, 중국의 패권 노력은 무역 채널을 통한 경제적 레버리지에 국한되지 않고 더욱 강화되는 군사, 외교, 재정적 힘을 바탕으로 전 세계로 뻗어나가고 있다. 중국의 무역정책과 관행은 여러 전선에 걸쳐 공격적인 전략적 행동을 취하는, 더 넓은 행동 패턴의 맥락에서 이해되어야 한다. 정치권력이 총구에서 나온다는 마오쩌둥의 말을 오랫동안 기억해 온 나라인 만큼, 군사력 증강이 중국의 전략 계획의 핵심이 된 것은 너무나 당연한 일이다.

총구의 장전: 중국 군대의 위협

중국의 군대는 미국에 대한 실존적 위협이다. 중국은 전례 없는 속도로 공격적인 군사력을 구축하고 있다. 역사상 군대를 증강하고도 사용하지 않은 독재자는 거의 없다는 사실을 기억해두자. 중국의 군사적 위협은 중국의 경제력과 서방으로부터의 자유로운 기술 절도 덕택이었다. 현재 중국은 인민해방군(PLA)을 대대적으로 개편 중인데, 2035년까지 1단계 개편을 완료하고 2049년까지 미국과 동등하거나 앞서는 세계 최고 수준의 군대를 보유하겠다는 목표를 세우고 있다.[8] 이러한 노력은 이미 결실을 보기 시작했다. 현재 중국 인민해방군은 몇 가지 주요 분야에서 미군과 동등하거나 능가한다. 중국은 미국보다 약 60척의 함정이 더 많은 세계 최대의 해군을 보유하고 있으며, 더 많은 기지 탑재식 재래식 탄도와 순항 미사일을 보유하고 있다.[9] 2021년 7월 중국이 발사한 극초음속 미사일은 글라이더 형태의 활공체를 탄두에 탑재해서 발사하는 방식으로 지구 저궤도를 선회하며 수평비행으로 활공한다. 이러한 무기는 최첨단 미사일 방어 시스템을 피할 수 있다. 일찍이 이 능력을 선보인 국가가 없었기에, 미국 관리들조차 미국의 극초음속 무기 개발 프로그램이 중국에 뒤처진다고 인정했다. 전문가들은 중국이 최근 몇 차례 실시한 테스트*는 공기 흡입식 초음속 미사일을 포함한 것이며, 미국 북부의 대공 미사일 방어체제를 회피하며 미국 남부를 공격할 수 있다고 분석했다.[10]

여기에 더해 미국과학자연맹이 민간 위성 데이터 분석을 통해 밝혀낸 바로는, 인민해방군은 약 230개의 새로운 핵 격납고를 건설하

---

* 중국은 2021년 7월 핵탄두를 장착할 수 있는 극초음속 미사일 씽콩-2의 발사에 성공했다. 이에 대해 마크 밀리 미국 합참의장은 과거 소련과 미국의 우주 개발 경쟁이 벌어지게 된 계기였던 "스푸트니크 충격"에 비유했다.

고 있다.[11] 이 격납고들에 실제로 얼마나 많은 신형 핵미사일이 보관되어 있는지는 불분명하지만, 전문가들은 이 격납고의 건설이 새로운 군비 경쟁의 출발인지 아니면 군비 통제 협상 가능성에 대비한 단순한 협상 전략인지를 두고 논쟁을 벌이고 있다. 어쨌든 이 격납고들은 중국의 중대한 태도 변화를 암시하며 미국과 동맹국들에 상당한 우려를 안겨주고 있다. 이러한 공세적인 입장은 미국 국방성이 러시아산과 중국산 첨단 장거리 지대공 미사일로 구성된 "견고하며 중첩된 통합 방공 시스템 아키텍처"라고 부르는 것과 결을 같이한다.[12]

중국은 군사력 증강과 더불어 국제 분쟁에도 더욱 적극적으로 개입하고 있다. 특히 1949년 국공내전 종식 이후 독립한 대만에 대한 중국의 군사적 압박이 급격히 늘고 있다. 중국은 대만 영토에 대한 군사적 침투 횟수와 규모를 크게 늘려, 2021년 10월에는 4일에 걸쳐 34대의 J-16 전투기와 12대의 핵 탑재 H-6 폭격기 등 150대의 군용기를 대만 방공식별구역에 파견했다.[13] 대만 국방부장관 추궈정(邱國正)은 공개 논평에서 대만과 중국 사이에 40년 만에 최악의 긴장이 초래되어 우발적인 분쟁이 전면전으로 확대될 가능성이 커졌다고 강조했다.[14] 미국은 수십 년 동안 중국의 공격이 있을 때 대만 방어에 나설지를 분명히 밝히지 않고 있다. "전략적 모호성" 정책은 미국이 대만을 방어하겠다는 약속을 확고히 해야 한다는 일부 당국자들의 요구에도 불구하고 오늘날까지도 계속되고 있다.[15] 사실 그러한 약속의 윤곽을 정의하기 어렵고, 훨씬 더 크고 파괴적인 전쟁 없이 미국이 중국의 대만 공격을 격퇴하기 힘들 가능성이 크다. 실제로 최근 도상 작전을 보더라도, 미국과 대만은 중국이 대만 섬들을 점령할 경우 "신뢰할 만한 옵션이 거의 없기 때문에" 중국의 점진적인 영토 침략을 되돌리기 어려울 것으로 예상된다.[16]

그뿐만 아니라 남중국해에서도 중국은 점점 더 도발적인 행동에 나선다. 남중국해는 일본, 한국, 대만으로 향하는 원유의 80% 이상이 통과하는 항로라는 점에서 중요한 안보적 요충지다.[17] 남중국해를 가로지르는 항로가 미국 무역의 1조 2천억 달러를 운반하므로 미국으로서도 전략적으로 중요한 지역이다.[18] 중국은 이 지역에서 브루나이, 필리핀, 말레이시아, 베트남과 나란히 영유권을 다투어 왔다. 2016년 국제 상설중재재판소에서 이를 불법적인 행위로 판정했지만,[19] 이에 아랑곳없이 중국은 스프래틀리 군도에 인공섬을 건설하고[20] 분쟁 지역에 민간 및 군용 선박을 배치하는 등 영유권 주장을 뒷받침할 자원을 축적하고 있다.[21] 미국은 중국의 군사 활동을 제한하기 위해 해군 군함을 동원해 정기적으로 해상 순찰을 벌이고 있으나, 중국은 실효적 영유권 주장을 굽히지 않고 있다.

존 C. 아퀼리노 미국 인도태평양사령관은 "지난 20년 동안 우리는 제2차 세계대전 이후 가장 큰 규모의 군사 증강을 목격해왔다"라고 말했는데, 이 발언은 오늘날 중국의 전반적인 군사력 증강에 대해 정확히 지적했다고 보인다.[22]

중국은 또한 인도와 장기간 국경 분쟁을 일으키고 있다. 2020년 5월 중국군이 인도가 영유권을 주장하는 영토를 침범하면서 양국 간 군사력 증강과 대치 상황이 이어졌다.[23] 2020년 6월에는 군사적 긴장이 폭력 사태로 번져 인도군 20명과 중국군 4명이 사망했다.[24]

그 이후로 중국이 수백 제곱킬로미터에 달하는 영토를 효과적으로 통제함에 따라 소강 국면이 계속되고 있다.

중국군은 또한 정기적으로 미국에 대해 첩보 전쟁을 벌이고 있다. 대부분의 스파이 활동은 경제 분야, 특히 정교한 첨단 기술에 집중된다. 이에 대해서는 다음 장에서 따로 다룰 것이다. 또한 전통적인 첩보 활동도 활발하다. 크리스토퍼 레이 FBI 국장은 중국을 가리켜 "가장 큰 장기적 위협"이라고 말하며, FBI에 거의 12시간마다 새로운 중국 스파이 관련 사건이 이첩된다고 언급했다. 트럼프 대통령은 이 문제를 다루기 위해 법무부 산하에 특별 부서를 설치했는데, 바이든의 법무부가 중국에 불공평한 조치라며 이 부서를 해산했다.[25]

최근 몇 년 동안 미국 내부에서 중국 스파이 활동이 거침없이 이루어졌다. 2020년 트럼프 행정부는 수년간의 FBI 조사 결과 휴스턴 주재 중국 영사관이 스파이 활동의 거점임을 밝히고 폐쇄를 명령했다. 하원 국토안보위원회 위원장인 마이클 맥콜 의원은 이번 조사를 통해 "의료 시설, 연구 개발 시설, 학계까지 침투하려는 중국 정부의 체계적인 노력이 드러났다"라고 말했다.[26] 2023년 미국과 중국 당국자 간의 외교회담 직전에 통신 수집용 안테나와 센서를 장착한 중국제 스파이 풍선이 미국 몬태나의 핵 시설을 포함한 민감한 군사 시설의 상공을 통과한 사건이 벌어졌다.[27] 중국 정보 수집의 도발적인 성격이 만천하에 드러난 셈이다. 바이든 행정부는 놀랍게도 풍선이 미국 전역을 가로지를 때까지 방관했으나, 하원이 만장일치로 "미국 주권에 대한 뻔뻔스러운 침해"라고 결의하자 8일 후 결국 대서양 연안에서 격추했다. 이 사건에서 미국의 레이더, 방첩, 방공

능력의 약점이 드러난 반면, 중국은 노골적이고 공개적으로 스파이 역량을 과시했다.[28]

또한 중국 정부는 미국으로 망명한 반대파를 "폭스 헌트 작전"과 "스카이넷 작전"을 통해 추적한다. 이를 통해 미국 내부의 비밀 중국 요원들이 합법적인 범죄인 인도 절차를 완전히 무시하고 미국 시민과 영주권자를 포함한 수백 명의 사람들을 추적, 납치, 협박한다. 이 프로그램은 명목상으로는 금융 범죄로 기소된 사람들을 대상으로 한다지만, 대부분은 반체제 인사, 내부 고발자 또는 지역 분쟁에 휘말린 사람들이다.[29] FBI 방첩국이 뉴욕 차이나타운 중심가를 급습해 비밀 중국경찰서를 적발한 사례가 있는데, 이들은 중국 망명자나 표적이 된 중국계 시민들을 비밀리에 체포하고 송환하는 임무를 주로 담당했다. 이렇듯 미국에서 활동하는 중국 비밀요원 네트워크는 체계적으로 지원 받으며 충분한 자원을 확보하고 있다.[30]

최근 중국 기업들이 미국 농지를 사들이는 것도 심각한 문제다. 구매한 농지가 종종 전략적으로 중요한 위치에 있는 데다가 국가 안보에 식량 공급이 얼마나 중요한지를 생각해 봐야 한다. 최근 보고서에 따르면 중국 기업이 소유한 주요 농업지는 약 20만 에이커에 달한다고 한다.[31] 그 목적이 생산량을 통제하기 위해서일 수 있으나, 의도적으로 민감한 미군 시설 근처를 사들이는 때도 있다. 중국 식품 제조업체인 푸펑 그룹(阜丰生物)은 미국의 민감한 드론 프로그램이 있는 노스다코타주 그랜드 포크스 공군 기지에서 16마일 떨어진 370에이커의 부지를 매입했다.[32] 우스꽝스럽게도 연방 정부는 이를 허용했는데, 다행히 주 정부가 정치적 혼란을 일으킬 지역에

옥수수 공장을 건설하겠다는 계획을 금지했다(그렇지만 푸펑은 여전히 전략적으로 중요한 부지를 계속 소유하고 있다).[33] 또한 중국 기업은 미국의 주요한 식품 가공업체를 사들이고 있다. 2013년에는 중국 기업이 미국 최대 육류 가공업체 중 하나인 스미스필드 푸드를 인수했다.[34] 미국 식품 산업 인프라에 대한 중국의 투자 사례로는 2017년 중국 국영기업인 중량그룹(COFCO)이 미국 곡물 물류 회사인 그로우마크와 제휴한 것, 2015년 중국 뉴호프그룹의 리우가 랜싱 무역 그룹에 1억 2700만 달러를 투자한 것 등이 있다. 중국인이 상당한 지분을 소유하고 있는 다른 미국 브랜드로는 아메리칸 멀티 시네마(AMC), GE 가전제품, 스냅챗 등이 있다.[35]

중국의 환경 파괴

중국의 정책이 기후 변화와 환경 파괴를 가속화하고 있다. 중국은 2006년 이후 세계 최대의 연간 온실가스 배출국으로, 그 배출량은 계속해서 빠른 속도로 증가하고 있다.[36] 또한 세계 각국이 청정에너지 공급으로 전환하려는 움직임과 반대로, 중국은 석탄 화력발전을 공급하는 주요 원천으로 전 세계 온실가스 배출량의 수출국이다.[37] 이 문제는 일대일로(BRI) 이니셔티브*의 맥락에서 중요한 의

---

* 일대일로(The Belt and Road Initiative)는 시진핑 주석이 2013년 가을 중앙아시아 순방 중에 처음 언급한 단어다. 일대는 중국, 중앙아시아, 유럽을 연결하는 육상 실크로드, 일로는 중국에서 동남아, 아프리카, 유럽으로 이어지는 해상 실크로드를 뜻한다. 일대일로는 공여조건이나 차관의 규모를 외부에 알리지 않는 비밀 유지 조항, 집단적인 채무연장의 금지조항 등을 특징으로 한다.

미가 있는데, 특히 개발도상국의 대기 오염률이 높은 에너지 분야에 중국의 투자와 전문기술이 집중되고 있기 때문이다. 총 금융 조달의 60%가 넘는 자금이 중국의 금융기관 두 곳을 통해 비재생 에너지 분야로 흘러갔다.[38]

야생동물도 안전하지 않다. 중국은 호랑이, 코뿔소 등 외래종의 합법적인 거래를 허용함으로써 야생동물 밀렵 시장을 보호해 왔다.[39] 세계야생동물기금에 따르면 BRI 프로젝트는 생물다양성과 조류의 삶에 환경 측면에서 중요하고 민감한 지역을 지속 개간하고 있다.[40] 중국은 또한 불법 목제 제품의 주요 소비자 중 하나로, 공식적으로는 불법 벌목을 줄이겠다고 발표했으나 문제해결에는 큰 진전이 없다고 파악된다.[41]

바다가 쓰레기 섬으로 질식하는 가운데, 중국은 2017년 최대 100만 톤의 플라스틱 쓰레기를 해양에 투기했다.[42] 살아남은 물고기들은 중국의 대규모 불법 어로에 의해 희생된다. 중국은 보조금과 행정지도를 통해 80만 척이 넘는 어선의 상당수를 분쟁 및 보호구역으로 이동하도록 한다. 이는 엄청난 국내 어류 수요를 맞추기 위해 국제 어업 체제를 노골적으로 무시하는 행위다.[43] 그 결과 중국은 세계 최대의 불법·비보고·비규제(IUU) 어업의 원천으로 152개 연안국 중 IUU 지수가 최하위로 꼽힌다.[44]

이에 따라 중국은 양자 간 비밀 협약을 통해서 채무국에 레버리지를 행사할 수 있다.

인권 침해

중국은 본국에서 세계에서 가장 심각한 인권 침해를 자행하는 국가다. 인권감시기구(Human Rights Watch) 보고서에는 이렇게 표현하고 있다. "세계의 어느 국가도 수백만 명의 민족을 억류하여 세뇌하고, 자국 국민을 압제에 도전한다는 이유로 공격하는 나라는 없다. 다른 정부들도 심각한 인권 침해를 저지르고 있지만, 중국만큼 국제 인권 기준과 기구가 아무런 책임을 물을 수 없을 정도로 강력하고 단호하게 정치적 힘을 행사하는 정부는 없다."[45] 자국민의 생명을 경시하는 중국의 태도가 가장 잔인하게 드러난 것은 수감자들을 사형시키고 그들의 장기를 적출해 판매한 사례다.[46] 중국공산당의 관점에서 어떤 생명은 다른 생명보다 더 중요하며, 어떤 생명은 전혀 중요하지 않다.

중국 정권이 신장에서 저지른 비극은 20세기의 가장 어두운 순간에 저질러진 비극을 능가할 것이다. 위구르족의 이슬람 신앙을 억압하고 체제 순응을 강요하기 위해 중국 정부가 저지른 행위는 미국의 공식 분류에 따르면 대량 학살에 해당한다.[47] 중국은 100만 명의 공무원과 공산당 간부를 동원해 신장 내 모슬렘 가정에 강제로 머물게 하며 감시한다. 초대받지 않은 "손님"들이 정권에 고발하는 "문제적 상황"에는 기도 행위, 이슬람을 적극적으로 믿는 징후, 외국 친척과의 접촉, 중국공산당에 대한 충성심 결여 등이 모두 포함된다.[48] 이러한 인적 감시는 지역 전역에 설치된 비디오카메라와 모바일 애플리케이션 및 생체인식 기술과 결합하여 시민들의 활동을 지속해 감시하는 물리적 체계를 구축했다.[49] 무엇보다 임의 구금 활동은 그 범위와 잔혹성 측면에서 실로 충격적이다. 최소한 100만 명의 위구르족과 기타 투르크 모슬렘 소수민족이 정부의 자의적 판단만으로도 무기한 구금되어 신체적, 정신적 고문에 노출되고 "갱생"이란 명목하에 노동력을 착취당한다.[50]

신장에서의 중국의 조치는 안타깝게도 다른 소수민족에 대한 일반적 대우와 크게 다르지 않다. 중국 정부가 현재 신장에서 적용하는 "격자형 사회 시스템"은 2011년 티베트에서 최초로 시범 도입된 것이다. 여기에는 감시망과 정보 경찰뿐만 아니라 "정보의 흐름을 통제하고, 공공 및 사적 공간에서 당의 영향력을 강화하고, 갱생 수용소를 통해 중국 국가주의를 장려하는 정책들"이 포함되어 있다.[51] 미국 국무부는 이 지역에서 "엉성하고 비공개적인" 재판에 따른 임의 체포, 고문과 정치적 투옥 등 심각한 인권 문제가 잇따르고 있다고 밝혔다.[52]

중국 정부의 감시와 구금의 희생자는 소수 집단만이 아니다. 중국 공산당은 전 국민을 대상으로 반정부세력을 색출하기 위한 다양한 감시 기술을 시행 중이다. 또한 탄압 활동은 국경을 넘어 해외 거주 시민을 대상으로 국제적 규모로 펼쳐진다. 1997년 영국에서 중국으로 이양된 홍콩의 예를 들어 보자. 이후 홍콩은 50년 동안 "일국양제(一國兩制)"의 반(半)자치하에 있기로 했다. 그런데 2020년에 중국은 가혹한 『국가보안법』을 제정하며 홍콩에 대한 완전한 통제권을 주장했다.[53] 이 법은 온갖 형태의 반국가 범죄 목록을 만들고 정치적 반대 행위를 범죄화했다. 또한 이 법은 홍콩과 중국 법률 제도

간 전통적인 "벽"을 무너뜨린 데다 홍콩 정부 기관이 중국공산당의 보안 기관의 명령에 종속되도록 하고, 중국공산당이 임명하는 홍콩 내 집행기구에 광범위한 권한을 부여했다.[54]

중국 본토에서도 중국공산당은 해가 갈수록 정교해지는 감시망을 통해 통제를 강화해 왔다. 중국은 오랫동안 인터넷을 검열해 왔는데, 특히 "만리방화벽*"은 반체제 정보라면 사소한 것까지 삭제하면서 젊은이들 사이에서 광적인 민족주의를 조장하고 있다.[55] 중국은 이러한 검열을 보완하기 위해 무선 스캐너, 안면 인식 카메라, 얼굴 및 지문 데이터베이스 등 다양한 첨단 기술을 연계하여 시민들의 동선과 회합을 추적하고 해당 정보를 경찰 및 보안 당국이 재량껏 사용하도록 제공한다.[56]

이 감시망은 점진적으로 확장되고 있는 "사회신용시스템(Social Credit System)"과 연동되어 있다. 이 시스템은 개인, 기업, 사회단체, 정부 기관에 대한 데이터를 통합하여 조직 또는 개인을 정치적, 경제적 평가지표로 측정하여 "신용 점수"를 산출한다. 전국에 걸쳐 산발적으로 시행되는 이 시스템은 현재까지는 기존 법규의 준수 여부를 추적하는 데 제한되고 있으나, 향후 중국 정부는 이 시스템을 전국적으로 통합, 표준화하기 위해 상당한 노력을 기울이고 있다.[57] 기구축된 대규모 감시 시스템과 개발 중인 사회신용시스템을 결합하면 중국공산당은 시민의 작은 일상조차 한층 더 강력히

---

* 만리장성에서 따온 만리방화벽(Great Firewall)은 중국의 강력한 인터넷 통제 체제로 외신 뉴스사이트부터 페이스북, 트위터, 유튜브, 넷플릭스, 위키피디아 등 자국에 불리한 정보가 유입될 가능성이 있는 대부분의 인터넷 채널 접속을 차단한다.

통제할 수 있다.

　정치적 통제 활동은 국경을 넘어선다. 중국공산당 당국은 종종 해외 반체제 인사의 친인척을 협박하여 정권을 비판하는 목소리를 차단한다.[58] 이러한 통제 시스템은 해외에서 공부하는 중국 유학생들이라고 예외는 아니다. 유학생들은 해외에서도 자기 동료들과 공산당 관계자들의 지속적인 감시를 받고, 정치적 담론의 허용 범위를 멀리 벗어날 경우 온라인 따돌림부터 중국 내 친척에 대한 보복에 이르기까지 다양한 제재를 받게 된다.[59]

　다른 국가들도 안전하지 않다. 중국 정부는 경제력을 이용해 다른 국가들이 중국의 인권 침해와 군사력 증강을 외면하도록 계속 압력을 가했다. 예를 들어 호주 정부는 중국과 갈등을 빚고 나서 경제적 압박을 느꼈다. 호주 정부는 중국 정부의 코로나바이러스 관리 실태에 관한 국제 조사를 공개적으로 지지했고, 통신사 화웨이에 보안상 제재를 가했으며, 홍콩에 대한 국가보안법 시행을 비판했다. 이에 대한 반격으로, 중국은 호주산 보리 수입에 80%의 관세를 부과하고 대부분의 호주산 쇠고기 수입을 중단했다. 또한 인종 차별이 심해졌다는 빌미로 중국인의 호주 관광을 금지했다.[60] 중국 무역상들은 정부 관리들로부터 석탄, 보리, 구리 광석 및 정광(精鑛), 설탕, 목재, 와인, 랍스터 등의 호주산 제품 수입을 중단하라는 비공식 지시를 받았다. 호주는 대중국 수출 농산물만 113억 달러에 달할 정도로 중국 의존도가 높다. 게다가 30년 만에 경기 침체를 처음 겪는 상황에서 중국의 대량 수출 규제를 받게 되었다.[61] 그렇다고 호주 정부가 입장을 바꾸지는 않았지만, 호주 정치에 상당한 파장이 일었다.[62]

기업에 대한 중국의 작업은 훨씬 용이하다. 개인을 대상으로 도입하려는 사회신용시스템에 세상의 이목이 쏠려 있지만, 기업 관련 시스템은 훨씬 발전된 단계에 있다. 종전에는 기업 재무, 규제 순응, 행정 정보 등의 데이터가 각각 분산되어 있었으나, 지금은 "기업신용정보공개시스템" 하에 중앙화된 코드로 통합 관리되고 있다. 기업은 투자 및 사업 운영과 관련된 정보를 비롯한 광범위한 데이터를 데이터베이스로 전송할 의무를 진다.[63] 정부는 중앙 집중식 저장소를 활용하여 기업들에 등급을 부여한다. 동시에 블랙리스트를 작성하여 대출·세제 혜택의 축소, 조달 계약 배제, 벌금 부과, 허가 거부, 검사 강화 등 기업 활동을 사실상 제한한다.[64] 기업의 사회신용점수를 결정하는 평가 요소는 모호해서 정부 관리들의 재량에 맡겨져 있다. 그래서 기업의 사회신용시스템이 미국 등 각국 기업이 중국의 경제 산업 정책에 발맞추고 중국 기업들과 적대적인 경쟁을 피하도록 압박하는 데 사용되는 게 아닐까 하는 우려가 커지고 있다. 또한 기업 사회신용점수는 개인의 사회신용시스템과 연동되어 있기 때문에 기업은 주요 직원과 관계자의 신용점수에 대한 책임까지 맡고 있다.[65]

중국 정부의 보복을 두려워해 기업들이 중국공산당 노선에 동조하리라는 우려는 결코 과대 망상이 아니다. 외국 기업들이 중국 정부의 비위를 맞추거나 최소한 분노를 피하려고 중국 정부의 집행자 노릇을 하는 사례는 넘칠 정도로 많다. 2019년 봄, 당시 폭스바겐의 CEO였던 허버트 디에스는 신장 자치구의 위구르족에 대한 중국 정부의 활동에 대해 "알지 못한다"라고 답변했다.[66] 이론상으로는 끔

찍한 수준의 무지에서 비롯되었을 수도 있지만, 신장 지역에서 폭스바겐의 위상, 그리고 폭스바겐 자동차의 해외 판매량의 40% 이상을 중국이 점유한다는 사실과 관련이 깊어 보인다.[67] 과거 메리어트는 체류 국가에 관한 설문조사에서 티베트를 중국의 한 지방이 아니라 나라로 표시했다고 해서 곤욕을 치른 바 있으며, 메리어트사의 소셜 미디어 계정 관리자인 로이 존스는 이를 칭찬하는 트위터에 "좋아요"를 눌렀다는 이유로 해고당하기도 했다. 이는 상하이시 관광청 관리들이 메리어트 관계자에게 공개적으로 대국민 사과를 하고 "책임자를 엄히 문책하라"고 명령한 후 발생한 일이다.[68] 미국 금융계의 거물이라고 해서 예외는 아니다. JP모건 체이스의 CEO인 제이미 다이먼은 JP모건이 중국공산당보다 더 오래갈 것이라는 농담을 한 후 공식적으로 사과했다. 이 사과는 중국 증권감독관리위원회가 JP모건의 중국 자산운용업의 완전한 통제권 취득*을 재검토할지 모른다는 추측이 난무한 가운데 이루어졌다. 그런데 다음 주에 다이먼은 미국에 대해서도 발언했다. "(중국은) 우리를 무능한 국가로 보고 있습니다… 미국은 스스로 속옷조차 벗지 못하니 말입니다." 그러나 그는 이 발언에 대해서는 사과하지 않았다.[69]

---

* 2021년 8월 JP모건은 월가에서 처음으로 중국의 자산운용사 지분 100%를 취득했다. 과거 중국은 외국계 자본에 금융회사 지분을 50% 이하로 갖도록 규제하던 끝에 이를 완화한 것이다. 같은 해 11월 제이미 다이먼은 보스턴 행사에서 뱉은 실언을 하루 만에 사과한 배경으로 인식되고 있다.

개발도상국에서의 권리 남용

2017년 7월, 스리랑카 정부는 진퇴양난에 빠졌다. 부채에 허덕이는 나라가 할 수 있는 선택은 하나뿐이었다. 10억 달러로는 디폴트를 늦출지는 모르나 국가 재정 여건을 근본적으로 개선하기에는 턱없이 부족한 금액이었다. 하지만 스리랑카는 10억 달러를 받고 함반토타 항구를 중국에 99년간 임대해주고 이와 함께 15,000에이커의 인근 부지를 제공하기로 약속했다. 중국으로서는 편리하게도 스리랑카가 중국 국영 채권단에 갚아야 할 금액, 즉 123억 달러에 달하는 국채의 일부를 탕감해줄 필요도 없게 되는 유리한 거래였다.

이 이야기는 당시 스리랑카의 대통령 마힌다 라자팍사가 자신의 고향인 함반토타에 대규모 항만 개발 프로젝트를 추진하기로 하면서 시작된다. 서방과 인도의 대출 기관은 경제적 타당성이 거의 없는 이 계획에 프로젝트 파이낸싱(PF)을 거절했다. 스리랑카는 인구 2,200만 명에 불과한 소국인 데다 기존 항구가 잘 갖춰져 있고 여유 부지가 충분해서 추가 항만을 건설할 필요가 없었다. 그런데도 중국 관리들은 프로젝트 파이낸싱에 뛰어들었다. 스리랑카 정부는 점점 더 부담스러워지는 중국의 유상대부 조건에 연거푸 동의하며, 중국 국영기업과 계열회사에 공사 계약을 몰아주었다. 대신, 중국은 2015년 스리랑카 선거에서 마힌다 라자팍사 선거 캠프에 거액의 정치후원금을 지원했다. 마침내 스리랑카의 새 정부가 부채 감축과 그에 따른 중국 의존도를 줄이려고 시도했을 때, 중국은 약정 조건의 완화를 거절하고 대신 항구에 대한 지분 확보를 추진했다.

결국 스리랑카는 중국에 항구 관리권을 넘겨주고도 부채가 계속 쌓여갔다. 이렇게 늘어난 부채는 앞으로 함반토타 항구를 전략적 군사 자산으로 전환하려는 중국의 레버리지로 활용될 것이다.[70] 그렇게 스리랑카의 자원은 부채 상환의 명분으로 중국 기업에 흘러갔다. 그 사이 스리랑카 국민은 식량과 에너지와 같은 생필품을 사기 어려워졌다. 국민의 불만은 2022년 7월에 폭동으로 솟구쳤다. 국민은 대통령 궁을 습격했다. 이후 고타바야 라자팍사 대통령*은 국외로 도피했고 임시 정부가 수립되었다.[71] 이처럼 상황이 돌이킬 수 없게 된 데는 여러 원인이 있지만 중국의 프로젝트도 분명 중요한 역할을 했다.

스리랑카의 사례는 일대일로(BIR) 이니셔티브로 위장한 중국의 개발도상국 외교술의 한 예에 불과하다. 2013년 지역 무역통로로 시작된 이후, 일대일로는 70개국 이상의 협력 국가와 광범위한 경제 활동을 망라하는 수준으로 확장되었다. 공식적으로는 다양한 개발도상국과 중위소득 국가에 상대적으로 저렴한 가격으로 기간 인프라 또는 디지털 인프라를 제공하기 위한 사업이다. 현실적으로 꽤 필요한 사업이다. 세계은행은 인프라 부족으로 인해 일대일로에 속한 국가들의 무역이 약 30%, 외국인 직접 투자가 약 70% 감소했다고 추정한다.[72] 중국은 이러한 수요를 활용하기 위해 자원이 풍부하고 잘 제어된 전략을 추구하고 있다. 일대일로는 중국공산당의 전

---

* 2005년 마힌다 라자팍사가 스리랑카 대통령이 되고, 그의 동생인 고타바야 라자팍사는 국방부 차관을 지내며 스리랑카 내전을 감독해 왔다. 2019년 고타바야 라자팍사가 대통령에 취임한 후 그의 형 마힌다 전 대통령을 총리로 임명했다.

폭적인 정치적 지원을 받고 있으며, 중국 국유 은행의 후원, 그리고 중국의 공격적인 산업 정책에서 출발한 제반 분야의 막대한 잉여 생산 능력을 최대한 활용하고 있다.[73] 이러한 전방위적인 지원은 큰 효과를 발휘한다. 중국은 현재 개발도상국에 대한 인프라 파이낸싱의 최대 공급국이다. 중국수출입은행과 중국개발은행의 대출 포트폴리오와 13개 권역의 BIR펀드의 대출 포트폴리오를 합친다면, 서구에 지원받는 6곳의 다자 은행이 보유한 대출잔액 7000억 달러를 넘어선다.[74] 신규 인프라 투자와 보건과 농업을 아우르는 다양한 부문에서 일대일로는 1조 달러 이상의 자금 지원을 약속하고 있다.[75]

그런데 안타깝게도 일대일로는 양의 탈을 쓴 늑대다. 이 프로그램은 개발도상국이 상환하기 힘든 고액의 대출에 묶이게 하고, 현지 전문가를 육성하는 대신에 지정학적 이점을 악용하는 중국에 의존하게 한다. 일대일로 사업 조건은 개발도상국이 경제적으로 가능하지 않거나 아니면 착취적인 협정을 체결하도록 강요한다. 서구에 지원받는 개발은행이 제공하는 다른 대출과 달리, 일대일로 프로젝트에 제공되는 대출은 일반적으로 다음과 같은 특징을 지닌다. 원조보다는 상업 대출에 가까운 조건으로 제공되며 그조차도 세부 사항을 공개하지 않는다.[76] 일대일로에 참여하는 중국 기업들은 국가의 막대한 지원을 등에 업은 채, 때로는 재정적 실행 가능성이나 사회환경 영향 평가 없이 고비용이나 위험도가 높은 프로젝트에 뛰어든다. 이러한 프로젝트는 일관된 관리 지표가 부족하고, 투명성이 거의 없거나 전혀 없는 상태에서 계획이 수립되고 실행되는 경우가 많다.[77]

이렇게 제대로 심사되지 않은 BIR 대출은 개발도상국에 지속 불가능한 부채 부담을 안겨주었다. 세계은행은 일대일로에 참여하는 국가 중 거의 1/3이 거시경제가 취약해서 부실 부채의 위험이 크다고 지적했다. 코로나19 유행이 절정에 달한 2020년에 최소 15개 일대일로 참여국의 부채 전망이 마이너스로 하향 조정되었다. 개중에서도 자본 도피와 송금 수입 손실을 막을 수 있는 정책 수단이 없는 신흥국들이 주로 타격을 받았다.[78] 금융 압박은 BRI 부채를 위험 수준으로 늘렸다. 우간다와 같은 국가들은 이자 지급에 어려움을 겪으며, BRI 대출 상환을 유예받고 있다. 만약 재정 문제를 해결하지 못한다면 국가 경제의 핵심 자산을 잃게 될 가능성이 있다.[79]

일대일로 사업은 재정적 착취를 넘어 구조적으로 중국 건설업체에 유리하므로 지역 개발에 효과적이지 않다. 일대일로 관련 계약의 약 90%가 중국 기업과 체결된다.[80] 그리고 계약을 수주한 중국 건설업체는 일반적으로 건설과 개발은 물론 완공 후 인프라 운영을 위해서 중국 노동자를 수입한다.[81] 결과적으로 현지 노동자들은 유사한 프로젝트를 재시행하는 데 필요한 기술을 습득하지 못하기 때문에 지역 생산성과 경제적 파급효과는 현저히 낮아진다. 중국 계약업체가 중국인이 설립한 중재 법원에서 중국어로 진행되는 절차를 통해 개도국 정부와 현지업체와의 분쟁을 중재받는 경우가 늘고 있다.[82] 설상가상으로 이러한 계약업체는 종종 수준 이하로 일한다. 에콰도르, 우간다, 파키스탄에서 일대일로를 통해 건설된 수십억 달러 규모의 수력발전소가 완공된 지 불과 몇 년 만에 붕괴된 사례도 있다.[83] 중국은 또한 일대일로를 통해 기술 표준을 적극적으로 조작하여 프로젝트가 완료된 후에도 유지보수나 개량을 위해 중국산 공급업체를 선정하게 유도한다.[84] 그래서 해당 국가는 중국과 경제 통합이 더욱 굳건해질 뿐만 아니라, 인프라의 핵심 구성 요소 전반에 걸쳐 중국 기업이 아닌 다국적 기업으로 파트너십을 전환하기 어려워진다.[85]

항만, 법원, 표준에 대한 통제권을 상실하는 것만이 회원국의 주권을 위협하는 방법은 아니다. 중국은 일대일로를 지정학적 영향력의 도구로 사용하기도 한다. 경제적 레버리지를 바탕으로 각국이 중국의 국제적 지위를 지지하도록 압력을 가하며 군사적, 전략적 입지를 굳건히 다진다. 일대일로 국가들은 자신들의 자금줄이 떠날까 봐 두려워하며 중국의 정치적 우선순위와 투자를 그대로 받아들인다. 세계에서 두 번째로 많은 모슬렘 인구를 보유하고 있으며 BRI 펀드의 주요 수혜국인 파키스탄의 경우를 보자. 파키스탄 정부는 해외에서 벌어지는 모슬렘에 대한 인권 침해를 열정적으로 비난하면서도 중국의 소수 모슬렘인 위구르족의 대량 투옥과 인권 침해에 대해서는 비판을 자제한다. 한 인터뷰에서 칸 총리는 위구르족에 관한 질문을 받자 이렇게 대답했다. "우리는 공개적으로 언급하고 싶지 않습니다. 왜냐하면 그것은 중국 나름의 방식이니까요. 우리가 곤경에 처했을 때 중국이 우리를 도와주러 왔죠. … 그러니 저도 공개적으로 말하고 싶진 않군요."[86] 마찬가지로 말레이시아는 국제적으로 인정받지 못하는 중국의 남중국해 영유권 주장을 공개적으로 지지하면서 일부 일대일로 프로젝트를 재협상하려고 했고, 네팔은 국경 경계를 강화해서 티베트 난민이 중국으로 송환되어 탄압받도록 방관했다.[87]

일대일로 프로젝트는 수혜국의 안보에도 상당한 영향을 미친다. 예를 들어, 아프리카 연합(AU)은 에티오피아에 있는 중국 본부의 IT 네트워크가 5년간이나 기밀정보를 상하이로 빼돌린 사실을 발견했다. 아프리카 연합 관리들은 중국의 스파이 활동을 알고도 1년간 비밀로 했기에, 프랑스 신문 〈르 몽드〉 지가 탐사 보도한 후에야 비로소 세상에 알려졌다. 이렇듯 아프리카 연합이 중국과 갈등을 꺼리는 것을 보면 개발도상국의 일대일로 프로젝트에 뒤따르는 보안상의 의미와 지정학적 압력을 알 수 있다.[88] 더 나아가 미국 국방성은 "일대일로는 중국공산당에 잠재적인 군사 이점을 제공할 수 있다. 즉 외국 항구들을 미리 선점하고 인도양, 지중해, 대서양 등 먼 해역까지 해군 주둔에 필요한 병참기지를 설치할 수 있다"라고 경고했다.[89] 중국의 아프리카 군비 확장의 일부는 무기 판매, 군사 훈련, 민군 겸용 인프라 공정을 통해 이루어진다. 최근 몇 년 동안 무기 판매는 더욱 급증했다. 예를 들어, 아프리카 연합 54개국 중 거의 70%가 중국산 장갑차를 사용하고 있으며, 탄자니아 무기 재고의 50%가 중국산이다. 중국 군대의 주둔도 종전보다 눈에 자주 띈다. 중국은 중앙 아프리카 적도 근처의 작은 국가 기니에 영구적인 대서양 기지를 건설했는데, 군사 평론가들은 이곳이 정치적으로 민감한 미군 기지 레모니에와 가깝다는 점에 주목하고 있다.[90]

중국은 또한 일상적으로 자국의 힘을 이용해 훨씬 작은 국가들을 괴롭히고 억누르고 있다. 2022년 5월 30일, 중국은 최소 9개의 작은 섬나라 외무장관들과 화상회의를 개최했다. 이 회의에서 포괄적인 지역 무역안보협정을 모색하는 성명서 초안과 5개년 계획이 발표되었다. 이 지역에서 펼쳐지는 군사적 확장은 중국의 의도를 보여주는 또 다른 증거다.[91] 중국이 미크로네시아, 사모아, 통가와 같은 나라들과 안보 협정을 맺을 이유가 무엇일까? 떠올릴 수 있는 유일한 이유라면, 중국이 공격적인 군사력을 확장하고 아시아 항로를 위협하기 위해서가 아닐까? 1942년 미드웨이 전투 이후 미국은 이 섬들을 일본으로부터 탈환하기 위해 작전을 펼쳐 왔다. 동아시아에 분쟁이 발발하면 미국 해군 함정이 병력 지원을 위해 반드시 통과해야 하는 곳이기도 하다.

개발도상국에 대한 중국의 일대일로 전략은 군사 기지를 확보하고 외국 정보기관에 침투하는 데 상당한 잠재적 이점을 제공할 것이다. 그러나 여러 관점에서 역사는 일대일로를 엄청난 실패로 평가할 것이다. 중국은 1조 달러를 지출했지만, 곳곳에 세운 공공건물이 무너지거나 종종 불필요하게 방치되고 있다. 축구 경기장, 한가운데 풀이 무성한 쓸모없는 도로, 중국 관리자의 오만과 부당한 처사로 소외된 현지 주민들, 고질적인 부패 등이 일대일로가 남긴 유산의 예다. 어쩌면, 과거 우리가 그랬던 것처럼 중국 역시 친구를 매수하는 것이 쉽지 않다고 깨닫는 날이 올지도 모른다.

펜타닐

마약류(opioid)가 미국에 대유행하고 있다. 2022년 한 해에만 10만 명 이상의 미국인이 약물 과다 복용으로 사망했다. 가장 큰 사망 원인은 마약류다. 두 번째로 큰 원인은 합성 마약류인데, 이 중 대부분은 펜타닐로 인한 것이다. 펜타닐로 인해 한 해 동안 약 6만 4,000명이 사망한 것으로 추산되는데, 그 수는 매년 증가하고 있다.[92] 오바마 행정부의 경제자문위원회 보고서에 따르면 마약류 위기로 인해 2015년에만 5천억 달러 이상의 비용이 발생했다.[93] 지금은 규모가 훨씬 더 커졌다.[94] 펜타닐 대부분은 중국에서 들어온다. 중국은 미국에 펜타닐을 직접 판매하거나 멕시코에 펜타닐의 원료인 이른바 전구체 물질을 판매함으로써 미국의 펜타닐 문제를 확산시키고 있다. 합성 마약은 대부분 악명 높은 시날로아 카르텔에 의해 생산된다. 중국 업체가 미국 시장에 직접 펜타닐을 판매할 경우, 대개 소형 우편 소포로 운송되기 때문에 단속이 거의 불가능하다. 펜타닐 배송업체는 여러 번의 우회 발송, 허위 신원 확인, 라벨 오기 등 복잡한 전술을 사용하여 압수 수색을 더욱 힘들게 만든다.[95] 그렇게 2016년과 2017년에 우편물 중 압수된 펜타닐의 97%가 중국에서 온 것이다.[96]

중국은 기초 화학 원료 및 의약품용 전구체 물질의 세계 최대 수출국이며, 미국에 이어 세계에서 두 번째로 큰 화학 산업 매출을 자랑한다. 미국 국무부는 중국 내 화학물질 제조업체와 유통업체가 40만 개에 달할 것으로 추정한다. 화학 산업은 정치적으로 강력한 "고부가가치" 산업이다.

트럼프 대통령은 시진핑 주석에게 중국의 대미 펜타닐 판매 문제를 끊임없이 제기해왔다. 결국 중국은 이 약물을 규제 물질 목록에 올렸지만, 그러한 조치가 실질적인 변화를 가져왔다는 증거는 거의 없다. 중국 정부가 이를 알면서도 묵인하지 않았다면 이렇게 큰 규모의 산업이 가능했을지는 독자의 판단에 맡기겠다. 중국에서 불법 마약 판매가 중범죄라는 점은 잊지 말기를 바란다.

중국과 러시아

서방에 대한 중국의 적대감은 베이징 올림픽 직전인 2022년 2월, 시진핑 주석과 블라디미르 푸틴 대통령이 세계 질서의 "새로운 시대"를 선언하면서 더욱 확실해졌다. 두 정상은 "양국의 우정에는 어떠한 한계도 없다"라고 선언했다.[97] 99개 문단으로 구성된 이 성명은 시진핑과 푸틴이 미국과 그 동맹국들에 맞서려 함을 전 세계에 분명히 보여줬다. 예상대로 올림픽이 끝나자마자 러시아는 우크라이나를 침공했고, 치명적인 전쟁이 시작되었다. 푸틴이 군사 공격을 승인받으러 베이징에 갔다는 결론을 피하기 어렵다. 대만에 대한 중국의 움직임에 대한 러시아의 지원이 그 거래의 일부일 것으로 추측된다.

　러시아의 우크라이나 침공 이후 중국이 러시아가 국제 제재를 우회하도록 도왔다는 증거가 나왔다. 특히 중국은 국영 유니언페이 시스템을 통해 마스터카드와 비자카드가 우크라이나에서 영업이 중단되더라도 결제에 문제가 없도록 했다. 더 넓게는 중국은 글로벌 결제 시스템인 스위프트(Swift)의 대안*을 찾고 있다. 러시아 은행들이 이 개발과정에 참여하고 있다고 알려져 있다.[98] 〈타임스〉는 러시아의 침공 전인 2월에 이미 중국이 우크라이나의 군사 및 핵 시설에 대한 일련의 사이버 공격을 시작했다고 보도했다.[99] 우크라이나 보안 당국은 국립 은행과 철도망도 공격 대상이 되었다고 주장했다.[100] 이는 중국이 우크라이나 전쟁을 알고도 침묵했다는 결론을 더욱 부채질하고 있다.

◆

요컨대, 미중 관계의 판도가 최근 급격히 바뀌고 있다. 우리는 더 이상 화해할 필요성을 느끼지 않는 적과 마주하고 있다. 실제로 중국발 발언의 수위는 때때로 노골적인 도발을 넘어선다. 그 목적은 우리를 시험하는 것이다. 우리가 어떻게 할 것인지, 우리가 과연 받아들일지 중국은 알고 싶어 한다. 정말 우리가 참고 받아들인다면 더큰 문제에 직면하게 될 것이다.

2021년 3월 알래스카 앵커리지에서 열린 안토니 블링컨(Anthony Blinken) 국무장관과 중국 외교담당 정치국원 양제츠(楊潔篪)의 첫 공식 회동은 "엄청난 불화"로 얼룩졌다.[101] 양제츠는 블링컨과 제이크 설리번 국가안보보좌관에게 미국 전반에 대해 장황한 비판으

---

* 서방국가 중심으로 운영되는 SWIFT에 대한 의존도를 줄이기 위해 중국은 2015년 중국결제시스템(CIPS)를 설립했다. 러시아는 위안화 비중을 확대하는 등 중국 의존도를 높여 스위프트 제재에 따른 충격을 완화할 계획이며, 이 경우 위안화의 기축통화 가능성이 높아질 것으로 금융 전문가들은 전망하고 있다.

로 먼저 공격의 포문을 열었다. 나중에 설리번은 "워싱턴으로 돌아가서 우리가 어디에 있는지 보겠다"라고 대답했다고 전해진다.[102]

자, 그렇다면 우리는 어디에 있는가? 우리는 모든 자원을 동원해 해결해야 할 방대한 문제에 직면해 있다. 행동 계획을 세우려면 중국 지도부의 새로운 호전적 태도뿐만 아니라 우리의 노선을 바꾸는 데 장애가 될 미국 내부의 양극화도 충분히 고려해야 한다. 여러모로 중국과의 궁극적인 대결은 경제 영역에서 이루어질 것이며, 이는 곧 무역이 중심 무대가 될 것임을 의미한다.

6장

21세기 중상주의
: 중국의 경제체제

2000년대 초반, 웨스팅하우스 일렉트릭사의 경영진은 운명적인 결정을 내렸다. 새롭게 개방된 중국 시장에 진출하기 위해 중국원자력공사(CNNC)와 파트너십을 맺고, 계약에 따라 두 회사는 중국 전역에 웨스팅하우스의 첨단 AP1000 원자력 발전소를 공동으로 건설하기로 했다.[1] 미국 법무부에 따르면, 당시 웨스팅하우스는 "현재 가동 중인 전 세계 원자력 발전소의 약 절반을 기초 설계한" 세계적인 원전 개발업체의 하나였다.[2] 초기에 이 사업은 웨스팅하우스에 막대한 수익을 가져다주었다.

그러나 중국 측에는 감춰진 동기가 있었다. 웨스팅하우스는 AP1000이 중국 원자력 발전 프로그램의 핵심이 될 것이라는 약속을 받았다.[3] 그러나 이 계약의 조건으로 웨스팅하우스는 수천 건의 원자력 발전소 설계 관련 문서를 넘겨야 했다. 중국은 단숨에 수십 년에 걸친 미국 원자력 연구의 세부 정보를 휩쓸어 간 것이다.[4] 이 거래에서 웨스팅하우스로부터 얻지 못한 게 있다면, 훔치면 그

뿐이었다. 2010년 중국군 소속 해커들이 웨스팅하우스의 컴퓨터망에 침투하여 AP1000 발전소에 대한 기밀, 독점 기술 및 설계 사양을 훔쳤다.[5] 이 해킹을 통해 "경쟁업체는 상당한 연구 개발 비용 없이 AP-1000과 유사한 발전소를 건설할 수 있게 되었다"라고 법무부는 밝혔다.[6] 게다가 중국군만 해킹한 것이 아니다. 2014년 법무부는 군 책임자를 기소하면서 웨스팅하우스가 익명의 중국 "국유기업(SOE) 파트너" 사업 상대로부터 해킹당했다고 발표했다.[7] 도난당한 문서 중에는 그 국유기업에 넘겨주면 엄청난 이익을 줄 기밀 사업 협상 전략보고서도 포함되어 있었다.[8]

　놀라운 것도 없이 현재 웨스팅하우스는 중국 시장에서 거의 사업이 중단된 상태이며 지난 10년간 신규로 승인된 원자로 프로젝트역시 없었다.[9] 웨스팅하우스 경영진은 중국 원자력 발전 프로그램의 중심이 될 것이라는 약속을 믿었지만, 중국은 이제 웨스팅하우스의 AP1000 기술을 대체하는 화룡 1호 원자로를 자체 개발했다. 2017년 웨스팅하우스는 수년간의 수익 감소 끝에 파산 신청을 했다.[10] 웨스팅하우스는 여전히 존재하지만, 과거와 같은 글로벌 원자력 업계의 선두 주자가 아니다. 반면 중국은 1990년대 원자력 산업부를 개편하여 설립되었고 인민해방군과 사업 관계를 유지하고 있는 중국원자력공사를 내세워 세계 원자력 발전 시장에서 지배력을 점점 더 키워왔다. 다른 국영기업과 마찬가지로 중국원자력공사의 최고 경영진은 중국공산당 노멘클라투라에서 직접 선출된다. 따라서 원자력공사는 단순한 이윤 창출뿐만 아니라 첨단 산업 경제를 발전시킨다는 중국공산당의 목표를 위해 존재한다.

이전 장에서 설명한 것처럼 중국의 글로벌 영향력 확대는 수십 년 동안 웨스팅하우스를 무릎 꿇린 중국의 약탈적 경제 정책에 힘입은 바가 크다. 키케로가 "돈은 전쟁의 힘줄"이라고 말한 것처럼, 1990년대 이후 중국은 미국에 비해 경제 발전에서 경이로운 성공을 보였다. 이제 중국은 실제로도 매우 강력한 힘줄을 가지고 있다. 미국이 매년 중국에 보내는 수천억 달러의 돈이 중국의 군사력 확장, 경제 발전, 개발도상국에서의 금융 투기에 쓰인다고 해도 과언이 아니다. 어떻게 이런 일이 일어났는지 알고 중국의 경제적 위협을 이해하려면, 먼저 어떻게 중국의 중상주의, 즉 국가 주도 경제 체제가 작동하는지에 대한 개략적인 이해부터 시작해야 한다.

중국의 중상주의 역사

비전문가, 아니 안타깝게도 너무 많은 전문가의 시선에는 중국의 경제는 우리와 상당히 비슷해 보일 수 있다. 하지만 중상주의와 자유 시장은 뚜렷한 차이점이 있는 전적으로 다른 체제이다.

중상주의는 부유하고 강력한 국가를 건설하기 위해 정부 개입, 무역 장벽, 수출 진흥 등의 역할을 강조하는 민족주의 정치경제학파를 뜻한다.[11] 이 용어는 서유럽 제국주의의 정책을 "중상주의 체제"로 묘사한 애덤 스미스에 의해 대중화되었다.[12] 당시에나 현재에나, 이 길을 가고자 하는 국가는 다양한 수단들을 쓸 수 있다. 예를 들어, 중상주의 정부는 부를 축적하기 위해 수출을 지원하고 수입을 억제하는 수입 보조금 정책을 자주 사용한다. 물론 관세도 사용하며 시장 접근을 제한하고 특허 제도를 도입하며 정부 조달, 보조금, 국유기업, 규제 조작을 통해 국내 산업체에 유리한 환경을 만든다.

오늘날 중국은 세계에서 유례없는 광범위한 중상주의 정책을 채택하고 있다. 중국만의 독특한 방식은 국영 부문을 직접 관리함으로써 경제 전반의 후방산업*과 전략 산업을 독점화하는 것이다. 또한 강력한 "반부패법" 집행 수단을 꺼내며 다양한 유형의 민간 기업을 간접적으로 통제한다. 이렇듯 정부와 기업을 통해 직·간접적으로 중국은 산업 스파이 활동, 사이버 침입, 지식재산권 및 기업 기밀의 노골적인 도용에 관여하고 있다. 중국은 미국 대학과 연구소에 있는 학생 요원들을 이용해 불법적으로 기술을 획득한다. 우리의 국영 기업과 기술 연구소에 정부 자금을 투자한다. 정부-산업 연계 시스템을 통해 기업, 대학, 연구소 간의 협력을 지시하고 관리한다. 외국 기업의 시장 접근을 제한하고 이를 허용하는 경우 엄격한 기술이전 또는 합작 투자 계약을 조건으로 내건다. 이런 목록은 끝없이 이어진다.

중국의 중상주의적 국가 주도 경제 모델은 역사적 맥락에서 이해되어야 한다. 중국 지도자들은 오랫동안 중국이 과거 왕조 체제처럼 글로벌 초강대국이 되어야 한다고 믿어 왔다. 그들의 역사관에서 중국이 이러한 지위를 잃고 서구식민주의의 "희생자"가 된 주된 이유는, 중국의 산업과 기술이 서구 국가에 비해 뒤처졌기 때문이

---

* 가치사슬 분석에서 후방산업(Up-stream)은 제품 소재나 원재료 공급에 가까운 업종을 뜻하며, 전방산업(Down-stream)은 최종소비자와 가까운 업종을 가리킨다.

다. 그 결과 공산당은 정권을 잡은 후로 국력을 회복하기 위한 수단으로 산업과 기술의 급속한 개발에 눈을 돌렸다.

마오쩌둥의 지도력 아래 중국공산당은 배리 노튼(Barry Naughton)이 말한 "산업화 확산 전략"을 발 빠르게 채택했는데, 이는 모든 경제 자원을 중공업 발전에 투입하는 데 초점을 맞추는 전략이다.[13] 중국공산당은 새로운 공장에 자원을 투입했고, 정부 투자는 국민소득의 ¼ 수준을 넘었다.[14] 이 투자의 무려 80%가 중공업에 투입되었다.[15] 중국에서는 항상 거의 그랬듯이 국가가 경제를 통제했다.

1950년대 초반 한국전쟁이 발발하자, 중국공산당은 미국과의 충돌에 대한 두려움이 커졌고 이에 따라 소비에트식 "5개년 계획"을 통해 급속한 산업화 요구에 박차를 가했다.[16] 중국공산당은 전쟁을 이용해 국내 정치적 지지를 더욱 공고히 하는 한편, 시골의 지주 엘리트를 몰아내기 위해 대대적인 토지 개혁을 시작했다.[17] 그 후 1955년 중국공산당은 농촌 집단농장화를 시작으로 농산물의 시장 판매를 중단하고 대신 농업 생산을 지도하고 감독하는 지역 공동체를 설립했다.[18] 도시에서도 중국공산당은 정치 활동을 통해 나머지 민간 기업을 장악했다.[19]

이 무렵 마오쩌둥은 소련의 신경제정책 개혁 방식처럼 생산 수단을 점진적으로 바꾸는 데 집중하는 대신 생산관계를 바꾸고(즉, 공동 소유로 만들고) 대중의 혁명 정신에 의존해 산업화한다면 현대화를 한층 앞당길 수 있다고 믿었다. 그리하여 1958년 마오쩌둥은 "대약진 운동"을 시작했다. 이 계획의 일환으로 농촌 공동체들은 더 큰 규모의 "인민 코뮌"으로 통합되었다. 코뮌은 지나치게 의욕적인 생산량을 할당받았으며 자체 공장의 설립과 자급자족이 강제되었다.[20] 대약진 운동은 비참하게 실패했을뿐더러 비현실적인 할당량과 부실한 관리로 인해 결국 재앙적인 기근이 발생했다.[21] 1961년 대약진 운동을 끝마치며, 마오쩌둥은 한동안 중국 현대화를 위해 보다 기술적이고 점진적인 경제 정책이 필요하다는 사실을 인정해야 했다.[22] 1958년부터 1962년까지 벌어진 대약진 운동은 5천만 명이 기아로 사망한 것으로 추정되는 인류 역사상 최대의 기근이라는 비극을 초래했다. 그러나 한편으로 대약진의 실패는 중국공산당의 산업화 전략에 중요한 교훈을 제공했다.

이 시기에 제대로 작동한 정책이 하나 있었다. 마오쩌둥의 대약진이 운을 다하면서 중국의 지도자들은 훗날 경제 발전 전략에서 훨씬 중요한 것으로 입증된 정책을 추진하기로 했다. 그것은 전략 무기 프로그램이다. 1950년대에 중국의 핵무기 개발을 위해 시작된 이 프로그램은 마오 시대의 다른 산업 정책과는 결이 다른 방식으로 추진되었다. 중국의 항공우주 및 핵 산업에 대한 통제권이 공산당 정치국원이 아니라 마오 시대의 일상 정치와는 동떨어진 기술 전문가들에게 맡겨진 것이다.[23] 이 전문가들은 자신들에게 주어진 최우선 임무를 성공시켰다. 1964년 중국은 핵폭탄을 실험했다. 이것은 마오 시대 경제개발의 몇 안 되는 성공 사례의 하나이며, 이후 중국의 개발 정책이 따라야 할 모델을 제시했다.

마오쩌둥 리더십의 험난한 시기는 문화대혁명으로 절정에 달했다. 공산당 내부에서 벌어진 이 권력 투쟁은 중국 경제를 혼란에 빠뜨렸다. 혼란스러운 소동이 가라앉자, 중국 지도부는 마오쩌둥 시대에 크게 실패했던 정치운동이 주도하는 경제 정책을 재고하지 않을 수 없었다. 경제 및 기술 발전을 달성하기 위해 중국 지도부는 새로운 계획이 필요했다. 마오쩌둥이 사망한 후 덩샤오핑과 그의 측근들은 종전의 전략을 재고하고 경제 발전을 위한 새로운 대안을 제시했다. 덩샤오핑은 개혁 정책에 따라 경제를 두 갈래 노선으로 진행했다. 즉 중공업은 국가 통제하에 두되, 농업과 경공업은 점차 준 민영으로 전환한 것이다.[24] 1970년대 후반, 중국공산당은 서서히 코뮌 체제에서 탈피하기 시작했다. 덩샤오핑은 지방 관리들에게 시골의 가족 영농을 복원하도록 허용했는데, 가족들이 경작하는 소규모 토지에 일정 할당량을 부과하되 할당량 이상의 잉여 생산물을 시장에 판매할 수 있도록 허용했다.[25] 민간 시장이 나름의 효율성과 지속 가능성을 보여주자, 농업 분야의 할당량은 차츰 폐지되었다. 비농업 활동에 더 많은 시간을 할애하게 되면서, 농민들은 저렴한 소비재를 생산하는 현지 공장에서 일하기 시작했다.[26]

비슷한 시기에 중국공산당은 "민간" 기업이 고용, 해고, 이윤을 스스로 통제할 수 있는 상점, 작업장, 공장을 설립할 수 있도록 허용했다.[27] 그렇다고 해서 미국식 자본주의로의 완전한 도약을 의미하는 것은 아니다. 관료제를 달래기 위해 중국공산당은 경제개혁 초기에 국유기업의 매입 활동을 보장함으로써 국유기업이 민간 기업을 설립하고 수익 일부를 보유할 수 있도록 허용했다.[28] 또한 중국공산당은 할당량을 채우고 남은 초과 생산 능력을 민간 시장 활동에 사용할 수 있도록 했다.[29] 이러한 국유기업 대부분은 지방 정부 차원에서 관리되었으며 지방 정부는 예산과 수입을 통제하여 지방 관료들이 산업과 개혁을 적극 지원에 나서도록 인센티브를 부여했다. 그렇게 해서 지방 관료들은 체제에 포섭되었으며, 체제 확장의 결과로 부유해졌다. 동시에 중국공산당은 선전(深圳)과 같은 도시에 "경제특구"를 설립하여 외국인 투자자들에게 세금 및 관세 우대 혜택을 부여했다.[30] 또한 특정 중공업 분야에 최초의 국유 대기업을 설립하여 중앙 정부가 상당한 수입원을 확보할 수 있도록 했다.

덩샤오핑은 또한 마오쩌둥의 기술주의적 핵 프로그램 성공 모델을 기반으로 하는 기술 프로그램을 시작했다.[31] 이러한 정책은 중국의 학제 개혁에서부터 출발했다. 이를 위해 중국은 211공정*을 통해 일류대학들에 수십억 달러를 쏟아부었다. 이와 동시에 정부 산하 연구기관은 이들 대학에 첨단 기술학과 설립 자금을 지원했다.[32] 이러한 정책과 함께 덩샤오핑과 그의 측근들은 국영 산업 계획을 통해 첨단 기술을 지원했는데, 특히 863계획**은 마오쩌둥의 전략 무기 프로그램을 뒷받침하고 항공우주, 자동화, IT 등의 첨단 분야에 집중되어 있다.[33]

2001년 WTO에 가입한 이후 중국 경제는 크게 두 가지로 나뉜다. 중국 경제는 국유 부문과 명목상 민간 부문으로 나뉜다. 국영 부문은 철강 생산 및 광업과 같은 원자재 산업, 방위 및 통신 산업과 같은 전략 부문, 산업 조립 및 자동차 부품과 같은 특정 생산 자

---

* "211공정"이란 당시 덩샤오핑 주석의 주도 하에 "21세기를 대비해 일류대학 100개와 중점 학과 1000개를 건설하자"라는 뜻이 담긴 교육 정책이다.

** "863계획"은 1986년 3월에 발족했다고 해서 붙여진 이름이다. 국가가 전략기술을 선정하고 관련 기업과 연구소를 집중적으로 지원하게 된다. 863계획은 기초과학 육성계획인 "973계획" 등과 함께 2016년 국가중점연구개발계획으로 통합된다.

재 산업을 독점하고 있다. 이에 반해 "민간" 부문은 대부분의 소비자 중심의 상품과 서비스를 생산한다. 한편, 중국 정부의 기술 정책 이면에는 한때 글로벌 기술 경쟁에서 선두를 차지했던 자국의 입지를 회복하려고 서방의 무역 상대국을 활용하려는 목적이 뚜렷하다.

그래서 중국이 아무리 민영화, 시장 접근성, 경제 개혁을 약속한다손 치더라도 국가 주도의 중상주의적 경제 발전의 길을 계속 걸어갈 것은 분명하다. 중국은 한발은 다른 쪽에 걸쳐두는 중상주의적 구조에 만족하고 있다. 실제로 덩샤오핑의 정책 전환은 서구의 사람들이 생각하는 것처럼 자유주의 시장 경제로의 변화가 아니었다. 덩샤오핑은 마오쩌둥보다는 덜 독재적이지만 뼛속까지 공산주의자이자 중상주의자이며 민족적 경제주의자였다. 그는 소규모 반민영 기업이 발전하도록 숨통을 틔웠으나 궁극적으로는 항상 국가의 통제하에 두었다. 진정한 민간 산업은 존재한 적이 없다. 중국이 시장 개방과 경제 자유화의 길로 가고 있다고 믿고 중국과 교류한 수많은 미국의 기업 경영인과 정치인들은 심각한 실수를 저질렀으며, 그 대가는 평범한 미국인들의 몫으로 돌아갔다.

오늘날 중국의 국유 부문과 산업 정책

2001년 WTO 가입과 2012년 시진핑 집권 사이에 중국은 덩샤오핑이 시작한 국가 주도의 경제 발전 노선을 계속 걸어왔다. 덩샤오핑과 마오쩌둥보다는 약했지만, 후진타오(胡錦濤)와 장쩌민(江澤民)

두 국가주석은 보조금, 정부 투자, 산업 스파이 활동, 강제 기술이전 시스템을 통해 첨단 기술과 전략 산업을 육성하는 정책을 꾸준히 추진했다. 시진핑은 이 체계를 물려받아서 더욱 강화했다. 그리하여 오늘날 중국 기업들은 세계 시장에서의 입지를 강화하기 위한 중상주의 정책의 복잡하고 중첩된 네트워크의 혜택을 톡톡히 누리고 있다.

이러한 정책의 가장 큰 수혜자는 중국의 국유 부문이다. 중국은 WTO와 미국에 약속했는데도 불구하고 자국 경제에서 국영기업의 역할을 적극적으로 확대하고 있다. 시진핑 주석하의 중국은 글로벌 경쟁을 압도할 수 있는 거대 국영기업을 만들기 위해 국영기업 간 합병을 장려하고 있다.[34] 2017년 국영기업은 중국 GDP의 비중이 23%에서 27.5%로 늘었으며, 3,470만 명을 고용하여 총고용의 4.5%를 차지했다.[35] 중국 정부는 이른바 민간 기업과 국유 기업 사이에서 "경쟁 중립"을 지향한다고 주장하는데, 실제로는 생산성과 혁신 역량 수준이 현저히 낮은데도 국유기업을 선호하고 있다고 중국 내 "민간" 및 외국 기업의 보고가 끊이질 않는다.[36]

무엇보다 이 맥락에서 기억해야 할 사실은 중국의 모든 기업은 정부의 통제를 받고 있으며, 어떤 형태로든 정부의 중상주의 정책에서 혜택을 받고 있다는 점이다. 진정한 의미의 독립적인 기업은 존재하지 않는다. 중국에서 활동하는 미국 기업을 포함한 모든 기업은 중국 정부의 지시에 귀를 기울여야 한다. 모든 사업 활동과 수익은 정부의 승인을 받아야 가능하다. 이는 중국에서 항상 변함없는 현실이며, 심지어 시진핑 정부는 이를 법률로 규정했다. 예를 들어,

2015년 중국 정부는 모든 기업이 광범위하게 정의된 "국가 안보"를 보호하는 데 협조하고 지원해야 한다는 새로운 국가보안법을 제정했다.[37] 시진핑 주석은 또한 "민간" 기업이 공산당 이념을 조직하고 홍보하는 당세포를 기업 내부에 설치하도록 압력을 가했다. 의회보고서에 따르면 그 결과로, 2018년 현재 중국 내 "민간" 기업의 73% 이상이 기업 조직에 당세포를 두고 있으며, 그 비율은 계속 증가세라고 한다.[38] 시진핑 정부는 또한 반부패 조사와 단속을 통해 재계에 공포 분위기를 조성하여 공산당 체제에 대한 순응을 유도하고 있다. 중국의 유명 기업 임원들은 중국공산당의 지시나 이념에 따라 퇴출되기도 하는데, 잭 마윈과 바오 팬의 경우처럼 중국 정부의 규정을 어겼다가는 수사를 받고 대중의 시야에서 사라질 수도 있다.[39] 이런 정치 체제에서 운영되는 기업 운영이 진정한 사기업으로 간주될 수 있을까?

중국 정부는 국유기업과 "민간"기업이 모두 해외에서 발전하고 경쟁할 수 있도록 상당한 보조금을 지급하고 있으며, 이 중 상당수는 WTO 규정을 노골적으로 위반하고 있다. 중국 보조금의 수혜자는 철강, 태양광 패널, 자동차 부품 등 다양한 산업 분야의 기업들이다.[40] 중국은 2013년부터 2019년까지 산업 보조금을 약 두 배로 늘려 2018년 한 해에만 상하이 및 선전 증권거래소에 상장된 기업에 약 224억 달러의 보조금을 지출했다.[41]

직접적인 보조금과 국유기업 외에도 중국 정부는 다양한 경로를 통해 선호하는 기업에 시장보다 낮은 금리로 자금을 공급해 왔다. 최근의 금융 자유화 이전에는 중국의 저축자들은 이자율이 매우 낮은 수준으로 책정된 국영 은행에 예치할 수밖에 달리 선택의 여지가 없었다. 대출 금리는 은행 수익을 보장하는 수준에서 예금 금리보다 약간 높게 책정되어 시장 기반 체제에서보다 훨씬 낮은 대출 금리를 유지하고 있다. 그 결과 값싼 신용은 외국 경쟁업체와 일반 저축자 및 대출자 모두를 희생시키면서 정부가 선호하는 산업과 기업에 집중적으로 지원되었다.[42] 저축자에서 특혜받는 대출자로 이전된 자본 규모는 2000년부터 금리 자유화가 시작된 2013년까지 중국 GDP의 약 5%를 차지했다.[43]

더구나 대부분 은행의 신용 창출은 사실상 지방 정부에 의해 통제된다. 즉, 정부는 예산 수반 없이 효과적으로 지원할 수 있으며 은행은 정부의 직접적이고 암묵적인 보증에 의존하여 부실 대출을 감가상각하지 않는 편법을 동원한다.[44] 최근 중국 금융 시장을 자유화하고 은행 부문에 시장 규율을 부과하려는 중국 정부의 노력은 액면 그대로 받아들이면 고무적으로 보일지도 모른다. 그러나 중국 정부가 시장 불안을 두고 보지 않을뿐더러 지속적인 경제 성장과 실업률 통제라는 명분으로 국유기업을 선호해온 경향을 고려하면 이 개혁의 실현 가능성은 그리 높지 않다.[45]

조달제도 전반에 걸쳐 중국은 명시적 및 암묵적 요건을 조합하여 중국 기업이 제조·개발한 제품, 서비스 및 기술을 우대하는 정책을 시행하고 있다.[46] 중국 정부가 거듭 이를 개혁했다고 주장하나, 미국 기업들은 중국 행정기관과 국유기업의 단합된 자국산 우대 노력 때문에 입찰 과정에서 차별받고 있다고 계속 보고하고 있다. 그 예로 입찰자 요건에서 고의로 국내산 의무사용 요건을 불분명하고 일관되지 않게 정의하거나 광범위한 보안 기준을 적용하는 경우가 대표적이다.[47] 이러한 문제는 정부 계약 외에도 광범위하게 반복된다. 특히 우려되는 것은 중국 정부가 정보통신 인프라 사업자의 IT제품 및 서비스 구매를 부단히 규제하려는 움직임이다.

　이러한 일반적인 정책 외에도 중국 정부는 특정 전략 부문과 첨단 기술 부문에 보조금, 우대 금융, 정부 조달 등의 혜택을 제공하는 산업정책을 시행하고 있다. 이 중 가장 중요하고 부정적 파장이 큰 정책은 '중국 제조 2025(Made in China 2025)'이다. 2015년에 중국 국무원이 발표한 이 계획은 중국이 자국 내 혁신이라는 목표를 향해 점점 더 정교한 접근을 취하고 있음을 보여준다. 간단히 말해, 중국 제조 2025 및 관련 산업 정책은 기술, 제품 및 서비스 전 분야에서 중국 기업이 외국 공급업체를 대체하고 국제적 우위를 점유하는 기반 마련을 목표로 한다.

　이 목표를 달성하기 위해 '중국 제조 2025' 정책은 하위 정부 수준을 통해 특정 산업에 대해 광범위한 지원을 하며, 특히 중국 정부가 보증하는 5천억 달러 이상의 재정 지원을 활용하고 있다.[48] 코로나19 이후, 이 정책에 1조 4천억 달러가 추가로 할당되었다. 결과적으로 전략적 첨단 기술 산업은 재정 지원, 정부 주도의 연구 개발, 세금 감면, 직접 보조금, 합병 활동 지원, 규제 우대 등 모든 수준에 걸쳐 정부 혜택을 받을 수 있다. 명시적으로 자국산 의무 비율 70%를 달성하여 외국산 의존도를 낮춘다는 내용도 포함되어 있다. 주요 산업 목록에는 항공우주, 생명공학, 정보 기술, 로봇, 전기 자동차 등 장기적인 경제 선점을 위해 필요한 모든 산업이 망라되어 있다.

중국 관리들은 중앙 정부로부터 지시받았는지 모르겠으나 2018년 6월 이후 '중국 제조 2025'를 공공연히 언급하지 않으나, 정책 자체는 여전히 유효하다. 그들이 이 슬로건을 사용하지 않게 된 이유는 아마도 트럼프 행정부가 이 슬로건을 언급하며 미국인과 전 세계인들에게 중국이 얼마나 중상주의적이며 얼마나 위협적인 존재인지를 효과적으로 보여주었기 때문이 아닐까 한다.

시진핑 주석이 '중국 제조 2025'와 병행하여 추진하는 '민군 융합(Military-Civil Fusion)' 정책은 군사력 증강 지원을 위해 민군 공용 기술 역량을 발전시키는 것을 목표로 한다. 이 목적으로 중국 국방과학기술공업국(SASTIND)은 민간 기업이 민군 공용 부문의 국방 조달시장에 진입하고자 하는 경우 보조금, 정부 투자, 대출, 조달 계약의 혜택을 제공한다.[49] 마찬가지로, 국방과학기술공업국은 국방 연구와 학문 분야에서 국영 및 "민간" 부문의 민군 공용 기업의 산학 협력을 지원한다.[50] 또한, 민군 융합에 관해 수시로 내비치는 시진핑의 관심은 지역 공산당 간부들이 관할 구역의 민군 공용 기업을 적극 독려하게 하는 정치적 신호로 작용한다.

노동 및 환경 파괴

중국 기업들은 또한 중국 정부의 노동 탄압과 느슨한 환경 규제로 인해 막대한 이익을 얻고 있다. 중국 역사학자 친후이(秦晖)는 중국이 "낮은 인권이라는 비교 우위"를 가지고 있다고 지적했다.[51] 이는 최저시급 억제 등 다양한 노동시장 남용에 직면한 중국 노동자와 시민, 그리고 이들과 경쟁해야 하는 미국 노동자들 모두에게 비극적인 일이다. 중국에서 정부에 적대적인 노동조합을 결성하는 것은 불법이다. 노동 조건 개선을 주장하는 사람들은 사회 질서를 위협한다는 혐의로 체포된다.[52] 과거 중국공산당이 일회성 파업을 관대하게 묵인하거나 특히 자국 내 미국 기업에 대해 노사 타협을 장려하기도 했지만, 시진핑 주석은 노동 운동가들을 투옥하는 등 강경책을 펼쳤다. 〈워싱턴포스트〉는 이를 가리켜 "중국 내 시민사회 단체를 탄압하기 위한 최대 규모의 정부 활동"이라고 표현했다.[53] 중국 정부는 또한 출신지 외 지역으로 이주를 제한하는 호구(戶口) 제도를 이용하여 절망적이고 굶주린 노동 인구를 유지하고 있다. 도시와 산업 중심지의 지방 정부는 호구 제도를 국경을 벗어난 노동자를 추방하고 처벌하는 수단으로 주로 사용하고 있다.[54] 또한 호구 제도는 국내 이주 노동자들이 의료, 실업 보험, 주택 지원 등 다양한 공공재에 접근할 수 없도록 차단하고 있다. 무엇보다도 이 제도로 인해 국내 이주 노동자의 자녀가 교육을 제대로 받을 수 없다는 것이 큰 문제다. 그 결과 중국 주요 도시에서 고숙련 도시 거주자 자녀 중 대학에 다니는 비율이 96%에 달하지만, 이주민 출신의 저숙련 임시직 자녀의 경우는 24%에 불과하다.[55] 이러한 구조는 이주 노동자들이 저임금을 감수하고 항의성 노조 시위에 나서기 힘든 여건을 조성한다. 따라서 착취받는 이주 노동자 계층이 영속화되는 결과를 낳는다.

이렇게 노동권을 억압하는 조치가 적극적으로 취해진 결과, 중국 비금융 기업에서 노동자가 창출하는 기업 가치는 40%에 불과하다.

이는 다른 선진국들에서 노동이 기업 가치에 차지하는 비중이 70%에 육박하는 것과 극명한 대조를 이룬다.[56] 중국의 저임금은 정권에 의해 조정된 것이기 때문에, 내생적 요인이라고 대수롭지 않게 여겨서는 안 된다.

동시에 중국 정부는 환경 보호 제도의 시행을 지연시키고 있다. 국제 무대에서 중국 지도자들은 2015년 파리 협정에 서명하고 2060년까지 탄소 중립을 약속하는 등 보여주기식 행보를 보여왔다.[57] 그런데 그 이면에는 여전히 자국 기업이 과도한 규제 비용을 부담할지 모른다는 염려가 도사리고 있다.

오늘날 중국은 전 세계 온실가스 연간 배출량의 1/4 이상을 배출하는 세계 최대 온실가스 배출 국가다.[58] 그런데도 중국은 청정 화석 연료로 전환하기는커녕 전 세계 석탄 연간소비량의 절반을 차지할 만큼 여전히 화석 연료 중에서도 대기오염 물질이 높은 석탄에 의존하고 있다.[59] 그 이유는 사실 놀랍지 않다. 중국은 풍부한 석탄 자원을 기반으로 국유기업을 통해 석탄을 생산하는 세계 최대의 석탄 생산국이기 때문이다.[60] 정부가 쏟아붓는 수십억 달러에 달하는 보조금이 석탄 의존도를 높이고 중국 생산업체의 전기 비용 부담을 낮춘다.[61] 중국은 2030년을 고비로 이산화탄소 배출량을 차츰 줄이겠다고 약속했지만, 최근까지 석탄 발전소 건설에 박차를 가하는 것을 보면 그 약속이 쉽사리 실현될 리는 만무하다.[62]

흔히들 중국 정부가 장기적으로 탈석탄 정책을 진지하게 고려하고 있다는 근거로 태양광 패널 생산 비중을 자주 언급하는데, 이는 신기루에 지나지 않는다. 태양광 패널의 원재료를 채굴하고 가공하려면 석탄으로 생산한 전기가 쓰이게 되므로, 중국 태양광 패널은 서구의 패널보다 탄소 배출량이 두 배나 많다.[63] 게다가 중국은 태양광 패널 재활용에 대한 정책도 없다. 유해 물질로 제조된 태양광 패널은 적절한 재활용 계획이 없으면 낡고 망가진 채로 폐기물 처리장에 방치되었다가 독성 금속이 상수도로 유출될 수 있다.[64] 태양광 패널이 작동하더라도 중국의 심각한 대기 오염으로 인해 일조량이 부족하므로 충분한 전기를 생산하기 힘들다.[65] 그도 모자라 신장에서 강제 노동으로 패널이 생산된다는 보고가 있다.[66] 결론적으로 중국의 청정에너지 전환 협약은 탄소 배출, 환경 오염 및 노예 노동으로 점철되고 있다.

무엇보다도 중국에서는 문서에 적힌 환경 규제를 실제 집행하는 경우가 드물다. 집행업무는 종종 지방 공무원에게 맡겨지는데, 이들은 대개 자신이 감독하는 기업과 유착 관계가 있을뿐더러, 중국 공산당 관리의 승진을 좌우하는 경제 성장률을 올리려면 이들 기업의 성공이 필수적이다.[67] 국가 차원에서도 마찬가지다. 연구에 따르면 국유기업은 환경 규정을 위반할지라도 심각한 처벌을 받지 않으므로 규제를 계속 회피할 유인이 생긴다고 한다.[68]

이러한 정책 결정들이 한데 모여 중국 경제체제의 기반을 형성한다. 중국의 산업 정책은 21세기 중상주의와 다름없으며, 중국 기업들은 불공정한 시장 왜곡의 이점을 편취한다. 이는 자유 자본주의 민주주의 국가에서 누릴 수 없는 것이다. 동시에 중국의 강압적 노동 정책과 느슨한 환경 규제가 생산 비용을 낮춰준다. 중국이 이러한 정책을 중단하더라도 미국 기업이 중국 기업과 경쟁할 기회는 거의 주어지지 않을 것이다. 시진핑의 경제 정책은 중국 기업을 지원하는 데 그치지 않고, 외국 기업에 불이익을 주고 이익을 수탈하는 데까지 확대되고 있다.

7장

경제적 위협

매그너퀜치(Magnequench) 회사의 일화는 6장 첫머리에 언급한 웨스팅하우스와 함께 내가 의회 의원들에게 종종 들려주는 이야기다. 매그너퀜치는 한때 국내에 기반을 둔 회사로, 소결 자석이라는 틈새시장에서 거의 독점적인 점유율을 차지하고 있었다. 소결 자석은 순항 미사일과 스마트 폭탄에 사용되는 유도 시스템의 필수 구성 요소로, 희토류로 만든 초소형 첨단 기술 자석이다. 수십 년 동안 이 회사는 미군의 중요한 전시 공급업체였다. 1986년 제너럴 모터스의 자회사로 출발한 이 회사는 국방부로부터 보조금을 일부 지원받아 귀중한 기술을 개발했다. 1995년에 중국 군부와 관계가 밀접한 중국 기업 두 곳이 미국 기업과 컨소시엄을 구성하여 섹스탄트 그룹을 설립하고 매그너퀜치 회사를 인수했다. 얼마 지나지 않아 이 회사는 생산 시설의 일부를 인디애나주에서 중국으로 옮겼다. 2006년에는 급기야 인디애나주 발파라이소에 있던 마지막 공장을 아예 폐쇄하고 중국 톈진으로 이전했다. 일자리와 기술이 한꺼번에 사라진 것이다.[1] 요약하자면, 미국 정부의 자금으로 미군을 위한 기술을 개발한 회사가 중국과 연계된 그룹에 인수됨에 따라 이제 기술은 해외로 유출되었고 회사는 중국의 통제를 받고 있다. 섹스탄트 거래는 결코 있어서는 안 될 일이었다. 그런데 재무부의 낙관주의와 순진함으로 인해 클린턴 행정부가 이를 허용하고 말았다.

이 이야기를 통해 내가 말하려는 요점은, 미국과 중국 간 현대 경제사에는 한때 위대한 미국 기업이었으나 지금은 사라진 수백 개의 매그너퀜치와 웨스팅하우스가 있다는 것이다. 세부적인 내용은 다를지라도 맥락은 같다. 미국 회사의 경영진은 중국으로 사업과 판매를 확대하여 수익과 주주 가치를 높이려 한다. 중국 정부의 요구에 따라 그들은 중국 현지 파트너와 합작회사를 설립한다. 중국 파트너는 이 합작회사를 통해 미국 기업의 지식재산을 공동 활용하거나 도용한다. 미국 기업은 몇 년 안에 중국 고객을 잃게 되고, 10년 안에 옛 중국 파트너와 세계 시장에서 경쟁하게 된다. 결과적으로 정부의 보조금과 지원을 받는 중국 경쟁업체가 승리하고, 미국 기업은 지식재산을 침해당한 채 수익과 경제적 건전성이 잠식된다. 루슨트 테크놀로지스, 듀폰, 제너럴 일렉트릭, AMD와 같이 중국에 합작회사를 둔 기업들의 경험이 이러한 시나리오를 뒷받침하고 있다.[2]

중국 기업과의 제휴나 기술 공유를 거부하는 기업들은 스파이 활동의 위협에 맞닥뜨린다. 포드 자동차의 설계 도면을 훔쳐 새 고용주인 중국 자동차 회사로 가져간 포드사의 직원 샹동 유(Xiang Dong Yu)의 사례처럼, 중국의 산업 스파이들은 미국 기업에 직접 침투해 영업 비밀을 훔치기도 한다.[3] 심지어 중국 정부가 크루즈 미사일 배기 시스템 기술을 훔치려고 노시르 고와디아와 같은 미국 스파이를 돈을 주고 고용했던 사례도 있다.[4] 이와 같은 공격을 통해 지식 재산을 도난당한 미국 기업에는 애플, 보잉, 마이크론 테크놀러지, 코카콜라, 듀폰, 구글, 야후, 티모바일, 어도비, 다우케미컬, 제너럴 일렉트릭, 몬샌토, 모건 스탠리 등이 있다.[5] 실제로 지식재산권의 절도는 미국에 연간 3천억 달러 이상의 손실을 초래한다.

중국의 중상주의 정책은 지난 장에서 설명한 산업 정책을 통해 자국 기업을 지원하는 데 멈추지 않는다. 웨스팅하우스, 매그너퀜치, 그리고 중국에 진출한 수많은 미국 벤처기업의 사례에서 알 수 있듯이, 중국의 중상주의는 외국 기업을 대상으로 한 명백한 경제적 부정행위와 약탈에 기반한다. 정확한 데이터를 제시하기는 어렵지만, 우리가 수집한 증거에 따르면 중국은 모든 범주의 지식재산권 절도의 80%에 대해 잠재적인 책임이 있다고 한다.[6] 대부분의 다국적 기업들과 달리 중국 기업은 미국 기술과 지식재산권의 절도에 대해 정기적으로 공식적·비공식적 정부 지원을 받고 있다.[7] 트럼프 행정부는 중국의 대미 무역관행을 조사하고 그 결과에 따라 적극적인 후속 조치를 시행했다. USTR에서 발행한 『2018년 301조에 관한 보고서』에 제시된 주요 결정 사항에는 다음의 내용이 포함된다.

1. 중국은 합작 투자 요건, 외국인 지분 제한과 같은 외국인 소유권 제한을 비롯한 다양한 행정 검토 및 허가 절차를 통해 미국 기업의 기술 이전을 요구하거나 이전하도록 압력을 가한다.
2. 중국의 기술 규제 체제는 미국 기업이 기술 라이선스를 제공하고자 하는 경우 중국 기업에 유리한 비시장 기반 조건으로 라이선스를 제

공하도록 강요한다.

3. 중국은 첨단 기술과 지적 재산을 확보하고 기술 이전을 촉진할 목적으로 중국 기업에 대해 미국 기업 및 자산을 체계적으로 투자하고 인수하도록 지시하고 이를 불공정하게 조정한다.

4. 중국은 미국 기업의 민감한 상업 정보와 영업 비밀에 접근하기 위해 무단으로 컴퓨터망에 침입하고 이를 도용하는 행위를 지원한다.[8]

다음 장에서 우리는 301조와 이를 활용한 방법에 관해 설명하겠다. 이 장에서는 "불합리하거나 차별적이며 미국 상거래에 부담을 주거나 제한하는 중국의 행위, 정책 및 관행"에 대해 우리가 확실한 증거를 확보했고, 또 트럼프 행정부는 이에 대한 시정 조치를 했다는 점만 우선 언급하겠다. 이제 때가 무르익었다.

지식재산권 위반

중국의 지식재산권 도용은 상호 배타적이지는 않으나 크게 두 가지로 구분할 수 있다. 첫 번째 방법은 중국 해커와 스파이가 미국 기업을 표적으로 삼아 기업의 기밀, 연구 및 계획을 탈취하는 경우다. 영화에서나 상상할 만한 일이다. 두 번째 방법은 더욱 교묘하다. 중국은 합작 투자를 통해 미국 기업이 기술과 노하우를 현지 기업에 양도해야 한다는 엄격하고 강압적인 요건을 내세움으로써 지식재산권의 일부 또는 전부를 탈취한다. 이 두 가지 행위는 미국 경제의 건전성과 안정성에 근본적인 위협이 된다.

산업 스파이와 사이버 스파이 활동은 중국이 해외 기술을 획득하는 주요 수단이 된다.[9] 최근 몇 년 동안 FBI는 이 문제에 관심을 기울여 왔다. FBI는 56개 현지 사무소를 통해 "거의 모든 산업과 분야에 걸쳐" 중국이 미국에 기반한 기술을 절도하려는 시도를 감지하고 약 1,000건의 수사를 진행 중이다.[10] 예를 들어, 2018년 12월 미국 법무부는 컴퓨터 침입, 전신 사기 음모, 악질적인 신분 도용 혐의로 중국인 두 명을 기소했다. 두 사람은 지능형 지속 공격* 10(APT 10)으로 알려진 해킹조직과 연관되어 있으며, "세계 각지의 기업을 대상으로 수년에 걸쳐 개인 정보와 독점 정보를 훔치는 대규모 해킹 활동을 벌여왔다." 이 해킹조직은 10년 이상 활동하며 "의료, 생명공학, 금융, 제조, 석유, 가스 등 다양한 분야의 기업"에서 수백 기가바이트에 달하는 민감한 데이터를 훔쳤다.[11]

스파이의 표적에는 학술 기관도 포함된다. 중국 정부가 지원하는 프로그램은 서구 과학자들을 유인하기 위해 상당한 인센티브를 제공하고 있다. 특히 2008년에 시작된 "천 명의 인재 프로그램"은 미국 대학과 기업에서 통상 받는 것보다 3~4배 높은 초봉을 제시하며 1만 명 이상의 학계와 기업체의 과학자를 끌어들였다. 이 과학자들은 연방 정부의 지원을 받아 미국 대학에서 수행한 연구를 바탕으로 중국 연구소와 학술 기관에 전문 지식을 전수하고 중국에 기업을 창업하는 데 도움을 주고 있다.[12]

---

* 하나의 기업 또는 조직을 목표로 삼아 지속적으로 정보를 수집하고 취약점을 분석하여 피해를 주는 공격 기법을 뜻한다.

2021년 7월, 미국과 동맹국들은 전 세계 10만 대 이상의 서버를 해킹한 마이크로소프트 익스체인지에 대한 대규모 공격의 배후로 중국 국가안전부를 지목했다. 동맹국들은 또한 베이징이 랜섬웨어 공격에 연루된 범죄 해커조직과 협력하고 있다고 비난했다. 이 작전으로 인해 "중국 정보기관은 전 세계 수만 대의 컴퓨터 시스템에 접근하여 감시하거나 잠재적으로 교란할 수 있는 능력을 갖췄다." 그렇지만 안타깝게도 바이든 행정부와 동맹국들은 중국 정부에 아무런 제재를 가하지 못했다. 더 심각한 문제는 바이든 대통령의 법무부가 이러한 유형의 국제 범죄 기소에 꽤 소극적인 것 같다는 점이다.[13]

불행하게도 해외 지식재산을 탈취하려는 중국의 시도는 사이버 범죄와 경제 스파이 활동에만 멈추지 않는다. 중국은 합작 투자 요건과 외국인 지분 제한을 포함한 외국인 소유권 제한, 다양한 행정 심사, 인허가 절차 등을 통해 미국 기업에 기술 이전을 요구하거나 압력을 가하고 있다.[14] 중국 정부는 외국인 직접 투자의 유입을 엄격히 제한하고 있어서 미국 등 외국 기업은 울며 겨자 먹기로 합작 투자 요건을 받아들이게 된다.

합작 투자는 일반적인 이익과 손실을 나누는 것 외에도 또 다른 함정이 있다. 외국 기업은 사실상 거래의 일부로 중국 협력업체에 기술을 제공해야 한다. 외국 기업은 현금, 기술, 경영 전문 지식 및 지식재산권을 넘기고, 중국 협력업체는 토지 사용권 확보, 자금 조달 지원 외에도 정치적 인맥과 현지 시장 정보를 제공한다.[15] 결국 중국 기업은 자체 생산을 확대하고 중국 및 세계 시장에서 미국 기업을 압박하기 시작한다.[16] 이러한 합작 투자는 석유 및 천연가스 탐사와 개발, 의약품, 영화, 라디오와 TV를 포함한 다양한 산업 전반에 걸쳐 있다. 특정 전략 산업에서는 대부분 외국인 지분 자체가 매우 낮은 수준으로 제한된다.[17]

중국 정부가 기술 이전을 공식적으로 의무화하지 않더라도, 외국인 소유권 제한 규정은 명목상 합의를 통해 기술 이전 계약을 체결할 수 있도록 중국 기업에 협상력을 부여한다. 외국인 투자자들이 중국 시장 진출을 위해 서로 경쟁하는 과정에서 협상은 더욱 불리해진다. 더 나아가 중국 협력업체는 외국 기업의 사업 운영을 자세히 관찰함으로써 계약이 무산되더라도 핵심 기술에 접근하는 계기를 포착할 수 있다.[18]

합작 투자뿐만 아니라, 중국 정부의 광범위하고 불투명한 행정 절차는 그야말로 하나의 거대하고 복잡한 라이선스 시스템이다. 이러한 라이선스는 명목상으로는 국내와 해외 생산자 모두에게 적용되는 경우가 많으며, 제품 판매, 제조 시설 건설 등 다양한 활동에 두루 적용된다.[19] 중국 규제 당국은 식품과 의약품 생산, 광업, 통신 서비스 등 100개 이상의 다양한 사업 활동에 대해 라이선스 요건을 부과하고 각각 승인 단계마다 외국 기업으로부터 양보를 끌어내거나 지식재산의 이전을 강요해 왔다.[20] 규제 당국은 일반적으로 광범위한 서류를 요구하는데, 이때 기업들은 다른 시장에서 요구되는 것보다 더 민감한 데이터와 정보를 노출하게 된다.[21]

중국은 다양한 기술 규제를 시행함으로써 미국 기업이 기술을 라이선스할 때, 중국 기업에 유리한 비시장 기반의 약관을 체결하게

끔 한다.[22] USTR은 2018년 301조 조사에서 중국이 미국 기업을 포함한 외국인의 지식재산권을 제한하는 몇몇 메커니즘을 직접 확인했다. 예를 들어, 중국 법률은 중국 기업이 외국 기술을 개량한 경우에는 해당 기술을 소유한 외국인이 동의하지 않더라도 기술 개량에 대한 권리를 보유할 수 있도록 허용한다.[23] 더 나아가 중국은 외국 핵심 특허에 실제 사용연한보다 더 짧은 10년의 시한을 부과한다. 그리고 합작 투자 관련 기술 이전 계약이 종료될 경우, 중국 협력업체가 해당 외국 기술을 사용할 수 있도록 영구적인 권리를 부여한다.[24] 이러한 불공정 규칙들이 바로 트럼프 정부가 합의한 1단계 협상의 주요 초점이었다.

중국 정부는 해킹과 스파이 활동을 지휘하고 기술 이전을 압박하는 것 외에도 위조품의 생산·판매·수출을 강력히 제한하지 않고 있다.[25] 2020년 중국과 홍콩은 미국 관세국경보호청의 지식재산권 압수 건수 기준의 79%, 가액 기준의 83.3%를 차지했다. 다시 말해 생산자 권장가격을 기준으로 중국·홍콩에서 들여온 압수품 가액이 10억 9천만 달러에 달했다.[26] 저작권 및 상표권 소유자들은 중국 당국이 이 엄청난 문제를 해결하기 위해 보다 적극적인 노력을 기울여야 한다고 주장하고 있다.[27] 물론 단속을 중앙집중화하려는 노력이 도움이 될 수도 있다. 하지만 무엇보다 우려스러운 것은 중국 법원의 태도다. 가짜 의약품, 무단 시청각 콘텐츠 등 각종 특허 분쟁에서 법원이 피해 당사자인 미국 기업에 미리 통지하지 않거나 재판 참여 기회를 주지 않고 광범위하게 제소 금지를 명령하는 경우가 다반사다.[28]

지식재산권을 체계적으로 약화하고 기술을 이전시키는 다양한 메커니즘은 1단계 무역 협상의 핵심으로 떠올랐다. 결국 중국은 여러 구조적 변화를 약속했다.[29] 중국은 기술 이전의 요구 또는 압박 없이도 미국 기업이 중국 시장을 효과적으로 접근하도록 허용하기로 합의했다. 또한 미국인의 기술 이전 또는 라이선싱은 자발적이고 상호 합의된 시장 조건에 기반해야 하며, 중국 정부는 전략산업 분야에서 중국인에게 해외 기술 획득을 목적으로 하는 해외 직접 투자를 지원하거나 지시하지 않는다는 데 동의했다. 덧붙여서 이 협정은 중국의 지식재산권 보호와 집행에 있어 여러 개선책을 담았다. 대부분 이러한 의무는 충족되었다. 중국은 이 약속을 이행하고자 정직하게 노력했지만, 아직까지 지방 정부와 지자체 수준에서는 집행이 쉽지 않다. 미국 정부는 상황을 모니터링하고 1단계 합의상 집행 조항을 통해 협정이 준수되도록 준비할 것이다.

무역 장벽과 불공정 경제 관행

지식재산권 침해와 산업 정책만이 중국이 자국의 경제적 지위를 왜곡하는 유일한 방법은 아니다. 중국은 자국 기업을 지원하기 위해 다양한 무역 장벽을 유지하고 미국 근로자와 기업에 피해를 주는 불공정 경제 관행에 가담하고 있다.

중국은 말 그대로 수입 억제를 위해 다른 주요국보다 훨씬 높은 수준의 관세를 자유롭게 사용하고 있다.[30] 2019년 중국의 평균

MFN(최혜국 우대) 관세율은 7.6%였으며, 2018년 주요국의 평균 MFN 관세율은 농산물이 13.9%, 비농산물이 6.5%였다.

뿐만 아니라 중국의 위반 행위에 대한 구제 수단으로 WTO 권리를 행사하려는 미국의 시도에 맞서 중국은 반덤핑(AD) 및 상계관세(CVD) 조치를 남용했다. 중국은 2020년에만 8건의 국내 무역구제 조사에 착수했는데, 그 결과는 흐지부지되었거나 WTO 규칙에 부합하지 않는다는 결론이 내려졌다. 미국은 최근 중국을 상대로 한 여러 건의 WTO 소송에서 승소를 거두고 육용 닭과 자동차를 포함한 중국의 제반 조치가 국제 규칙을 위반한다는 사실을 입증했다. 이러한 승리는 중국의 무역 구제 조치가 아무리 제한적일지라도 WTO 규정을 준수하지 않았다는 것을 보여준다.[31]

흔히들 중국의 관세에 관심이 집중됨에 따라, 중국의 부가가치세(VAT) 환급 남용 사례는 수면 아래에 숨어 있다. 중국은 6~10%의 낮은 세율이 적용되는 일부 품목을 제외하고 대부분의 미국산 수입품과 서비스에 대해 16%의 부가가치세를 부과한다. 또한 상품 수출 시 부가가치세 전액을 선별하여 환급하고 있으며, 때로는 기업들이 외국이 아닌 중국에서 생산하도록 장려할 의도로 부가세 환급을 조작하기도 한다. 심지어 중국은 기회주의적으로 환급을 보류할 때도 있다. 예를 들어, 일부 제조품에 투입되는 원자재는 전액 환급을 받지 못하므로 외국 제조업체는 더 비싸게 사고 중국 제조업체는 더 저렴하게 산다. 자연히 중국산 원자재는 외국 경쟁사의 것보다 더 저렴해진다. 이렇게 세계 시장에 상당한 혼란이 야기되었고 철강과 알루미늄 같은 산업에서 심각한 과잉 생산이 발생했다.[32]

더 넓은 관점에서 보면, 중국은 때때로 세계 주요 생산국의 위치에 있는 산업에서 영향력을 극대화하기 위해 수출 규제를 활용한다.[33] 최근 사례로는 2021년에 중국이 희토류 광물에 대한 수출 규제를 강화하려는 움직임을 들 수 있다.[34] 첨단 에너지 기술에 중요한 희토류는 중국 가공업체가 지배적인 시장 우위를 점하고 있다. 희토류의 수출 규제는 외국 경쟁업체의 희생을 대가로 후방산업에서 중국 생산자가 우위를 선점하는 한편, 전방산업에서 외국 생산업체들이 중국으로 사업을 역외 이전하도록 유도한다.[35] 중국의 지배적 지위는 그 자체로서 시장 왜곡 관행의 결과라는 점에 주목할 필요가 있다. 중국은 외국 경쟁업체들이 사업을 포기할 때까지 희토류 제품을 세계 시장에 덤핑 공급했다.

그뿐만 아니라 중국은 자국 산업에 이익을 주기 위해 WTO와의 약속을 정기적으로 위반하고 있다. 예를 들어, 중국은 IT 무역과 관련하여 미국 및 다른 무역 상대국과 여러 차례 약속했다. 하지만 이 모든 약속은 지켜지지 않았다. 중국의 사이버 보안 조치 시행은 자국의 IT산업에 대한 미국과 국제사회의 참여를 억제하려는 의도를 뻔히 드러내고 있다.[36] 예를 들어, 애플과 같은 미국 기업들은 중국 내 기업활동을 방해받거나 아니면 영업 기밀을 빼내는 데 사용될 수 있다는 이유로 투명성이 보장되지 않은 보안성 검토를 받아야 했다.[37] 명목상 광범위하게 규정된 법률을 선별적으로 적용하는 수법이 중국의 일관된 관행이다.

중국 정부는 또한 미국과 외국의 기업을 표적으로 삼아 반독점 노력을 무기화했는데, 이는 시장 경쟁을 회복하는 데 진실한 관심이 부족하다는 증거다. 중국 규제 당국은 중앙 정부 차원에서 국유기업에 대한 집행 조치를 거의 취하지 않고 있으며, 국가적으로 중요한 산업에서는 정부의 예외적 독점을 법률로 규정하고 있다. 현실적으로 중국의 반독점 규제 당국이 벌금이나 처벌 규정을 채찍처럼 휘둘러 "비공식적"으로 행동 요령을 강요한다고 미국 기업들은 호소한다.

중국은 또한 환율 조작국으로서 오랜 역사가 있다. 2003년부터 2014년까지 중국은 인위적으로 달러 환율을 강세로 하고 위안화 환율은 약세로 유지하되, 매년 3,000억 달러 이상을 매입해서 위안화의 가치 절하를 막았다. 이에 따라 환율 개입의 절정기에 중국의 경쟁적 지위는 약 30~40%까지 높아졌다.[38] 2014년 이후 중국의 환율 조작은 감소했지만 여전히 위안화 일일 기준 환율을 통해 적극적으로 통화를 관리하고 있다.[39] 미국 재무부는 2019년에 중국을 환율 조작국으로 분류했다가 2020년에 철회했는데, 이는 1단계 합의에 따른 환율 조작 규율에 근거해 결정한 것이다.[40] 중국이 계속해서 적극적으로 통화를 평가 절하할지는 불분명하지만, 중국의 공격적인 통화 조작의 역사를 고려할 때 이는 앞으로도 주요 관심사다.

성공을 거둔 중국의 전략

대체로 중국의 중상주의, 산업 정책, 경제 조작, 노동 착취, 개발도상국에서의 팽창적 활동은 상당한 성과를 거두었다. 중국 경제는

2018년까지 연평균 9.5%의 실질 GDP 성장률을 기록했는데, 이를 두고 세계은행이 "주요 경제국 중 역사상 가장 속도가 빠른 확장 사례"라고 평가했다.[41] 그렇게 중국 경제는 빠르게 성장하고 있으며, 이러한 성장세를 배경으로 하여 중국이 주요 산업에서 미국을 제치고 우위를 점하고 있다.

2001년 중국의 WTO 가입으로 인해 수십 년에 걸쳐 미국에서 중국으로의 부의 재분배가 시작되었다. 2001년 미국과 중국 간 상품과 서비스 무역적자는 806억 달러를 약간 상회하는 수준이었다. 그런데 2021년에 그 적자는 3,392억 달러에 달했다. 2001년부터 2021년까지 집계된 기준으로 미국은 대중국 상품과 서비스 수입액이 수출액보다 5조 3,900억 달러 더 많아졌다. 결국 미국이 중국 경제 성장을 먹여살린 셈이다.

중국의 수출 주도의 중상주의적 성장 전략은 모든 면에서 성공적이다. 2001년 중국의 GDP는 1조 3,000억 달러(USD)였다. 2021년에는 이 수치는 무려 16조 4,000억 달러가 늘어난 약 17조 7,000억 달러를 기록했다. 같은 기간 중국 GDP에 대한 수출의 기여도는 2001년 2,720억 달러에서 2021년 약 3조 5,000억 달러로 증가했는데, 이는 대부분 취약하고 불균형한 미국 무역정책의 영향이 크게 작용했기 때문이다.

중국은 에너지 강국이면서 동시에 오염 배출국이기도 하다. 중국의 석탄 수입량은 2004년에 이미 미국 수입량의 약 3배에 달했으나, 2021년에는 약 23배로 급증했다.[42] 중국은 청정에너지 분야에서도 미국을 따라잡거나 추월하고 있다. 2022년 현재 중국의 원전은 54개로 미국의 92개에 이어 세계에서 세 번째로 많은 원전을 보유하고 있다.[43] 그런데 미국과 달리 중국은 공격적으로 원전 확장에 투자하고 있다. 2021년 중국은 14개의 신규 원자로를 건설하고 있는데, 미국은 단 2개의 건설 사업만 진행 중이다.[44] 태양광 발전의 역사는 더욱 암담하다. 최초의 태양광 발전(PV: PhotoVoltaic) 장치는 1954년 뉴저지 벨 연구소의 과학자들이 실리콘으로 만든 것이다.[45] 1995년 미국은 전 세계 태양광 셀의 45%를 생산했고 그다음은 일본이 21%를 생산했다.[46] 2000년에 중국이 전 세계 생산량의 1%로 시장에 진입했을 당시만 해도 미국은 여전히 전 세계 태양광 셀의 27%를 생산하고 있었다.[47] 그때 중국이 국가 지원이라는 기계에 전원을 켰다. 가능한 모든 수단들이 총동원되었다. 중앙 정부와 지방 정부는 막대한 보조금을 지급하고, 저평가된 통화가 기업 경쟁력을 높였으며, 지방 정부는 토지와 전기를 공급하고, 국영 은행은 저렴한 융자를 제공하고, 정부 조달 계약은 중국 기업에 독점적으로 몰아주었다.[48]

태양광 부문에 대한 산업 정책의 결과로, 중국은 태양광 발전 용량의 비경제적인 과잉 공급의 주범이 되었다. 중국의 다각적인 산업 통제 활동으로 인해 공급이 폭발적으로 수요를 넘었고 가격은 급락했다. 미국, 유럽과 아시아 경쟁업체들은 허둥지둥하다가 파산했고, 성장세인 전략 산업을 지배하려는 중국에 날개를 달아 주었다.[49] 오늘날 중국은 태양광 패널 생산의 모든 단계를 장악하고 있다. 2019년 중국은 전 세계에서 폴리실리콘 생산량의 66%, 태양전지 생산량의 78%, 태양광 모듈 생산량의 72%를 각각 차지하

고 있다.[50]

또한 희토류를 철통같이 통제하는 산업 정책으로 인해 중국은 세계 재생 에너지 흐름을 제어할 수 있는 입지를 구축했다. 이 금속은 재생 에너지 가치 사슬에 매우 중요하며 태양광 팬, 풍력 터빈, 전기 자동차, LED 및 형광체 생산에 필수적이다.[51] 항상 중국이 앞서 있었던 것은 아니었다. 1960년대부터 1980년대까지 미국은 캘리포니아의 마운틴 패스 광산에 힘입어 희토류의 주요 공급원이었다.[52] 1990년대부터 중국 정부가 산업계를 지원하는 거물로 급부상하면서 주요 희토류 생산 능력의 90% 이상을 차지했다.[53] 2019년 중국은 세계 전체 희토류 생산량의 62%를 점유하여 미국의 12%에 비해 5배에 달했다.[54] 미국 정부와 업계는 경각심을 가지고 이 분야에 새로운 투자를 시작했다. 하지만 이런 복잡한 산업을 부활하는 것은 지배적 위치를 유지하는 것보다 훨씬 어렵다. 전통적 에너지와 차세대 에너지 분야에서 현재와 장래 중국의 지배력에 대해 도전하는 것은 향후 몇 년, 아니 수십 년 동안 주요 과제가 될 것이다.[55]

그렇다면 차세대 에너지를 사용하여 제조되는 상품들은 어떤 상황일까? 헨리 포드와 그의 선구적인 조립공정 시절부터 미국인들은 자동차의 본고장이라는 자부심을 가졌다. 광범위한 탈산업화 추세에도 불구하고, 미국의 자동차 산업은 20세기 후반과 21세기 초반에도 살아남았고 심지어 번성했다. 현대의 미국 자동차 산업은 단순히 디트로이트의 거물급 기업들 이상의 의미를 지닌다. 1980년대 레이건 행정부 시절 무역 협상과 일본산 자동차 판매를 제한했던 선견지명은 일본 등 각국이 미국에 많은 생산설비 투자를 하도록 유도

했다. 1982년 혼다가 첫 미국 공장을 설립한 이래, 유럽, 일본, 한국 자동차 제조업체들은 미국 생산에 750억 달러 이상을 투자했다.[56]

미국 공장에서 쏟아내는 자동차는 2020년에 880만 대, 2019년 1,090만 대에 달한다.[57] 그러나 자동차 제조업의 쇠퇴를 막았다고 해도 그 성장세가 매우 제한적이었다. 그 사이 중국 정부의 지원에 힘입은 중국 자동차 산업은 세계 선두로 올라섰다. 2020년 미국은 10년 전보다 약 100만 대 차량을 덜 생산하는 반면, 중국은 자국에서 700만 대를 더 생산했다. 즉 미국은 880만대를, 중국은 2,500만대를 생산한 것이다.[58]

미래 자동차 산업의 전망은 그리 밝지 않다. 전기차를 살펴보자. 2020년 전 세계 리튬 이온 배터리 생산 능력의 77%를 중국이 차지한 데 비해 미국은 9%에 그쳤고, 2025년에는 중국이 65%의 생산 능력을 유지하는데 미국은 6%로 훨씬 뒤처질 것이라고 S&P는 전망했다.[59] 현재 추세가 계속된다면 20세기 미국의 위상이 21세기에는 중국에게로 넘어갈 것이다. 트럼프 행정부는 중국산 자동차의 수입에 대해 25%의 관세를 부과하고 있다.

중공업의 상황은 훨씬 더 심각하다. 지금부터 선박에 대해 살펴보자. 1970년대 후반, 미국은 화물선, 유조선, 지역 컨테이너선, 시추선, 바지선 등 상당수의 선박을 건조하는 22개의 대형 조선소를 보유하고 있었다.[60] 현재 미국이 건조하는 원양 무역용 선박은 연간 10척에 미치지 못한다.[61] 한편, 중국은 매년 수천 척 이상의 선박을 건조하여 2020년에는 총톤수 1,400만 톤의 생산 능력을 갖추었는데, 이는 전 세계 생산 능력의 35%에 달하는 수치이다.[62]

자유의 땅이자 세계 최초이자 최장의 철도가 있는 미국이 중국에 추월당하고 있다. 어쩌면 미국이 도로와 교량에 집중한 탓일 수 있지만, 해당 분야에서도 중국이 압도적인 우위를 점하고 있다. 중국의 시멘트 생산 능력은 2020년에 16억 톤으로 추정되며, 일부 소식통은 연간 최대 35억 톤에 이를 것이라고 한다.[63] 중국의 생산 능력을 보수적으로 추정하더라도 미국 시멘트 생산량은 연간 1억 3,300만 톤으로 중국의 1/12 수준이다.

그러면 교량은 어떨까? (대부분의 중공업 제품을 포함한) 교량의 핵심 부품은 철강이다. 2015년 전 세계 철강 산업이 불황에 빠졌을 때, 중국은 33개 철강 상장기업에 10억 달러가 넘는 보조금을 지급해서 엄청난 영업 손실을 극복하도록 도왔다.[64] 이후 중국의 세계 시장 점유율이 급증했고, 가격도 2008년 세계 평균 킬로그램당 0.93달러에서 0.45~0.50달러로 절반 이상 떨어졌다.[65]

현재 중국은 전 세계 연간 생산 능력의 약 절반 수준이며 EU, 일본, 미국, 브라질을 전부 합친 것보다 두 배 이상 많다. 중국의 철강 생산량은 코로나19 팬데믹으로 인한 국제 수요의 위축에도 불구하고, 2020년 처음으로 10억 톤을 넘어 2019년 대비 5.3% 증가한 10억 5,300만 톤을 기록했다.[66] 이러한 결과로 전 세계 과잉 생산 능력은 미국 생산능력 수치의 약 6배를 웃돈다.

마지막으로, 중국은 첨단 산업 분야에서 미국을 앞지르고 있다. 실리콘밸리는 흔히 미국 혁신의 허브로 여겨졌다. 실리콘밸리는 반도체 산업의 초기 중심지여서 그 이름이 붙었다. 1960년대와 1970년대를 거치면서 미국 반도체 연구소가 전 세계 생산의 약 60%를 담당했다.[67] 미국은 이제 그 우위를 잃고 2021년에는 전 세계 반도체 생산의 12%에 불과할 것으로 예상된다.[68] 그리고 중국은 스스로 칩 제조의 리더라는 타이틀을 차지하기 위해 부단히 노력하고 있다.

전통적으로 미국의 핵심 강점인 연구 개발 분야에서도 중국은 비약적으로 앞서가고 있다. 2021년 연구 개발에 중국은 6,210억 달러, 미국이 5,990억 달러, 일본이 1,820억 달러를 지출했다.[69] 이 노력을 꽃피우기 위해 미국의 R&D 경험도 탈취되고 있다. 2021년 한해에만 중국에서 태어나 미국에서 교육받은 과학자 1,400명 이상이 미국 연구기관을 떠나 중국으로 돌아갔다. 이러한 R&D 전략은 성과를 거두고 있는 것으로 보인다. 호주 전략정책연구소는 2023년 보고서에서 중국이 국방, 우주, 인공 지능 등을 망라하는 핵심 기술 R&D 분야 44개 중 37개 분야에서 미국을 앞섰다고 밝혔다.[70] 다른 산업 분야와 마찬가지로, 전반적인 결론은 미국이 뒤처지고 중국이 세계 기술 리더로 부상하고 있다는 것이다. 중국의 정책은 성공을 거두고 있는 반면, 미국은 트럼프 행정부에서 택한 노선을 수정하느라 어려움을 겪고 있다.

8장

방향을 변경하다

2017년 11월 9일, '비스트'라는 별칭으로 알려진 대통령 전용 리무진이 트럼프 대통령을 태우고 베이징을 지나 톈안먼 광장으로 들어섰다. 트럼프 행정부의 첫 공식 중국 방문이었다. 인민대회당 앞에는 트럼프 대통령과 미국 USTR 대표인 내가 속한 대표단을 위해 말 그대로 레드카펫이 펼쳐져 있었다. 군인들이 대열을 지어 총검을 번쩍이며 행진했다. 트럼프 대통령과 시진핑 주석이 나란히 걸을 때 군악대가 "성조기여, 영원하라"를 연주했고, 소년 소녀단이 작은 미국 국기와 중국 국기를 흔들었다.

트럼프 대통령 임기가 시작될 무렵 아시아 5개국 순방 일정 중 중국 베이징은 일본 도쿄, 한국 서울에 이어 세 번째 방문지였다. 하지만 이번 순방에서 가장 중요한 일정은 단연코 중국 방문이다. 트럼프 대통령은 당선 전부터 중국과의 무역 관계 불균형 문제를 집중적으로 거론하며 중국의 불공정 관행을 강력하게 비판해왔다. 중국 관리들은 이를 잘 알고 있었고, 대통령 취임 직후인 4월에 팜 비치의 마러라고 리조트 방문을 기획하여 새 대통령의 환심을 사려고 했다. 미소 짓는 중국 주석 부부를 향해 대통령의 손녀가 중국어로 노래 부르는 장면이 인상적인 그날의 방문은 두 정상 사이의 첫 단추를 잘 끼웠다고 평가된다. 실제로 트럼프 대통령은 시진핑 주석과 좋은 친분을 발전시켰다. 그렇지만 트럼프 대통령은 중국 무역이라는 중대 사안에 대해서는 여전히 자기 뜻을 고수했다. 그는 세계 지도자들과 우호적 관계를 맺으면서도 그들에 맞서 어려운 결정을 내리는 능력이 있었다.

2017년 11월 베이징에 도착했을 때 초기 마러라고에서의 매력 공세가 본격적으로 이어졌다. 전례 없는 행보로 시진핑 주석 부부가 트럼프 대통령과 멜라니아 여사를 맞이하여 자금성 투어를 직접 안내했다. 투어가 끝나자, 자금성의 오페라 하우스에서 고대 무용을 관람한 후 비공식 만찬이 이어졌다.

다음 날 양국 대표단 간의 공식 회담이 시작되었다. 인민대회당 밖에서 국빈 방문에 대한 공식 환영식이 끝난 후, 그날 오후에 있을 대규모 회의에 앞서 소수의 양국 고위 관리들만 참석한 소규모 예비 회의가 있었다. 우리 측에서는 5명만 참석했고, 내 생각으로는 중국 측은 분위기를 가라앉히려고 양측 무역부 장관을 포함하고 싶지 않았던 것 같다. 하지만 존 켈리 비서실장은 내게 들어가서 진행 상황을 지켜보라고 했다. 나중에 듣기로는 중국 측에서 참석 인사의 교체에 불만이 있었다고 들었지만, 존 켈리는 보스턴 출신의 이탈리아계 아일랜드인 4성 해군장군으로 강인한 성격에 자기 뜻대로 하려는 경향이 강했다. 회의에서 일상적인 수다와 유쾌한 대화가 오갔고, 심각한 문제는 최고위급에서 다루기로 했다.

소규모 회의가 끝나고 몇 분 후, 나는 인민대회당의 동굴 같은 방에 지름이 10피트 정도 되는 크리스털 샹들리에 아래 앉아 있었다. 멋진 비율의 화려한 회의 테이블을 사이에 두고 양국의 대표단이 두 줄로 나란히 마주 보고 있었다. 한쪽 중앙에는 시진핑 주석이 있었다. 반대편에는 트럼프 대통령이 12명의 고위 관리들을 거느리고 앉았다. 트럼프 대통령 옆에는 렉스 틸러슨(Rex Tillerson) 국무장관과 주중 미국 대사인 테리 브랜스태드(Terry Branstad) 전 아이오와 주지사가 나란히 앉았다. 나는 엑손의 오래전 CEO였던 틸러슨 장관 옆에 앉았다. 그는 정말 국무장관다운 풍채를 보였다. 그는 이런 큰 행사에서도 집처럼 편안해 보였는데, 무대 뒤에서 일상적으로 대화를 주고받으며 일할 때와는 다소 다른 분위기였다.

환영 행사의 환대에도 불구하고, 본질적으로 양쪽 군대의 수뇌부가 서로 대치하는 자리였다. 다른 행사와 마찬가지로 개회사는 사전에 직원들과 상의하여 문구를 다듬고 각 문구의 의미를 신중하게 검토하는 등 고도로 준비된 각본에 맞춰 진행되었다.

시진핑 주석이 공식 성명을 낭독하고 트럼프 대통령이 그 뒤를 이었다. 두 성명 모두 가장 외교적인 언사로만 문제를 제기하며 진심 어린 태도를 보였다. 그 후 시진핑 주석은 외교부장(장관에 해당)에게 외교 정책 문제에 대한 성명서 발표를 요청했다. 트럼프 대통령도 의전에 따라 같은 방식으로 틸러슨 국무장관에게 요청했는데, 그는 나 외에는 그날 회의에 참석한 유일한 장관급 인사였다. 성명은 정확한 세부 사항까지 철저하게 검토되었다. 모든 것이 계획대로 진행되었다.

그런데 예상치 못한 '커브볼'이 등장했다. 트럼프 대통령은 경제 문제에 대한 짧은 성명을 발표한 후 잠시 내 쪽을 바라보았다. 그리고 나를 불러서 우리의 입장을 중국 측에 전달해 달라고 부탁했다. 나는 단어 하나하나에 내용을 담아 신중하게 대본을 짠 성명을 발표하지 않았다. 주로 무역에 대한 즉흥적인 생각과 수년간 미국 경제에 미친 무역의 영향, 그리고 미국 노동자에 관한 생각이 물 흐르듯 이어졌다. 오히려 즉흥 연설인 덕분에 할 말을 찾기가 더 쉬웠다.

그 후 몇 분 동안 매우 정중하면서도 직접적인 방식으로 중국 지도부에 현재 무역 상황에 대한 우리의 생각을 설명했다. 나는 기술 도용, 지식재산권 보호의 실패, 사이버 도용을 차례차례 짚은 후, 이전 두 행정부에서 열린 숱한 회담에서 진전이 없었으며 막대한 무역적자가 계속되었다고 이야기했다. 이 모든 논점을 우리의 관점에서 이해시키기 위해 미국 국민이 왜 이 불균등하고 불공정한 경제 관계를 지속 가능하지 않다고 보는지, 그리고 많은 지역사회 사람들의 삶에 어떤 영향을 미쳤는지 전달하고자 했다.

중국인들은 내 말에 놀란 표정이었다. 잠시 정적이 흘렀다. 그들은 고도로 짜인 회의 중에 발생한 솔직한 연설에 적절한 반응을 고심하고 있었다. 중국공산당 최고 당국자를 겨냥한 공개적이고 비판적인 연설을 하리라고는 그들도 예상치 못했다. 내가 연설한 후 중국 대표단은 마치 합의라도 한 듯이 준비한 나머지 공식 성명을 계속 읽었다. 내 주장에 대한 직접적인 반응은 없었지만, 무대 뒤에 상당한 갑론을박이 있었으리라고 생각된다. 몇 분 후 회의가 끝나고 퇴장하기 시작했을 때 트럼프 대통령이 내게 다가와 내 성명을 다시 한 번 읽고 싶다고 말했다. 나는 그에게 성명서를 따로 준비하지 않았다고 솔직히 말했다.

그날 밤 대규모 국빈 만찬에서 나는 7명으로 구성된 정치국 상무 위원의 다섯 번째와 일곱 번째 사이 좌석에 앉게 될 것이라는 말을 들었었다. 상무위원들은 실질적으로 중국을 움직이는 인물들이다. 만찬 테이블에 다다랐을 때 직원이 다가와 내 자리가 정치국 상무 위원 중 서열상 세 번째와 다섯 번째 사이로 바뀌었다고 말했다. 중국인들이 이제야 중국 무역정책 수립에 내가 어느 정도 영향력이 있다는 사실을 깨달았구나 싶었다. 내 업무가 재평가되고 순위가 몇 단계 올라간 것이다.

중대한 전략 변화

공평한 경쟁의 장을 보장할 수단이 없는 상황에서 2001년 중국의 WTO 가입을 허용한 것은 근본적으로 잘못된 결정이었다. 이는 중국의 경제와 정치 체계가 작동하는 방식과 미국이 보유한 전략적 영향력의 역동적 기능을 잘못 계산한 데서 비롯된다. 2000년에 중국에 항구적 정상무역관계(PNTR) 지위를 부여함으로써 중국의 무역 지위에 대한 연례 검토가 포기되었는데, 사실상 이것이야말로 중요한 협상 카드였다. 무엇보다도 연례 검토는 그간 대중국 사업 불확실성을 키워왔다는 점이다. 내년에 중국에서 미국으로 제품을 수출할 때 높은 관세가 부과될 가능성이 있다면, 어떤 미국 기업이 공장을 중국으로 옮기겠는가? 그렇다. 실제로 중국에 대한 특혜적 지위는 매년 연장되는 것이 기정사실일지라도 그 지위가 보류될 가능성이 항상 존재했다. PNTR을 부여하는 순간, 미국은 공평한 경쟁의 장을 유지하기 위해 행사했던 많은 레버리지를 스스로 무장 해제한 셈이다. 더구나 WTO의 집행 조치는 시간이 오래 걸리고 실효성도 없는 것으로 판명되었다. 1990년대와 2000년대 초반에 미국과 중국 간 무역의 미래에 대한 예측은 크게 빗나간 것으로 이미 밝혀졌다. 내가 트럼프 행정부에서 USTR 대표를 맡게 되었을 때는 이미 손쓸 수 없는 상황이었다. WTO의 공식 채널을 통해 무역 문제를 해결하려는 노력은 쉽지 않았다. WTO의 난해한 규정으로 인해 모든 제소는 매우 구체적인 용어로 작성되어야 하는 데다가, 근본 원인 수준에서 문제를 바로잡기가 불가능했기 때문이었다. 설령 WTO가 우리에게 유리한 결정을 내리더라도 이를 강제할 수 있는 효과적인 수단이 없었다. 만약 우리가 실질적이고 상당한 규모의 단속 조치를 원한다면, 미국은 독자적으로 행동에 나서야 했다. 하지만 미국 법의 엄격한 테두리 안에서 어떻게 그럴 수 있을까?

이 문제에 대한 내 해결책은 301조라는 법적 도구를 부활하는 것이었다. 1974년 무역법 301조에 따르면 외국 정부의 "불합리하거나 차별적이고 미국 상거래에 부담을 주거나 제한"하는 "행위, 정책 또는 관행"이 있는 경우, 대통령은 USTR을 통해 이에 대응하여 "모든 적절하고 실행 가능한 조치"를 선택할 수 있다. 그리고 여기에는 미국으로 들어오는 수입 제품에 대한 관세 부과 및 제한 조치가 포함된다. 301조는 지난 수년 동안 여러 차례 어떤 식으로든 사용됐으며, 주로 무역 협상에 힘을 실어주는 집행 메커니즘으로 그 유용성을 인정받았다. 나는 레이건 행정부에서 USTR 부대표로 재직하는 동안 이 조항을 언제든지 꺼내려 했다. 예를 들어 1984년 레이건 대통령은 전 세계 여러 국가와 탄소강에 대한 수출자율규제협정(VRA)*를 협상하라고 지시했다. 그 협상의 목적은 우리 산업을 황폐화시키는 외국산 철강의 시장 유입을 늦추는 것이었다. 한국은 처음에 협상을 거부했다. 나는 대통령에게 가서 301조 제소를 할 수 있는 권한을 달라고 주장했다. 301조가 발동되면 자칫 한국은 미국 시장 접근을 잃을 수도 있었다. 결국 한국뿐 아니라 다른 상대국과도 협상 타결에 성공했다. 이후 클린턴 행정부는 일본과의 자동차 무역 협상에서 301조를 유사하게 레버리지로 활용했다.

1980년대에 미국이 이 규정을 매우 효과적으로 구사했기 때문에 자유무역 옹호자들과 무역 상대국들은 이 규정을 폐지하기로 결심했다. 길고 지루했던 우루과이라운드 협상 기간(1986~93년)에 일본과 유럽을 중심으로 수많은 국가가 미국의 일방적인 무역 조치를 차단하는 규정을 WTO에 강력히 요구했다. 이때 그들이 문제삼은 규정이 바로 301조였다.

드디어 협정서의 최종 본문에는 301조를 비롯한 미국의 일방적인 조치에 대한 엄격한 제한이 명시되었다. 1994년 우리 의회가 제정한 이행 법안에는 301조를 사용해 무역협정 위반이 발견되면

---

* 수출자율규제(Voluntary Restraint Arrangement)란 특정 국가가 일정 기간 상대 국가에 대해 특정 상품의 수출을 일정 수준까지 제한하기로 상호 합의한 협정을 뜻한다. 주로 철강, 자동차, 반도체 등 민감 품목에 대해 활용된다.

WTO에 제소하는 것만이 유일한 구제책이라고 명시되어 있었다. 당시 사람들은 WTO가 협정 이행을 담보할 수단이 될 것이라고 예상했다. 그 누구도 WTO를 통한 조치가 효과적인 구제책은커녕 수고만 쏟게 되리라고 생각하지 못했다. 몇 년 후, WTO의 단점은 명백히 드러났다.

그렇지만 301조에는 여전히 한 가지 퇴로가 남아있었다. USTR이 불공정하고 위법적인 외국의 관행이 무역협정 위반이 아니라고 판단하는 경우에도 이전의 권한이 여전히 유효하다는 조항이 있었다. 즉, (미국 무역대표부를 통해 대행되는) 대통령은 관세 인상, 미국 시장에 대한 접근 제한 등 적절하고 실현 가능한 모든 권한을 합법적으로 사용할 수 있다는 의미가 된다. 외국이 해당 관행을 중단하도록 강제하기 위해서는 말이다.

나는 오랫동안 중국의 대미 수출품에 적절한 관세를 부과하는 것만이 중국의 조직적인 중상주의 관행을 해결할 유일한 방법이라고 믿었다. 나는 2010년 6월 미중위원회의 증언에서 이러한 관세를 공개적으로 요구했다. 그렇게 광범위한 관세를 부과하는 방법은 301조와 의회 법안 제정밖에 남아 있지 않았다. 안타깝게도 2017년 당시 의회에서 중국 불공정 무역에 대한 제재안을 통과하기란 요원했다. 대기업, 상공회의소, 중국의 로비스트가 결합하면 어떤 입법법도 중단시킬 수 있다. 상원과 하원의 자유무역 신봉자들은 우리가 중국으로부터 많은 수입품(모두에게 더 저렴한 상품을 의미한다)을 수입하는 것에 만족했기 때문에, 이러한 흐름을 막는 어떤 조치에도 반대했을 것이다. 중국의 위협을 막으려면 현재 법령에서 대통령의 조치를 허용하는 규정을 찾아야 했다.

그래서 나는 중국의 불공정 무역 관행에 대응하기 위해 301조를 발동하고 대통령에게 부여된 권한을 최대한 활용하자고 제안했다. 어떤 대통령도 이 권한을 사용하여 체계적인 상업주의와 싸우려고 시도한 적이 없었다. 그 누구도 무역 상대국에 대규모 관세를 부과하기 위해 이 법을 원용한 사례가 없었다. 그 누구도 이 법을 사용하여 대규모 피해를 주는 불공정 관행을 전방위적으로 공격하려 들지 않았다. 이 강력한 도구는 그동안 선반 위에 방치되어 있었다. USTR의 수장으로서 나는 미국 노동자와 지역사회의 필요에 부응하고, 사실상 우리의 무역정책을 공동선을 향해 방향타를 조정하기 위해 301조를 최대한 활용하기로 결심했다. 그리하여 중국의 행위 중 301조에 명백히 위반되는 가장 심각한 행위를 골라내기로 했다. 기술 도용, 사이버 침입, 지식재산권 보호 미비 등에 우선 초점을 맞추기로 했다. 우리는 이러한 관행이 불합리하거나 차별적인지, 미국 상거래에 부담을 주거나 제한하는지를 판단하기 위해 조사를 개시했다. 이것이 바로 트럼프 대통령이 2017년 여름에 설계한 과정이다.

우리는 몇 달에 걸쳐 완전하고 철저한 조사를 하기로 했다. 조사 결과는 철저하게 문서로 만들어질 것이다. 그런 다음 301조 법령에서 요구하는 대로 무역협정 위반으로 확인된 모든 관행에 대해 WTO의 범위 내에서 조치할 것이다. WTO 위반이 아닌 것으로 밝혀진 품목은 법령의 다른 조항을 사용할 것이다. 즉 나머지 품목에 대해서는 일방적인 조치를 할 수 있는 권한이 열려 있다.

중국의 불공정 관행을 중단하는 데 필요한 적절하고 실현 가능한 모든 조치, 이것이 처음부터 우리의 계획이었으며, 끝까지 그 계획을 충실히 따랐다.

"경제 항복의 시대는 끝났다"

무역 관계를 재조정하는 과정은 2017년 8월 14일 백악관에서 시작되었다. 트럼프 대통령은 프랭클린 루스벨트가 노변에서 대화를 나누던 백악관 외교 리셉션 룸의 연단에 올랐다. 그곳에서 대통령은 중국의 강제 기술 이전, 지식재산권 보호, 사이버 절도 관행에 대한 조사를 개시하도록 내게 권한을 부여하는 행정명령에 서명했다.

"외국에 의한 지식재산의 도난은 매년 수백만 개의 일자리와 수십억 달러의 비용을 초래했습니다." 이어서 대통령은 말했다. "우리나라의 부가 너무 오랫동안 유출되었는데도, 워싱턴은 아무것도 하지 않았습니다. 더 이상 눈감아서는 안 됩니다." 마침내 우리는 행동을 취했다.

"미국 정부는 중국의 이러한 공격적인 노력에 대해 오랫동안 알고 있었지만, 오늘날까지 심각한 무역 조치를 고려하지 않은 것이 현실이다." 이 글을 〈워싱턴포스트〉에 기고한 조지 메이슨 대학교 로스쿨의 자밀 재퍼(Jamil Jaffer)는 이번 조치가 사이버 절도와 강제 기술 이전에 대응하기 위한 중요한 진전이라고 평가했다.[1] 301조 조사의 승인은 궁극적으로 지식 재산의 도용을 중심으로 여러 심각한 공정거래 관행 침해를 해결하기 위한 일련의 강력하고 효과적인 조치로 이어질 것이다. 그 긴 여정의 첫 공식 단계였다.

7개월에 걸친 조사는 USTR 직원이 수행했으며 경제자문위원회, 상무부, 재무부, 법무부, 국무부, 중소기업청 및 기타 정부 기관의 직원들이 지원했다. USTR 사무소는 1만 페이지가 넘는 관련 중국어 문서를 검토했다. 문서를 검토하고 분석하는 데만 4천 시간이 투입되었다. 2017년 10월 10일에는 공청회를 개최하여 15명의 증인의 의견을 청취하고 73건의 서면 제출을 받았다. 중국도 충분히 참여할 기회가 보장되었다.

2018년 3월 22일 조사가 끝났을 때, USTR 사무국은 200페이지 분량의 역사적인 보고서를 발표했다. 이 보고서는 양국 간의 경제 관계에 관한 매우 중요한 문서로, 네 가지 주요 영역에 걸쳐 중국 제도의 여러 폐해를 자세히 설명했다. 첫 번째는 중국의 기술 이전 제도다. 두 번째는 미국 기업에 대한 중국의 라이선스 제한이다. 세 번째는 미국 기술 인수를 위한 중국 정부의 지원 투자정책이다. 마지막은 현재 진행중인 문제로 미국의 상업용 컴퓨터 네트워크에 대한 중국의 반복적인 공격 행위이다.

보고서 발표를 위해 우리는 약 7개월 전에 시작했던 역사적인 외교 리셉션 룸에 다시 모였다. 그날 이후 많은 시간이 흘렀다. 지난 몇 달간 작업을 담은 보고서에서 우리는 중국의 조치가 여러 경로를 통해 미국 기업과 경제에 피해를 입혀 연간 수십억 달러의 비용이 발생했다고 지적했다. 불공정 무역 관행을 조사한 결과에 따라 대통령 각서에 미국이 실시한 조치를 다음과 같이 명시했다. 선별된 범위의 중국산 품목에 관세가 부과될 것이다. 또한 민감한 것으로 간주하는 미국 기술에 대한 중국의 투자를 제한할 것이다.

연단 위에서 트럼프 대통령은 의향서에 힘차게 서명했다. "우리는 이 나라를 위해 오랫동안 해왔어야 할 일을 하고 있습니다." 그는 이렇게 결론을 내렸다. "우리는 다른 많은 국가들의 남용을 묵인해왔지만 … 이제 그런 일이 일어나도록 내버려 두지 않을 것입니다." 트럼프는 제 방향을 바라보고 말했다. "라이트하이저에게 감사드립니다." 그날 오후 마이크 펜스 부통령이 "경제 항복의 시대는 끝났다"라고 선언한 것이 기억에 남는다. 정말로 그러했으며, 싸움은 이제부터 시작이었다.

전투를 시작하다

301조 보고서 발표와 함께 대통령은 우리의 가능한 조치로 관세, WTO의 분쟁해결절차, 투자 제한의 세 가지 방식을 검토하라고 지시했다. USTR은 처음 두 조치를 맡았고, 세 번째 조치는 대통령이 스티브 므누신 재무장관에게 검토하라고 지시했다. 당초 논의에서 나는 『국제긴급경제권한법』*의 광범위한 권한을 사용하여 미국 기술에 대한 중국의 투자를 제한하는 새로운 체계를 구축하려고 했다.

---

* 『국제긴급경제권한법』(IEEPA)이란 미국의 안보·외교·경제에 현저한 위협이 발생하는 비상상황의 경우, 대통령이 그 대상이 되는 국가와 국민을 상대로 거래 금지나 자산 몰수 등의 경제적 조치를 할 수 있도록 한 법이다. 비상사태를 선포하기 전 반드시 의회와 협의해야 하며 관련 조치 내용을 의회에 보고해야 한다. 최근 트럼프 행정부의 무역 분쟁 협상 카드로 활용된 사례가 있다.

이번에도 어김없이 재무부의 제도권 세력은 반대하고 나섰다. 중국의 대미 투자를 통제하기 위한 내부 투쟁에서 패배한 것이 못내 아쉬움으로 남는다.

우리는 시작부터 시간을 허투루 낭비하지 않았다. 301조 보고서가 발표된 다음 날, 우리는 WTO에 중국이 미국 기업의 기술을 이전받으려 할 때 사용하는 차별적인 기술 라이선스 요건에 대해 제소했다. USTR 법률고문인 스티븐 본이 실무 직원들과 함께 WTO 제소를 준비하기로 했다. 그는 제네바에 있는 직원들에게 전화를 걸어 당장 같은 날 제소장을 제출했다.

우리의 제소는 중국의 차별적 요구가 지식재산권 무역에 관한 협정(이른바 TRIPS 협정)에 명시된 WTO규정을 위반했다는 것을 근거로 삼았다. 보다 구체적으로는, 중국 정부는 미국 기업을 포함한 외국 특허권자에게 라이선스 계약 종료 후 중국 기업의 특허 사용을 배제할 수 있는 기본적인 특허권을 인정하지 않았다. 뿐만 아니라 수입된 외국 기술에 대해 불리한 계약 약관을 의무화하기까지 했다. 따라서 우리는 일방적으로 "독자 노선을 가고 있다"라는 비판을 감수하면서까지, 중국의 행위가 WTO 규칙을 따르는 것처럼 보이지만 사실상 저촉된다는 점을 들어 WTO 분쟁해결절차를 추진하기로 했다. 그러나 WTO 협정은 301조 보고서에 적시된 내용을 포함하여 중국의 불공정 무역 관행 중 상당수를 규정하지 않고 있다. 그들의 관행은 미국 법률에 따른 구제 수단을 통해서만 해결될 수 있다.

그로부터 2주도 채 지나지 않은 2018년 4월 3일, 우리는 500억 달러 상당의 중국산 수입품 목록에 대해 301조 조치에 따른 25%

관세 부과를 발표했다. 500억 달러라는 숫자는 행정부의 경제관료들이 중국의 불공정 관행이 우리 경제에 미친 피해액을 추산한 것이다. 발표된 수입품 목록은 부처 간 광범위한 경제 분석과 "중국 제조 2025" 계획과 같은 중국의 산업 계획의 혜택을 받는 제품군을 기반으로 작성되었다. 우리는 불공정 관행의 혜택을 받은 상품들이 대가를 치르도록 하고 싶었다. 관세 부과 대상에는 항공우주, 정보 통신 기술, 로봇 공학, 기계 등이 포함되었다. 발표 하루 만에 중국이 보복에 나서 25% 관세가 부과될 500억 달러 규모의 미국산 수입품 목록을 발표했다. 즉, 중국은 301조 보고서에서 지적한 불공정 행위, 정책 및 관행을 해결하기 위해 건설적인 조치를 하는 대신 우리를 더 강하게 밀어붙이기로 한 것이다. 이로써 보복과 맞보복의 릴레이가 시작되었다.

므누신 장관은 중국산 수입품에 25% 관세를 부과하는 대신 협상 안을 찾고자 했지만, 나는 301조 보고서에서 확인된 중국의 불공정 행위를 해결하려면 관세 부과가 필요하고 적절하며 확실한 조치라고 굳게 믿었다. 대통령도 나의 편에서 끊임없이 지지를 보냈다. 2018년 4월 20일 비서실장과 나는 류허(劉鶴) 중국 부총리에게 서한을 보내 양국 간 미해결 현안 합의를 위한 밑그림을 제시했다. 우리는 또한 회담을 위해 베이징을 방문하는 데 동의했다. 류허 부총리는 트럼프 행정부의 남은 기간 내 상대가 될 것이다. 그는 정부 산하 대학이자 경제학 분야에서 가장 권위 있는 인민대학교에서 학사 및 석사 학위를 받았다. 또한 하버드 대학교 공공정책 석사 학위를 받았기 때문에 젊은 시절 미국에서 공부한 경험이 있다. 그는 중국

공산당의 평생 당원이며, 시진핑 주석의 전임자인 후진타오 주석의 신임을 받았던 고문이기도 했다. 류허의 경제관은 2008년 글로벌 금융위기의 영향을 많이 받았다. 당시의 상황에 대해 시진핑 주석의 측근 중 다수는 서구 경제 모델의 내재적 결함을 보여준다고 해석했고, 일부 강경파는 서구 모델이 수명이 다했다고 믿었다. 류허는 그들에 비해 중국의 "민간" 산업 발전에 관심이 더 많다는 평판을 얻었다. 그는 강인하고 매우 영리한 협상가이면서 항상 명예를 존중하는 사람이다. 나는 그를 존경하게 되었다.

베이징으로 떠나기 직전인 2018년 5월 1일, 우리는 토론 문서로 사용할 "프레임워크 초안"과 부속서류를 전달했다. 여기에는 중국의 무역, 투자 및 지식재산권 제도에 필요한 변화가 담겨 있었다. 무엇보다도 이 프레임워크는 강제 기술이전 및 지식재산권에 관한 301조 보고서에서 확인된 정책과 관행은 물론 투자 제한, 관세와 비관세 장벽, 미국 서비스 제공업체와 농산물의 중국 시장 접근과 관련된 문제를 다루었다. 우리는 특히 중국이 합의 사항을 반복적으로 준수하지 않았던 전례를 고려해서 강력한 집행 및 이행 조항의 필요성을 강조했다.

우리는 류허 부총리를 만났다. 그는 시진핑 주석의 측근이긴 하나, 극단적 대치를 원하는 강경파는 아니었다. 그는 어려운 국면을 매우 잘 처리했고, 논란거리를 일으키지 않으면서 자기 입장을 논리정연하게 주장했다. 그와 그의 직속 부서원들은 문제를 잘 파악하고 있었다. 그들은 영어를 잘 구사하고 서양의 역사와 철학에 익숙했다. 2018년 5월 3일부터 5월 4일까지 베이징의 영빈관에서 양국 대표단이 만났다. 협상단의 주요 구성원은 나와 므누신 장관, 윌버 로스 상무부 장관, 래리 커들로 백악관 경제위원회(NEC) 위원장, 피터 나바로 등이며, 므누신 장관이 대표단장을 맡았다.

회담이 진행되는 동안 중국은 우리 협상팀의 각오와 단결을 시험하려는지 "조기 수확 합의"*를 제안했다. 즉 중국에 대한 압박을 다소 완화하고 관세를 일부 해제하는 부분적 합의를 내밀은 것이다. 과거 중국이 우리를 옭아매던 대화방식과 흡사했다. 대부분 정부 각료처럼 트럼프 행정부 구성원들 사이에서도 중국을 다루는 방법에 대해 다양한 의견이 있다는 것을 그들이 알고 있는 게 틀림없었다. 예를 들어 피터 나바로와 나는 조기 수확을 강력히 반대했다. 우리는 그런 접근이 우리의 영향력을 감소시키고 실질적인 진전을 이루는 데 방해될 것으로 생각했다. 므누신 장관이 조기 수확에 대해 약간 긍정적인 태도를 보이자, 피터는 격분했다. 그는 중국 대표단 앞에서 므누신 장관에게 분통을 터뜨렸다. 빠르고 쉬운 합의를 받아들이라는 중국의 거듭된 압박에 맞서려면 우리 대표단의 분열을 먼저 말끔히 정리해야 했다. 대통령은 최대한 강력한 합의만이 변화를 가져올 수 있다고 믿었는데, 우리가 그 지점에 도달하기까지 몇 광년이나 남은 듯했다.

그달 말, 부총리와 그의 대표단은 재무부와 사흘간 회의를 하러 워싱턴을 방문했다. 이 회의는 미국과 중국 간의 관계 재균형에 초

---

* 조기 수확(early harvest)이란 공식적인 협상 종결 여부에 상관없이 일반적으로 협상 당사자가 자체 설정한 협상 목표를 앞당기거나 당초 계획보다 앞서 실천하기로 당사국이 서로 합의한 경우를 의미한다.

점을 맞출 계획이었다. 므누신 장관은 표면적으로는 우리 측 수석 대표 역할을 계속했지만, 왜곡되고 지속 불가능한 양국 무역 관계를 초래하는 구조적 문제에 관해 관심이 크지 않았다. 로스와 내가 의제 전반에 두루 참여했다.

중국은 또 한 번 조기 수확 협상을 들고 본국에 돌아가려 했다. 중국 협상안의 주된 내용은 중국이 이전에 여러 차례 약속했지만 이행하지 않았던 구매 계획 등이 포함되어 있었다. 중국은 "긍정적으로 대응"할 만하다 싶은 제한된 항목을 비롯해 우리가 보낸 프레임워크 초안에 포함된 대다수 항목에 대해 구두로 의견을 전달했다. 나는 주요 구조적 문제에 초점을 맞췄다. 적어도 우리 측이 "오래된 와인을 새로운 병에 옮겨 담는" 이름뿐인 양보를 얻지 않도록 고군분투했다. 이러한 맥락에서 나는 USTR 팀에 중국의 강제 기술이전 조치와 관련되어 폐지 또는 수정이 필요한 125개 항목을 작성하도록 했고, 그 목록을 중국 측에 제시했다.

워싱턴에서 회담을 마친 날 저녁, 두 대표단은 조지타운에 있는 카페 밀라노의 위층 별실에서 추이 중국 대사와 재러드 쿠쉬너를 포함해 테이블 양측에 각각 10명 정도가 앉아 저녁을 먹었다. 만찬에서도 회담 때와 마찬가지로 중국인들은 '미니딜(Mini-Deal)' 타결을 노리고 전면 압박 공세를 이어 갔다. 이런 만찬들은 양측이 친밀감을 쌓으면서 합의에 도움이 될 수 있다. 하지만 우리 대표단 중 한 명이라도 방심하면 중국 측이 약한 부분을 노릴 수 있다는 점에서 이런 모임은 조심할 필요가 있다.

워싱턴에서 회의를 마친 후 양측은 2018년 5월 19일에 공동 성명을 발표했다. 공동 성명은 구체적인 약속이 부족했고 구매 계획 역시 내가 기대했던 수준에 미치지 못했다. "중국은 미국 상품과 서비스 구매를 상당히 늘릴 것"이며, 양측은 "미국 농업과 에너지 수출의 의미 있는 증가에 합의"했고, 미국은 중국에 "무역 문제를 해결"하기 위해 전문가를 파견할 것이라고 공동 성명에 명시되었다. 또한 양측이 제조 상품과 서비스 무역을 늘리기 위한 우호적인 조건을 조성하고, 지식재산권 보호 분야의 협력을 강화하며, 공정하고 공평한 경쟁의 장을 만들기 위해 노력하기로 합의했다는 식의 모호한 발표가 있었다. 실질적인 합의에 이르지 못했다는 사실은 문제가 아니었다. 오히려 나는 우리의 관세 부과를 막을 만한 이렇다 할 합의가 없다는 점이 기뻤다. 관세는 이미 발표되었다지만, 법률에 따라 실제로 관세를 부과할 분야를 선정하고 시행하기까지 여러 과정이 수반되어야 했다.

그러나 므누신 장관은 달리 받아들였다. 2018년 5월 20일 일요일 토크쇼에 출연한 므누신 장관은 워싱턴 회담을 거론하며 관세는 "보류 중"이라고 주장했다. 그런데 관세가 보류된다는 어떠한 합의나 양해는 없었다. 나는 가능한 한 빨리 대통령과 대화해서 우리가 관세 부과라는 노선을 유지하고 있는지 확인해야겠다고 결심했다. 관세 부과는 중국의 불공정 무역 관행을 근본적으로 바꾸기 위한 유일한 레버리지였다. 그렇지 않으면 전임 행정부에서 중국이 약속만 하고 이행하지 않는 상황이 되돌이표처럼 반복될 것이다. 나는 백악관 관저에 있던 대통령과 전화로 이야기를 나눴고, 그는 내 입장을 전적으로 지지했다.

나는 양측이 301조 조사에서 제기된 문제를 해결하기 위한 프레임워크에 합의했지만, "미국은 관세, 투자 제한, 수출 규제를 통해 우리 기술을 보호하기 위해 모든 법적 수단을 동원할 수도 있다"라는 취지의 성명을 발표했다. 또한 "진정한 구조적 변화가 필요하다. 수천만의 미국인 일자리가 걸려 있는 문제다"라고 덧붙였다. 그리고 5월 29일, 백악관은 6월 15일 최종 대상 수입품 목록을 발표한 직후 500억 달러 규모의 중국산 제품에 대해 관세를 부과하겠다고 발표했다.

　2018년 5월 19일 공동 성명에서 중국의 미국산 상품 및 서비스 구매 증가에 대한 "세부 사항을 논의하기 위해" 중국에 팀을 보내기로 한 후속 조치로, 로스 장관은 2018년 6월 2일부터 베이징을 방문하여 회의를 진행했다. 나는 그레그 다우드(Gregg Doud) 농업 수석 협상 대표와 테리 맥카틴(Terry McCartin) 중국 담당 USTR 부대표를 포함한 몇몇 직원들을 베이징에 파견했다. 하지만 나와 중국 협상 담당 부대표인 제프 게리쉬는 이번 출장에 동행하지 않았다. 처음부터 나는 구매의 중요성을 최소화하고 301조 보고서에서 이미 확인된 강제 기술이전, 지식재산권 문제, 관세 유지 등 구조적 문제에 초점을 맞추고 싶었다. 이번 방문에서 중국은 미국산 농산물을 더 많이 구매하겠다는 제안을 했지만, 301조 조사와 관세 부과를 중단하는 것을 조건으로 내걸었으니 협상을 시작조차 하지 못한 셈이었다.

　이 기간에 우리는 301조 관세 부과를 위한 법적 절차를 계속 진행했다. 공청회를 통해 취합된 이해관계자 의견을 고려하여 우리는 대상 품목 목록에서 일부 품목을 제외했다. 이러한 품목 조정은 미국 기업과 소비자들이 느끼는 고통을 최소화하는 동시에 '중국 제조 2025' 산업 정책의 수혜 대상이 되는 제품과 산업을 집중적으로 제재하기 위해서였다. 이 과정에서 관세 부과 시점에 따라 500억 달러 규모의 중국산 제품 목록은 두 개로 분류되었다. 1차 목록에는 340억 달러 규모의 중국산 제품이, 2차 목록에는 160억 달러 규모의 중국산 제품이 포함되었다.

2018년 6월 15일 우리가 두 개의 목록에 대해 관세 부과를 진행하겠다고 발표한 직후, 중국은 우리의 우려를 해소하기는커녕 2단계 보복 관세 목록을 발표했다. 그런데도 우리는 500억 달러 규모의 중국산 수입품에 대해서만 관세를 부과하는 자제력을 보였다. 그전에 어떤 행정부도 중국에 맞서선 적이 없었으니, 그들은 우리가 한발 물러나 실패한 낡은 정책을 그대로 답습하리라고 확신했을 것이다. 어쩌면 우리의 행동에 늘 반대했던 로비스트와 전직 정부 관리들도 그렇게 믿지 않았을까? 그들은 트럼프와 새로운 협상팀을 직접 대면해 본 적이 없었기에 그들이 누구를 상대하고 있는지를 완벽히 파악하지 못했다. 이는 중국이 무역전쟁에서 저지른 여러 심각한 실수 중 하나였다.

2018년 6월 18일, 대통령은 USTR에 2,000억 달러 상당의 중국산 제품에 10%의 추가 관세를 부과할 품목을 파악하라고 지시했다. 중국이 불공정 무역 관행을 바꾸지 않고 미국 경제에 추가적인 피해와 부담을 지우는 불법 보복 행위를 해결하기 위해서 대통령은 한발짝 더 나아가기로 결심한 것이다. 2,000억 달러라는 숫자에는 타당한 이유가 있었다. 중국산 제품에 부과한 500억 달러는 중국의 불공정 관행으로 인해 우리 경제가 입은 비용에 대한 보상이었다. 중국이 부과한 500억 달러의 보복 관세는 우리의 대중국 수출액의 40%에 해당한다. 우리가 2,000억 달러의 새로운 관세를 부과하면 무역 비중을 기준으로 할 때 중국의 대미 수출액 5천억 달러의 약 40%에 해당한다. 본질적으로 중국이 우리에게서 물건을 거의 사지 않는다는 사실, 즉 우리보다 관세를 부과할 대상 품목이 적다는 사실을 이용해서 우리가 역공을 펼친 셈이다.

2018년 7월 6일 340억 달러 규모의 1차 중국산 제품에 대해, 그리고 뒤이어 2018년 8월 23일 160억 달러 규모의 2차 중국산 제품에 대해 각각 25% 관세가 발효되었다. 그때마다 중국은 같은 날, 같은 금액의 미국산 제품에 대해 25%의 보복 관세를 발효했다.

지금까지 중국은 보복 관세로 우리에게 맞대응해 왔다. 하지만 지금 그들은 2,000억 달러의 중국산 제품에 대한 추가 관세를 고민해야 한다. 설령 중국이 맞대응한다손 치더라도 약 600억 달러의 미국산 수입품에만 충격을 줄 수 있었다. 실제로도 2,000억 달러 규모의 중국산 제품에 대한 추가 관세에 맞서서 중국은 나머지 600억 달러의 미국산 수출품에 관세를 부과하겠다고 발표했다. 중국은 자신의 패를 과대평가한 것이다. 이제 중국에 판매되는 미국산 제품 전체에 대해 관세를 부과하겠다고 한 것이나 진배없으니 그들의 탄약이 떨어졌다.

중국이 자신의 그릇된 행동을 바꾸지 않고 불법적인 보복을 계속하는 바람에, 미국은 2천억 달러 규모의 중국산 제품에 대한 추가 관세 부과 절차를 계속 진행하게 되었다. 게다가 대통령은 USTR에 관세 수준을 10%에서 25%로 인상하는 방안을 검토하라고 지시했다. 결국 2018년 9월 24일부터 2,000억 달러 규모의 3차 중국산 제품에 10% 관세를 부과하되, 2019년 1월 1일에는 관세를 10%에서 25%로 인상하기로 했다. 1월 1일 시한이 중국과의 협상에서 레버리지로 추가된 것이다.

그 시점까지 회담에서는 별다른 진전이 없었다. 8월 워싱턴에서 차관급과 USTR 부대표급 회담이 있었고, 므누신 장관은 추가 논의를 위해 류허 부총리를 워싱턴으로 초청하는 서한을 보냈다. 그러나 실질적인 진전은 없었다.

중국의 40-40-20 프레임워크 등장

2,000억 달러에 대한 관세를 25%로 인상하는 최종 기한인 1월 1일이 다가오자 양국의 역학 관계에 변화가 생기기 시작했다. 중국은 강제 기술이전, 지식재산권, 비관세 장벽, 서비스 시장 접근, 농산물 시장 접근과 관련해 우리가 제기해온 구조적 문제에 대해 여러 갈래의 입장을 비공식 외교공한(外交公翰)* 형식으로 타진하기 시작했다.

중국은 자체 계산에 따라 우리가 제기한 이슈를 142건 추려냈

---

* 외교공한(diplomatic note)는 제3자의 관점에서 작성되고 수신인의 관식, 성명이 포함되어 있지 않은 외교 문서를 가리킨다.

다. 2018년 11월 초, 중국은 142개 이슈를 세 가지 카테고리로 나누는 방법론과 분류표를 외교공한으로 보내왔다. 심지어 중국은 각 카테고리를 신호등의 색깔로 구분하기도 했다. 카테고리 Ⅰ은 중국이 "중간 지점에서 타협"할 수 있다고 생각하는 "초록 신호등" 이슈이며, 카테고리 Ⅱ의 "노랑 신호등"은 중국이 "심도 있는 논의"를 할 수 있고 미국 측이 성실하게 협상한다면 합의에 도달할 가능성이 있다고 판단한 이슈다. 마지막으로 카테고리 Ⅲ의 "빨강 신호등" 이슈는 협상 불가라고 선언했다. 중국에 따르면 해당 사안은 어떠한 합의도 불가능하다. 중국은 우리 측 쟁점의 40%가 카테고리 Ⅰ, 40%가 카테고리 Ⅱ, 20%가 카테고리 Ⅲ에 해당한다고 밝혔다. 중국은 이를 40-40-20 프레임워크라고 부르며 각 이슈별로 숫자를 달아 지칭했다.

중국은 또 다른 외교공한에서 이슈별로 왜 해당 카테고리로 분류했는지를 설명했는데, 이 새로운 활동을 보면 중국이 얼마나 우리를 오판하고 자국의 협상력을 과시하고 있는지를 알 수 있다. 중국은 여러 미국 행정부와 수십 년 동안의 경험을 해왔다. 그러니 끝내 미국이 협상에서 굴복하고 중국은 어차피 이행할 계획도 없던 약속을 일부 수정하거나 때로는 재탕하는 데 익숙해져 있었다. 그래서 그들은 이미 취했거나 취하려 했던 조치만으로도 분쟁 해결에 충분하다고 생각했다. 즉 실질적이거나 새로운 조치를 취하지 않고도 카테고리 I의 "초록 신호등" 이슈만으로도 우리와 합의에 도달할 수 있다고 믿었다. 우리는 그럴 생각이었으면 애초에 문제를 제기하지도 않았을 것이라고 몇 번이고 명확하게 설명해야 했다. 또한 중국은 놀랍게도 가장 중요한 이슈를 카테고리 III의 빨강 신호등 이슈로 몰아넣었다. 이 이슈들이 아예 협상 테이블에서 빠진다면 아무런 성과도 기대할 수 없다.

중국은 또한 자신들의 "주요 우려 사항"을 계속해서 제기했다. 중국의 요청은 하나같이 문제가 많았고 쉽게 기각되었다. 아마 적당한 공격이 최선의 방어라고 믿었던 것 같다. 그들은 4,000억 달러의 흑자는 사실이지만, 그들도 우리에게 이의를 제기할 무역장벽과 불공정 관행이 있다고 주장했다. 어떤 커뮤니티에서는 이를 "후츠파(chutzpar)"*라고 부른다. 예를 들어 중국은 미국이 중국으로 가는 제품, 소프트웨어, 기술에 대한 수출 규제를 대폭 완화해 달라고 요구했다. 이는 본질적으로 우리의 국가 안보 절차를 느슨히 해달라는 것이며, 절대 받아들일 수 없는 요구였다. 사실 우리는 대중국 수출, 특히 국가 안보에 필수적인 민감한 기술과 품목에 대한 수출 통제를 더욱 강화할 계획이었다. 우리가 기술 우위를 잃지 않으려면 더 많은 제품, 소프트웨어, 기술을 포괄할 수 있도록 국가 안보의 정의를 폭 넓게 정의할 필요가 있다. 2018년 의회에서 통과된 『수출통제개혁법』을 계기로 상무부는 전략기술과 신기술에 대해 보다 엄격히 통제하는 절차를 2018년 11월부터 착수했다. 로스 장관은 이 분야에서 단연코 훌륭한 리더였다.

중국은 또한 더 유리한 투자 환경을 찾으려 했다. 이는 나와 행정부의 노력과는 정면으로 상반되는 일이었다. 301조 보고서가 발표

---

* 후츠파는 '당돌함'이라는 뜻의 이스라엘 말이며, 어려서부터 끊임없이 질문하며 경계를 허무는 창조 정신을 뜻하기도 한다.

된 후 나는 므누신 장관, 피터 나바로, 그리고 행정부의 다른 사람들과 긴밀히 협력하여 중국의 대미 투자에 대한 제한 규정 신설을 추진했다. 므누신 장관은 더 보수적인 접근을 선호했지만, 나는 공격적으로 대응하고 싶었다. 관세와 마찬가지로 새로운 투자 제한 및 수출 통제는 중국이 정보 기술, 로봇 공학, 항공우주 및 항공 장비, 신에너지 차량과 같은 분야에서 미국의 기술 우위를 위협하는 불공정 무역 관행을 막는 데 도움이 될 것이다. 궁극적으로 이러한 노력은 『외국인투자위험심사현대화법(FIRRMA)』*이 2018년 의회에서 통과되면서 결실을 맺었다. 나는 중국 투자에 대한 제한을 한층 강화해야 한다고 생각했지만, 재무부는 FIRRMA만으로도 충분하다고 생각했다. 어쨌든 중국의 투자 제한 완화 요구는 절대 받아들일 수 없다는 점만은 분명했다.

부에노스아이레스 G20 정상회의

아르헨티나 부에노스아이레스에서 열리는 G20 회의에서 트럼프 대통령과 시진핑 주석의 만남이 곧 임박해 있었다. 2018년 10월 말, 두 정상이 11월 30일과 12월 1일에 열리는 G20 회의의 부대행사에서 만날 것이라는 발표가 있었다. 재작년인 2017년 11월에

---

* FIRRMA(Foreign Investment Risk Review Modernization Act)는 외국인투자위원회(CFIUS)에서 핵심 기술·핵심 인프라·민감한 개인정보와 관련된 분야에 대한 외국인의 비지배적 투자에 대해서도 국가안보 위협 여부를 심사하도록 한 법률이다. 2020년 2월 13일자로 시행되었다.

두 정상이 만난 이후로 오랜만의 회담이므로 양국 간 무역 긴장이 고조되는 상황에서 큰 기대를 불러 모으고 있었다.

이 과정에서 대통령이 깊숙이 관여했다. 나와 다른 직원들은 매일 대통령과 대화를 나눴을 정도다. 물가연동조항이 결정되면 보통 대통령 집무실에서 장시간 회의를 했다. 나와 므누신, 로스, 나바로, 그리고 나중에 커들로와 국가안보회의 대표들, 그리고 종종 부통령까지 망라된 핵심 관계자들이 참석했다. 일부는 조속한 합의를 원했고, 나와 다른 사람들은 진정한 변화를 바랐다. 우리는 중국이 우리를 시험하고 있다고 생각했다. 그들은 관세를 연기하고 몇 달 동안 중요하지 않은 의제들을 꺼내들었다. 얼마 후 나는 휴대용 전신키를 들고 다니며 대통령 책상 위에 놓고 두드리곤 했다. 요점은 확실했다. 얼마 후 나는 대통령이 내 제스처에 지쳤다는 것을 깨달았다. 중국인과 달리 나는 나의 패를, 아니 나의 전신 키를 과대 평가할 생각은 없었다.

트럼프 행정부의 기념비적인 회의 중 하나였던 G20 회의에 참석하기 위해 나는 부에노스아이레스를 방문했다. 2018년 11월 30일 금요일, 이 역사적인 행사에서 트럼프 대통령, 트뤼도 총리, 퇴임하는 페냐 니에토 멕시코 대통령이 USMCA에 서명했다. 오랜 기간의 치열한 협상 끝에 사상 최대 규모의 무역협정에 서명함으로써 우리는 중국과의 노력에 더욱 집중할 수 있게 되었다(USMCA 협상은 12장, 13장, 14장에 자세히 설명되어 있다). 서명 직후 전 세계인의 관심은 다음 날 열릴 트럼프 대통령과 시진핑 주석의 회담에 쏠려 있었다.

그 회의 전에 므누신 장관과 나는 류허 부총리를 만났다. 중국 측은 여전히 미국산 제품 구매를 늘리는 데 초점을 맞추고자 했다. 그들의 제안은 비현실적이고 강제력이 없으며 불충분해 보였다. 최근 통계를 살펴본 후, 우리는 양국 정상회담의 형식과 의제 및 잠재적 결과에 대해 논의했다.

강경파를 비롯한 우리 협상팀은 대통령과 사전 회의를 갖고 각자의 입장을 한 번 더 정리했다. 우리는 파크 하얏트 호텔의 프레지덴셜 스위트룸에 있는 회의 테이블에 둘러앉았다. 피터와 나는 존 볼턴과 함께 강경파의 편에 섰고, 재무부와 다른 사람들은 좀 더 신중한 입장이었다.

2018년 12월 1일 토요일 저녁, 트럼프 대통령은 시진핑 주석과 연찬회를 열었다. 이 회의에 참석한 미국 측은 대통령 외에도 므누신 장관, 마이크 폼페이오 국무장관, 존 볼턴 국가안보보좌관, 피터 나바로, 재러드 쿠쉬너, 래리 커들로, 그리고 나도 포함되었다.

만찬은 약 2시간 30분 동안 진행되었다. 만찬은 시진핑 주석이 오랫동안 준비한 발언으로 시작되었으며, 주로 무역에 초점을 맞춰 다양한 이슈를 다루었다. 시진핑은 중국 정부가 이중 국적자의 출국을 허용하지 않는 문제, 펜타닐과 북한 문제도 언급했다. 중국 국가주석이 발언한 후 트럼프 대통령의 차례가 돌아왔다. 정중하면서 비즈니스적인 대화였다. 서로 발언이 오갔다. 무역과 관련해서는 트럼프 대통령이 우리의 우려를 개괄적으로 설명한 다음 내게 발언권을 넘겼다.

나는 시진핑 주석과 그의 고위 대표단에 정중한 예를 표하면서 양국의 분쟁 상황에 대해 솔직하고 직설적으로 평가했다. 그리고 중국의 불공정 무역 관행으로 인한 무역 관계의 엄청난 왜곡과 그 결과로 우리 노동자, 농민, 제조업체, 그 밖의 기업들이 입은 심각한 피해를 언급했다. 나는 중국과의 무역 관계에서 미국이 왜 피해자로 여기는지 설명했는데, 이는 앞으로도 무역 협상에서 몇 번이고 되풀이할 주제였다. 그리고 수년간의 회담 동안 이 문제들에 대해 진전이 없었던 이유를 내 나름대로 진단했다. 만찬이 끝나고 두 정상은 관세를 인상하기 전에 잠시 시간을 갖기로 합의했다. 유보 기간은 90일 동안 지속되며, 그 사이에 우리는 상당한 진전을 이뤄내야 한다. 만찬에 들어가기 전부터 우리는 중국이 우리가 부과한 관세 전부, 또는 최소한 2,000억 달러 규모의 3차 중국산 제품 목록에 대한 관세의 철회를 요구할 것이라고 짐작했었다. 그래서 중국이 이런 요청을 했을 때 놀랍지는 않았다. 양국 간의 막대한 무역 불균형에 대한 우려를 해소하기 위해, 시진핑은 중국이 미국 상품과 서비스 구매를 6년 동안 1조 2천억 달러를 늘리겠다고 제안했다. 나는 그전에 대통령을 만나 이미 부과된 관세를 유지해야 하며 협상을 통해 구조적 문제를 개선해야 할 필요성을 계속 설득했다.

이 시기에 자주 그랬던 것처럼 트럼프 대통령은 확고한 입장을 고수했다. 두 정상은 무역 협상의 진전 방향에 대해 어느 정도 합의를 이뤘다. 현행 관세를 유지하되, 2019년 1월 1일로 예정되어 있던 2천억 달러 규모의 3차 목록에 대한 10% 관세를 25%로 인상하지 않기로 합의했다. 중국은 무역적자를 줄이기 위해 제반 유형의 미국 상품과 서비스를 상당량 추가 구매하고 국영기업 또는 정부가 지정하는 기업을 통해 미국 농산물을 즉시 구매하기로 약속했다. 무엇보다도 중국은 강제 기술이전, 지식재산권, 비관세 장벽, 사이버 침입 및 도용, 서비스 시장 접근, 농산물 시장 접근 등 구조적 개선에 대한 협상을 즉시 시작하기로 했다. 90일 이내에 이러한 문제에 대한 합의가 불발될 경우, 2,000억 달러 규모의 중국산 제품에 대한 관세는 10%에서 25%로 인상될 것이다. 다시 말해, 2019년 3월 1일이라는 촉박한 시한이 우리에게 주어졌고, 이 기간에 복잡하고 어려운 협상을 완료해야 했다.

만찬 중인 대통령과 나는 몰랐던 사실인데, 같은 날 밤 중국 대기업 화웨이의 창업자의 딸이자 최고재무책임자인 멍완저우(孟晚舟)가 미국의 요청으로 캐나다에서 체포되었다. 멍완저우와 화웨이는 미국의 대이란 제재를 위반한 혐의를 받고 있다. 이 사실이 알려졌더라면 멍완저우의 체포로 두 정상의 회담이 완전히 무산될 수도 있었다. 화웨이 문제는 중국과의 대화에서 정기적으로 논의의 대상이 되고 때로는 복잡한 문제로 비화될 수 있다.

당분간 우리는 앞으로 나아갈 길에 집중하기로 했다. 만찬이 끝나자마자 우리는 모두 자동차 퍼레이드를 따라 공항으로 갔다. 나는 트럼프 대통령과 함께 에어포스원을 타고 다시 워싱턴으로 향했다. 중국과 본격적인 협상이 곧 시작될 예정이었고, 대통령은 내가 협상을 주도할 것임을 분명히 했다. 우리가 해야 할 일은 대단히 많았다.

9장

협상을 시작하다

부에노스아이레스에서 트럼프 대통령과 시진핑 주석의 회담이 끝난 후, 우리는 곧바로 중국과 협상에 착수했다. 90일이라는 짧은 기간과 다뤄야 할 사안의 방대한 양을 고려할 때 시간적 여유가 없었다. 이번 협상은 과거의 실패한 정책을 되돌리고 향후 몇 세대에 걸쳐 대중국 무역 관계를 변화할 역사적인 기회이기도 했다.

협상 초기에는 언뜻 진전이 있을 듯했지만, 머지않아 험난한 협상에 맞닥뜨렸다. 협상의 상대방은 선의로 행동하고 있었지만, 베이징의 관리들이 우리가 도출한 합의안을 검토할 때마다 원점으로 되돌렸다. 나는 이 협상을 구체화하려면 미국이 과거와는 다른 방식으로 진지하게 임하고 있다는 사실을 중국인들에게 확실히 보여줘야 한다고 깨달았다. 우리를 "두드려 보고", 협상안을 무르고, 모호하고 실행 불가능한 약속을 하는 중국의 전형적인 전술이 더는 통하지 않는다고 알려야 했다. 우리는 그들의 선의에 대한 확실한 증표를 원했다.

부에노스아이레스 이후 중국과의 첫 접촉은 2018년 12월 10일

류허 부총리와의 전화 통화에서 이루어졌다. 류허 부총리는 2019년 3월 1일 시한까지 시간이 얼마 남지 않았다는 점을 지적하며 선의의 표시로 한 가지 제안을 했다. 그의 제안에 따르면, 중국은 대두 500만 톤, 쌀 15만 톤, 석탄 1,500만 톤 등 미국산 제품을 대량 구매하게 된다. 또한 미국산 자동차에 대한 25%의 높은 보복관세를 중단하여 15%로 낮추고, 중국 체제에서 수년 동안 거부되거나 지연되었던 농업생명공학 제품에 대한 특정 수입 허가를 승인하게 된다. 부총리는 또한 우리가 제기했던 문제를 중국의 40-40-20 프레임워크로 해결하자고 제안했다. 내가 그에게 특별히 강조하며 재고해달라고 요청한 것은 양국이 합의에 이른 모든 분야에 걸쳐 무역협정이 제대로 이행되는지 모니터링하고 집행력을 확보해달라는 것이었다. 중국은 무역협정에서 약속을 이행하지 않았던 오랜 역사가 있었기 때문에 효과적이고 의미 있는 집행 메커니즘이 포함되어야 했다. 특히 집행 문제는 내게 매우 중요했기 때문에 논의를 더 진전하기 전에 이번 통화에서 반드시 짚고 넘어가고 싶었다.

다음 베이징 회의는 차관보급으로 열릴 예정이며, 류허 부총리가 본회의에 참석해 개회사를 한다는 소식을 들었다. 내 성명서는 게리쉬 대사가 대신 낭독했는데, 이 성명에서 7개의 핵심 주제를 강조했다. 우선 우리는 공정성, 호혜성, 그리고 가장 중요한 균형의 원칙에 기반하여 중국과 쌍방향 무역 관계를 달성하기 위해 노력하고 있음을 표현했다. 이를 위해 지금 우리가 논의하는 이슈는 비단 중국에 국한된 것이 아니라 모든 무역 상대국에 요구되는 호혜적인 경제 조건으로 간주해야 한다고 덧붙였다. 이러한 관계를 달성하려면 구조적 문제, 시장 접근 문제, 미국 상품 및 서비스 구매 약속을 먼저 해결해야 한다. 마지막으로 우리가 도달한 모든 합의 내용은 구속력 있고 반드시 검증과 집행을 할 수 있어야 한다는 점을 분명히 했다. 중국이 중요한 정책과 관행을 대폭 바꾸겠다고 약속한 후 이를 이행하지 않았던 오랜 역사가 있었다. 단순한 약속만으로는 충분하지 않다.

2019년 1월 30일, 아이젠하워 대통령 집무실 건물에 있는 외빈실에서 첫 번째 정상급 회의가 개막행사로 시작되었다. 나는 개회식 장소가 행사의 중요성에 걸맞은 웅장한 분위기가 될 수 있도록 외빈실을 직접 선택했다. 아이젠하워 대통령 집무실에서 가장 오래된 장소가 이 남쪽 구역이다. 1875년에 완공되어 국무부가 입주한 곳으로, 당시는 "도금 시대"*가 시작되었던 시기였다. 우리는 세계 무대에서 미국의 저력을 과시할 수 있는 외교관들의 화려한 회의장을 원했다.

개막 총회의 미국 대표단에는 나와 므누신 재무부 장관, 로스 상무부 장관, 피터 나바로, 래리 커들로 백악관 국가경제위원장과 주요 참모들이 포함되었다. 개회사에서 나는 한 번 더 핵심 사항을 강조했다. 특히 공자의 명언 중 이번 대담에 특히 적합하다고 생각되는 한 구절을 소개했다. 공자는 이렇게 말했다. "과거에는 사람의 말을 듣고 그의 행실을 믿었다. 하지만 지금 나는 사람의 말뿐만 아

---

* 도금 시대(Guilded Age)는 1865년 남북전쟁이 끝나고 불황이 오는 1893년까지 미국 자본주의가 급격하게 발전한 28년간의 시대를 가리킨다. 마크 트웨인의 동명 소설에서 딴 이름으로 배금주의와 불평등을 풍자하고 있다.

니라 그의 행실까지 살펴보게 되었다."[*] 나는 이 문장을 거듭 강조하며 어떤 합의에 도달하더라도 반드시 강력하고 명확한 집행 경로가 있어야 한다고 말했다.

총회가 끝난 후 양국 대표단은 USTR의 윈더 빌딩에서 국장급 회의를 시작했다. 미국 측에서는 나와 므누신 재무부 장관, 게리쉬 대사, 테리 매카틴 USTR 부대표가, 중국 측에서는 류허 부총리, 왕서우원(王受文) 상무부 부부장, 랴오민 재정부 부부장, 부총리 비서실 참모 등이 참여했다. 중국과의 협상 기간에 므누신 장관은 역대 어느 재무부 장관보다 훨씬 더 많은 시간을 USTR의 윈더 빌딩에서 보냈다. 그는 재무부의 다른 업무를 지휘하면서도 이 일에 전적으로 관여했다.

류허 부총리와 나는 국장급 회의를 시작할 때 양국의 입장을 간략히 개괄하여 소개한 후 이틀간의 회의에서 많은 부분을 할애한 강제 기술이전, 지식재산권, 집행에 대한 논의로 넘어갔다. 강제적 기술이전과 관련하여, 나는 중국의 합작 투자 요건과 지분 제한, 그리고 우리 기업이 중국 기업에 기술을 이전하도록 공식적인 요건과 비공식적인 압력을 가하는 행정 인허가 및 승인 절차에 대해 집중적으로 문제를 제기했다. 또한 중국의 차별적인 지식재산권 라이선스 규정과 국가 주도의 첨단 기술 분야 투자도 지적했다. 이러한 분야에서 얼마간 진전이 있었으나, 국가가 후원하는 사이버 침입 및 절도 같은 문제는 한결 다루기 까다로웠다.

---

[*] 『논어』의 〈공야장(公冶長)〉 편에 나오는 문장이다.

내가 제기한 지식재산권 문제는 중국에서 지식재산권 소송이 제기되면 공정하게 판결이 내려질 수 있는지, 우리 기업의 피해에 대해 적절한 구제책이 마련될 수 있는지 등 제도적·절차적 문제를 모두 포함하고 있었다. 다시 말해, 중국이 진정으로 미국 기업들에 대한 이러한 위반 행위를 기소하고 구제할 의지가 있는가? 우리는 지식재산권에 대한 민형사상 집행력 강화, 영업비밀 보호 범위의 확대, 억지력 있는 수준의 처벌 및 판결의 집행력 강화, 악의적인 상표 도용 단속, 전문가 증인의 채택, 제약 분야의 지식재산권 보호 강화, 절차 지연 시 그에 상응하는 특허 기간의 연장 등 다양한 이슈를 논의했다. 내가 설명했을 때 류허 부총리도 인정했듯이, 지식재산권의 보호 및 집행 강화는 미국뿐 아니라 중국에도 중요한 문제였다. 우리의 협상은 매우 기술적이었으며, 법과 관행의 모든 세부 사항을 다루었다.

집행과 관련하여 류허 부총리는 우리의 우려를 이해하는 듯 보였지만 그가 내민 첫 번째 제안은 썩 만족스럽지 못했다. 그는 당사자 간의 논의에 의존하는 집행 절차의 큰 그림을 제시했다. 이에 대해 나는 그에게 논의 절차도 중요하지만, 집행 메커니즘의 두 가지 핵심은 누가 합의 위반 여부를 결정할지와 위반 시 어떤 처벌을 내릴지가 되어야 한다고 말했다. 류허 부총리는 미국-멕시코-캐나다 협정(USMCA)에 규정된 분쟁 해결 패널 절차를 적용할 것을 제안했다. 그런데 우리는 특정한 경우 패널에 의한 결정보다는 미국 자체적으로 준수 여부 및 구제 조치를 결정하기를 원했다. 왜냐하면 진정으로 중립적인 중국인 중재자를 찾는 것은 불가능해 보였고, 그렇다고 제3국 판사를 활용한다는 생각도 썩 좋은 생각은 아니었다.

1월 31일 회의가 끝날 무렵, 우리는 중국이 즉시 조치할 수 있고 또 조치해야 하는 목록을 제출했다. 중국이 약속을 어긴 전력이 있는 만큼 실제로 제안을 이행하려는 선의의 의도를 확실히 증명하도록 할 필요가 있었다. 예를 들어 외국인 투자 제한 해제와 지식재산권의 차별적 라이선스 규정 폐지부터 미국 기업의 신용평가, 전자결제 및 보험 서비스 제공에 대한 승인에 이르기까지 양측이 검토할 수 있는 조치는 실로 다양했다. 류허 부총리는 이 제안에 대해 호의적인 반응을 보였지만 추후 공식적으로 검토하겠다고 말했다. 우리는 또한 그날의 논의 내용을 반영한 합의문 초안을 작성하여 양해각서(MOU) 형태로 중국 측에 제공하기로 합의했다. MOU는 국가 간 합의의 관례인 데다 우리 협상의 최종 목표를 시사할 것이다.

우리 USTR 팀은 협상의 각 분야를 포괄하는 MOU 초안을 작업했다. 2019년 2월 8일, 우리는 강제 기술이전, 지식재산권, 농업 장벽 및 시장 접근에 관한 세 가지 MOU를 중국 측에 전달했다.

그런데 관세가 인상되기까지 한 달도 채 남지 않은 시점에서, 우리는 양측이 MOU에 합의했다고 생각했는데, 중국에서는 다르게 받아들였다는 것을 알게 되었다. 다음 회의들은 2019년 2월 11일과 12일에 차관급, 2019년 2월 14일과 15일에 국장급으로 베이징에서 열릴 예정이었다. 게리쉬 대사가 주도한 차관급 회의에서 양측은 우리가 중국에 보낸 MOU 초안을 논의하기 시작했다. 이때 그전 워싱턴 회의에서 보여 주었던 중국의 입장이 더 후퇴했다는 징후를 포착했다. 이는 긴급히 풀어야 할 주요 문제였다. 그래서 나는 수석급 회의에서 바로 이 문제부터 논의를 시작했다.

나는 류 부총리에 대한 신뢰를 표시하면서도 이번에는 실망감을 확실히 내비쳤다. 영업비밀의 보호 범위, 영업비밀 사용 금지에 대한 가처분 허용, 제약 특허 보호 등 여러 지식재산권 문제에서 중국은 크게 후퇴했다. 아울러 강제 기술이전 분야에서 중국이 한 약속도 확신이 들지 않았다. 나는 중국이 약속을 지키지 않았던 역사를 지적하면서, 이전의 실패가 되풀이된다면 큰 위험이 초래될 것이라고 경고했다. 부총리는 이번에는 다를 것이며 중국이 약속한 모든 것을 그대로 이행하리라고 다짐했다. 하지만 안타깝게도 그 후로도 중국의 입장 변화는 계속되었다.

중국 정계에서 무슨 일이 벌어지고 있는지 확실히 알 수 없었지만, 류허 부총리는 우리가 제안한 합의를 구체화하는 과정에서 중국 정치 체제에서 얽히고설킨 이해관계를 조율하는 듯했다. 시장 지향적 개혁이나 미국의 요구에 본능적으로 반대하는 중국공산당 강경파의 반발 외에도 중요한 정책 분야에서 통제권과 재량권을 잃을까 봐 긴장하는 중앙 행정관료들이 주요 걸림돌이었다. 그밖에도 지방 정부들이 중앙 정부가 자신들의 경제 정책 권한을 양보하는 데 완강히 반대하며 해묵은 갈등을 빚고 있었다. 마지막으로, 부총리는 (일시적인) 수석대표 역할과는 별개로 자신의 소관 범위를 벗어난 정책 변경에 동의할 권한이 없었다. 따라서 부총리의 관할 범위에 있는 사안을 논의할 때 협상이 가장 생산적임을 심심찮게 목격했다. 부총리는 시진핑 주석에게 우리의 논의 내용을 정기적으로 보고했는데, 그때마다 정부 내 여러 이해 집단의 압력과 갈등을 풀고자 중국 지도자들이 나서는 과정에서 협상 양보안은 결국 실종되거나 축소되곤 했다. 우리는 협상 내내 중국 측의 태도 변화를 추적하고 때로는 강력하게 거부하는 등 경계를 늦추지 않았다.

우리는 차츰 워싱턴 회담에서 다루지 못했던 영역까지 논의의 초점을 확대했다. 서비스 및 농산물의 무역 장벽, 그리고 무엇보다도 수많은 산업에서 자국 기업에 불공정한 이점을 제공하는 막대한 정부 보조금, 철강과 알루미늄 같은 산업에서 엄청난 과잉 생산 능력, 중국 국유기업에 대한 규율 요구, "안전하고 통제된" IT기술 정책, 반독점법 사용 등등 다뤄야 할 의제는 다양했다. 류허 부총리는 보조금과 과잉 생산 능력을 줄여야 한다는 점을 인식하고 해고된 직원에 대한 보조금만 들어내려고 했다. 그는 또한 국유기업에 대한 강력한 규율과 개혁에 대해서도 개방적인 태도를 보였다. 추가적으로, 나는 부총리에게 "보안 및 통제" 정책, 즉 정부가 정보 접근을 위해 기업에 암호화 백도어를 유지하도록 요구하는 정책은 그야말로 보호무역주의에 해당한다고 반대하며 국가 안보에 도움이 된다는 그들의 주장을 일축했다. 또한 중국이 반독점법을 미국의 가장 뛰어난 첨단 기술 기업을 겨냥하는 데 악용했다는 이야기가 내 귀에 얼마나 자주 들리는지도 분명하게 전했다.

서비스 부문에서는 금융부터 통신, 특급 배송 서비스에 이르기까지 다양한 분야의 장벽과 시장 접근 제한 이슈를 다루었다. 이들 분야에서 미국에서 중국 기업을 동등하게 대했지만, 중국은 우리의 기업을 계속 불공정하게 대우했다. 예를 들어 비자, 마스터카드, 아메리칸 익스프레스와 같은 미국 기업은 중국에서 전자 결제 서비스를 제공하는 데 필요한 승인을 받지 못한 반면, 중국의 유니언페이는 미국 시장에 완전히 접근할 수 있었다. 이는 양국 경제 관계의 상호성이 얼마나 부족한지를 보여주는 사례였다. 우리는 일부 진전을 이루었다. 그러나 중국에서 클라우드 컴퓨팅 서비스를 제공하고 국경을 넘어 데이터를 전송하는 서비스를 허용하는 문제는 중국에 매우 민감한 사안이었다. 중국 당국자의 의견에 따르면 공산당의 최종 통제권을 제약하는 사안들은 허용될 수 없었다.

농업 분야에서 중국은 각종 규제 절차를 통해 우리 농부와 목장주들이 광활한 중국 시장에서 제품들을 판매함에 있어 불공정한 제한을 가해왔다. 주요 문제의 하나는 중국이 우리의 생명공학 농산물의 시장 판매를 불승인한 것이었다. 중국 정부가 요구하는 생명공학 농산물의 승인 절차는 과학에 기반하지 않았을뿐더러, 미국 농부들에게 민감한 기술을 이전하도록 요구하면서 승인을 질질 끌기도 했다. 이는 중국이 과거부터 몇 번이고 약속했을 뿐 단 한 번도 이행하지 않은 문제 중 하나였다. 또한 중국은 밀, 쌀, 옥수수에 대한 할당관세*를 관료적인 방식으로 아주 천천히 처리하여 우리 농민들이 제대로 활용하지 못하도록 했다. 할당관세는 특정 수입량에 대해 낮은 관세를 부과한 후 추가 수입 물량에 대해 높은 관세를 적용하는 제도다. 중국은 WTO 가입시 할당관세 도입을 허용받았지만, 이를 공정하게 관리할 책임이 있다. 또한 중국 정부는 불합리한 쇠고기 연령 제한, 이력 관리제 등을 활용해 미국산 육우와 가금류의 수입을 제한하고 있다. 이는 우리가 다룬 분야 중 일부에 불과

---

* 할당관세(TRQ: Tariff Rate Quota)란 수입품의 일정 물량에 대해 저율 관세를 부과하고 할당 물량을 초과하는 수입품에는 고율 관세를 부과하는 이중 세율 제도다.

하다. 중국은 통제를 원하는 관료들의 고집과 건강 문제에 대한 실질적인 우려가 묘하게 뒤섞인 듯한 입장을 보였다. 후자에 대해서는 중국의 치명적인 전염병과 자연재해의 역사를 고려할 때 공감하기 쉽지 않았다. 지난 100년 동안 중국은 1918년과 1957년에 독감이 유행했고, 2002년과 2019년에는 코로나 바이러스가 창궐했다.

우리가 다룬 또 다른 영역은 환율 조작 규제였다. 중국은 자국 기업이 외국 기업에 비해 불공정한 이점을 누릴 수 있도록 자국 통화인 위안화 또는 인민폐(人民幣)의 가치를 조작한 전례가 있다. 통화가 약한 국가는 수출 시장에 상품을 더 저렴하게 판매할 수 있고, 통화 강세 국가의 수입품을 효과적으로 억제할 수 있다. 우리는 또한 최종 합의를 위한 집행 메커니즘의 구조에 대해 의견을 모으기 시작했다. 그러나 내가 분명히 밝힌 것은 그 어떤 합의이든 미국이 위반 사항을 해결하려고 집행 조치를 할 경우 중국이 보복할 수 없거나 WTO에 제소하지 않도록 규정해야 한다는 점이었다. 많은 토론 끝에 류 부총리는 우리를 이해하는 듯했다. 또한 미국산 상품과 서비스 구매를 늘리겠다는 중국의 약속에 관해서도 논의가 있었다. 이번 회의뿐 아니라 모든 회의에서 나는 구매 문제는 마무리 단계에서 잠시 논의할 사안으로 생각했다. 구매는 중요하고 우리에게 도움도 되겠지만 구조적인 문제가 훨씬 더 장기적인 영향을 미칠 것이기 때문이다. 나는 회담이 단순한 구매 목록으로 변질되기를 원하지 않았다.

2월 14일 저녁 나는 중국 대표단과 함께 베이징 호텔에서 만찬을 가졌다. 베이징 호텔은 1971년 헨리 키신저와 저우언라이(周恩來)

가 이듬해 닉슨 대통령의 중국 방문을 앞두고 만난 장소로 양국 관계에 있어 상징적인 의미가 큰 곳이다. 이 호텔에서는 자금성이 내려다보이는 톈안먼 광장의 전망을 감상할 수 있다.

이번 베이징 방문을 마무리하면서 므누신 장관과 나를 비롯한 대표단 일행은 시진핑 주석이 있는 인민대회당에 초대받았다. 그날 면담은 비좁은 회의실에서 이루어졌다. 양국 대표단은 테이블에 서로 마주 앉았다. 시진핑 주석이 맨 앞 테이블에 앉았고, 그 뒤에는 장엄한 산맥 풍경이 그려진, 벽체만 한 그림이 걸려 있었다. 대통령과 나는 양국뿐 아니라 전 세계를 대상으로 우리 무역 협상의 중요성을 강조하는 발언을 했다. 이 행사와 우리 협상 작업의 웅장함은 내게 잊히지 않을 것이다.

워싱턴에서 계속되는 협상

워싱턴에 돌아와서 우리는 베이징 회담의 결과가 생각만큼 구체적이지 않음을 깨달았다. 2월 21일 워싱턴에서 다음 회의가 열렸다. 윈더 빌딩에서 열린 차관급 회의에서 게리쉬 대사는 중국 정부가 양해각서의 문구를 조정해 류 부총리가 한 약속을 바꾸려 한다고 보고했다. 그래서 부총리와 맺은 MOU 문구를 조항별로 일일이 검토하는 백트래킹이 필요했다. 그 과정에서 나는 각 조항과 어휘 사용에 대한 근거와 정당성을 설명해야 했다. 무슨 일이 벌어지고 있는지 불을 보듯 훤했다. 부총리는 선의로 회담에 임했겠지만, 베이징의 다른 권력층에 알려지면서 역풍이 불어온 것이다.

각 조항을 한 줄 한 줄 검토하는 과정은 많은 시간과 노력이 들었으나 불가피했고 그 결과 많은 진전을 이룰 수 있었다. 분위기를 이어가기 위해 이틀간 진행된 회담을 주말까지 이틀 더 연장했다. 강제 기술이전, 지식재산권, 비관세 조치, 서비스, 농업, 통화 등 양해각서 전반에 걸친 이슈는 주요 진전을 이뤘다. 산업 보조금, 과잉 생산, 국유기업 등 난해해 보이는 이슈에서도 중국은 핵심 사항에 대해 기꺼이 합의했다. 실제로 양측은 통화에 관한 MOU 문안에 대해 완전히 합의했다. 이 문안은 대체로 USMCA 통화 조항을 기반으로 했지만, 경쟁을 위한 평가절하나 환율 목표 설정에 관여하지 않아야 한다는 의무 규정을 포함하고 있어 종전보다 더욱 강력해졌다.

그러나 여전히 결정적인 이슈에 관해서는 의견 차이가 컸다. 예를 들어 사이버 침입에 대한 보호, 영업비밀의 도용 및 제약 특허의 보호, 중국 클라우드 컴퓨팅 시장에 대한 접근, 유전자 조작 농산물의 승인 등이 특히 합의가 어려웠던 이슈였다. 하지만 대부분 올바른 방향으로 나아가고 있는 듯 보였다.

집행 문제가 또다시 주요 논의 주제로 떠올랐다. 내가 부총리에게 말했듯이, 집행에 관한 부분은 트럼프 대통령이 미국에서 합의에 필요한 지지를 얻는 데 핵심 내용이 될 것이다. 우리는 이에 대한 문안 초안을 교환하기로 합의했고, 회담 직후에 서로 교환했다. 이와 더불어 우리는 합의에 도달하는 경우 관세를 어떻게 할 것인지에 대해 긴 시간 동안 토론했다. 나는 500억 달러 규모의 중국산 제품에 대한 25% 관세는 장기적으로 유지될 것이며, 2,000억 달러 규모의 중국산 제품에 대한 10% 관세는 일단 유지되고 중국이 약속을 이행함에 따라 시간이 지나면서 인하될 수 있다고 설명했다. 관세 철폐가 중국의 핵심 이슈라는 것은 분명했다.

우리는 2월 22일 집무실에서 트럼프 대통령과 류허 부총리의 면담을 주선하기로 했다. 기자단이 동석한 가운데, 므누신 장관은 구속력과 집행력을 갖춘 여러 건의 MOU가 문서화되고 있다고 언급했다. 나중에 이 MOU가 얼마나 오래 유지될 것인지를 한 기자가 질문하자, 대통령은 MOU를 별 의미가 없어 좋아하지 않는다며 최종적이고 구속력 있는 협정이 체결되어야 한다고 분명히 밝혔다. 아마도 대통령은 MOU를 상업용 부동산 거래에서 투자조건 의향서(term sheet)와 비슷한 성격으로 생각하는 듯했다. 나는 국제 무역의 맥락에서 MOU는 투자조건 의향서와는 격이 다름을 설명하려고 노력했다. 이는 구속력 있는 계약이며, 이와 같은 국제 협약과 무역거래가 일반적으로 이루어지는 방식이다. 실제로 국무부는 국방부와 마찬가지로 수많은 MOU를 보유하고 있다. 하지만 대통령은 내 말에 동의하지 않았고 설득할 수도 없었다. 그래서 나는 "MOU(양해각서)"라는 용어 대신에 미국과 중국 간의 무역협정이라고 부르자고 다시 제안했다. 대통령은 이를 더 좋아했고 부총리도 동의했다. 이 모든 것이 언론과 전국 텔레비전 앞에서 펼쳐졌다. 물론 트럼프 대통령이 비즈니스 세계에서 사용되는 용어인 MOU를 원하지 않는 것은 충분히 이해된다. 다만 전국 텔레비전에서 용어가 바뀐 일화가 인상적이었는지, 사람들은 몇 달 동안 내게 이 일화에 관해 종종 질문하곤 했다.

2월 24일 일요일 회담이 끝난 후, 므누신 장관과 나는 대통령께 회담 상황을 자세히 브리핑했다. 트럼프 대통령은 실무형 상사였다. 그는 협상의 세부 사항에 끊임없이 관여했다. 나로서는 아주 마음에 드는 업무처리 방식이었다. 항상 내가 그의 입장을 정확하게 대변하고 있고 대통령 또한 나를 지지할 것이라는 확신이 들었다. 우리가 이룬 진전을 감안해 대통령은 3월 1일 발효 예정이었던 2,000억 달러 규모의 중국산 제품에 대한 관세율 인상을 연기하기로 했고, 이를 트윗을 통해 발표했다. 중국과 대화할 시간이 더 확보되었다. 2,000억 달러 규모의 중국산 제품에 대한 관세는 적어도 당분간 10%로 유지될 것이다.

이 시점에서 양측 간에 정기적이고 지속적으로 문구가 변경되었다. "MOU"라는 용어를 쓰지 않게 되면서 무역협정의 틀에 맞게 개별 주제마다 고유한 장을 달기로 했다. 워싱턴 회담에서 상당한 진전이 있었으나 여러 쟁점에 대한 주요 합의가 문서에 반영되지 않았다. 우리가 합의에 도달했다고 생각했던 사안이 전혀 합의하지 않은 것처럼 생각되기 시작했다. 예를 들어 중국은 산업 보조금, 과잉 생산 능력, 국영 기업 규율에 대해 합의한 내용을 바꾸었다. 그리고 류 부총리는 특허 출원 및 조건에 제출하는 보충적 데이터와 관련된 지식재산권 보호에 동의했지만, 이 조항은 중국의 반대로 문안에 반영되지 못했다. 또한 강제 기술이전에 대한 부총리의 약속도 물거품이 되었다. 또한 중국은 양국에 적용되는 것이 불가능하거나 적절하지 않은, 중국만의 문제에 대해서도 쌍방 규정으로 만들어 양국 모두에 적용하려고 시도했다. 심지어 중국은 지식재산권과 농업 부문에서 오로지 미국에만 적용되는 새로운 협정안을 보내왔다. 중국의 강경파와 관료들이 협상단의 힘을 빼고 있는 게 아닌지 의심이 들었다.

2019년 3월 6일, 우리는 류 부총리 일행과 몇 차례 예정된 화상통신 회의 중 첫 회의를 시작했다. 그는 1972년 닉슨 대통령이 중국을 방문했을 때 양국이 관계 정상화를 위해 발표한 "상하이 공동 성명"의 방식을 따를 것을 제안했다. 상하이 공동 성명은 양국의 차이점을 검토한 후 상호 관심사를 표명하는, 흔히 "건설적 모호성"이라고 불리는 방식이다. 중국이 이런 접근법을 제안한 것은 이번이 처음도 아니었고 마지막도 아니었다. 나는 이 아이디어를 거절했다. 건설적이든 아니든 간에 어떤 종류의 모호함도 내 관심사가 아니었다. 양측이 명확하게 표현하고 동의한 구속력 있는 약속이 필요했다. 부총리가 내 의견에 수긍했고 우리는 다시 정상 궤도에 오른 것처럼 보였다. 중국의 막후 세력이 구속력이 없는 유화책에 미국이 동의할 것이라고 생각했다는 사실은 놀라울 게 없었다. 중국 측의 이 전략은 역대 미국 행정부에서 두 번이나 효과를 거뒀기 때문이다. 이번 상황이 다르다는 점을 설득해야 했다. 2019년 3월에 전화 회의가 네 차례 더 있었다. 이러한 통화가 진행되는 동안 협상은 충분히 무르익었고, 트럼프 대통령과 시진핑 주석이 만나거나 전화해서 협상을 체결할 가능성도 몇 번 거론되었다. 우리는 합의 문구를 한 줄씩 주고받으며 계속 통화했다. 내 서류철에는 인쇄된 내용보다 색색의 메모가 더 많았다. 마치 잭슨 폴록의 그림 같았다.

이렇게 협상하는 내내, 우리는 미국 기업들과 이해 당사자들과 협상의 쟁점에 대해 계속 협의했다. 동시에 양당 의원들과 긴밀히 소통하면서 협상 상황을 브리핑하고 그들의 피드백과 아이디어를 끌어내려고 노력했다. 나는 상·하원의원들을 놀라게 해서는 안 된다는 것을 오래전부터 알고 있었다. 몇 년 전 돌 상원의원이 소통의 중요성에 관해 인상적인 말을 남긴 적이 있었다. "비행기가 착륙할 때 내가 있기를 바란다면, 이륙할 때부터 나를 태워야 할 거요."

다음 회의는 2019년 3월 28일부터 베이징에서 열렸다. 중국에 도착한 직후 우리는 류허 부총리 일행과 함께 자금성을 방문했는데, 주로 외국 정상만 들어갈 수 있는 건물 안까지 둘러볼 수 있었다. 사실 류허 부총리도 그 건물에 직접 들어간 적은 처음이라고 털어놓았다. 투어를 마친 후 우리는 자금성 내의 다른 건물에서 업무 만찬을 했고 그 다음날인 3월 39일 하루 종일 만났다. 전반적으로 강제 기술이전과 지식재산권 협상에서 진전이 있었으니까, 이번 회의에서는 비관세 장벽, 서비스, 집행, 구매에 대한 논의에 집중하기로 했다.

비관세 장벽에 대한 논의에서는 주로 산업 보조금, 국유기업, 기술 표준과 기술 현지화 등의 의제가 다뤄졌다. 서비스 분야에서는 우리 기업들이 신용평가, 전자 결제, 클라우드 컴퓨팅, 특급 배송 서비스를 모두 제공할 수 있도록 허용하고 미국 영화 스튜디오가 중국에서 배급·상영하는 영화에 대해 적절한 수익 배분을 통해 공정하게 보상받는 방안을 폭넓게 논의했다. 법 집행에 대한 논의는 보다 심층적으로 이뤄졌다. 나는 단 한 번의 의무 위반에 대해서도 예외 없이 협정서 상의 모든 의무가 이행되도록 할 것임을 분명히 했다. 게다가 우리가 집행 조치를 할 경우 중국은 맞대응 조치를 할 수 없을 것이다. 류허 부총리는 우리가 고려해야 할 몇 가지 문제들도 제기했다. 하나는 불가항력적 상황에 어떻게 대처할 것인가의 문제였다. 만약 불가항력의 적용을 최대한 엄격히 제한한다면, 중국이 단지 예측할 수 없었다고 주장하며 의무를 회피하는 상황을 차단할 수 있다. 부총리가 제기한 또 다른 질문은 협정 발효 전에 행해지고 발효일 이후에도 계속 효력을 갖는 당사국의 조치를 어떻게 처리해야 하는지 경과규정에 대한 것이었다. 나는 집행 메커니즘은 이 경우에도 적용되어야 한다고 생각했지만 일단 나중에 다루기로 했다.

류 부총리 일행은 워싱턴으로 돌아가서 그다음 주에 2019년 4월 3일부터 5일까지 회의를 진행했다. 여러 장의 조항을 조항별로, 때로는 한 줄 한 줄 검토하면서 우리는 꾸준히 진도를 나갔다. 류 부총리는 중앙 정부뿐만 아니라 지방 정부 차원에서도 협정 집행을 책임질 새로운 사무소를 만들 생각이라고 밝혔다. 중국의 각 성에 사무소를 설치해 광범위한 공무원들이 발생하는 무역 문제를 해결하게 한다는 것이다. 이는 중국의 불공정 관행 중 상당수가 중앙 정부도 모르게 지방 공무원들에 의해 행해지는 경우가 많으므로 매우 중요하다. 따라서 중앙 정부는 합의한 조건이 실현될 수 있도록 지방 정부에 대해 적극적으로 개입해야 한다.

여러 문제에서 논의 진전이 있었으나, 클라우드 컴퓨팅과 같은 분야의 서비스 장벽 문제는 풀기 어려운 이슈였다. 이에 나는 미국 내의 중국 서비스 제공업체에 수수료를 부과하는 방안을 제시했다. 중국이 우리 기업에 대한 시장 접근을 거부한다면, 우리는 적어도 미국에서의 영업 활동에 대해서는 수수료를 부과해야 공정하다고 생각했다. 당연히 중국은 이 아이디어를 좋아하지 않았다. 중국의 유전자 조작 농산물 승인 절차 개선과 할당관세(TRQ) 관리 절차 등 특정 이슈도 농업 논의에서 풀리지 않는 난제로 남아있었다.

9차 협상을 치렀던 워싱턴 회의에 이어, 4월 한 달 동안 우리는 또 다른 화상 회의를 연달아 개최했다. 이 통화에서 우리는 협정의 각 장에 담긴 실질적 내용에 대해 계속 문안을 확정했다. 또한 우리는 협상을 둘러싼 광범위한 이슈들을 계속 폭 넓게 논의했다. 류 부총리는 중국 최고 지도부와 국내 정치 협의를 진행 중이었는데, 그 최고 지도자들이 몇 가지 근본적인 관심사를 제기했다. 하나는 모든 관세를 철폐하는 것이 협상의 기초가 되어야 한다는 것이었고, 다른 하나는 협정에 양국 간에 더 많은 균형이 필요하다는 것이었다. 나 역시 대통령과 상하 양원의 주요 의원 등 미국의 최고 정치 지도자들과 협상 진행 상황과 함께 중국이 동의한 약속에 관해 협상하고 있다고 반박했다. 중국이 이미 종결된 문구를 다시 재론하지 않도록 하는 것이 무엇보다 중요했다. 균형과 공정성이라는 관점에서도, 중국 지도부는 이번 협정에 국한하려 했으나 우리는 전체 무역 관계를 뜻했다. 4,000억 달러가 넘는 막대한 대중 무역적자는 시장의 힘이 아니라 중국의 불공정 무역 관행의 결과였다. 양국 관계의 균형과 공정성을 높이기 위해서는 이 관행을 해결하기 위한 실질적인 구조적 변화가 필요했다. 그 외에도, 우리는 문구를 부속서로 옮기거나 특정 조항을 양자 조항으로 규정하는 등 협정문을 기술적으로 일부 변경하는 데 합의했다. 이는 협정의 내용과 중국의 약속을 건드리지 않으면서 문구를 보다 균형 있게 보이려는 조치였다.

이어서 2019년 4월 30일과 5월 1일에 베이징에서 회의가 있었다. 회의가 시작될 때, 나는 이번 회의, 적어도 다음 회의에서는 대화를 마무리 짓고 합의 여부를 결정해야 한다고 강조했다. 그렇지 않다면, 트럼프 대통령은 중국산 제품에 대한 추가 관세를 부과할 것이라고 말했다. 류 부총리의 반응은 꽤나 실망스러웠다. 그는 모든 관세를 완전히 철폐하고 균형을 맞추기 위해 문안 구조를 추가로 변경할 필요가 있다고 설명했다. 그러나 더 중요한 문제는 중국 수뇌부가 합의문에 명시된 구체적이고 구조적인 변화에 대해 강력히 반대했다는 점이다. 그들은 중국의 주권과 존엄성이 훼손되고 미국이 중국에 또 다른 불공정한 조약을 강요하는 것처럼 보일 수 있다고 주장했다.

이에 대해 나는 아편전쟁부터 일본의 중국 점령기까지 불평등 조약의 역사를 잘 알고 있다고 설명했다. "굴욕의 세기"가 중국인의 사고에 미친 영향을 알지만, 지금 상황은 그와는 정반대였다. 현재 미국과 중국은 세계 2대 경제 대국이다. 더구나 미국은 지속 불가능한 무역적자와 우리의 기술과 지식재산을 약탈하는 중국의 불공정 무역 관행으로 인해 스스로 피해 당사자로 여기고 있다. 중국이 이미 1조 달러가 넘는 대미 무역 흑자를 기록하는 상황에서 어떻게 불쾌감을 느낄 수 있냐고 나는 되물었다. 우리는 이미 균형 잡힌 문구를 만들기 위해 가능한 부분을 수정했다. 이제 중요한 것은 강제력을 가질 수 있을 만큼 구체적인 합의였다. 합의의 지속 가능성을 보장하려면, 구조적 변화에 대해 중국이 구체적이고 기속력 있는 약속을 보여줘야 했다. 그래야만 대통령이 동의할 수 있고, 이 합의가 중국이 과거에 이행하지 않았던 합의와 차이가 있다는 점을 미국 국민에게 설득할 수 있기 때문이다. 우리가 논의한 문구는 몇 주, 아니 몇 달 동안 합의된 것이었다. 그런데 지금의 협상은 진화하기는커녕 퇴보하고 있었다. 나는 므누신 장관과 게리쉬 대사와 만나 중국이 제안한 변화의 의미를 설명하고 이러한 후퇴의 움직임에 대해 견해를 공유했다. 우리는 부총리에게 지금 전달 받은 내용에 대해 실망하고 낙담하고 있다고 밝혔다. 므누신 장관과 나는 부총리와의 비공개 면담에서 중국 측이 원하는 변화가 어떤 것인지 구체적인 수정안을 보내달라고 요청했다. 그리고 우리는 실망한 채 베이징을 떠났다.

그 주 후반 지식재산권에 관한 수정본을 받았을 때, 최악의 우려가 현실로 나타났다. 문서에는 빨간 줄이 죽죽 그어져 있었다. 중국은 합의된 문안에서 중요하고 구체적인 약속을 다루는 주요 부분을 거의 다 삭제했다. 이토록 합의된 문안을 변경한 걸 보면 중국이 약속을 저버린 것은 의심할 여지가 없었다. 주말 동안 므누신 장관과 나는 대통령에게 중국의 후퇴에 대해 브리핑했다. 대통령은 2019년 5월 5일 일요일 트윗을 통해 2천억 달러 규모의 중국산 제품에 대한 관세를 10%에서 25%로 인상할 것이며 아직 관세가 부과되지 않은 나머지 중국산 수입품에 대해서도 25% 관세가 부과될 수 있다고 시사했다. 행정부 내 다양한 관점들이 단합된 모습을 보여주었다. 다음 날 므누신 장관과 나는 래리 커들로, 피터 나바로와 함께 언론 브리핑을 했다. 기자 회견에서 나는 중국이 이전에 합의한 약속을 "배신"했으며, 다음 날 금요일 오전 12시 1분부터 2천억 달러 규모의 중국산 제품에 대해 관세를 10%에서 25%로 인상한다고 밝혔다.

며칠 후 워싱턴에서 예정된 협상 세션이 있었다. 류 부총리 대표단이 워싱턴 방문을 취소할 가능성도 제기되었지만, 다행히 2019년 5월 9일 워싱턴에서 협상은 계속되었다. 회의는 주로 므누신 장관, 류 부총리와 함께 내 사무실에서 비공개회의를 열고 어떤 진전이 있을지 확인하는 방식으로 이루어졌다. 그러나 협상은 교착 상태에 빠졌다.

긴장이 고조되자, 양국은 곧 일련의 조치에 착수했다. 2019년 5월 10일, 나는 대통령의 지시에 따라 목록 3에 포함된 2천억 달러 상당의 중국산 수입품에 대한 관세를 10%에서 25%로 인상하고, 약 3천억 달러에 달하는 나머지 중국산 수입품에 대한 관세 인상 절차를 시작한다고 발표했다. 이어서 중국은 대략 600억 달러 규모의 미국산 품목에 대해 관세율을 인상할 것이라고 발표했다. 일주일도 채 지나지 않아 미국 상무부는 중국 화웨이와 68개 계열사를 수출금지 대상기업 명단(EL: Entity List)에 올려 사실상 이들 기업의 상품, 소프트웨어 및 기술 수출을 차단했다. 이에 그치지 않고 중국은 2019년 5월 31일 미국 기업체를 대상으로 "신뢰할 수 없는 기업 목록"을 작성하고 있다고 발표했다.

무역 관계 균형을 맞추기 위한 노력이 시작된 지 2년이 지났건만, 중국 지도부는 변화의 의지가 없는 것이 분명했다. 관세가 시행되면 우리는 중국의 불공정 무역 관행에 대응하고 중국 정부를 경제적으로 압박하여 협상 무대로 끌어내는 동시에, 미국 기업의 대중국 투자와 공급망 통합을 억제하는 효과를 거둘 것으로 기대되었다. 그리고 이 과정을 통해 우리는 몇 가지 교훈을 배웠다. 우선 중국은 미국을 불신하고 있으며, 개별 공무원이 선의를 가지고 행동하더라도 더 많은 권력을 쥐고 있는 것은 막후의 강경파라는 사실이다. 세세한 디테일에 공들여 초기 약속을 끌어낸다 한들, 과연 그럴 만한 가치가 있었을까? 우리가 찾아야 할 것은 그 약속을 지키도록 하는 방법이었다. 이제 관세가 발효되었으니 또 다른 진지한 무대가 열렸고, 그 무대에는 대통령이 직접 나설 차례였다.

10장

협상을 구체화하다

2019년 6월 중순, 트럼프 대통령이 이달 말 일본 오사카에서 열리는 G20 회의의 부대행사에서 시진핑 주석과 만날 것이라는 발표가 있었다. 나는 또 한 번 트럼프 대통령과 함께 출국하여 6월 29일 시진핑 주석과 회담에 참석했다. 정상회담은 국제전시장에서 양자 회담을 위해 따로 마련된 회의실 중 한 곳에서 진행되었다. 그간의 모든 일을 고려할 때, 나는 회담이 비교적 우호적이고 생산적이었다고 생각했다.

양측은 현재의 관세를 그대로 유지하되, 서로에 대한 추가 관세 부과를 보류하며, 가능한 한 조속히 협상을 재개하기로 합의했다. 또한 시진핑은 미국산 농산물을 즉시 대량 구매하기로 했다. 그는 무역 협상과 관련이 없는 문제도 제기했다. 미국 내 중국 유학생과 화웨이에 대한 그의 질문을 듣고, 트럼프 대통령은 미국 정부가 중국 유학생을 공정하게 대우할 것이며 국가 안보에 위협이 되지 않는 한 화웨이에 대한 수출을 허용하는 방안을 검토하겠다고 답변했다. 이번 회담은 고무적이었지만, 매번 회담의 역사를 다시 쓰며 관련 없는 문제를 제기해 물을 흐리는 중국의 근본적인 전술이 바뀌지 않았다. 그래서 모든 합의는 서면으로 작성되어야 하고 효과적인 집행 절차가 필수적이라는 내 믿음이 더욱 굳어졌다. 과거 미국 행정부가 중국과 대화에서 진전이 거의 없었던 이유가 분명해졌다. 이번에는 관세가 그대로 유지되어 중국과의 경제적 역학 관계에 영향을 미치고 있다는 점만 달랐다.

오사카 회의가 끝난 직후인 2019년 7월 9일과 7월 18일에 우리는 류허 부총리와 화상 회의를 진행했다. 이때 처음으로 종산(鍾山) 상무부 장관이 참여했다. 종 장관은 류허 부총리와 같은 경제 개혁가보다는 강경파로 여겨져 회담의 흐름을 저해할 수 있는 인물로 여겨졌다. 두 차례의 통화에서 류 부총리는 협력, 평등, 상호 이익에 기초해 회담을 진행해야 한다고 여러 차례 강조했다. 이에 대해 나는 우리 회담이 협력, 상호 존중, 평등, 균형의 원칙을 따라야 한다고 말했다. 무엇보다 균형이 중요했다. 위에도 설명했듯이, 미국은 회담 내내 중국과의 관계가 불균형하며 강제 기술이전, 지식재산권, 시장 접근 및 그 밖의 구조적 문제에서 제대로 된 대우를 받지 못했다는 관점에서 접근했다.

화상 회의에서 부총리는 무역 협상과 무관한 두 가지 이슈를 제기했다. 하나는 미국이 대만에 무기 판매를 했던 일이고, 다른 하나는 화웨이에 대한 미국의 대우였다. 부총리는 트럼프 대통령이 오사카에서 화웨이를 수출금지 대상 명단에서 제외하기로 합의했다고 주장했다. 나는 화웨이 사태는 무역 문제가 아니라 법 집행과 국가 안보 문제라고 설명했다. 더구나 대통령이 화웨이를 수출금지 대상에서 제외하기로 합의한 적이 없으며, 다만 국가 안보 이슈가 없는 범위 내에서 미국 제품, 소프트웨어 및 기술의 판매를 허가하는 방안을 검토하겠다고 약속했을 뿐이라는 점을 분명히 했다. 상무부는 이미 그러한 허가를 검토하는 절차를 시작했다. 부총리 측이 무역 협상과 무관한 문제를 끊임없이 제기하는 속내에는 이런 문제들이 무역 협상의 '분위기'에 영향을 미칠 수 있다고 판단한 듯했다.

이와는 대조적으로, 무역 협상과 관련 있고 협상이 본궤도에 오르기 위해 필수적인 사안은 오히려 시진핑 주석이 미국 농산물을 즉각적이고 상당한 규모로 구매하기로 한 약속이었다. 화상 회의에서 내가 그 약속을 상기시켰을 때, 놀랍게도 류 부총리는 시진핑 주석이 양측이 농산물 구매 가능성을 논의할 수 있다는 원칙에만 동의했다고 말했다. 그는 또한 농산물 구매가 불가능할 여러 이유의 하나로 중국산 제품에 대한 미국 관세를 꼽았다. 혼란을 피하고자 나는 상황이 시급할뿐더러 시진핑 주석이 농산물 구매 확대가 즉각 진행되는 것에 동의했다는 점을 들어 강력히 항의했다. 중국 측이 농산물 구매를 관세 철폐 문제와 연계한다면 생산적인 결과는 기대하기 어렵다. 7월 18일 통화에서 부총리는 중국이 다음 날인 7월 19일부터 농산물 구매를 시작할 것이라고 정정했다.

우리는 다음 회담을 2019년 7월 30일과 31일에 상하이에서 진행하는 데 합의했다. 이 회담은 또 다른 영빈관인 시안 컨퍼런스 센터에서 열렸다.

류 부총리는 과거 일을 들먹이며 협상 결렬의 책임을 전적으로 미국 측에 돌렸다. 그는 중국이 국내 절차를 거쳐야 했고 핵심 우려 사항까지 공유했는데도, 미국은 전혀 이를 이해하지 못했다고 주장했다. 또한 그는 우리가 정치·문화적 고려 사항에 대해 더 섬세하고 심층적인 인식이 필요하다고 지적하고, 또 우리가 자신들을 강제 기술이전과 지적 재산 도용에 대해 부당하게 비난하고 있다고 주장했다. 심지어 종샨 장관은 우리가 구매 목표를 계속 늘리면서 자신들에게 구조적 문제를 분명히 요구하기보다는 여러 문제를 한꺼번에 해결하라고 요구하는 등 논점을 이탈하고 있다고 몰아세웠다. 당연히 과거에 일어난 협상 결렬에 관해서 우리는 전적으로 이해가 달랐다. 나는 우리가 정확한 문안에 합의했고, 그 후 중국 측이 정권 내부의 이유를 들어 그 문안이 지속 가능하지 않다고 판단해 약속을 철회한 게 아니냐고 응수했다. 한마디로 약속을 저버린 것은 중국이었다. 우리는 여러 차례에 걸쳐 더 공정하고 균형 잡힌 문안을 만들기 위해 문안을 수정하기로 합의했을 뿐이다. 또한 중국이 강제 기술이전, 미흡한 지식재산권 보호, 산업 보조금 등 불공정 무역 관행 문제를 부인하려고 한다면, 그 어떠한 노력도 도움이 되지 않으며 무역 협상의 진전을 늦출 뿐이라는 점을 분명히 했다. 미국이 협상 과정에서 요구 사항을 늘렸다는 일각의 주장도 근거가 없었다. 우리의 입장은 일관되게 유지되었고, 협상 초기부터 구조적 변화를 추구했다. 중국이 구조적 변화를 원하지 않는다면 우리 무역협정을 두고 논의할 이유가 없다. 왜냐하면 이번에는 구조적인 변화가 반드시 필요하기 때문이다.

중국의 시간 끌기, 미국의 관세 인상

류 부총리는 전환점을 만들기 위해 각자 문안에 대해 입장을 명확히 한 후, 8월과 9월 초에 차관급과 9월 말에 수석대표 회의를 갖자고 제안했다. 이 제안은 건설적이고 대체로 타당해 보였지만, 우리 앞에는 또 다른 문제가 기다리고 있었다. 시진핑 주석이 오사카에서 말한 미국 농산물을 더 많이 구매하겠다는 약속을 현실화하여야 했다. 중국은 오사카 회담 이후 즉각적이고 실질적인 농산물 구매를 이행하지 않았을뿐더러 류 부총리가 트럼프 대통령의 집무실에서 했던 약속도 예외는 아니었다. 부총리에게 시급한 상황을 전달하고자 했지만, 여전히 뜨뜻미지근한 반응이 돌아왔다. 대통령을 만족시키기에 부족할 것 같았다.

상하이에서 돌아오자마자 내가 보고드렸을 때, 대통령은 2019년 9월 1일부터 아직 관세가 부과되지 않은 나머지 중국산 수입품에 10%의 관세를 부과하라고 지시했다. 이는 이른바 목록 4 관세로, 당시 2,500억 달러(기존 500억 달러와 추가 인상분 2,000억 달러) 상당의 중국산 수입품에 부과되던 25% 관세에 새롭게 추가되는 관세였다. 며칠 후인 8월 6일, 재무부는 최근 중국이 취한 통화 평가절하 조치를 근거로 중국을 환율조작국으로 지정했다. 목록 4의 관세 부과 대상 제품을 발표한 지 얼마 후, 미국 기업들이 휴가철에 자신들과 미국 소비자에게 미칠 영향을 이유로 들어 관세 부과를 최소한 일부라도 연기해 달라고 요청하기 시작했다. 목록 4에는 의류, 신발, 노트북 컴퓨터, 비디오 게임 콘솔 등 소비재가 많이 포함되어 있었다. 그 가운데 미국 측의 고통을 최소화하기로 하고, 우리는 2,800억 달러 규모의 중국산 수입품 중 1,600억 달러에 대한 관세를 12월 15일까지 연기하기로 했다. 즉, 새로운 관세는 1,200억 달러 규모의 중국산 수입품(목록 4A)에 대해서는 9월 1일에, 나머지 1,600억 달러 규모의 중국산 수입품(목록 4B)에 대해서는 12월 15일부터 발효될 예정이다.

2019년 8월 13일에 류 부총리 대표단에 화상 회의를 통해 관세와 관련된 최신 상황을 알렸다. 대통령의 추가 관세 부과 결정에 대해 간략히 설명한 후, 나는 부총리에게 관세의 상당 부분을 9월 1일에서 12월 15일로 연기한다고 알렸다. 부총리는 이번 연기에 다소 고무되었지만, 새로운 관세 부과 결정에 대해 실망과 놀라움을 감추지 못했다. 그와 종샨 장관은 그들도 보복에 나설 것이라고 말했다.

중국은 2019년 8월 23일에 750억 달러 규모의 미국산 제품에 대해 추가적 보복 관세를 발표했다. 이 목록에는 일부 자동차 부품, 농산물(돼지고기, 소고기, 닭고기, 대두), 화학제품, 원유가 포함되었다. 중국은 계산을 잘못했다. 그들은 트럼프 대통령만큼 강경한 대통령을 상대해 본 적이 없었다. 트럼프 대통령은 협상을 직접 챙겼다. 그는 문제를 잘 알고 있었고 무역 관계를 바로잡을 결심이 굳셌다. 중국은 여전히 301조 보고서에서 지적된 불공정 무역 관행을 해결할 의지가 없었고, 대신 그 관행을 방어할 목적으로 보복 조치를 또다시 감행했다. 그렇게 중국은 미국 경제에 더 큰 손해를 입히려 했다. 그 결과, 대통령은 10월 1일부터 목록 4A와 4B의 중국산 제품에 대한 관세를 10%에서 15%로 다시 인상하고 이미 관세가 부과된 2,500억 달러 규모의 중국산 제품(즉, 목록 1, 2, 3)에 대한 관세를 25%에서 30%로 인상하라고 지시했다. 9월 1일에는 목록 4A에 포함된 1,200억 달러 규모의 중국산 제품에 대한 15% 관세가 발효되었다.

다음 단계는 중국과의 협상 타결 여부를 결정하는 데 중요한 갈림길이 되었다. 우리는 2019년 9월 4일에 류 부총리 측과 화상 회의를 했다. 그때 나는 9월 16일이 있는 주에 차관급 회의를 하고, 그 전후에 문안을 교환한 후 10월 초에 양국 정상이 만나자고 제안했다. 류 부총리는 내 제안에 동의하면서 매우 중요한 문제를 제기했다. 목록 1, 2, 3에 포함된 2,500억 달러 규모의 중국산 제품에 대한 관세가 25%에 서 30%로 인상되기로 예정된 날짜가 10월 1일로 중화인민공화국 건국 70주년 기념일이었다. 그는 미국이 이 날짜에 관세 인상을 강행하면 협상 자체가 원점에서 틀어질 위험이 있다고 경고했다. 우리는 그에게 날짜에 어떤 메시지를 담으려 한 것은 아니라고 안심시킨 후, 대통령에게 날짜 연기를 요청했다. 대통령은 관세 인상을 10월 15일까지 연기하는 데 동의했다.

9월의 차관급 논의를 바탕으로 강제 기술이전, 지식재산권, 금융 서비스 장벽 및 시장 접근, 농업 장벽 및 시장 접근, 구매 등의 특정 분야가 다른 분야에 비해 합의 가능성이 큰 것이 드러나고 있었다. 물론 여전히 이들 분야에서도 좁혀야 할 격차가 존재했고, 이행 조항 역시 최대한 강력하게 마련해야 했다. 이번 협상에서 단기간에 해결하기 어려운 분야로는 산업 보조금, 중국의 IT기술에 대한 "안전하고 통제 가능한" 정책, 그 밖의 다양한 비관세 조치, 금융 외의 서비스 부문 등이 손꼽혔다.

2019년 10월에 접어들면서 우리는 전환점에 접어든 것처럼 보였다. 그러나 이전에도 이런 단계에서 협상이 결렬된 적이 있었다. 양측은 2019년 10월 초 워싱턴에서 다시 만나 10월 7일 차관급 회의를 시작으로 10월 10일과 11일에는 국장급 회의를 했다. 이 회의들이 정말로 중요한 회의였다.

협상에 도달하다

수석급 회의 첫날, 우리는 집행에 대한 논의로 시작했다. 누가 계약 위반 여부를 결정하고 위반에 대응해 어떤 조치를 내릴 수 있는지 근본적인 문제부터 다시 검토되어야 했다. 나는 이 결정은 불만을 제기하는 당사자가 해야 한다는 견해를 재차 주장했다. 무엇보다 다른 국가가 참여하는 중재 기구의 패널이 이러한 결정을 내리는 것을 원하지 않았다. 불만을 제기한 당사자가 취하는 모든 조치는 남용을 방지하도록 위반 행위에 비례해서 그 강도가 결정되어야 한다. 또한 집행 절차는 개별 위반 건별로 조치할 수 있어야 하고, 합의 이후뿐 아니라 합의 이전이나 계속 효력을 갖는 조치에도 적용되어야 한다. 불가항력 조항은 자연재해 및 유사한 사건으로 제한되어야 한다는 점도 분명히 밝혔다. 이 장은 다른 어떤 장보다 가장 많이 읽고 인용될 장이므로 집행 메커니즘은 매우 포괄적이면서도 잠재적인 허점이 없어야 했다.

다음으로 지식재산권 장은 확실히 의미 있는 진전을 이뤘다. 류 부총리는 지식재산을 두텁게 보호하는 것이 자국의 이익에도 좋다는 사실을 깨달았다. 중국은 이제 단순한 지식재산권 사용자가 아니라 보유자이기도 하다. 혁신을 장려하기 위해서 자국의 창의적인 부문에 대한 보호가 필요했다. 중국은 협정문에서 더 큰 균형을 추구하면서 의무 규정도 쌍방에 두기를 원했다. 나 역시 일부 조항을 쌍방 규정으로 만들고 싶었으나, 상당수 조항—영업비밀 도용에 대한 책임 당사자, 사법 절차에서의 증거능력 부여 조항, 온라인 환경과 전자상거래 플랫폼에서의 지식재산권 침해에 대한 보호 등—이 중국 제도의 세부 사항에 대한 의무가 포함되어 있어 어느 정도 한계가 있었다. 또한, 우리가 이미 시행하고 있고 단지 중국의 지식재산권 보호 및 집행력 부족이 문제인 사안에까지 우리가 의무를 떠맡는 것은 이치에 맞지 않았다. 종샨 장관이 이의를 제기하고 중국의 문안을 옹호하려 했을 때, 나는 지식재산권 위반에 대한 중국의 길고 잘 기록된 역사, 그리고 이에 보태어 미국 세관국경보호국에서 압수한 위조품의 최대 공급처가 중국이라는 점, 중국이 지식재산권 보호 및 집행에 실패하여 USTR의 연례 특별 301조 보고서에서 거듭해서 인용되고 우선감시대상 목록에 올랐다는 점을 조목조목 지적했다.

또 다른 문제는 지식재산권 장에서 특정 항목을 삭제해 달라는 중국의 요청이었다. 여기에는 무단 캠 촬영, 스포츠 경기 중계방송에 대한 보호, 중국의 텔레비전 프로그램 심의 및 승인 절차의 간소화,

불법 스트리밍 기기에서 사용되는 앱 단속 등이 포함되어 있었다. 중국에 따르면 이러한 문제들은 이념적·문화적 우려를 불러일으켰다. 이 우려는 중국이 자국민이 무엇을 어떻게 볼 것인지를 통제하려는 의미로 해석되었다. 당시에는 그러한 시도에 반대했지만 결국 우리가 동의할 수밖에 없을 것이다.

강제 기술이전 부문에서도 얼마간 실타래가 풀렸다. 특히, 이 분야에서 몇몇 주요 이슈를 해결하도록 일반적인 강행 규정을 넣는데 합의했다. 비록 중국의 산업 정책을 겨냥한 사이버 지침이나 약속을 담지는 못했지만, 언젠가는 이 사안을 다루어야 한다는 점을 분명히 했다.

농업 장벽 및 시장 접근, 금융 서비스 장벽 및 시장 접근, 통화, 구매에 관한 회의에서도 비슷한 진전이 있었다. 특히, 농업 장벽과 시장 접근에 관한 논의에서 처음으로 유전자 조작 농산물에 대해 과학과 사실에 기반한 효율적인 승인 절차를 수립할 뿐만 아니라 중국 당국에 넘기는 정보에 관해 합리적인 제한을 두겠다는 약속을 받아냈다. 또한 중국의 할당관세(TRQ) 관리, 대규모 국내 지원 프로그램, 소고기 및 기타 육류 제품에 대한 특정 호르몬 및 사료 첨가제 사용에 대한 불합리하고 부당한 제한 등 폭넓은 사안에 대해 유익한 논의를 진행했다. 그동안 우리 농부와 목장주들의 수출 역량을 심각하게 제한해 온 문제들이다.

중국은 계속해서 자신만의 이슈를 논의하고자 했다. 그중 일부는 새로운 것이었고 일부는 무역 이외의 영역과 관련된 것이었다. 또한 부총리는 모든 관세를 철폐해야 한다고 고집했다. 우리는 이 이슈들에 대해 자세히 대응하지 않기로 했다.

트럼프 대통령과 나는 단계적 합의를 원하지 않았지만, 중국과 논의해 온 이슈들의 범위와 깊이를 고려할 때 단기간에 포괄적 합의를 타결하는 것은 불가능했다. 우리는 대통령에게 이 점을 브리핑한 후 단계적 합의를 하기로 결론 내렸다. 첫 번째 단계는 우리가 회담에서 상당한 진전을 이룬 분야들을 우선 다루고, 두 번째와 아마도 세 번째 단계에서 그 밖의 다른 분야로 확장하기로 했다. 후자에 대한 협상이 진행되는 동안에도 관세를 유지하기로 했기 때문에 우리의 레버리지는 여전히 강력한 힘을 발휘할 것이다.

2019년 10월 11일, 대통령은 집무실에서 부총리를 만나 지식재산권, 강제 기술이전, 농업, 서비스, 통화 분야에서 중요한 구조적 변화를 일으킬 1단계 무역 합의에 원칙적으로 합의했다고 발표했다. 이 합의에 따라 중국은 미국산 공산품, 농산물, 에너지, 서비스 구매를 대폭 늘릴 뿐만 아니라, 향후 2년간 농산물 구매를 현재 수준보다 연간 400억 달러 또는 500억 달러로 늘리기로 약속했다. 우리는 10월 15일부터 시행될 예정이었던 목록 1, 2, 3의 2,500억 달러 규모의 중국산 제품에 대한 관세를 25%에서 30%로 인상하는 조치를 진행하지 않기로 합의했다. 하지만 나머지 관세는 모두 그대로 유지하기로 했다. 발표 직후, 우리는 트럼프 대통령이 시진핑 주석과 1단계 합의에 서명하는 시기와 장소를 논의했다. 양국 정상의 다음 만남은 2019년 11월 16일과 17일 칠레 산티아고에서 열리는 아시아태평양경제협력체(APEC) 포럼에서 열릴 예정이며, 우리는 합의서 서명을 그 만남의 목표로 삼기로 했다.

그러다 보니 최종 협상안을 마무리할 시간이 거의 없었다. 우리는 거의 매일 부대표급 화상 회의를 가졌다. 다음 국장급 화상 회의는 2019년 10월 25일에 열렸다. 늘 그렇듯이 나는 집행 문제부터 시작했다. 이것이 가장 중요한 문제인데 몇 가지 핵심 요소에서 진전이 없었다. 첫째, 합의 위반 여부를 누가 결정하는가의 문제다. 중국은 양측이 어떤 동의해야 한다고 제안했다. 그러나 양측이 모두 동의해야 한다면 어떤 경우에든 위반 혐의를 받는 당사자가 동의하지 않을 테니 사실상 강제력이 전혀 없을 것이다. 우리는 원래대로 돌아가서 위반 여부를 제소하는 당사자가 결정한다는 원칙으로 돌아가야 했다. 둘째, 제소 당사자가 위반에 대한 시정 조치를 취한 후에는 협정을 위반한 당사자가 이에 보복하거나 WTO에 제소할 수 없다는 문구에 중국이 크게 반발했다. 나는 이것이 다른 무역협정의 작동 방식과 같다고 설명했다. 제소국은 어디서 다툴지를 선택해야 했다. 셋째, 협정 이전에 취해진 조치 또한 이번 분쟁 해결의 대상에 포함될 수 있도록 적절한 표현이 필요했다. 나는 부총리에게 중국이 10년, 20년 전에 특정 부문을 개방하지 않은 것까지 강제 조치를 취할 생각은 아니라고 안심시키려고 했다. 하지만 협정이 발효되기 1년 전에 영업비밀 도난 사건이 발생했고 그 책임자가 여전히 이익을 얻고 있다면 중국은 이를 막을 의무가 있다. 중국도 이 문제에 대해 어느 정도 공감한 것 같았다.

부총리는 지식재산권과 관련하여 무단 캠 촬영, 스포츠 경기 중계권 보호, 중국 내 텔레비전 심의 절차 간소화, 불법 스트리밍 기기에서 사용되는 앱 단속에 관한 조항을 삭제할 것을 또 한 번 요구했다.

정확히 말하면 이 문제는 부총리의 소관이 아니었고, 부총리 역시 이 문제를 미·중 사회문화대화로 넘기고 싶어 했다. 나는 1단계 합의에서 해당 조항을 삭제하는 데는 동의할 수 있었지만, 다른 대화로 옮기는 것은 받아들일 수 없었다. 사이버 침입과 마찬가지로 향후 무역 협상에서 계속 다뤄져야 할 문제였기 때문이다.

부총리는 핵심 쟁점으로 모든 관세 철폐를 거듭 제기했다. 그는 이 문제가 만족스럽게 해결되지 않으면 다른 문제나 1단계 무역 합의를 진전시킬 수 없다고 말했다. 또한 그는 홍콩 관련 법안에 대한 미국 내부의 격렬한 논쟁이 지금까지의 무역 합의와 회담 분위기에 영향을 미칠 수 있다는 우려를 표명했다. 나는 홍콩 문제는 우리 논의와 관련이 없으며 협상 흐름을 잃지 말아야 한다고 재빨리 답했다.

2019년 10월 30일, 칠레는 산티아고에서 계속되는 반정부 시위로 인해 예정된 APEC 정상회의를 갑작스럽게 취소하게 되었다. 트럼프 대통령과 시진핑 주석은 일정상 11월 중순에 만나기 힘든 상황이었다. 아직 남은 과제가 있으니, 어찌 보면 APEC 정상회의가 취소된 것은 오히려 축복이었다. 합의를 마무리하고 관세의 처리 방향에 합의를 보려면 시간이 더 필요했다.

관세의 처리 문제는 2019년 11월 1일에 있었던 류 부총리와의 화상 회의에서도 중심 화두였다. 그때도 어김없이 부총리는 모든 관세 철폐가 중국의 핵심 관심사이며 그에 대한 보장 없이는 앞으로 나아갈 수 없다는 말로 시작했다. 이에 대해 나는 1단계 합의는 미국의 핵심 관심사 중 일부일 뿐이라는 점을 명확히 하고, 관세의 역사와 우리의 협상 과정을 재차 설명했다. 한편으로는 중국이 단지 일부만을 양보하는 대가로 자신들이 원하는 전부를 해결해 달라고 요구하는 것이나 마찬가지라고 일갈했다. 우리의 협상은 단계적으로 진행하기 때문에 관세 철폐도 각 단계의 합의 결과를 반영하여 단계적으로 이루어져야 했다. 결국 부총리는 내 접근 방식에 동의하고 물러섰다. 하지만 1단계 합의에 포함될 분야를 결정하는 문제가 남았다. 분명히 이것은 우리의 다음 싸움이 될 것이다. 우리는 차관급에서 이에 대해 논의하기로 합의했다.

11월 1일 화상 회의 이후, 양측 모두 선의의 제스처를 보이며 합의문에 대한 일부 진전을 이뤘다. 구체적으로, 미국 농무부는 중국산 메기와 조리된 가금류의 수입을 허용하기로 했고, 중국은 미국산 가금류 및 가공 제품에 대한 부당한 금수 조치를 해제하여 미국 축산농가에 연간 10억 달러 이상의 시장을 열어 주기로 했다. 그러나 1단계 합의 범위가 논의되는 과정에서 협상 작업이 중단되었다. 여러 차례의 화상 회의에서 중국은 전체 합의의 70퍼센트 이상이 포함되어 있다고 주장했다. 중국 측 계산은 여러 장에 기술된 조항의 수를 단순 합산한 게 틀림없었다. 이에 반해 우리의 입장은 조항마다 중요도가 다르므로 조항의 개수뿐만 아니라 조항의 상대적 중요도에 따라 계산해야 한다는 것이었다. 차관급에서는 더 진전이 없었다. 2019년 11월 15일에 류 부총리와 화상 회의를 가졌다. 그 통화에서 나는 1단계에서 해결된 이슈의 비율대로 관세 인하 폭을 결정하는 방법론을 제시했다. 다시 말해, 장마다 중요도를 다르게 부여한 다음 해당 장의 중요도와 분량을 기준으로 하여 백분율을 계산했다. 그리고 다시 이를 전체 거래 중 1단계의 비중을 고려하여 새로운 전체 백분율로 정리했다. 내가 제시한 방법론에 따르면, 1단계가 전체 협상의 약 40%를 차지했다. 따라서 징수할 관세의 액수도 거의 같은 비율로 줄여야 한다는 것이 내 판단이었다.

징수될 관세의 총금액은 1,170억 달러에 달했다. 이 금액에는 목록 1, 2, 3의 중국산 제품 2,500억 달러에 대한 25% 관세, 2019년 9월 1일에 발효된 목록 4A의 중국산 제품 1,200억 달러에 대한 15% 관세, 2019년 10월 15일에 발효될 예정이었던 2,500억 달러에 대한 25% 관세의 5% 인상, 2019년 12월 15일에 부과될 예정이었던 중국산 제품 1,600억 달러에 대한 15% 관세 등이 포함되었다. 부과될 관세의 약 40%를 줄이기 위한 우리의 제안은 12월 15일에 시행될 예정이었던 목록 4B 관세를 무기한 연기하고, 10월 15일 인상도 무기한 연기하며, 목록 4A의 9월 1일 관세를 15%에서 10%로 인하하는 내용이었다. 이에 더해 목록 제외 신청을 한 경우, 기존에 결정한 약 60억 달러 상당의 관세를 제외할 것이다. 류 부총리는 목록 3의 관세를 25%에서 15%로 낮추기를 원했지만, 나는 목록 1, 2, 3의 25% 관세는 그대로 유지하기로 했다. 이 문제는 이후 별도 논의될 것이다.

이후 토의와 숙고를 거듭한 끝에 양측은 결론적으로 우리의 원래 제안에 가까운 합의에 도달했다. 12월 15일 관세와 10월 15일 관세 인상을 무기한 연기하고, 9월 1일 관세를 15%에서 7.5%로 인하하며, 예정대로 60억 달러 규모를 관세 부과 제외 대상으로 하기로 했다. 목록 1, 2, 3에 있는 2,500억 달러 규모의 중국산 제품에 대한 25% 관세는 원래대로 유지되었다. 그렇지만 문안에는 중요한 미해결 문제들이 여전히 남아 있었다.

지식재산권 장에서 균형성을 강화해야 한다는 중국의 주장을 받아들이되, 우리는 "미국은 기존 조치를 확인한다"라는 문구를 삽입함으로써 새로운 의무를 지지 않고 특정 조항에서 규정된 바를 시행하려고 했다. 그대로 협상문에 반영되었다. 양측은 또한 중국에서 도용된 영업비밀 사용을 차단하고자 가처분 권한과 형사 수사 개시 요건 등 난제들을 가뿐히 해결했다. 의약품의 지식재산권 보호와 관련해서 중국은 복제약이 승인되기 전까지 저분자 의약품과 생물제제를 일정 기간 시장에 출시될 수 있도록 동의할 의향이 있었다. 여태껏 생물제제에 대한 보호 기간이 없었는데, 이제부터 8년의 보호기간이 부여될 것이다. 한편 미국 제약 회사는 8년에 동의한다면, 당시 USMCA의 일환으로 의회에서 활발히 검토 중이던 10년의 보호 기간이 완화되지 않을까 우려했다. 따라서 우리는 제약 특허권 분쟁을 조기에 해결할 수 있는 강력한 특허 연계 제도*를 시행하겠다는 중국의 약속을 받아내는 대가로 저분자 의약품 및 생물제제의 보호 기간 조항을 다음 협정에서 다루기로 연기했다.

협정문 영문본에 대한 협상이 마무리됨에 따라 2019년 12월 12일에 류허 부총리와 화상 회의를 가졌다. 다음 날 합의 내용을 발표하기로 하고 다음 단계에 대한 계획을 세우기 위해서다. 2019년 12

---

* 미국의 특허 연계(patent linkage)는 복제 의약품 제작자가 관련 신약 특허권자·품목허가권자에게 복제의약품 허가 신청 사실을 통보해야 하며, 통보받은 특허권자가 45일 이내에 복제 의약품 업체를 제소하는 경우 시판 허가를 30개월간 자동 정지되도록 하는 제도를 가리킨다.

월 13일 오전, 구매에 관한 장에서 해결해야 할 몇 가지 문제를 발견했다. 기자회견이 개최될 예정이라는 소식을 접한 후, 우리는 재빨리 중국 측에 전화를 걸어 발표를 잠시 보류하라고 말해야 했다. 모든 문제가 일단락된 후 양측은 12월 13일에 합의 사실을 발표했다. 그러나 아직 협정문을 공개하지 않았기 때문에, 대다수 언론은 협정문을 보지도 않은 채 단순한 구매에 관한 양보안으로 성급하게 결론을 내렸다. 언론은 정말 그릇되게 판단한 것이다.

실제로 우리가 도달한 1단계 합의는 지식재산권, 기술이전, 농업, 금융 서비스, 통화 및 외환 관행 분야에서 중국의 경제·무역 체제에 구조적 개혁과 변화를 요구하는 내용이다. 또한 중국은 양국 무역 관계의 불균형을 해소하기 위해 향후 몇 년 동안 미국산 상품과 서비스를 상당 부분 추가 구매하기로 약속했다. 협정의 모든 내용은 강력하고 효과적인 분쟁해결절차에 따라 완전히 이행이 담보될 수 있다. 협정의 주요 조항을 살펴보면 광범위한 영역과 이슈를 망라한 데다가 중국의 실질적이고 의미 있는 약속이 포함되어 있음을 알 수 있다. 무엇보다도 관세가 그대로 유지되었다는 점이 중요했다.

협정의 지식재산권에 관한 장은 매우 포괄적이어서 영업비밀, 특허, 제약 관련 지식재산, 원산지 표시, 상표, 해적판 및 위조품 단속 등 미국 기업들의 오랜 우려를 해결하고 있다. 무엇보다도 중국은 다음 사항을 따라야 한다.

• 미국 기업의 영업비밀을 훔친 기업에 대해 상당한 민사상 벌금을 부과할 수 있다.

- 영업비밀 소유자가 영업비밀이 가치를 잃기 전에 도용된 영업비밀의 사용을 금지하는 가처분 금지를 받을 수 있도록 한다.
- 미국 기업에 대해 중국 기업의 영업비밀 도용에 대한 형사 수사와 처벌을 구할 권리를 보호한다.
- 제약 특허 분쟁의 조기 해결을 위한 메커니즘을 구축하여 당사자의 권리를 신속히 구제하고, 분쟁이 진행되는 동안 복제 의약품의 마케팅 및 판매를 금지한다.
- 특허청 심사 및 판매 승인이 지연될 경우, 특허의 유효 기간이 단축되지 않도록 특허 기간을 연장한다.
- 특히 악의적인 상표 등록에 대해 적절하고 효과적인 상표권 보호 및 집행을 시행한다. 이를 통해 일부 중국 기업이 합법적인 외국 상표를 저렴하게 유통할 목적으로 가짜 상표 등록을 신청하는 관행을 처리한다.
- 해적 상품 및 위조품에 대한 정부의 효과적이고 신속한 조치를 제공한다. 이를 위해, (1) 온-오프라인 환경에서 위조상품을 단속하며, (2) 상표권 침해에 대해 필요한 조처를 하지 않는 전자상거래 플랫폼에 대한 대응을 강화하고, (3) 건강 또는 안전에 중대한 위험이 있는 위조 의약품 및 기타 위조품에 대해 유사한 정부 조치를 취하도록 의무화한다.
- 미국 기업이 지식재산권을 효과적으로 보장받을 수 있도록 사법 시스템을 대폭 개선한다. 이를 위해 지식재산권 도용에 대한 억지력 있는 민사 구제책과 형사 처벌을 제공하고, 이와 관련한 판결의 신속한 집행을 보장하며, 사법 절차에서 합리적인 수준에서 증인 출석 및 반대 심문 기회를 제공해야 한다.

기술이전에 관한 장에서는 중국이 미국 기업에 기술 또는 지적 재산을 넘기도록 강요하거나 압력을 가하는 공식 및 비공식 행위, 정책, 관행을 금지하고 있다. 이러한 의무는 중국 중앙 정부뿐만 아니라 과거에 문제가 자주 발생했던 지방 정부에 대해서도 적용된다. 특히 이 장에는 금지 행위에 대한 약속이 대거 포함되어 있다.

- 시장 접근, 행정 승인, 라이선스 또는 세금 공제나 보조금과 같은 혜택이나 이점을 얻기 위한 조건으로 기술이전 요건을 부과하지 않는다.
- 미국 기업의 인수, 합작 투자 또는 그 밖의 투자 거래와 관련하여 중국 기업 또는 개인에게 기술을 이전하도록 요구하거나 압력을 가하지 않는다.
- 시장 접근, 라이선스, 행정 승인 또는 기타 혜택을 부여하는 조건으로 미국 기업이 중국 기술을 사용하거나 선호하도록 요구하거나 압력을 가하지 않는다. 이러한 관행을 통해 중국 합작 파트너가 미국 기업의 기술을 이전받아 현지 기술로 주장하는 사례가 발생할 수 있다.
- 미국 기업에 기술 라이선스에 대해 불리한 비시장적 조건을 받아들이도록 강요하거나 압력을 가하지 않는다.
- 중국의 산업 계획을 지원하기 위해 중국 기업이나 개인이 해외 기술을 습득하기 위한 투자를 지원하거나 유도하지 않는다.
- 미국 기업에 영업비밀과 내부 거래정보를 포함한 민감한 기술 정보를 공개하도록 요구하거나 압력을 가하지 않는다. 특히 행정 절차 및 요건을 준수함에 있어 필요하지 않은 정보에 대해서는 공개를 거부할 수 있다.

농업에 관한 장은 중국 시장을 더욱 개방하고 미국의 식품, 농업 및 해산물 제품의 대중국 수출을 크게 확대할 것이다. 이 장에서는 특히 육류, 가금류, 해산물, 쌀, 유제품, 유아용 조제분유, 원예 제품, 동물 사료 및 사료 첨가제, 애완동물 사료를 포함한 다양한 미국 제품에 대한 중국의 구조적 장벽을 다루고 있다. 예를 들어, 여기에는 다음과 같은 내용이 포함된다.

- 중국으로 수입이 허용되는 쇠고기 제품의 범위를 확대하고, 중국 수출을 위해 도축되는 소의 연령 제한을 없애고, 불필요한 소 이력추적제를 없애고, 미국산 쇠고기에 사용되는 특정 주요 호르몬에 대해서는 최대 잔류 한도를 채택하여 미국산 쇠고기에 대한 시장 접근성을 확대한다.
- 중국에 수입되는 돼지고기 제품 목록을 확대한다.
- 미국 농무부가 승인한 시설에서 미국산 쌀 수입을 승인한다.
- 수십 종의 수산물 수입을 승인하고 미국 수산물 시설과 제품의 등록을 위한 일정과 절차를 간소화한다.
- 이전에 금지되었던 반려동물 사료의 수입을 즉시 재개하고 미국 반려동물 사료 시설 등록을 위한 일정과 절차를 간소화한다.
- 생명공학 농산품의 승인 프로세스를 현저히 개선한다. 즉 유전자 조작 농산물의 승인을 위해 예측할 수 있으며 투명하고 효율적이고 과학 및 위험 분석에 기반한 규제 프로세스를 구현함으로써 심사 및 승인 기간을 크게 단축한다.
- 밀, 옥수수, 쌀의 수입 제한 조치를 구체적이고 중요하게 개선하여 더 많은 미국산 제품이 중국으로 수입될 수 있도록 한다.

금융 서비스에 관한 장에서 중국은 미국 기업이 금융 서비스를 공급하는 데 방해가 되는 광범위한 무역 및 투자 장벽을 해결하기

로 약속했다. 이 장에는 중국이 이행해야 할 의무가 다수 포함되어
있다.

- 증권, 펀드 관리 및 선물 부문의 기업 주식에서 외국인 지분 한도를 없
애고 이러한 서비스를 제공하는 미국 공급업체가 차별 없이 중국 시장
에 접근할 수 있도록 보장한다.
- 생명, 건강 및 연금 보험업체에 대한 외국인 지분 한도를 없애고, 모든
보험 부문에서 차별적이고 지나치게 과중한 규제 요건을 모두 삭제하
며, 미국 기업의 보험 서비스 공급 신청을 신속하게 심사하고 승인한다.
- 비자, 마스터카드, 아메리칸 익스프레스와 같은 미국 전자 결제 서비
스 제공업체가 중국 시장에 진출할 수 있도록 라이선스 프로세스를 개
선한다.
- 은행 지점을 포함한 미국 금융 기관이 중국에서 증권·투자펀드 수탁
서비스를 제공할 기회를 확대하고 중국 내 영업점 신청을 신속하게 심
사 및 승인한다.
- 미국 신용 평가 서비스 제공업체에 대한 장벽을 제거하고, 이 서비스를
제공하기 위해 라이선스 신청 중인 미국 기업을 승인한다.

　통화 및 환율 관행에 관한 장에는 무역협정 중 가장 강력한 조항
이 포함되어 있다. 중국이 미국 기업과 불공정 경쟁을 위해 자국 통
화를 조작할 수 없도록 합의했다. 특히 중국이 경쟁적인 평가절하
및 환율 목표 설정에 관여하는 것을 금지하는, 구속력 있고 집행 가
능한 약속이 포함되어 있다. 이와 동시에 중국의 통화 및 환율 관행
에 대한 투명싱을 크게 강화한나.

이 합의에 반영된 광범위하고 의미 있는 구조적 개혁 외에도 중국은 2020년과 2021년에 미국 상품과 서비스의 수입을 2017년 수준보다 2,000억 달러 이상 늘리기로 합의했다. 이 약속은 광범위한 미국산 공산품, 농산물, 에너지 제품 및 서비스를 포괄한다. 실제로 이 합의에는 중국이 4개의 큰 범주에 속하는 23개 하위 범주의 미국산 제품 및 서비스 수입을 대폭 늘리겠다는 약속을 구체화했다. 그리고 이 합의는 2020년과 2021년에 대한 것이지만, 양측은 미국에서 중국으로 구매·수입되는 공산품, 농산물, 에너지 제품 및 서비스의 증가 추세가 2025년까지 계속될 것으로 예상한다고 명시적으로 밝히고 있다. 1단계 합의에 담긴 구조적 개혁 및 구매 약속은 전례가 없는 것이며, 이를 완전히 이행할 수 있도록 분쟁 해결에 관한 장에서 규정함으로써 과거와는 다른 중요한 이정표가 될 것이다. 이전에는 이와 같은 집행 메커니즘을 규정한 적이 없었다. 이 합의는 약 90일 동안 합의 위반과 관련된 분쟁을 해결하기 위한 절차를 규정하고 있다. 약 90일이 지난 후에도 해결이 이루어지지 않는다면, 불만을 제기한 당사국이 단독으로 위반 여부와 그에 대한 적절한 구제 수단을 결정한다. 또한 당사국이 제기한 제소가 선의에 따른 것이라면 상대방은 보복 조치를 하거나 WTO에 이의를 제기할 수 없다. 제소한 당사국의 조치가 악의적인 경우, 상대국의 유일한 구제책은 협정 철회뿐이다. 협약서에 명시된 집행 절차는 우리가 기대할 수 있었던 가장 강력한 체제이며 우리가 원했던 대로 정확하게 작동할 것이다.

합의문의 마지막 부분은 관세 인하와 관련된 부분이다. 관세 인하에 대한 합의는 이전에 결정했던 내용을 그대로 유지했다. 우리는 목록 4B에 있는 1,600억 달러 규모의 중국산 제품에 대한 15% 관세나 목록 1, 2, 3에 대한 5% 관세 인상은 더 이상 진행하지 않기로 했다. 또한 목록 4A에 있는 1,200억 달러 규모의 중국산 제품을 7.5%로 낮추고, 예정되어 있던 60억 달러 상당의 관세 면제 혜택을 제공하기로 했다.

협정을 마무리짓다

대부분 관측통은 합의가 발표되었으니 모든 협상이 끝났고 이제 서명만 남았다고 생각했다. 그러나 완전히 새로운 협상, 즉 영어 문안을 중국어 문안으로 번역하는 협상이 곧 시작되었다. 이 협상은 때때로 원문 협상만큼이나 치열하고 까다로웠으며, 협정 체결일 이른 아침까지 줄다리기가 이어졌다. 중국은 과거에도 모호한 표현을 넣거나 약속의 강도를 약화하는 방식으로 합의문을 유리하게 번역한 전례가 있었다. 우리는 수개월 전부터 중국어 번역작업이 만만치 않으리라고 예상했고, 이에 충분히 대비했다. 이 과정을 지원하기 위해 국무부가 통역사를 제공했지만, 다행히도 USTR에는 무역협정 맥락에서 특정 문구의 중요성을 잘 이해하면서 지식재산권 보호와 같은 전문적이고 종종 기술적인 문제에 대해 중국어를 유창하게 구사하는 공무원들이 많이 포진하고 있었다. 특히 중국 담당 부서, 혁신 및 지식재산권, 무역 이행, 모니터링 및 집행에 관한 부서에서 일하는 공무원들에 주로 의존했고, 그들은 영어 원본과 중국어 번역본 사이에 빈틈이 생기지 않도록 업무를 꼼꼼히 챙겼다.

다양한 용어를 두고 광범위한 번역 논쟁이 있었지만, 가장 힘든 논쟁은 협정문 전반에 걸쳐 "shall"의 중국어 번역으로 "ying(應)" 또는는 "jiang(將)" 중 어느 단어를 사용할 것인지의 문제였다. USTR 의 중국어 전문가들은 전자는 의무를 나타내는 말인데, 반면 후자 는 '단순히 당사자가 장래에 할 계획에 관한 미래 시제'를 의미한다 고 알려줬다. 그러나 중국 측은 전자의 용어를 쓰는 것이 부적절하 고 심지어 모욕적이라며 격렬하게 반대했다. 우리는 베이징 주재 미 국 대사관에서 근무하면서 중국과 여러 차례 중요한 협정을 체결한 경험이 있는 외부 전문가들에게 자문했다. 그들은 모두 의무의 뜻 을 담으려면 계속해서 "ying(應)"을 사용해야 한다고 확인했다. 그 래서 그렇게 했다. 게리쉬 대사와 랴오민 차관 사이에 여러 차례 통 화를 주고받은 끝에 중국은 마침내 받아들였다. USTR 내부에서 그 문제를 논의할 때, 나는 직원들에게 오바마 대통령이 시진핑 주석 과 맺은 유명한 사이버 침입에 관한 합의문을 가져다 달라고 요청 했다. 그 합의문에 어떤 중국어가 사용되었는지 확인하고 싶어서였 다. 잠시 머뭇거리다가 정부에 확인한 결론은 오바마 대통령의 합 의문에는 그 단어가 사용되지 않았다는 사실을 알게 되었다. 그 이 유는 합의문이 문서화되지 않았기 때문이었다. 심지어 합동 보도 자 료도 발표하지 않았다. 그토록 자랑스러워하던 "합의"가 미국의 보 도자료에 불과했다. 나는 중국 측이 우리의 접근 방식에 왜 그렇게 놀랐는지 다시 한 번 깨달았다. 그들은 실제 집행 가능한 합의보다 보여주기에 더 관심이 많은 미국인들을 상대하는 데 익숙해져 있었기 때문이다.

계약 체결을 위한 준비 작업도 나름대로 시간이 걸렸다. 협정을 체결할 장소와 시기를 정하고 누가 서명할지를 결정해야 했다. 결국 양측은 워싱턴에서 서명하기로 합의했다. 우리는 2단계에 체결할 때는 베이징으로 가기로 했다. 중국은 시진핑 주석을 대신하여 류 부총리가 서명식에 참석하기로 했는데, 트럼프 대통령은 이 역사적인 협정에 직접 서명하기를 원했다. 시기는 2020년 1월 14일 또는 15일을 목표로 하고 있었다. 그러나 중국 측에서는 1월 14일에 숫자 4가 포함되어 있는데, 이 날짜가 중국에서 죽음을 의미하는 단어라서 불길하다고 난감해했다. 따라서 서명은 다음 날에 하기로 했다.

1단계 합의에 대한 서명은 2020년 1월 15일 백악관 이스트룸에서 행사의 중요성에 걸맞게 성대하게 진행되었다. 트럼프 대통령, 펜스 부통령, 나와 중국 측 대표의 연설이 차례로 끝난 후 대통령과 류허 부총리는 국회의원과 주요 재계 지도자, 헨리 키신저에 이르기까지 여러 귀빈이 지켜보는 가운데 협정문에 서명했다. 서명 후 양국 대표단의 주요 인사들은 트럼프 대통령과 함께 국빈 식당에서 축하 오찬을 함께 했다. 트럼프 대통령은 오찬 중에도 시간을 허투루 쓰지 않고 중국의 미국산 제품 구매를 주제로 대화했다. 그는 짐 저스티스 웨스트버지니아 주지사에게 전화를 걸어 중국 국가발전개혁위원회(NDRC) 부위원장인 닝지제(宁吉喆) 장관과 웨스트버지니아산 석탄 구매에 관해 이야기하도록 주선했다. 중국 관리들은 이런 일이 처음이라 다음에 무슨 의제가 튀어나올지 몰라 전전 긍긍했던 것 같다.

1단계 합의는 한 달 후인 2020년 2월 14일에 발효되었다. 그때 이미 합의를 이행하고 2단계 합의의 가능성을 평가하려는 중이었다. 그런데 곧 세계와 중국과의 관계가 극적으로 변화할 시기가 찾아왔다. 며칠 만에 이 모든 것을 바꿀 바이러스에 대한 소식이 들려오기 시작했다.

1단계 합의와 301조 관세의 영향

결국 중국은 1단계 합의에서 합의했던 대부분의 구조 개혁을 이행했다. 하지만 COVID-19 팬데믹이 시작된 이후 무역적자는 계속 증가하고 있었다. 그리고 현재 잘 알려진 대로 중국은 구매 약속을 지키지 않았다. 트럼프 행정부에 대한 비판자들은 이를 근거로 301조 관세가 실패했다는 증거라고 기뻐하고 있다. 나는 이에 동의하지 않는다.

미국과 중국 간의 무역 관계는 301조 관세로 인해 미국이 가장 위험한 적대국에 대한 의존도를 낮추는 방식으로 근본적으로 변했다. 팬데믹 기간에 중국과의 전체 무역이 증가하여 사상 최고치를 유지하고 있지만, 무역 구성은 상당히 달라졌다. 25% 관세가 부과되는 301조 관세 목록 1, 2, 3에 해당하는 가장 민감하고 기술 집약적인 제품의 수입은 어떤 경우에는 60~70% 감소했다.[1] 미국 총수입에서 중국의 점유율도 감소했다.[2] 그리고 더 중요한 것은 미국 기업들이 모든 계란을 중국 바구니에 몰아 담는 것이 얼마나 위험한지 깨달았다는 점이다. 설문조사에 따르면 미국 기업들의 중국 사업 전망에 대한 낙관론은 사상 최저치를 나타냈다.[3] 미국 전역의 이사회에서는 리쇼어링과 프렌드 쇼어링*에 대한 논의가 앞뒤 따지지 않는 오프쇼어링을 점차 대체하고 있다. 오늘날 기업들이 보다 다각화되고 탄력적인 공급망을 구축한다면, 중국에 대한 위험한 의존도를 낮추고 미국 내 일자리를 창출함으로써 시간이 지남에 따라 중국 이외의 지역에서 새로운 제조 역량을 창출하여 무역적자를 감소시키는 데 도움이 될 것이다. 재앙적인 "코로나 제로" 정책을 포함한 중국의 자체 조치와 미국의 강화된 수출 통제가 이러한 추세에 불을 당겼다. 그러나 이 과정을 시작하게 한 것은 바로 301조 관세이며, 지금까지도 미국의 대중국 의존도를 줄이는 전략의 필수 요소로 남아 있다.

놀랍게도 이 모든 변화가 의미 있는 인플레이션 없이 달성되었으며, 미국의 대중국 수출이 기록적인 수준으로 증가했다. 2022년의 짧은 기간 동안, 중국을 좋아하는 로렌스 서머스(Lawrence Summers) 전임 재무부 장관과 같은 세계주의자들은 바이든 행정부의 무모한 지출로 인한 인플레이션 압력을 거론하며 관세를 철회하도록 행정부를 설득하려고 했다. 그러나 재닛 옐런(Janet Yellen) 같은 자유 무역주의자조차 관세를 완전히 포기한다고 한들, 소비자

---

* COVID-19 펜데믹, 러시아의 우크라이나 침공 등 글로벌 공급망 위기가 촉발되면서 상품을 안정석으로 확보하기 위하여 우방국에 생산기지를 이전하는 프렌드 쇼어링(friend-shoring)이 주목받고 있다.

물가에 미치는 영향이 미미하다는 사실을 인정했다. 미국의 대중국 수출은 지난 몇 년 동안 상당히 증가했다. 중국의 보복 관세가 본격적으로 부과되었을 때 1,060억 달러로 떨어졌던 미국의 대중국 수출은 2021년 1,510억 달러에 달했으며 2022년에는 1,540억 달러로 그 기록을 넘어설 것으로 예상된다.[4] 미국 농업이 이 추세의 주요 수혜자였다. 사실 나는 중국의 야심 찬 구매 약속이 중국이 체면을 세우기 위해 강행했던 보복 관세를 상당히 줄일 것으로 생각했다. 그렇다면 미국 수출업체의 어려움은 줄어들 것이고, 동시에 미국이 중국산 수입품에 대해 상당한 관세를 유지한다면 공급망을 재조정하고 미국의 대중국 의존도를 낮추는 데 도움이 될 것이다.

한편 1단계 합의가 코로나19 이전 시대의 산물이었다는 점도 잊지 말아야 한다. 2020년 1월 합의가 체결된 후 중국이 연구소에서 발생한 전염병에 대해 거짓말을 하지 않았다면, 대만을 괴롭히는 일을 중단했다면, 신장에서 학살과 탄압을 계속하지 않았다면, 홍콩에서 "일국양제" 체제를 없애지 않았다면, 중국이 국가 자본주의를 엄혹하게 강화하지 않았다면, 시진핑 주석이 종신 집권을 하지 않았다면 어땠을까? 그랬다면 1단계 합의는 미국과 중국 사이에 더 균형 잡히고 지속 가능하며 덜 논쟁적인 관계를 위한 토대가 되었을 것이다. 실제로 행정부가 바뀌기 전인 합의 이행 단계에서 USTR 직원들은 중국이 채택하기로 합의한 새로운 법률 및 규정이 합의와 일치하는지, 중국이 구조적 변화를 이행하는 데 필요한 조치를 하고 있는지 확인하기 위해 중국 측과 좋은 협력 관계를 유지했다.

결과적으로 행정부의 변화도 협상에 영향을 미쳤다. 전반적으로 바이든 대통령의 중국 정책은 예상 밖이었지만, 민주당이 2020년 선거 기간 동안 정치적 목적으로 거래를 파기했다는 사실은 바이든이 취임한 후 이를 집행할 수 있는 강력한 위치에 있지 않았다는 뜻이기도 했다. 내 생각으로는 바이든 행정부가 추가 관세 인하에 동의한다면 중국이 같은 합의로써 두 번 이득을 챙길 수 있다는 기대감에서 구매 약속 이행을 보류한 게 아닐까 의심한다. 다행히도 바이든 행정부는 지금까지 미끼를 덥썩 물지 않았다. 어쨌든 지식재산권, 기술이전, 농업, 금융 서비스 및 통화에 대한 1단계 합의에서 중국이 약속한 구조적 약속은 남아 있으며, 이를 이행하기로 결정을 내리는 것은 행정부의 몫이다.

1단계 합의의 구체적인 내용은 차치하고라도, 트럼프 행정부는 미국인들이 중국에 대해 생각하고 이야기하는 방식을 완전히 바꾼 공로를 인정받아야 한다. 2016년 대선 이후, 미국의 기업들과 정치 엘리트들이 수십 년 동안 해왔던 것처럼 공개적인 친중 노선을 취하는 것은 더 이상 불가능하다. 중국을 "책임 있는 이해관계자"로 만들자는 주장도 신뢰하기 힘들어졌다.

그러나 중국을 잘못 이해했다는 정부의 투덜거림은 흔히 관세가 잘못된 해결책이라는 비판과 맞물려 있었다. 반대 목소리 중 다수는 과거에 PNTR을 지지하는 세력으로부터 왔으며, 그 이후로 중국에 대한 모든 것이 틀렸음이 입증되었다는 점도 주목할 필요가 있다. 하지만 비판론자의 그 누구도 중국에 맞설 수 있는 그럴듯한 대안을 제시하지 못했다. 중국과의 양자 대화는 클린턴, 부시, 오바마 행정부에서 20년 동안 시도되었지만 아무 소용이 없었다. 대다수는 트럼프 행정부가 일방적으로 행동하기보다는 동맹국들과 힘을 합쳐 중국에 맞서야 한다고 주장했다. EU와 일본이 우리와 나란히 중국에 관세를 부과하는 공동 대응이라면 도움이 되었을 것이다. 그러나 이것은 쿰바야*의 환상에 지나지 않는다. 특히 2018년에는 앙겔라 메르켈 유럽연합(EU) 총리가 EU 정상회의에 굳건히 자리 잡고 있었기 때문에 유럽이 중국에 맞서 의미 있는 공동 대응에 나설 가능성은 전혀 없다. 일본도 중국과 경제적으로 얽혀 있을뿐더러 통상 외교 문제에서 대립을 피하는 방식을 취하므로 다를 바가 없다. 동맹국들이 동참할 때까지 중국과 맞서기를 기다린다는 것은 영원한 기다림을 의미했을 것이다. 실제로 지난 2년간 노력에도 불구하고 중국에 대한 동맹국의 지지를 이끌어내려는 바이든 행정부의 시도는 가시적인 성과를 거두지 못했다.

　일부 WTO 신봉자들은 우리가 "비(非)위반" 소송을 제기했어야 한다고 한다. 이는 중국이 WTO 가입을 허용했을 때 미국이 기대했던 혜택을 받지 못했다고 주장하는 것인데, 이는 거의 사용되지 않는 소송 형식이다. 완전히 주관적인 기준에 따라 진행되는 비위반 소송은 최상의 상황을 기대하기 쉽지 않다. 그리고 (4장에서 설명한 것처럼) WTO 소송의 길고 험난한 역사에서 이러한 노력이 미국에 좋은 결과를 가져다준 사례도 없다. 게다가 WTO 절차에만 의존했다면, 중국에 맞서 의미 있는 조치를 하기 전에 소송 진행에 몇 년을 허비했을 것이다. 그동안 중국은 계속해서 우리 기술을 훔쳤을 것

---

* "Kum ba yah(Come by here)"는 사우스캐롤라이나와 조지아주의 흑인영가로, 쿰바야 모멘텀은 노래를 부르며 평화와 단결로 하나가 되는 정신 상태를 뜻한다.

이고, 무역적자는 통제할 수 없는 수준으로 커졌을 것이며, 미국은 주요 적대국인 중국에 더욱더 의존하게 되었을 것이다. WTO는 거의 20년 동안 중국을 징계할 기회를 계속 놓쳤다. 제네바의 관료들과 미국의 호소인들을 불쾌하게 하는 한이 있더라도 트럼프 대통령이 모든 가용한 수단을 동원했던 것은 옳은 처사였다.

이 주제에 대해 정보가 거의 없는 안락의자에서 4년 이상 견뎌온 나로서는 "트럼프가 문제는 파악했으나 그 해결책은 찾지 못했다"라는 사람들의 주장에 깊은 인상을 받지 못했다. 추측하건대 반대론자들은 대체로 네 개의 진영으로 나뉜다. 중국이 위협이 아니라고 믿지만 공개적으로 인정하기를 두려워하는 사람들, 문제와 잠재적 해결책을 진지하게 검토한 적이 없는 사람들, 정치적 이유로 트럼프 대통령을 인정할 수 없는 사람들, 미국의 국익보다 WTO와 국제 무역 시스템을 더 중요시하는 사람들. 좀 덜 자비롭게 표현해 보자. 누군가 중국이 문제라고 인정하면서 동시에 그 문제를 마법처럼 아무런 혼란 없이 해결하는 방법이 있다고 주장한다면? 그는 거짓말쟁이, 바보, 사기꾼, 구제 불능의 세계주의자, 아니 이 모든 조합의 산물일 가능성이 크다.

결국 301조 조치는 우리 경제를 중국으로부터 전략적으로 분리하는 과정의 출발이었다. 적절한 시기에 적절한 정책이었으며 원하는 목적을 달성했다. 오늘날 미국의 중국산 첨단 기술 수입은 감소 추세에 있으며, 미국 전역의 기업들은 중국에서 제품을 생산하는 것이 장기적으로 현명한지에 대해 의문을 품고 있다. 이것만으로도 301조 조치는 역사적인 성공을 거두었다.

11장

앞으로 나아갈 길

중국이 나아갈 방향이나 향후 통치 방식에 대해 의구심을 가졌던 사람이라면 누구나 2022년 10월에 그 의구심을 해소할 수 있었다. 중국 정부는 자국민과 전 세계에 하고자 하는 바를 알리는 독특한 방법이 있다. 제20차 공산당 전국대표대회는 중국이 무엇을 하는지 전 세계에 알리는 시간이었다. 시진핑은 놀랍게도 5년의 주석 임기를 더 연장했다. 물론 이는 곧 종신 집권이라는 의미다. 진정한 계시는 그의 당대회 보고 내용과 그의 측근 그룹*에서 선임된 중앙정치국 상무위원들의 면면에서 잘 드러났다. 첫째, 당대회 보고서는 중국이 더욱더 마르크스-레닌주의 국가를 향해 갈 것임을 분명히 했다. 무역이 중국을 변화시키리라고 생각한 사람들의 어리석음이 드러난 것이다. 둘째, 당대회 보고서는 "국가의 결정적인 역할이 더욱 커질 것"이라고 발표했다.[1] 중국공산당이 기업에 대한 통제권을 더욱 강화한다는 의미다. 덩샤오핑이 사회주의를 발전시키기 위해 자

---

* "시자쥔(習家軍)"은 시진핑이 청년 시절 하방했던 지역인 산시성 출신과 시진핑이 푸젠성, 저장성, 상하이시에서 일할 때 함께 근무했던 부하들로 구성된 중국공산당 내부 파벌을 일컫는다.

본주의를 이용하던 시대는 끝났다. 마지막으로, 가장 충격적인 내용은 이 보고서가 뚜렷한 군사주의적 색채를 드러냈다는 점이다. 여기서 중국이 자국민에게 중국어로 말하는 것과 서구 청중을 위해 공식적으로 영어로 번역하는 방식 사이에 종종 큰 차이가 있음을 유념해야 한다. 일반적으로 거침없고 전투적인 언어는 순화된다. 따라서 그들이 전달하려는 바를 파악하려면 비공식적이고 솔직한 번역이 필요하다. 그러한 출처 중 하나가 케빈 러드의 번역문이다. 그는 호주의 전임 총리이며, 중국어를 자유자재로 구사하는 중국 전문가다. 그의 번역에 따르면, 보고서는 "평화"와 "발전" 같은 단어를 강조하면서 "폭풍에 대비", "투쟁 정신"과 같은 문구를 추가했다.

가장 중요한 7명의 상임위원과 나머지 정치국 상무위원의 명단이 함께 공개되었다. 통상 고위급은 다양한 관점의 대표들이 고루 포진되도록 구성하는 편이다. 그런데 이번에는 그러한 배려 없이 모두 시진핑 주석의 강력한 지지 세력으로 선임되었다. 분열이나 대안적 목소리, 세력 균형은 보이지 않았다. 또한 외교 정책에 대한 전문가들이나 경제 개혁론자들은 찾아보기 힘들 정도다. 외교적 측면에서 시진핑 주석은 강경파들을 전진 배치했다. "늑대 전사" 외교를 강화한 것이 분명하다.

이런 사례를 보더라도 알 수 있듯이, 중국 정부는 우리에게 치명적인 적대국이다. 일단 이 결론에 도달하고 나면, 내가 "전략적 디커플링"이라고 부르는 세계 경제·무역정책이 요구되는 시점이 온 것이다. 미국은 우리의 노동자, 농민, 기업에 이익이 되는 범위 내에서 경제 관계를 지속하고, 우리에게 해가 될 때는 경제관계를 중단해야 한다. 우리는 균형과 공정성을 달성하고, 핵심 분야에서의 의존성을 제거하고, 각 방향의 투자를 줄이고, 기술의 상호 의존을 중단해야 한다. 트럼프 행정부는 4년에 걸쳐 이러한 정책을 펼쳤다. 역사는 이를 세계사적으로 중요한 사건의 서막으로 기록할 것이다. 2017년 국가안보전략회의에서 트럼프 행정부는 처음으로 중국을 "전략적 경쟁자"로 규정하고 중국의 군사적, 외교적, 경제적 침략을 비난했다. 이러한 맥락에서 대통령은 이렇게 발언했다. "최초로 미국의 국가 전략이 경제 안보가 곧 국가 안보라는 인식 하에 출발했다." 그렇다면 전략적 디커플링은 구체적으로 어떤 모습일까?

첫째, 경제 정책의 최우선 목표는 재균형이어야 한다. 우리는 상품 무역적자로 인해 6조 달러의 부를 중국으로 이전했다. 물론 재균형에는 우리 경제의 체질을 강하게 만드는 제도들이 포함되어야 한다. 세금 인하, 불필요한 규제 철폐, 합리적인 보조금과 산업 정책이 필요하다. 이러한 방향으로 나아가는 중요한 단계가 초당적인 2022년 『반도체법』의 제정이다. 이 법은 반도체 제조·연구에 대해 보조금과 세금 공제를 제공하는 내용으로, 미국이 필수 반도체 부문에서 리더십을 되찾는 데 도움이 될 것이다. 그러나 이 조치만으로는 균형 잡힌 무역을 달성하기에는 충분하지 않다. 모든 올바른 국내 경제 정책에도 불구하고 우리는 여전히 고평가된 통화와 불공정한 중국 관행에 직면할 것이다. 균형을 이루려면 강력한 무역정책이 필요하다.

균형을 맞추기 위한 중요한 단계는 미국이 중국에 대해 "정상무역관계"라고도 불리는 최혜국대우(MFN)를 폐지하는 것이다. 이렇게 하면 2000년에 있었던 실수를 바로잡을 수 있다. 기본적으로 정상 무역관계가 아닌 중국은 수입품에 대해 더 높은 "제2열 관세"를 내야 한다. 물론 법률에 따라 이는 면제될 수 있으며, 의회는 매년 중국의 행동을 검토하여 의무 면제 여부를 결정할 수 있다.

　MFN 지위를 철회한다고 해서 그 자체로 균형이 이루어지지 않는다. 또 다른 메커니즘이 필요하다. 나는 무역 균형을 달성하기 위해 중국으로부터의 모든 수입품에 추가 관세를 부과하고 그 관세를 점진적으로 인상 내지 인하할 것을 제안한다. 관세는 간단하고 유연한 도구다. 부과가 간단하고, 구조가 잘 정립되어 있으며, 비교적 집행이 쉬우며, 일반적으로 그 결과를 쉽게 예측할 수 있다. 또한 관세를 통해 미국 정부는 수십억 달러의 추가 수입을 거둘 수 있으니 재정 적자를 해소할 수 있다. 중국은 말할 것도 없이 중국에서 활동하는 미국 기업과 수입업체들도 반대하겠지만, 우리의 근로자와 국가 전반의 이익이 그들의 우려보다 앞서야 한다. 아마도 중국은 보복할 방법을 찾겠지만, 그렇게 된다 해도 전략적 디커플링의 속도가 더 빨라질 뿐이다. 게다가 양국 관계의 불균형이 너무 심해서 중국의 선택지 역시 제한적이다. 2018년 301조 조치 때 중국의 수입량이 너무 적어서 보복에 한계가 있었던 상황을 되새겨보자. 나는 추가 관세를 명확하게 시행하되, 혼란을 최소화하고 기업들이 현재의 관행을 바꿀 수 있는 시간 여유를 주도록 단계적으로 시행할 것을 제안한다. 이러한 관세는 결국 컴퓨터와 모바일폰 생산을 포함한 제조업의 상당 부분을 미국으로, 그리고 때에 따라서는 동맹국에게로 되돌려줄 것이다.

모든 정책 변경에서 권장되는 것처럼, 우리는 먼저 목표를 명확히 한 다음 중국 정부와 우리 기업들에 우리의 목표가 무엇이고 무엇을 하려는 것인지 알려야 한다. 우리는 중국의 공정한 발전을 막으려는 것이 아니라 우리의 발전을 촉진하려는 것이다. 우리의 목표에 대해 오해가 없도록 하는 것이 중요하다.

둘째, 미국 제조업체와 서비스 제공업체가 중국과의 경쟁을 저해하는 불공정 무역 소송을 더 쉽게 제기할 수 있도록 해야 한다. 현재 반덤핑, 상계관세 및 이와 유사한 제소에 불필요한 장애물들이 여럿 존재한다. 다른 비관세 장벽들도 궁극적으로 소송이 효과적인 구제를 제공하지 못하는 장해 요인이 된다. 상당수는 기술적인 문제이므로 수정할 수 있다. 하지만 관세의 균형 외에도 우리 기업들이 미국 시장에서 중국 생산업체의 부당한 이득에 대응할 수 있는 구체적인 조치가 신속하고 효율적으로 추진되어야 한다.

셋째, 중국에 대한 전략적 의존도를 줄여야 한다. 현재 우리는 필수 의약품, 보호 장비, 핵심 기술, 생산 원자재 등을 중국에서 수입하고 있다. 이렇게 적대국에 의존한다는 것은 말이 안 된다. 위기의 시기에 우리의 운명을 그들의 처분에 맡기는 셈이다. 우리는 필수 물자를 국내에서 생산하는 정책이 필요하며, 그것이 불가능하다면 신뢰할 수 있는 대체 공급원을 찾아야 한다.

넷째, 양국 간 투자를 줄이는 정책이 중요하다. 미국 자본 시장은 대중국 신규 투자의 필수적인 원천이며, 중국의 대미 투자는 기술, 데이터 또는 다른 이점을 확보한다는 전략적 목표에 도움이 되는 경우에만 이루어진다. 또한 중국은 인바운드 투자를 자국 이익에 부합한다고 판단되는 경우에만 허용한다. 우리도 똑같이 해야 한다. 미국 외국인투자위원회(CFIUS)는 미국 내 외국인 투자와 관련된 특정 거래를 심사하고 해당 투자가 국가 안보에 미치는 영향을 결정하기 위해 조직된 부처 간 위원회다. 재무부 장관이 위원회의 의장을 맡고 있으며, 위원회를 관리 인력도 재무부에 있다. CFIUS는 중국 외에도 모든 외국인 투자에 대해 국가 안보 위협에 대처하도록 설계되었다. 사실 이 위원회의 승인 거부 권한은 1988년 일본의 투자에 대한 우려로 제정된 『엑슨-플로리오법』*에서 비롯된 것이다. 최근 몇 년 동안 위원회의 가장 중요한 업무는 직간접적으로 중국과의 거래와 관련된 것이었다. 므누신 장관의 지휘 아래 CFIUS는 거래를 거부하고 거래가 허용된 경우일지라도 위협적인 영향을 최소화하기 위해 적극적으로 활용되었다. 앞으로의 중국 정책은 이를 확대하는 방향에서 검토되어야 한다. 투자 제안을 훨씬 더 많이 거부하고 미국에 대한 피해를 줄이기 위해 고안된 이른바 완화 협정을 통해 투자 승인을 대폭 줄여야 한다. 더 나아가 전통적인 국가 안보 위협 외에도 중국의 대미 투자를 거부할 수 있도록 CFIUS 법령을 확대해야 한다. 장기적인 경제충격을 야기할 가능성이 있다면, 외국인 투자를 차단할 충분한 이유가 된다.

전통적으로 미국은 해외 투자에 대한 실질적인 규제가 없었다. 일반적으로 외국 경제에 대한 미국인의 자유로운 투자를 허용하는 것

---

* 엑슨-플로리오법은 1980년대 미국 기업에 대한 일본과 대만 기업의 인수 합병 시도가 잇따르자 엑슨 상원의원과 플로리오 하원의원의 발의로 제정한 법이다. 외국인 투자가 국가 안보에 위험하다고 판단되면 대통령에게 합병을 허가하지 않을 권한을 부여하고 있다.

은 국익에 부합하지만, 중국의 경우는 다르다. AI 등 민감한 기술을 연구하는 미국 첨단 테크 기업들은 생산 기반뿐 아니라 연구 개발 수요를 위해 중국에 투자하는 경우가 많다.[2] 이는 한편으로 중국의 민군 공용 첨단 기술 개발로 흘러가서 중국의 군사력에 직접 영향을 준다. 미중 경제안보검토위원회는 2021년 의회에 제출한 연례 보고서에서 미국이 대중국 투자에 대해 CFIUS와 유사한 기관 간 심사 프로그램을 마련하는 법안을 제정해야 한다고 권고했다. 민주당의 밥 케이시 펜실베이니아주 상원의원과 공화당의 존 코닌 텍사스주 상원의원이 이와 같은 내용의 법안을 발의했다. 두 사람은 또한 『국가핵심역량수호법』을 발의하여 중국 (및 러시아)에 대한 모든 국외 투자를 심사하는 절차를 USTR에 신설했다. 하원의 『대중경쟁법』에는 행정부가 적국에 대한 국외 투자 심사뿐만 아니라 CFIUS가 내국인 투자에 대해 하는 것처럼 이를 중단할 권한을 부여하는 훨씬 더 강력한 조항이 포함되어 있다. 이렇듯 우리는 CFIUS와 『반도체법』의 새로운 국외 투자 제한과 같은 기존 법률을 최대한 활용하고, 국익에 부합하는 경우를 제외하고 미국 기업이 중국에 투자하는 행위를 중단할 수 있는 능력을 정부에 부여해야 한다. 이 새로운 권한에는 기간 인프라 또는 기간 서비스와 관련된 기술에 중국의 지분 소유를 금지하는 내용이 포함되어야 한다. 기업 스스로는 결코 이 일을 해낼 수 없다.

　다섯째, 강력한 수출 통제 정책이 필요하다. 트럼프 행정부는 중국에 대한 새로운 정책을 시작했고, 이제 우리는 그 청사진을 구체화하고 그동안 얻은 지식을 바탕으로 이를 강화해야 한다. 우리 기술의 수출 통제는 그야말로 필수적으로 요구된다. 미국의 수출 통제 체제는 복잡하다. 무기수출통제법, 국제긴급경제권한법, 수출통제개혁법 등 여러 법령에서 제각각 관할권을 부여하고 있다. 방산물자 및 서비스, 민군 겸용 물질, 핵물질, 생물무기의 수출에 관한 협정이 체결되어 있다. 주요 관련 기관은 민감한 군산 물품, 소프트웨어와 기술을 통제하는 상무부와 방위품 및 서비스를 통제하는 국무부다. 또한 국방부는 라이선스 요청을 평가하는 데 핵심적인 역할을 하며, 재무부는 이 분야에서 미국의 제재를 관리한다. 윌버 로스 상무부 장관은 개인적으로 상무부의 역할 확대에 관심을 가졌다. 로스 장관의 지휘 아래 미국 정부는 제재 대상 품목의 범위를 늘리고 라이선스 발급 기준을 높였다. 그는 더 많은 기업, 특히 중국 기업을 수출제재대상목록에 추가하여 더 면밀하게 조사하고 더 엄격하게 라이선스 요건을 적용받게 하고 수출을 제한하도록 했다. 2022년 4월 카네기 재단의 연구 결과에 따르면, "트럼프 행정부는 미국의 전략과 수사에 기술 민족주의적 사고를 강화하고 중국의 기술 위협을 겨냥한 조치의 종류와 범위를 크게 확대했다."[3] 앞으로의 전략은 이러한 정책을 지속하고 필요한 경우 새로운 수단을 고안해야 한다. 민감한 기술 분야에서 우리 경제의 연관성은 제한적으로 이루어져야 한다.

여섯째, 기술 상호의존은 중단되어야 한다. 미국은 안보 및 이중 용도 기술(민간 및 군사용으로 사용되는 기술) 분야에서 협력을 중단하고, 필요한 경우 해당 제품의 수입도 중단해야 한다. 기술 가치 때문에 통제되는 제품과 서비스는 미국에서 생산되거나 중국이 개입하지 않은 동맹국에서 수입되어야 한다. 드론과 같이 보안에 영향을 미치는 중요한 이중 용도 제품은 이 범주로 분류해야 한다. 양국의 기술 분야는 서로 거리를 두어야 한다. 또한 "중국 제조 2025" 부문에서 미국 기업이 중국 기업과 협력하고 있는지를 자세히 검토해야 한다. 여기에는 항공우주, 생명공학, 정보, 정보기술, 스마트 제조, 첨단 철도, 전기 자동차, 신소재, 로봇 공학, 인공 지능 등이 포함된다. 모두 경제 안보에 매우 긴요한 분야로, 중국은 이들 분야에서 우월하고 독립적인 국가가 되겠다는 계획을 밝힌 바 있다.

일곱째, 우리는 전반적으로 시장 접근의 상호성을 주장해야 한다. 위에서 논의한 관세와 기타 조치의 조합은 상품 무역의 균형과 기술 보호로 이어진다 해도, 서비스 시장 접근과 관련하여 여전히 큰 문제가 남아 있다. 알리바바, 틱톡(TikTok), 위챗(WeChat) 등 많은 중국 서비스 기업이 우리 시장에 접근할 수 있는데, 아마존과 구글 같은 기업은 접근할 수 없고 마이크로소프트와 IBM 같은 기업은 제한적으로만 접근할 수 있다. 우리 기업이 중국에서 동등한 권리를 가질 수 없다면, 중국 기업의 미국 내 사업권을 우리도 거부해야 한다. 그렇다면 중국이 이 권리를 허용할 가능성은 극히 낮다는 점을 고려할 때, 미국 기업이 다시 자국 시장을 지배하게 될 것이다.

이와 별개로 미국은 틱톡과 같은 소셜 미디어 플랫폼이 우리 국내에서 운영되는 것을 금지해야 한다. 이 앱은 중국공산당이 미국 시민에 관한 데이터 수집에 사용된다. 또한 친중 선전을 퍼뜨리고 국가 담론을 방해하는 데도 이용된다.

여덟째, 미국은 미국 정치와 사회에 영향을 미치려는 중국의 노력에 맞서기 위한 법률을 제정해야 한다. 중국 정부와 그 기관들은 정기적으로 미국 시민 사회의 논쟁에 참여하여 미국인들이 양국 관계를 바라보는 시각에 영향을 미치려고 한다. 중국 국영 신문은 미국 지역 신문에 전면 광고를 게재한다.[4] 중국 정부 기관은 미국 대학과 협력하여 정부의 지원을 받는 교사를 통해 천안문 학살과 같은 '민감한' 주제를 피하면서 중국어와 중국문화를 가르치는 "공자학원"을 설립한다.[5] 중국 기부자들은 클린턴 재단 등 주요 정치 담론을 형성하는 미국 비영리 단체에 아낌없이 기부하고 있다.[6] 또한 믿을 만한 소식통에 따르면, 중국의 한 자본가가 바이든 외교 및 글로벌 참여 센터가 설립되는 시점에 펜실베이니아 대학에 수백만 달러를 기부했으며 델라웨어 대학과 바이든 연구소도 마찬가지일 수 있다는 정보가 있다.[7] 또한 명목상 "개인" 중국 소셜 미디어 앱인 틱톡의 알고리즘은 젊고 감수성이 예민한 미국인들이 압도적으로 많이 보는 콘텐츠를 관리하고 있다. 미국인들은 자신들의 주적이 우리 사회에 만연하게 영향을 미치는 것을 허용해서는 안 된다. 미국은 이를 막아야 한다. 중국 정부 관계자가 미국 신문 광고를 구매하는 것을 금지하고, 중국 소셜 미디어 기업의 미국 시장 영업을 금지하고, 해외 기부금에 관한 법률을 강화하여 모든 비영리 단체가 외국에서 받은 자금을 공개하도록 의무화해야 한다. 또한 『외국인대리인등록법』을 확대하여 중국 단체와 연계된 로비에 관여하는 개인은 반드시 외국 대리인으로 등록하고 그 활동을 미국 정부에 보고하도록 해야 한다. 요약하면, 전략적 디커플링은 무역 균형을 맞추고, 필요한 품목에 한해 수입하되, 민감한 기술이 포함된 수출을 제한하고 중국의 대미국 투자와 우리의 대중국 투자 쌍방을 통제해야 한다. 이에 더해 스마트 기술 체제를 구축함으로써 보안 기술 분야는 완전히 디커플링하되, 다른 기술 분야는 우리의 이익에 부합하고 민감하지 않을 경우에만 관여해야 한다.

내가 제안하는 전략적 디커플링은 현재 중국이 취하는 전략과 크게 다르지 않다. 이것이 바로 케빈 러드가 "중국적 특성과의 디커플링"이라고 부른 것이다. 본질적으로 중국인들도 상호 의존에서 벗어나 자국에 중요한 분야에서 개발·생산할 때 우리에게 공급하는 관계로 나아가고 있다. 이 전략의 첫 신호는 중국의 자생적 혁신 정책이며, 그 시기는 적어도 2006년 국무원이 〈중장기 과학 기술 발전 사업 가이드라인〉을 발표했을 때로 거슬러 올라간다. 이 가이드라인은 중국이 외부 의존 없이 독립적인 혁신을 창출하기 위한 규제, 전략 및 관행의 복합 청사진이었다. 그리고 이 연장선상에서 2015년에 〈중국 제조 2025〉 사업이 발표되었다. 최근 몇 년 동안 시진핑 주석 집권하에 디커플링의 필요성이 더욱 분명해졌다. 다른 시각으로 본다면, 전략적 디커플링은 무역, 투자, 기술 측면에서 중국과의 상호성을 이행하는 것으로도 볼 수 있다.

◆

트럼프 행정부는 미국 역사상 처음으로 중국에 대한 도전에 나섰다. 앞서 설명한 대로, 우리는 301조를 사용하여 중국산 수입품에 대한 관세를 인상했다. 결국 우리는 관세를 유지하고, 중국의 불공정하고 차별적인 관행을 시정하는 근본적인 변화를 시도했고, 새로운 대량 구매를 요구했으며, 집행이 담보되는 1단계 합의를 끌어냈다. 중국은 합의된 구매를 충족하지 못했지만 중요한 구조적 변화를 이행했다. 트럼프 행정부는 또한 전임 행정부와 다르게 CFIUS를 사용하여 국익에 해로운 국내 투자를 사전에 차단하고 수출 통제에 대한 권한을 효과적으로 행사했다. 전략적 디커플링의 과정은 이미 시작되었다.

미국이 이 거대한 경쟁에서 패배하리라고 예측하는 사람들은 과거 일본이 중국과 거의 똑같은 산업 정책 관행을 일삼았다는 점을 상기해야 한다. 일본이 동맹국이자 우방이라는 근본적인 차이를 잊어서는 안 되지만, 일본은 미국 기업으로부터 (도용은 아니나) 강제적인 기술 이전을 하고, 폐쇄적인 내수 시장을 유지했으며, 통화를 조작하고, 값싼 신용과 막대한 부채를 이용해 1970년대와 1980년대에 눈부신 성장을 이룩했다. 1995년 일본의 GDP는 미국 GDP의 73%에 달했다. 일본이 우리를 능가할 수 있다는 예측이 있었다. 그런데 거의 40년이 지난 지금, 레이건 행정부는 국내 산업 지원정책을 펼친 데 반해, 일본은 버블 부채가 터지고 비효율적인 정책이 발목을 잡으면서 현재 우리 GDP의 25% 수준이다. 중국의 GDP는 현재 우리의 73% 수준이다. 성장친화형 감세, 규제 개혁, 산업 정책과 결합된 전략적 디커플링이라는 합리적인 정책을 통해 미국은 승리할 수 있고 또 승리할 것이다.

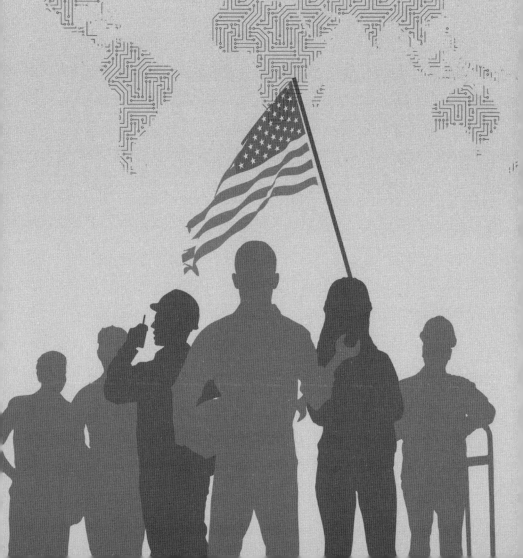

제3부

세계화의 관리 :
북아메리카

12장
·········

NAFTA에서 USMCA로:
·····················
거대한 이슈들
·············

1993년 11월, CNN 토크쇼 진행자 래리 킹은 앨 고어(Al Gore) 부통령과 로스 페로(Ross Perot) 전 대통령 후보 간의 텔레비전 토론을 진행했다. 주제는 북미자유무역협정(NAFTA)으로, 조지 H. W. 부시 행정부가 협상을 시작했으나 당시 클린턴 행정부가 밀어붙이고 있던 사안이었다. 1992년 대선에서 클린턴과 고어는 NAFTA의 문제점을 비판하고 재협상을 공약으로 내세웠다. 그러나 집권에 성공한 클린턴 행정부는 기껏해야 "무화과 잎"에 불과한 노동과 환경 분야 협상만을 타결한 후, 협상은 "이미 확정"되었다며 의회 통과를 강력히 주장했다.

고어와 페로의 막판 대결은 의회 토론 직전에 성사되었다. 당시 전문가들은 고어가 페로를 이겼다고 말했고, NAFTA가 "거대한 흡착기처럼" 미국의 일자리를 국경 너머 남쪽으로 이동시킬 것으로 예측한 페로에 대해 호전적인 텍사스인이라고 조롱했다. 그날 토론에서는 고어가 이겼을지 모르지만, 역사는 페로의 손을 들어주었다.

NAFTA는 미국의 특정 기업과 일부 지역에 혜택을 몰아주었다. 농업 부문이 그 대표적인 예인데, 멕시코의 곡물과 돼지고기의 엄청난 시장이 열리면서 오늘날까지도 미국은 농산물 분야의 대멕시코 무역적자가 계속되고 있다. 또한 값싼 (때로는 보조금을 받는) 멕시코 생산 과일과 채소의 수입은 미국 남동부의 농가들의 생계에 큰 타격을 입혔다.

NAFTA의 가장 큰 피해자는 무엇보다 미국 제조업 노동자들이었다. 미국은 NAFTA로 인해 최소 70만 개의 제조업 일자리를 잃었고, 더구나 미국의 고용주들이 멕시코로의 공장 이전을 무기로 삼아 노동자들에게 더 낮은 임금과 수당을 강요했다는 점이다.[1] 급기야 공장이 멕시코로 이전되면, 일부 미국 노동자들은 회사가 자신들을 대체하려고 채용한 멕시코 직원들을 교육해야 하는 수모를 겪기도 했다.[2] 그렇다고 NAFTA가 멕시코에 미친 영향이 한결같이 유리했던 것만은 아니었다. 미국산 곡물 수입은 멕시코의 비효율적이며 노동 집약적인 자급형 농업을 황폐하게 했다. 일부 농민들은 공장에서 일자리를 찾아야 했고, 그조차 여의치 않던 사람들은 비공식 경제, 더 극단적인 경우 마약 거래로 눈을 돌렸다. NAFTA 체결에 따라 멕시코가 상품뿐 아니라 미국의 정치적 가치를 흡수하리라는 희망은 잘못된 것으로 판명되었다. 멕시코의 사법부는 어느 정도 (적어도 한동안은) 독립성을 지켰으나 광범위한 부패와 폭력이 끊이지 않았으며 최근 몇 년 동안은 오히려 그 정도가 더욱 심해졌다.

NAFTA가 멕시코발 불법 이민의 흐름을 막는 데 도움이 된 것은 틀림없는 사실이나, 멕시코 기관의 제도적 취약성으로 인해 현지에

뿌리내린 밀매 조직을 이용해 미국으로 밀려드는 중미의 불법 이민자들을 막기에는 역부족이었다.[*]

북미 경제 통합을 위한 실험과 중국의 WTO 가입이 맞물리면서 무역 환경은 급속도로 나빠졌다. 즉, 미국과 멕시코 노동자들이 서로 경쟁해야 할 뿐만 아니라 막대한 국가 보조금을 등에 업은 수억 명의 중국 노동자들과도 치열하게 경쟁해야 한다는 뜻이다. 앨 고어와 같은 NAFTA 지지자들은 시간이 흘러 미국과 멕시코의 임금 수준이 수렴하게 되면, 미국 노동자들은 더 공평한 경쟁의 장을 보장받고 멕시코 중산층 역시 번성하여 미국 상품과 서비스의 주요 고객이 될 것이라고 내다봤다. 확실히 NAFTA는 멕시코에 새로운 부를 가져다주었다. 하지만 그 부의 대부분은 엘리트 계층에 집중되었다. 그리고 일반 멕시코인들은 올라간 임금을 미국산 제품이 아니라 중국과 동남아시아에서 생산된 상품을 구매하는 데 지출했다. 사실 당시 NAFTA가 실패였다고 믿었던 나조차도 NAFTA와 PNTR이 겹치지 않았다면 상황이 지금과는 달랐을 것이라고 인정한다. 또 의회가 NAFTA 비준을 거부했다손 치더라도 중국의 WTO 가입을 허용하는 한 결과는 비슷했을 것이다. 늘어나는 것은 미국 내 자동차 일자리가 아니라 중국의 일자리였다.

도널드 트럼프로 말할 것 같으면, 그는 정계에 진출하기 훨씬 전부터 NAFTA에 대해 공개적으로 비판해왔다. 그는 "역대 최악의 협

---

[*] 미국으로 향하는 불법 이민의 대다수는 멕시코, 과테말라, 엘살바도르, 온두라스, 니카라과 등 중미 국가 출신으로, 주로 멕시코의 국경지대에서 발생한다. 불법 이민자 체포를 허용하는 텍사스주의 이민법이 2024년 3월 발효될 예정이었으나 바이든 행정부가 연방대법원에 제소하여 연기되었다. 이에 따라 이민 정책이 미국 대선의 핵심 이슈로 떠오르고 있다.

정"이라는 원색적 표현도 마다하지 않았다(나는 예전 상사에 대한 존경심을 담아 7장에 기술한 중국의 WTO 가입 의정서에 대해서도 똑같은 평가를 하고 싶다). 그리고 트럼프는 당선되면 협정을 재협상하거나 종료하겠다고 공약했다. 취임 후 행정부 내에서 협정 파기를 원하는 사람들이 있었고, 내가 승인도 하기 전에 이미 피터 나바로와 스티브 배넌이 협정 종료를 통보하는 내용의 초안을 작성했다고 소문이 파다했다.

비록 내가 NAFTA에 비판적이지만, 그렇다고 협정 종료파는 아니다. 1993년 의회가 NAFTA를 통과시켰어야 했는지는 별론으로 하고, 이 협정은 2017년까지 계속되면서 상당한 이해관계, 투자, 공급망이 복잡하게 얽혀 있었다. 30년간의 북미 경제 통합을 뒤집는다면, 경제 전반에 충격이 클 것이 뻔했다. 텍사스와 곡창지대에 포진해 있는 트럼프 유권자들에게 피해가 돌아갈 수 있고, 당연히 공화당 상원의원들이 백악관에 반기를 들었을 것이다. 요컨대, 협정을 황급히 철회하면 새 행정부에 경제적, 정치적 재앙이 될 수 있었다. 물론 트럼프 대통령은 그 조치가 자신의 선거 공약을 지키는 유일한 방법이라면 기꺼이 감행하려 했을 것이다. 그래서 우리 팀은 트럼프 대통령과 유권자, 의회를 모두 만족시키면서도 캐나다와 멕시코가 수용할 수 있는 수준에서 NAFTA를 정비하는 방법을 짜내야 했다. 그리고 그것은 아무리 말을 아낀다 해도 정말 어려운 퍼즐이었다.

먼저 우리가 달성하고자 했던 목표에 관해 설명한 다음, NAFTA를 궁극적으로 종료하고 미국-멕시코-캐나다 협정(USMCA)으로 대체하기까지 주요 협상의 이정표를 차례대로 짚어보고자 한다.

의제 설정하기

우리는 NAFTA의 문제점을 크게 세 가지—즉 자동차, 노동, 그리고 무역 마찰 요인과 구조적 결함이 한데 뒤섞인 기타 항목—로 분류한 다음, 그 해결책을 실험하고 구체화하는 작업에 착수했다.

먼저 북미 무역의 중심축인 자동차 부문. 북미 전체 상품 무역의 20%를 차지하는 자동차 부문은 NAFTA로 인한 무역 불균형의 주요 원인이다.[3] 지난 25년 동안 엄청난 대멕시코 무역적자 중에서 자동차 무역을 제외한다면 훨씬 균형 잡힌 관계가 될 것이다.

NAFTA가 미국 자동차 산업, 아울러 자동차 제조 노동자들에게 미치는 영향은 엄청났다. NAFTA 이후 자동차 산업은 두 단계의 변화를 겪었다. 미국 자동차 회사 "Big 3"*가 경차와 저가형 세단의 조립 공장을 멕시코로 옮기기 시작했다. 그 결과는 미시간과 인근 지역의 노동자들이 일자리를 잃게 되는 고통의 연속이었다. 그런데 이 회사들은 멕시코 공장에서 엔진과 변속기 같은 고부가가치 부품을 조달받으며 트럭과 고급 차종은 미국에서 계속 생산했다. 일자리를 잃은 미국 자동차 노동자들에게는 냉정한 위로이겠지만, 미국 자동차 회사들이 동남아시아와 동유럽에 저비용 조립 공장을 보유한 아시아와 유럽 자동차 회사들과 경쟁하려면 어쩔 수 없이 멕시코와 같은 저비용 제조 기지가 필요했다는 주장도 있다.

그러나 자동차 산업에 불어닥친 두 번째 변화는 훨씬 더 문제가

---

* 제너럴 모터스(GM), 포드(Ford), 스텔란티스(Stellantis, 옛 크라이슬러) 3사를 뜻한다.

심각했다. 멕시코 정부는 더 많은 투자를 유치하기 위해 최저임금과 어용 노동조합을 중심으로 공격적인 산업 정책을 펼쳤다. 제너럴 모터스는 멕시코에서 트럭을 조립하기 시작했고, 곧 제조 공정은 조립을 넘어 엔진과 변속기의 생산으로까지 확대되었다. 무엇보다 충격적인 것은 북미 이외 지역의 자동차 회사들이 멕시코를 미국 시장 진출의 뒷문으로 활용할 수 있다는 사실이다.

일반적으로 무역협정의 혜택은 협정의 당사자들에게 돌아간다. 하지만 시간이 지날수록 NAFTA는 그렇지 않다는 사실이 드러났다. 주범은 이른바 자동차 부문의 원산지 규정이었다.

원산지 규정은 모든 무역협정의 특징이다. 이 규정은 상품에 포함된 제품의 일정 비율을 협정 당사국의 영토에서 생산하도록 요구한다. 이론적으로 자동차가 무관세 혜택을 받으려면 북미산 부품이 65% 이상 포함되어야 하는데, 시간이 지나면서 "원산지 간주" 개념이 도입되면서 이 규정이 점차 관대해졌다. 기본적으로 1990년대 초에 작성된 자동차 구성품 목록에 없는 부품은 독일, 한국, 일본 또는 중국에서 생산되더라도 북미산으로 "간주"하였다. 처음에는 별 문제가 아니었다. 하지만 25년 동안 자동차 기술이 발전하면서 전자 장치, 내비게이션 탑재 시스템, 최근에는 고용량 배터리에 이르기까지 NAFTA 목록에 없었던 부품이 점차 늘어났다. 2010년대에는 자동차 부품의 절반 이상이 역외에서 생산된 자동차도 NAFTA에 따라 무관세 혜택을 받게 되었다. 더구나 1994년 이후 멕시코가 일본, 유럽연합 등 많은 국가와 FTA를 체결함에 따라 사실상 이런 무임승차를 방조했다. FTA협상을 통해 아시아와 유럽의 자동차 회사들은 IKEA 조립 키트처럼 자동차 부품을 싣고 와서 멕시코 현지에서 자동차를 조립한 후 미국으로 들여와 면세혜택을 받았다. 유럽, 일본, 한국, 최근에는 중국까지 미국에 자국 시장을 상호 개방하지 않고서도 멕시코를 경유지로 선택하여 미국 시장에 면세 통관할 수 있다.

결국은 미국 자동차 노동자들에게 재앙이 닥쳤다. 2017년 기준으로 북미에 건설된 최근의 11개 자동차 공장 중 9개가 멕시코에 건설되었다. 그곳에서 생산된 거의 모든 자동차는 미국에 수출되었다. 미국 자동차 부문의 고용을 살펴보면, 1997년부터 2014년까지 20만 개의 일자리가 사라졌고, 특히 관련 부품 부문에서 큰 폭으로 감소했다.[4] 그러자 다시 한번 멕시코와 저임금 지역으로의 아웃소싱이 확대되어 미국에 남아 있는 일자리에서조차 노동자의 협상력이 약화하리라는 전망이 나왔다.

이러한 추세는 앞으로 몇 년 동안 더욱 심화할 것으로 예상된다. 새로운 에너지 및 자율 주행 자동차가 점점 더 많은 부품을 1990년대 초 구성품 목록에 없던 부품으로 채우고 있기 때문이다. 트럼프 행정부가 아무런 조처를 하지 않았다면 자동차의 70~80%가 중국 원산지일지라도 NAFTA의 무관세 요건을 충족했을 것이다. 그 시나리오에 따르면 미국이 의미 있는 자동차 제조 역량을 유지하리라고 기대하기 어렵다.

우리는 논란의 여지가 없는 입장, 즉 NAFTA 후속 협정의 혜택은 해당 협정의 당사국에 귀속해야 한다는 전제에서 출발했다. 다시 말해, 무임승차는 안 된다. 우리는 원산지 요건을 65%에서 85%로 상향 조정할 것을 제안했다. 최종적으로 75%로 결정되었지만, "원산지 간주"는 삭제되었다. 게다가 철강과 알루미늄 구매의 70%를 북미에서 조달해야 한다는 별도의 요건이 추가되었다.

하지만 우리는 여기서 멈추지 않았다. 저임금 경쟁을 막기 위해 우리는 자동차의 40%, 트럭의 45%를 시간당 16달러 이상을 받는 근로자가 만들어야 한다는 새로운 요건을 포함했는데, 이는 미국 부품 제조업체의 통상임금에 해당한다. 진실로 이는 혁신적인 조항이었다. 무역협정에 임금 조건이 포함된 것은 이번이 처음이다. 다시 말해 사상 최초로 효율성뿐만 아니라 노동의 질이 무역 규칙을 준수해야 할 동기가 되었다.

우리가 한 협상에 대한 반응은 사뭇 달랐다. 자유무역주의자들은 새로운 규칙이 소비자 비용을 상승시킨다고 아우성쳤다. 자유무역의 교주 격인 펜실베이니아의 팻 투미(Pat Toomey) 공화당 상원의원은 우리가 멕시코의 저임금 "비교 우위"를 파괴하려고 한다며 한탄했다(알투나와 존스타운 시민들은 전직 상원의원의 값싼 멕시코 노동력에 대한 깊은 열정을 알면 뭐라 반응했을지 궁금하다). 그러나 사실 자동차 부문에서 나타나는 멕시코의 우위는 애덤 스미스가 말한 "보이지 않는 손"과는 상관이 없다. 멕시코가 매력적인 자동차 생산기지가 된 이유는 멕시코 노동자들이 더 숙련되거나 생산적이거나 근검절약이 투철했기 때문이 아니다. 그보다는 멕시코의 산업 정책, 무임승차, 취약한 원산지 규정, 부패한 노동조합이 공모하여 시장을 왜곡하고 멕시코에 엄청난 불공정 무역의 이점을 안겨주었기 때문이다. 그렇다. 미국인들은 더 저렴한 자동차를 갖게 되었다. 그렇지만 그 대가로 우리는 수많은 일자리와 수십억 달러에 달하는 핵심 산업에 대한 투자를 잃었다. 어떤 경우이든 트럼프 행정부는 이를 축하할 성과가 아니라 해결해야 할 문제로 인식했다. 따라서 북미 자동차 무역의 균형 회복은 USMCA 협상에서 중요한 의제 중 하나가 되었다.

자동차 노동자들을 대표하는 노동조합의 반응은 놀라울 정도로 미온적이었다. 한때 나는 디트로이트로 날아가 전미자동차노동조합 회의장에서 약 400명의 노조원을 만났다. 노조 위원장인 게리 존스가 나를 소개했다. 나는 민주당 성향 노조의 심장부에 찾아온 공화당의 트럼프 소속 관리였다. 우리가 하려는 일에 관해 설명하자, 대부분 노조원은 정중하나 매우 회의적인 반응을 보였다. 그들의 반응은 부분적으로는 노동조합이 무역협정에 의해 몇 차례 타격을 입었다는 데 기인했다. 전미자동차노동조합은 오바마 행정부 시절 한-미 FTA를 지지한 것을 크게 후회하고 있었다. 유감스럽지만 노조 지도부가 규정 변경을 이해하기 위해 열의를 다하지 않았던 것도 일부 원인이라고 생각한다. 그들은 대체로 무관심했고, 끝내 노조위원장이 수감된 법무부 조사에 온 신경이 쏠려서 그랬는지도 모른다. 한편으로는 우리가 미시간의 노조 자리든 앨라배마의 비노조 자리든 상관없이 미국 자동차 일자리를 지원하는 정책을 주장해서 일지도 모른다. 노조원들은 수입차만큼이나 비노조 자동차 회사를 싫어하는 것 같다.

그런데 가장 흥미로운 것은 자동차 회사의 반응이었다. 처음에는 반사적으로 원산지 규정 강화에 반대하는 반응을 보였고, 특히 자유무역 이데올로기에 충만한 싱크탱크로부터 지원받는 로비스트들은 원산지 규정이 조금만 강화되어도 마치 종말이 다가올 것처럼 굴었다. 그래서 언제부터인가 우리는 로비스트들을 회의실에서 내쫓고 기업의 CEO와 고위 경영진과 직접 소통하기 시작했다. 그때 우리가 발견한 것은 최고 경영진의 놀라운 이해와 실용주의, 유연성이었다. 주고받기는 계속되었다. 하지만 우리의 목표를 설명하고 신뢰를 쌓으면서 기업들과 실질적인 의견 진전을 이룰 수 있었다. 결과적으로 대부분 기업은 북미, 특히 미국에서 더 많이 구매하기를 원했으며, 소비자 물가 상승과 기업 피해에 대한 자유무역주의자들의 예측이 틀렸음을 인정했다. 그들이 원하는 것은 새로운 대외 구매 계획이 새로운 모델 주기의 출시와 맞출 수 있도록 시간을 더 달라는 것뿐이었는데, 이는 상당히 합리적인 요구라고 생각했다. 물론, 그들의 첫 제시안에는 "수십 년"이라는 단어가 있었던 것으로 기억난다. 하지만 결국 우리는 전환 기간을 3년에 걸쳐 단계적으로 도입하여 5개년도 말에 전면 시행하는 공격적이고 합리적인 일정에 합의했다.

그러나 미국 자동차 노동자들을 위협하는 것은 취약한 원산지 규정뿐만 아니라 최저임금 문제도 있었다. 앞서 언급했듯이 NAFTA 지지자들은 시간이 지나면 미국과 멕시코의 임금이 상호 수렴할 것이라고 주장했다. 실제로 그런 일은 일어나지 않았으며, 오늘날 멕시코의 실질 임금은 1994년보다 더 낮다. 이는 부분적으로는 중국 및 다른 저임금 국가와의 경쟁 심화와 관련이 있다. 하지만 멕시코 노동 시스템의 부패도 큰 영향을 미쳤다. 미국이나 서유럽과 달리 멕시코에는 독립적이고 대표성 있는 노동조합이 존재하지 않았다. 멕시코의 가장 강력한 노조는 정부 및 기업과의 부패한 동맹의 일부였다. 이 어용 노조는 자신들의 권력과 규모를 유지하기 위해 자유롭고 공정한 선거를 허용하지 않았다. 모든 노동 분쟁은 고용주가 주도하는 조정 및 중재 위원회에서 처리되었다.

또한 이러한 노조는 근로자에게 단체협약 투표권을 주지 않았다. 실제로 노조는 근로자를 고용하기도 전에 대규모 제조 시설의 소유주와 직접 계약을 협상하는 경우가 드물지 않았다. 흔히 "보호 계약"으로 알려진 이러한 유착 계약은 분야를 가리지 않고 횡행했다. 근로자는 계약 조건과 부대 사항에 대해 투표권도, 발언권도 영구적으로 갖지 못했다. 그래서 고용주들이 노동자들의 월급에서 막대한 조합비를 공제하여 이익을 챙기는 동안, 노동자들은 인플레이션에 턱없이 부족한 저임금에 시달려야 했다. 1990년대 중반 멕시코 페소의 심각한 평가 절하는 노동자들의 처지를 더욱 악화시켰다.

오바마 행정부는 환태평양경제동반자협정(TPP)을 통해 멕시코의 노동 상황을 개선하고자 했다. 그러나 행정부가 협상한 핵심 규정이 모호하여 집행에 어려움이 있었다. 멕시코가 조정 및 중재 위원회를 없애는 노동법을 통과시켰는데, 어디에도 비밀투표 선거나 기본적 단결권에 관한 추가 요구 사항은 없었다. 요컨대 TPP는 보호 계약을 손대지 않았다. 이 점이 노동계가 TPP에 적대적이었던 많은 정당한 이유 중 하나였으며, 2016년 선거에서 한때 TPP를 선도했던 힐러리 클린턴이 블루칼라 유권자를 잃은 이유 중 하나였다.

나는 보호 계약 관행에 절대적으로 반대하고 멕시코가 기본적인 노조 민주주의를 채택하도록 요구해야 한다고 생각했지만, 멕시코의 주권에 민감하게 접근해야 했다. 노동자들에게 공평한 경쟁의 장을 보장하고 불공정한 차익 거래를 없애려면 무역협정의 노동 조항이 뒷받침되어야 했다. 미국 시장의 규모와 매력, 그리고 양국 간 막대한 무역 불균형을 고려할 때 미국의 이 요구는 당연했다. 하지만 미국이 멕시코의 법률에 포함될 내용을 문구 하나하나 지시하기는 쉽지 않았다.

우리의 첫 번째 제안은 멕시코 스스로 비밀투표를 의무화하는 새로운 노동법을 통과하라는 것이었다. 그러면 멕시코는 이 절차가 자유로운 단결권의 기본임을 인정하고 노동자들에게 이 권리를 보장할 높은 수준의 협정 의무를 지게 된다. 운 좋게도 당시 멕시코 대통령 엔리케 페냐 니에토(Enrique Peña Nieto)의 임기가 끝날 시점이어서 멕시코 측이 적극적으로 반대할 의욕이 없었다. 덕분에 우리는 요구되는 개혁의 내용을 직접 협정문에 명시할 것을 주장할 수 있었다.

그 결과 가장 포괄적이고 상세한 노동 조항들, 이른바 "노동 부속서"가 무역협정서에 포함되었다. 노동 부속서에는 멕시코가 노동 시스템을 개혁하는 데 필요한 모든 사항, 즉 노조 결성, 노조 해산, 노조 지도부 선출, 단체협약 승인에 대한 비밀투표의 근거 및 시행 규정 등이 정교하게 명시되어 있다. 표면적으로는 상호주의적이지만, 협정의 각주는 고용주가 전국노동관계위원회의 결정을 집행하라는 법원 명령을 공개적으로 거부할 때만 미국에 적용된다는 점을 명확히 했다.

그런데 전국노동관계위원회는 노동계가 주도권을 쥐고 있는 곳이었다. 자문가들에게 초안을 보이자, 그들은 우리가 목전에 둔 성과에 놀라움을 금치 못했다. 물론 우리가 성과를 내기까지 멕시코인들과, 또 미국 노동조합과도 여러 차례 옥신각신해야 했다. 가장 중요한 문제는 멕시코인들이 개혁을 얼마나 빨리 이행해야 하는가인데, 이를 위해서는 무엇보다도 수천 개의 기존 단체협약에 대한 개정 투표가 선행되어야 했다. 미국 노동조합은 처음에 2년을 요구했고 멕시코는 10년에서 15년을 원했다. 우리는 합리적이면서도 지나치게 길지 않도록 4년으로 합의했다. 그리고 협정문에 새 단체협약이나 노조 선거는 개시 첫날부터 노동 부속서의 규정을 따라야 한다고 담았다.

자동차와 노동은 이번 협상의 주요 쟁점이자, 북미 무역 관계를 노동자에게 이익이 되는 방향으로 재조정하기 위한 핵심 분야였다. 물론 다른 중요한 쟁점도 남아 있었다.

오, 캐나다! NAFTA의 구조적 문제는 대부분 멕시코와 관련된 것이지만, NAFTA 발효 이후 미국과 캐나다 사이에도 수많은 불만 거리가 쌓여 있었다. 캐나다는 겉으로는 자유무역과 국제주의를 지향하지만, 실제로는 매우 국지적이고 때로는 매우 보호주의적인 국가이다. 캐나다는 소련 인민위원도 얼굴을 붉힐 만한 유제품 공급망 관리 프로그램을 수년 동안 운영해 왔다. 정치적으로 중요한 퀘벡주의 부유한 낙농가들을 달래기 위해 캐나다는 미국 수입업체를 차단하고, 더 나아가 제3국 시장에 인위적으로 가격을 낮춘 유제품을 덤핑하여 미국 낙농가에게 전방위적 피해를 주었다. 특히 트럼프 대통령이 위스콘신과 미시간의 낙농가들의 이러한 불만을 직접 들은 후, 낙농가의 캐나다 시장 접근 확대가 최우선 과제로 떠올랐다.

또 다른 무역 마찰 요인도 있었다. 레이건 행정부가 협상한 최초의 미국-캐나다 무역협정의 유물인, 이른바 문화유산 면제 조항에서 비롯된 문제들이다. 캐나다는 퀘벡의 분리주의자들을 달래기 위해 이중 언어 특성을 장려하고 보호하는 여러 법률과 프로그램을 운영하고 있다. 원래 미국-캐나다 무역협정과 이후 NAFTA가 이러한 정책에 위협이 될 수 있다고 주장하는 세력들이 있었다. 멀로니(Mulroney) 행정부는 레이건 행정부와 이후 부시 행정부를 설득하여 프랑스계 캐나다 문화를 보호하고자 대미 무역의 의무를 면밀하게 제한하는 데 성공했다. 그러나 시간이 지나면서 캐나다는 이 조항을 진정한 문화적 민감성을 다루기보다는 캐나다 기업에 불공정한 이익을 제공하고 캐나다 내 미국 투자자들을 쫓아내는 데 악용했다. 무엇보다도 캐나다는 문화 예외 규정을 악용하여 홈쇼핑 네트워크를 배제하고, 미국 음반 아티스트의 저작권료를 깎았으며, 심지어 미식축구리그(NFL)의 슈퍼볼 중계권 수익 독점을 거부하기도 했다. 세계 최대 경제 대국에 면세혜택을 주는 만큼, 캐나다에서 활동하는 미국 엔터테인먼트 회사에 대한 공정한 대우를 보장하는 것은 합리적인 요구로 생각되었다. 끝내 문화 예외 규정을 완전히 없애는 데는 성공하지 못했지만, 우리는 특정 투자자를 위한 일회성 해결책을 마련하고 캐나다가 예외를 발동할 때마다 미국 단독으로 제재를 부과할 수 있는 권한을 얻었다.

투자자-국가 분쟁 해결(ISDS)은 수십 년 동안 미국 무역 및 투자

협정의 주요 특징이었다. 이러한 협정은 협정 당사국이 투자자 보호를 위반하는 경우 투자자가 정부를 상대로 민간 중재 기구에 소송을 제기할 수 있도록 규정하고 있다. 이들 중 상당수는 국제 조정 기구의 위원들로서, 하루는 중재인으로 사건을 심리하고 다음 날에는 변호사로 역할을 전환한다. ISDS의 기본 개념은 투자자가 외국 정부에 대한 청구를 해결하는 출구를 내줌으로써, 미국과 다른 정부의 부담을 낮춰 20세기 전반기에 잦았던 함포외교(gunboat diplomacy)를 벌일 확률을 낮출 수 있다. 그러나 20세기 후반에 시작된 오프쇼어링 시대에 ISDS는 미국의 일자리를 법률이 느슨한 국가로 이전하려는 기업들에 정치적 위험을 대비하는 보험이 되었다. 이런 의미에서 ISDS는 미국의 핵심 비교 우위인 독립적이고 공정하며 상대적으로 효율적인 법률 시스템을 효과적으로 무력화했다고 볼 수 있다. 투자할 곳을 결정함에 앞서 투자자는 신뢰할 수 있는 법률 시스템을 갖춘 국가를 우선 고려해야 한다. 예를 들어 공장 대지가 미국이냐 멕시코냐를 결정할 때, 자연히 법적 신뢰성이 높은 미국에 머무르는 것을 선호할 수밖에 없다. 그런데 ISDS로 인해 멕시코가 오히려 승자가 된다.

이러한 이유로 미국의 주권을 약화할 것을 우려하는 노동조합, 진보 진영, 일부 민족주의 성향의 공화당원들에게 ISDS는 피뢰침과도 같다. 그리고 ISDS는 TPP 탈퇴로 이어진 또 다른 논쟁거리였다. TPP 사후분석 보고서를 매우 주의 깊게 살펴보고, 특히 오프쇼어링을 위한 효과적인 보조금이라는 개념을 발견한 후, 나는 NAFTA에서 ISDS를 솎아내는 데 모든 것을 걸었다. 나는 항상 ISDS가 공장을 해외로 이전하도록 장려하고 미국보다 해외를 원하는 투자자에게 보조금을 원조하고 있다고 생각한다. 하지만 이 조항의 철폐가 얼마나 논란을 일으킬지도 잘 알고 있었다.

상공회의소를 위시해 우리를 단골로 비난해 온 이들은 또다시 살인이나 마찬가지라고 목소리를 높였다. 그리고 그들은 의회의 지지 세력을 동원해 나를 몰아붙였다. 특히 폴 라이언(Paul Ryan) 전 하원의장과의 대화가 기억에 남는데, 그는 ISDS 보호 규정이 존치되지 않으면 공화당 표를 하나도 얻지 못할 것이라며 숨을 헐떡였다. 나를 설득하지 못하자 많은 의원이 대통령을 직접 찾아갔다. 한 번은 대통령이 나를 집무실로 불러서 이 문제를 논의하면서 "밥, 이 문제에 대해 아무도 당신에게 동의하지 않아요!"라고 말하기도 했다. 하지만 내가 ISDS가 기업의 해외 투자에 보조금을 지급하는 것이나 다를 바 없다고 설명하자, 대통령은 나를 지지해줬다.

그날 하루가 끝날 무렵, 나는 워싱턴 로비스트와 정보가 부족한 의원들의 히스테리 반응이 ISDS 철폐로 인한 경제적 결과가 불균등하기 때문이 아닐까 생각했다. 그리고 개별 기업들과 이야기를 나누면서 나는 북미에서 ISDS에 실제로 의존하는 투자자는 페냐 니에토 정부가 에너지 시장을 개방한 이후 멕시코에 투자한 미국 석유·가스 회사뿐이라는 사실을 알게 되었다. 그러나 NAFTA에 따라 ISDS를 이용할 수 있었다면 이들 기업은 멕시코에 투자하지 않았거나 투자하기 전에 멕시코 정부에 다른 보장을 요구했을 것이다. 그리고 이러한 기업들은 거래에 중재 조항을 포함했을 가능성이 높다. 멕시코에서 에너지 문제가 정치적으로 민감하다는 점과, 앞으로 살펴보겠지만 차기 멕시코 정부가 페냐 니에토의 에너지 개혁을 철회하리라는 전망을 고려할 때, 이들 기업이 퇴출당할 위험은 사소하지 않다. 심지어 나처럼 열렬한 ISDS 비판자조차도 이런 상황에서 미국 기업들에 깔린 양탄자를 치우는 것이 불공평해 보였다. 게다가 이 기업들은 석유가 있는 곳으로 갔을 뿐 미국 일자리를 아웃소싱하려는 뜻은 아니었다.

다시 한번, 우리는 회의실에서 전문 로비스트와 무역 협회를 쫓아내고 훨씬 더 건설적이고 이념적 동기가 덜한 석유 회사의 고위 경영진과 직접 소통하기로 했다. 또한 석유·가스업계에 대한 양보로 인해 민주당이 최종 협상안 지지 의사를 철회하지 않도록 진보적인 반(反) ISDS 활동가들과도 비공식 논의를 계속했다. 마침내 우리는 에너지 기업과 비슷한 처지에 있는 소수의 멕시코 투자자를 보호할 수 있는 해결책에 도달했다. 그러나 우리는 캐나다와의 ISDS를 없앴고, 무엇보다 중요한 점은 30년 동안 이어져 온 오프쇼어링 정부 보조금 정책을 종식했다는 것이다. 이 해결책을 받아든 석유·가스 회사들이 자금 지원을 중단하자 ISDS 찬성 로비 활동은 하룻밤 사이에 무산되었다. ISDS에 찬성하는 이데올로기 전사들은 이데올로기만 남았을 뿐 탄약이 바닥났다. 그들은 신념만으로는 충분하지 않다는 것이 밝혀졌다. 그들은 돈도 원했다.

또 다른 중요한 협상 초점은 디지털 경제다. NAFTA는 전화 접속 인터넷 시대가 도래하기도 전인 1990년대 초에 협상이 이루어졌다. 클라우드 컴퓨팅, 스트리밍 플랫폼, 디지털 결제, 국가 간 대규모 데이터 전송은 모두 미래의 일이므로 최초 협상 때는 상상조차 하지 못했다. USTR은 TPP 협상 기간에 디지털 무역 분야를 발전시키는 데 괄목한 성과를 거두었다. 그러나 다양한 국가와 단체들이 이러한 규율에 서명하도록 하려면, 미국은 궁극적으로 디지털 무역의 핵심 의무에 대한 전면적인 예외를 받아들여야 했다. 한 가지 예를 들자면, TPP 국가가 기업이 사업을 하기 위한 조건으로 데이터 센터 현지화를 요구하지 않는다는 요건을 살펴보자. 이 경우 "합법적인 공공 정책 목표"를 추진하기 위한 것이라면 해당 정책 수단이 적용되지 않는다. 다시 말해 이는 "내가 원하지 않는다면 데이터 현지화를 동의하지 않겠다"라는 뜻이다. 공정하게 말하자면, 이번 사건은 무역 협상에서 흔히 사용되는 유형이다. 미국은 종종 다른 나라가 의미 있는 최상위 의무에 서명하게 한 다음, 그 규칙을 사실상 무력화하는 예외 사항에도 동의하게 한다. 게으른 기자들이 세부 사항을 파지 않는다면, 이는 낙관적인 보도자료와 좋은 뉴스 기사가 될 수 있지만 미국의 이익 증진에는 거의 도움이 되지 않는다.

우리는 예외를 없애거나 대폭 축소하여 디지털 무역을 의미 있는 공간으로 만들고 싶었다. 또한 중국에 진출한 미국 기업을 오랫동안 괴롭혀 온 기술 이전 문제도 다루고 싶었다. 현재 북미에서는 큰 문제가 아니지만, 독점 소스 코드 및 기술 관련 지식재산권의 강제 공개를 방지하는 강력한 조항이 포함되면 향후 디지털 무역 협상에서 미국은 강력한 선례로 활용할 수 있을 것이다.

NAFTA 재협상은 또한 미국과 가장 가까운 무역 상대국들이 중국에 대해 입장을 결정할 기회가 된다. 다시 말하지만, 이 분야는 TPP에서 다져놓은 토대 위에 구축되었다. TPP에는 국영기업에 대한 규율과 환율 조작에 대한 부칙이 포함되어 있다. 그런데 디지털 무역과 마찬가지로, (환율 조작의 역사를 가진 비시장 경제 국가인 베트남을 포함한) 다양하고 다루기 힘든 국가들을 한데 묶다 보니 규정이 힘을 잃었다. 우리는 보조금 규정을 강화했고, 환율 조작 방지 조항을 처음으로 협정문에 포함해 분쟁 조정 대상으로 만들었다.

그러나 우리는 한 걸음 더 나아가 무역 상대국이 중국과 같은 비시장 경제와 새로운 무역협정을 체결하는 것을 훨씬 어렵게 만드는 문구를 넣자고 제안했다. 당시는 중국이 밴쿠버에 구금되어 미국 형사 기소를 위한 송환을 기다리는 화웨이 임원을 석방하게 할 목적으로 캐나다 시민권자인 마이클 스패버와 마이클 코브리그를 거의 3년 동안 억류한 상황이었다. 그런 상황에서 캐나다-중국 FTA에 대한 아이디어는 다소 공상적인 것처럼 보일 수 있었다. 그러나 트럼프 행정부 초기에 쥐스탱 트뤼도(Justin Trudeau) 캐나다 총리는 베이징의 비위를 맞추며 중국과의 FTA 체결에 대해 공개적으로 언급했다. 만약 양국이 FTA를 체결했다면, 중국이 캐나다를 경유해 사실상 대미 면세혜택을 누릴 수 있기에 미국의 캐나다 시장 점유율을 압박하고 미국과 캐나다의 관계를 완전히 바꾸어 놓았을 것이다. 멕시코도 마찬가지이다. 두 국가 중 어느 한 국가가 미국의 최대 글로벌 적수와 그러한 협정을 체결하기로 한다면, 최소한 북미 무역 관계에 대한 근본적인 재검토가 있어야 한다.

우리가 최종적으로 합의한 것은 USMCA 국가가 중국과 FTA 체결을 절대적으로 금지하지 않되, 3국 중 한 국가가 중국과 FTA 협상에 참여하고자 하는 경우 먼저 다른 USMCA 국가에 통보하고 협상 목표를 투명하게 공개하게 했다. 사실상 중국과의 FTA 체결을 어렵게 만든 것이다. 이 조항은 또한 다른 두 국가가 중국과 협상하는 국가를 USMCA에서 효과적으로 쫓아낼 수 있도록 허용했다. 이제 최소한 캐나다 또는 멕시코가 중국과 보조를 맞춰 미국의 이익을 훼손할 수 없는 강력한 동기 부여가 생긴 셈이다.

아마도 새 협정에 대한 우리의 제안 중 일몰제만큼 많은 관심과 분노를 일으킨 조항은 없었을 것이다. 거의 모든 상업 계약과 많은 국제 조약과 마찬가지로 새 협정에도 기간이 정해져 있어야 한다는 아이디어였다. 협정 기간이 끝날 때 양측이 재연장을 결정하면 협정은 계속 유지된다. 그렇지 않으면 협정은 종료된다. 일몰제는 국제 무역계에서 급진적인 제안이었다. 미국이 지금까지 체결한 모든 무역협정, 즉 GATT부터 WTO 협정, 양자 및 다자간 FTA에 이르기까지 모든 무역협정은 영원히 지속되리라고 예상되었다. 그리고 대기업을 포함한 많은 이들이 그렇게 원했다. 안정성과 예측 가능성을 보장하려면 기한이 아예 없어야 한다는 주장도 있었으니까 말이다.

물론 기한이 없다면 투자자에게는 좋을 수 있다. 하지만 미국 국익 또는 전반적인 무역 관계의 건전성 면에서는 반드시 좋지는 않다. 협정이 영원히 지속된다면, 정책 입안자들이 협정의 효과를 재평가하고 어려운 결정을 내려야 할 시점이 부여되지 않는다. 게다가 대개 거래 관계는 예측할 수 없는 방식으로 진화하고 시간이 지나면서 이익의 분배가 협정 전에 기대한 것과 크게 못 미치는 경우가 허다하다. 협정 기간이 없다면 당사국들이 모여 협정을 갱신하고 조정이나 개선을 논의할 수 있는 자연스러운 계기가 없고, 이에 따라 정책 입안자들이 발생하는 문제를 해결하기 위해 관심과 정치적 자본을 쏟도록 하는 강제 메커니즘도 없다.

이 문제에 대한 나의 해결책이 일몰제였다. 원래의 구상은 계약 기간을 4년으로 정하고 그 시점에 계약이 만료되도록 하고 싶었다. 이는 분명 공격적인 제안이었다. 하지만 이를 통해 멕시코와 캐나다, 그리고 미국 재계에 우리가 현재의 무역 마찰 요인들을 해결하려 할 것이고 미국이 더 이상 불균형하고 구태인 협정에 얽매이지 않으리라는 의지를 분명히 하고자 했다. 이제 협정 탈퇴와 같이 비용이 많이 들고 파괴적인 위협 수단 외에도 협정 개정 기회가 보장되는 패러다임의 변화가 필요했다. 협상을 진행하면서 내 제안은 이렇게 바뀌었다. 계약 기간은 16년으로 연장되었고, 6년째에 계약 연장 여부를 결정하기로 했다. 즉, 6년마다 각 USMCA 체결국의 정치 지도부는 협정을 16년 더 연장할지를 결정 내려야 한다. 연장하지 않기로 하면, 10년의 시계가 째깍거리며 돌아가기 시작하고, 그 기간에 하나 이상의 당사국이 문제 삼은 불균형을 해소하기 위해 다른 국가도 함께 노력할 수 있다. 이렇게 넉넉한 시간은 시장 혼란을 방지하면서도, 우유부단한 정치인들이 협정을 무기한 연기하려는 유혹을 물리치게 해준다. 만약 미국이 NAFTA와 중국의 WTO 가입 의정서 등 과거의 무역협정에서 일몰 조항을 고집했었다면, 오늘날 미국과 국제 무역 시스템은 훨씬 더 강력했을 것이다.

13장

USMCA: 멕시코와 캐나다

NAFTA는 미국으로서는 실패한 협정이었다. 따라서 더 나은 협상을 위한 재협상은 내 우선순위 상단에 자리 잡고 있었다. 우리가 원하는 협정의 종류를 결정하는 것은 첫 시작에 불과했고, 실제로 협상하는 것은 전혀 다른 일이었다. 협상 대상은 멕시코와 캐나다는 물론 미국 의회, 민간 부문, 노동계, 기타 이해관계가 있는 선거구 등 여러 당사자를 망라해야 했다. 이 모든 것은 세제 개혁, 건강보험법 개정 실패, 논쟁적인 이민 정책, 샬러츠빌*, 멀러 수사**, 미-중 무역전쟁, 그리고 궁극적으로는 첫 탄핵 재판 등 트럼프 행정부가 매일이 멀다 하고 벌이는 드라마가 배경으로 펼쳐졌다. 협상이 실패로 돌아간다면 행정부, 공화당과 국가에 치명적일 수 있었다. 흥미진진한 도전이었지만 동시에 끔찍한 시련이기도 했다.

---

* 2017년 8월 버지니아주 샬러츠빌(Charlottesville)에서 시의회가 남부맹방 로버트 리 장군의 동상을 철거하는 과정에서 벌어진 유혈 시위사태를 가리킨다. 한 백인 우월주의자가 반대 시위자들에게 차를 몰고 돌진해 1명이 사망하고 수십 명이 다쳤으나, 트럼프가 "양측에 책임이 있다"라는 발언으로 구설에 올랐다.

** 멀러(Robert Mueller)는 대선 당시 트럼프의 러시아 유착을 수사한 특검이다.

USMCA에 대한 첫 번째 공식 협상은 2017년 8월에 시작되었다. 협상을 시작하는 공개회의에서 나는 각국 협상 대표인 멕시코 경제부 장관 일데폰소 과하르도 비야레알(Ildefonso Guajardo Villarreal)과 당시 캐나다 국제통상부 장관인 크리스티아 프리랜드(Chrystia Freeland)와 함께했다. 과하르도는 베테랑 무역 협상가이자 뛰어난 패션 감각을 갖춘 인물이다. 현재 부총리 겸 재무부 장관이자 장래 캐나다 총리가 될 가능성이 높은 프리랜드는 로데스 스칼라십을 받았으며, 한때 KGB 감시 대상에 올랐던 용감한 전직 저널리스트였다.* 나중에 우리 세 사람의 개인적인 역학 관계에 대해 많은 글이 돌아다녔지만, 언론의 설명과 일부의 예상과는 달리 우리는 전문가답게 행동했고 때로는 매우 친근했다. 하지만 북미 자유무역의 미래를 위한 첫 공식 회의는 징조가 그다지 좋지 않았다.

8월 16일 워싱턴의 주요 호텔 대형 회의장에서 협상의 첫 공식 세션이 시작되었다. 각 장관은 개회사를 통해 각자 입장을 밝힌 후, 천여 명(국가별 약 330명)의 정부 관계자가 주제별로 나뉘어 토론했다. 과하르도와 프리랜드는 각각 낙관 섞인 발언을 통해 3국 관계의 강점을 강조하고, NAFTA의 장점을 칭송하면서 굳이 변경할 필요가 있겠냐고 미묘한 뉘앙스로 암시했다. 나는 의도적으로 무뚝뚝한 어조로 말했다. 나는 NAFTA가 미국의 좋은 일자리를 잃게 만든, 매우 결함이 큰 협정이라고 말했다. "이 협정은 수많은 미국인으로

---

* 프리랜드는 미국 하버드대학교 사학과 재학 중이던 1989년 우크라이나로 건너가 프리랜서 기자로 일하면서 키이우 소나무 숲에 암매장된 우크라이나인 3만 명이 소련의 주장대로 독일 나치가 아니라 스탈린에 의해 처형됐다는 사실을 취재해 뉴욕타임스에 최초로 보도한 바 있다.

서는 실패한 협정이다"라고 나는 명백히 밝혔다.

이 문제를 해결하기 위해 트럼프 행정부는 단순히 몇 장을 새로 추가하고 조정하는 데 그치지 않았다. 우리는 NAFTA의 근본적인 개편을 주장하며 미국 노동자에게 유리한 북미 무역 관계의 재조정에 나섰다. 그때까지만 해도 트럼프 행정부가 대충 협상 승리를 선언하는 현수막을 내걸고 멋진 서명식을 개최한 다음 다른 이슈로 넘어가는 겉치레 행사를 할 것이라는 추측이 있었다. 나는 청중에게 이렇게 말했다. "나는 [트럼프 대통령이] 단순히 몇 개의 조항을 수정하고 몇 개의 장을 수정하는 데 그칠 생각이 없다는 점을 분명히 말씀드립니다. NAFTA는 많은 점에서 근본적으로 실패했으며 대대적인 개선이 필요합니다." 내 발언이 끝나자 모두가 이번 협상이 쉽게 끝나리라는 생각을 버렸다. 힘든 협상이 될 것이고 그 결과는 미국 노동자, 농민, 기업에 도움이 될 것이다.

무역 협상의 어려움 중 하나는 일반적으로 협상 시한이 정해져 있지 않다는 점이다. 따라서 양측은 언제 자신의 진정한 협상 속내를 내보여야 할지 알기 어렵다. 협상 일정에 대한 불확실성은 본능에 맡겨야 한다. 특히 정치인들로서는 어려운 선택이나 국내 이해관계자와의 대립을 미루고 싶어 한다. 비결은 마음을 가다듬고 교착 상태를 풀 수 있는 데드라인을 찾거나 만들어야 한다. 정치 일정이 그러한 시기를 조율할 수 있다. 처음에 우리의 전략은 2018년 미국 중간선거까지 재협상을 하겠다는 것이었다. 대통령 소속 정당이 하원과 상원을 모두 장악한 115대 의회에서 합의안을 통과시키려면 늦어도 2018년 늦봄까지는 재협상을 마무리해야 했다. 그 시기를 넘기면, 민주당이 최소한 하원을 장악하는 정국이 될 수 있는 데다가 2018년 7월 1일로 예정된 멕시코 대선과 그해 12월 1일로 예정된 페냐 니에토 대통령의 임기 만료를 고려하면 멕시코에 새로운 행정부가 들어설 가능성도 있었다.

그러나 8월 협상이 개시된 이후 공식 협상 라운드에서 캐나다와 멕시코는 우리와 같은 긴박감을 공유하지 않았다. 더구나 협상이 교착 상태에 빠져 트럼프 대통령의 인내심이 바닥난다면, 그가 언제든 NAFTA에서 탈퇴하겠다고 결정을 내릴 수 있다는 점을 이해하지 못하고 있었다. 캐나다는 나를 포함한 행정부와 협상하기보다는 미국 의회에 로비하여 자신들이 원치 않는 요구를 철회하도록 압박하는 것을 최선의 전략으로 여긴 듯했다. 더구나 NAFTA 탈퇴 카드는 쉽게 꺼내지 못하게, 잘하면 완전히 포기하도록 말이다. 그리고 멕시코도 이런 전략에 얼마간 동조했다.

실제로 양국 대표단이 국회의사당을 방문했을 때, 그들은 상원 재무위원회와 하원 세입세출위원회의 NAFTA 지지자들로부터 많은 격려를 받았다. 이 지지자들에는 공화당 의원들도 다수 포함되어 있었다. 그러나 두 국가가 놓친 사실은 이미 공화당의 지지 기반이 무역 문제에 대해 상당히 변화했는데, 공화당 의원 중 상당수가 새로운 공화당 기조를 발맞추지 못했다는 점이다. 2016년 트럼프 대통령이 공화당에 영입한 노동계급 유권자들은 무역 전반, 특히 NAFTA에 대해 팻 투미와 카이토연구소와 매우 다른 견해를 가지고 있었다. 말할 필요도 없이 트럼프 대통령은 후자가 아닌 전자를 지지했다. 과하르도, 프리랜드, 그리고 나는 개인적으로는 우호적이었으나, 협상의 첫 9개월 동안 캐나다와 멕시코가 의미 있는 양보를 한 기억이 없다. 분명히 두 국가는 일거수일투족을 서로 조율하고 있었다. 그들은 단순히 우리가 지치기를 바랐거나 의회가 우리를 굴복시키기를 기다렸던 것 같다.

6월의 마감 시한이 다가오면서 NAFTA의 전망은 더욱 암울해졌다. 그 무렵에 벌어진 일련의 사건들은 긴장의 끈을 더욱 팽팽히 당겼으나 결국에는 역학 관계를 바꿔 성공적인 협상 타결을 위한 길을 여는 시발점이 되었다.

그 하나는 트럼프 대통령이 국가 안보에 필요한 경우 관세를 부과할 수 있다는 무역법 232조를 근거로 내세워 철강과 알루미늄 수입품에 관세 부과를 결정한 것이다. 이는 당시에도, 그리고 지금까지도 트럼프 대통령이 내린 결정 중 가장 논란이 많았다. 처음에는 캐나다와 멕시코는 면제 대상에 포함되었다. 그러나 철강과 알루미늄 프로그램이 제대로 작동하려면 캐나다와 멕시코가 대미 수출을 얼마간 제한하는 데 동의해야 했다. 그렇지 않으면 두 국가는 미국에 수출되는 철강 생산량을 늘려 가격 상승의 차익을 누리면서 동시에 값싼 중국산 또는 러시아산 철강을 수입해 자국의 소비를 메꿀 수 있기 때문이다. 그런데도 캐나다와 멕시코가 어떤 유형의 규제에도 응할 뜻이 없음을 분명히 밝히자, 트럼프 대통령은 이례적으로 두 나라에서 수입되는 철강과 알루미늄에도 관세를 부과하기로 했다. 관세 부과는 NAFTA와 WTO 의무규정을 고려해 국가 안보에 따른 예외 조항에 근거해 시행되었다. 이로써 트럼프 대통령은 가장 가까운 무역 상대국 두 나라—게다가 캐나다는 최우방국이기도 하다—에 과거의 비즈니스는 끝났다는 신호를 보낸 셈이다. 트럼프 행정부는 무역 의제를 진전시키기 위해서라면 기꺼이 외교적 겉치레는 벗어둘 생각이었다.

둘째, 대통령은 무역법 232조에 따른 철강과 알루미늄 관세 부과에 이어 자동차 부문에 232조 발표를 위한 조사에 착수하겠다고 발표했다. 앞선 232조 조치가 캐나다와 멕시코에 불편하고 성가신 일이었다면, 자동차 부문에 대한 232조 적용은 NAFTA 탈퇴보다 더 치명적인 재앙이 될 것이다. NAFTA가 폐지되고 승용차에 대해 최혜국대우(MFN) 관세가 적용될 경우, 관세율은 2.5%에 불과하다. 그런데 232조는 대통령에게 국가 안보 위험이 해소되는데 필요하다고 판단되는 수준까지 관세를 인상할 권한을 부여한다. 자동차에 대한 232조 적용은 극단적인 조치이며, 법원에 의해 철회될 수도 있었다. 어쨌든 미국 시장에 공급하기 위한 캐나다와 멕시코의 자동차 부문이 입을 피해는 치명적이지 않더라도 심각한 수준일 것이다. 확실히 철강과 알루미늄 부문의 관세 부과보다 훨씬 더 큰 위협이었다. 공평하게 말하자면, 자동차 부문은 3국의 가치사슬이 공고해서 미국의 자동차 산업도 상당한 타격을 입었을 것이다. 그러나 철강과 알루미늄 부문에 이미 232조가 적용된 후라서, 이 카드를 꺼내 든 것만으로도 트럼프의 단순한 허풍이 아니라 캐나다와 멕시코 경제에 대한 진정한 위협으로 여겨졌다.

마침내 6월 초 퀘벡주 샤를부아에서 열린 긴장감 넘치는 G7 회의에서 그간 정책 변화로 인해 증폭된 3국 간 불만이 폭발했다. 정상회담이 열리기 몇 주 전부터 트뤼도 총리는 트럼프 대통령을 설득해 이른바 자동차-젖소 협상을 타결하기를 희망했다. 캐나다가 낙농 부문의 시장 접근을 추가로 허용하고 멕시코는 자동차 부문에서 일부 양보하면, 미국은 다른 요구를 모두 포기한다는 것이었다. 긍정적인 답변을 당연시할 때나 내밀 만한 초라한 제안이었다. 여전히 캐나다와 멕시코는 좋은 시절이 끝났다는 사실을 깨닫지 못했다.

　캐나다 정부는 이 자동차-젖소 협상의 추진력을 높이려고 정상회담에 앞서 언론에 협상이 막바지 단계에 있으며 곧 합의가 발표날 수 있다고 흘렸다. 미국에 나쁜 협상이 될 것이라며 대통령을 매도하는 계략에 진저리난 나는 양측이 합의에 "전혀 근접하지 못했고" 여러 쟁점에서 "현격한 차이"가 있다는 다소 거친 보도 자료를 발표하며 대응에 나섰다. 그리고 그것이 진실이기도 했다.

　6월 8일에 시작된 G7 정상회의는 사실상 G6 대 G1 회의로, 회원국 사이에 미국은 소외된 존재였다. 미국의 232조 관세, 이란 핵합의 파기, 파리 기후협정 탈퇴 등을 둘러싼 논쟁으로 회의장은 차갑게 식어 있었다. 그리고 이미 원만하지 않던 트럼프 대통령과 트뤼도 총리의 관계는 회의 직후에 바닥을 내보였다. 정상회담이 끝난 후 트뤼도 총리가 언론에 미국의 관세 조치를 비판했고, 이에 화가 난 트럼프 대통령은 김정은과 첫 만남을 위해 탑승한 에어포스원 전용기에서 캐나다 총리를 겨눈 트위터 폭격을 퍼부었다. 그 후 백악관 참모 피터 나바로가 기자단에 "지옥에 (트뤼도를 위한) 특별한 자리가 있다"라고 발언했다. 이 사건으로 미국이 캐나다 북부를 침공했다가 실패한 1812년 전쟁 이후로 양국 관계는 가장 최악으로 치달았다.

당시에는 제115대 미국 의회의 비준에 맞춰 협정이 체결되리라는 희망이 거의 없었고, 여론조사와 역사적 추이를 고려하면 가을 선거에 민주당 낙승이 예상되었다. 우리는 주요 쟁점에서 사실상 교착 상태에 있었고 미국과 캐나다는 거의 대화 단절 상태였다. 우리는 7월 1일 멕시코 선거가 끝날 때까지 협상을 중단하기로 했다. NAFTA는 외줄 위에 아슬아슬하게 버티고 있었다.

그다음에는 이 드라마에서 새로운 주요 인물이 떠올랐다. 안드레스 마누엘 로페스 오브라도르(Andres Manuel Lopez Obrador, 머리글자를 따서 AMLO라고 불린다)는 좌파 성향의 선동가로, 멕시코 대통령 선거에 두 번이나 도전했다가 실패했다. 2006년 첫 번째 출마에서 실패하자, 암로는 유권자의 표를 전방위적으로 도둑맞았다며 자신을 멕시코의 "합법적인 대통령"으로 선언하고 멕시코시티의 조칼로 광장에서 가짜 취임식까지 열었다. 세 번째 취임식에는 아무런 논란이 없었다. 암로는 7월 1일 대선에서 유력한 경쟁자를 30% 이상 차이로 누르고 놀라운 승리를 거두었다.

이는 협상의 또 다른 숨 막히는 순간이었다. 트럼프와 마찬가지로 암로는 열렬한 민족주의자였으며 NAFTA를 좋아하지 않았다. 또한 그는 지난 수십 년간 이 협정이 멕시코 정치를 지배해온 "최악의 신자유주의 합의"를 대표한다며 페냐 니에토와 그의 PRI 정당을 격렬히 비판했다. 더구나 NAFTA가 멕시코의 생계형 농부들에게 끼친 경제적 참상을 직접 목격한 인물이기도 하다. 과연 암로가 최근의 작업을 전부 쓰레기통에 내던지고 처음부터 협상을 시작하려고 할까?

해답은 곧 드러났다. 선거 직후 암로는 내 오랜 친구인 헤수스 세아데(Jesus Seade) 대사를 협상 대표로 임명했다. 세아데는 홍콩에서 수년간 근무한 학자로 인맥이 두터웠으며, 내가 1980년대 USTR 부대표로 활동했을 당시 제네바에서 GATT 멕시코 대표를 맡았던 적이 있었다. 세아데가 워싱턴에 도착했을 때, 우리는 함께 내가 좋아하는 워싱턴 명소, 메트로폴리탄 클럽에서 점심을 먹었다. 그는 차기 멕시코 행정부가 협상이 윤곽을 드러내기를 원하고 암로 역시 일부 민감한 부분을 검토할 테지만 기꺼이 새로운 협정을 지지할 것이라고 전했다. 나는 그의 말에 무척 고무되었다. 다만 한 가지 주의할 점이 있었다. 11월 말 페냐 니에토가 임기를 마칠 때까지 협상이 끝나지 않으면, 암로가 협상을 다시 시작하자고 할지도 모른다고 했다. 아직 기회가 있다는 안도감과 협상할 시간이 몇 주밖에 없다는 불안감이 교차했다. 한편으로는 우리가 멕시코와 단독으로 협상하게 된다는 것을 의미했다. 3자 회담은 결코 그렇게 빨리 진행될 수 없었다. 선거 후 첫 협상을 위해 모였을 때, 윈더빌딩* 대회의실에 마련된 멕시코 측 협상 테이블에는 멕시코 대표단 전체를 수용할 공간이 충분하지 않았다. 나는 선의의 표시로 세아데한테 노동자 대표들이 함께 앉도록 내 옆자리인 미국 측 테이블에 함께 앉자고 권유했다. 그는 미소를 지으며 그렇게 했고, 회의장 분위기가 몇 달 만에 처음으로 화기애애해졌다.

암로가 협상의 신속한 타결을 원하는 사실은 긍정적이긴 하나 시

---

* 워싱턴에 소재한 백악관 인근의 건물로 USTR 본부가 있다.

간적 여유가 없었다. 2018년 12월 1일 암로가 취임 선서를 하기 전에 협상을 완료하고 실행해야 했다. 그런데 미국의 무역촉진권한 규정에 따라 대통령은 무역협정에 서명하기 90일 전에 그 사실을 의회에 알려야 한다. 협상을 마무리할 시간이 촉박했다. 게다가 페냐니에토의 임기가 만료되기 90일 전인 2019년 8월 28일까지는 협상을 끝내야 했다.

그때부터 우리는 소매를 걷어붙이고 정신을 집중한 채 6주간의 치열한 협상에 돌입했다. 우리는 몇 달 동안 교착 상태에 빠져 있던 자동차 원산지 규정*에 대해 빠르게 합의에 도달했다. 멕시코는 "역내가치비율" 75%와 (시간당 16달러 임금의 근로자가 생산하는) "노동가치비율" 40%(자동차) 및 45%(트럭) 요건에 모두 동의했다. 멕시코는 또한 의약품의 임상 정보보호를 위한 독점 기간을 연장하고 인터넷 플랫폼이 사용자가 게시한 정보 콘텐츠의 책임 소재에서 제외하는 데 동의했다. 이는 미국에서 논란이 된 230조에 상응하는 무역 교환인데 이는 바이든 상원의원의 핵심 요구 사항이었다.

결국 가장 논쟁이 큰 쟁점은 노동 부문이었다. 이 협상은 아무리 좋게 말해도 비정상적이었다. 내 맞상대였던 과하르도 장관은 멕시코 재계 로비스트들로부터 오바마 행정부가 TPP 협상 과정에서 멕시코에 강요했던 노동 개혁보다 더 속도를 내서는 안 된다는 압박을 받고 있었다. 과하르도는 다른 사안에서 유연성을 보였으나, 노

---

* USMCA의 원산지 규정은 역내가치비율(RVC, Regional Value Content), 노동가치비율(LVC, Labor Value Content), 철강 및 알루미늄의 북미산 비중의 세 조건을 모두 충족해야 무관세 혜택이 적용되며, 원산지 규정을 충족하지 못할 경우 현 관세율인 2.5%가 적용된다.

동 문제에 대해서는 꿈쩍도 하지 않았고 이와 관련된 미국의 정치적 함의 따위는 전혀 고려할 생각이 없었다.

또 다른 대화 상대가 필요했다. 우리는 멕시코 외무부 장관 루이스 비데가라이(Luis Videgaray)를 찾아갔다. MIT 출신의 뛰어난 경제학자이자 정교한 정치가인 비데가라이는 트럼프 대통령이 협정을 파기하겠다는 위협을 실행한다면 멕시코와 캐나다 양국이 직면할 실질적 위험을 누구보다 잘 이해하고 있었다. 그리고 다행히 비데가라이는 트럼프가 허풍을 떨고 있다고 생각하지 않았다. 비데가라이는 멕시코가 낡고 전적으로 방어할 수 없는 노동 체계를 고집해서 협상이 좌초되는 것을 지켜보고만 있을 수 없었다.

당시 노동 협상은 주로 내 대리인인 C. J. 마호니와 비데가라이 장관의 참모 나르시소 캄포스 쿠에바스에 의해 비밀리에 진행되었다. 멕시코 대표단은 이 초안이 회람 중이라는 사실을 알게 되자 "나르시소의 부속서"라며 조롱했다. 다른 시련과 마찬가지로 노동 부문의 협상은 난제가 많았다. 우리가 멕시코를 압박할 때 어디까지 밀어붙일지 한계가 있었다. 무엇보다 11월 미국 중간선거 이후 민주당이 장악한 하원을 통과하려면 미국 노동조합의 전폭적인 동의를 사전에 확보해야 했다. 또한 미국이 멕시코에 노동 정책을 좌지우지하는 것처럼 보이지 않도록 표면적으로나마 상호 호혜적인 의무를 규정해야 한다. 이 경우 미국 측의 노동관계법과 관행을 위협해서는 안 되고, 자칫 공화당 의원들의 반발을 불러일으킬 수 있었다. 결국 멕시코인들은 보호 계약을 단계적으로 폐지하고 노조 지도부 선출 및 단체교섭 승인 등에서 자유롭고 공정한 비밀 투표를 보장하기로 합의했다. 과하르도가 페냐 니에토 대통령과의 전화 통화에서 대통령직을 사임하겠다고 협박하기도 했다. 그렇게 과하르도와 멕시코 재계는 마지막까지 노동 개혁을 무산시키려고 했으나, 페냐 니에토는 확고한 자세를 취함에 따라 노동 부속서는 협정에서 가장 중요한 결실의 하나가 되었다.

하지만 이런 험난한 협상에서 항상 그렇듯, 변화구가 하나 더 있었다. 이번에는 에너지 문제였다. 에너지 부문은 멕시코 국내와 양국 간 관계에서 수십 년 동안 정치적으로 민감한 이슈였다. 1938년 라사로 카르데나스(Lazaro Cardenas) 대통령은 멕시코의 모든 탄화수소 자원을 "국가"의 자산이라고 선언하고 외국 석유 회사를 모두 쫓아낸 후 국가 석유 매장량을 국영석유공사인 페멕스(PEMEX)에 통합했다. 멕시코는 1990년대 초 NAFTA에 가입하는 대가로 여러 개혁에 동의했지만, 에너지 부문의 의무 이행만큼은 끝끝내 거부했다. 다만 하나의 예외는 "역진방지조항(Ratchet clause)"으로 불리는 것으로, 멕시코는 미국과 캐나다 투자자들에게 에너지 부문을 개방할 의무가 없지만 향후 자발적으로 개방을 선택하면 이를 되돌릴 수 없다는 조항이다. 즉 한쪽으로만 돌아가는 톱니바퀴(ratchet)에 따르는 시장 개방을 뜻한다. 루이스 비데가라이가 설계하고 페냐 니에토가 서명한 대표적인 업적 중 하나가 미국 유수 기업을 포함한 새로운 외국인 투자가 쏟아져 들어오도록 에너지 부문을 개방한 것인데, 이때 역진방지조항이 발동되었다.

우리는 대부분 상징적인 에너지 규제 내용을 협상했다. 그러나 새로운 협정 투자 부문의 의무가 이제 멕시코의 에너지 부문에도 적용될 것임이 분명해졌다. 이 사실을 알게 된 암로는 협상에 관대한 태도를 바꿨다. 처음에 암로는 모든 에너지 의무 규정을 철저히 폐기해야 한다고 주장했다. 이는 역진방지조항을 믿고 멕시코에 투자한 미국인들의 자본이 몰수될 위험을 의미했다. 이는 미국 기업과 그 직원들에게 피해를 주기 때문에, 텍사스, 오클라호마주, 뉴멕시코, 루이지애나의 주 의회가 연합하여 새로운 협정에 반대할 가능성이 있었다. 그렇다면 어떻게 해야 할까? 나는 세이데에게 분명한 뜻을 밝혔다. 정말로 암로가 모든 에너지 관련 협약을 삭제하자고 주장한다면, 우리는 협상을 포기할 것이다. 쉽게 말해 미국 투자자에 대한 멕시코의 실질적인 의무가 희석되지 않도록, 암로가 상징적으로 에너지에 관한 장을 삭제하고 멕시코의 에너지 자원은 "국가에 속한다"라고 재확인하는 수준에서 그친다면, 우리의 협상은 계속될 것이다. 논의가 계속된 결과, USMCA나 다른 미국 무역협정에서 찾아보기 힘든 특이한 내용으로 "제8장: 탄화수소에 대한 멕시코의 직접적이고 양도 불가능하며 불가침의 소유권 인정"이 작성되었다. 두 문단으로 구성된 이 짧은 8장은 멕시코 주권에 대한 민족주의적 수사로 가득 차 있지만, 이 장의 모든 내용은 "협정에 따라 제공되는 (미국과 캐나다의) 권리와 구제 수단을 침해하지 않는다"라는 인식이 깔려 있다. 즉 멕시코는 여전히 미국과 캐나다 에너지 회사에 USMCA의 투자 관련 조항에 따라 부여된 모든 권리를 인정해야 한다.

이 장의 정확한 문구는 24시간 동안 긴장 속에서 암로가 손수 한줄씩 수정함에 따라 완성되었다. 그동안 나의 팀은 메트로폴리탄 클럽으로 돌아가 있었는데, 독자들이 짐작하겠지만 라이트하이저 시절의 USTR는 그곳을 베이스캠프처럼 삼고 있었다. 클럽 규정을 대놓고 위반한 C. J.는 저녁 내내 이메일을 확인하며 협상 초안에 대한 멕시코시티의 반응을 기다렸다. 마침내 이메일을 받자, 나는 서둘러 클럽의 인터넷 라운지로 내려가 세이데한테 전화를 걸었다. 세이데는 암로가 타협안에 서명했음을 언론에 발표했다. USMCA는 한 번 더 죽었다가 살아난 셈인데, 그게 끝이 아니었다.

시곗바늘이 9월 1일 마감 시한을 향하는 동안, 미국 측과 멕시코 측은 윈더 빌딩에서 합의를 마무리하기 위해 밤을 새웠다. 드디어 8월 27일 늦은 저녁, 마감을 불과 몇 시간 남겨둔 상황에서 합의가 이루어졌다. 물론 이 단계에서 핵심 출연진인 캐나다 대표단은 전원 불참했다. 미국과 캐나다의 무역 관계 동결이 6월 샤를부아에서의 대결 이후에도 여전했기 때문이다. 8월 27일에 합의된 것은 새로운 "미국-멕시코 협정"일 뿐, 캐나다는 아직 동의하지 않았다. 8월 28일 협정을 발표할 때 우리는 캐나다가 원한다면 가입할 수 있지만, 그렇지 않으면 양자 간 협상으로 진행할 것이라고 분명히 밝혔다.

시계가 다시 움직였다. 패스트트랙으로 협정 체결 통지서를 받은 날로부터 30일, 즉 9월 30일 자정까지 의회에 협정 전문을 제공해야 했다. 캐나다가 참여하려면 빨리 서둘러야 했다. 그런데 3주가 지나도록 USTR과 캐나다 정부 사이에 의미 있는 접촉은 없었다. 9월 18일 뉴욕에서 열린 유엔 총회가 끝나고 나서야 비로소 소통의 물꼬가 트였다. 트뤼도 총리의 비서실장 케이티 텔포드는 재러드 쿠쉬너*에게 연락하여 처음으로 낙농 문제에 대한 의미 있는 제안을 했다. 얼마 지나지 않아 캐나다인들은 워싱턴으로 돌아와 우리와 멕시코인들에 합류했다. 또다시 격렬한 협상이 시작되었다. 여러 우여곡절이 있었다. 일요일 우리는 몇 시간째 "협상 타결" 확답을 기다렸는데, 캐나다 측이 밤 11시가 돼서야 윈더 빌딩에 도착해 시간을 더 달라고 말했던 기억이 난다.

무역 협상에서 흔히 발생하는 문제로, 정치인들은 협상을 타결할 때라고 결정했는데도 전문 관료들이 한 치의 땅, 아니 이 경우는 1리터의 우유라도 더 얻을 심산으로 계속 싸웠기 때문이다. 우리가 협상이 거의 마무리되었다고 생각할 때마다 캐나다 협상가들은 정치적인 틀에서 합의된 정신이 훼손될 수 있는, 교묘한 삽입 문구를 들고 오곤 했다. 나는 내 절친한 친구 재러드 쿠쉬너와 트뤼도의 보좌관 게리 버츠에게 이 긴박했던 협상을 정상 궤도에 올려놓은 공을 돌리고 싶다.

9월 30일 자정 마감을 몇 시간 남겨두고, 나는 재러드, 게리, 케이티, 프리랜드 장관을 내 사무실로 불러서 마지막으로 부탁했다. "그 딴 교활한 짓은 그만두세요(No more sneaky shit)." 그들은 이에 동의하고 직원들을 불러 연필을 내려놓으라고 지시했다.

2018년 9월 30일 밤 11시 59분에 정확히 미국-멕시코-캐나다 협정의 문안이 USTR 웹사이트에 게시되었다. 10월 1일 최종 합의를 발표하면서 대통령은 이렇게 말했다. "나는 밥 라이트하이저

---

* 재러드 쿠쉬너(Jared Kushner)는 이방카 트럼프의 남편이며 백악관 수석고문을 맡았다.

USTR 대표에게 축하를 전하고 싶습니다. 그가 얼마나 열심히 일했는지 아무도 모를 거예요. 언제 전화하더라도 그는 자기 사무실이나 다른 사람의 사무실에서 일하고 있었죠. 밥 라이트하이저가 훌륭하다는 말은 수년 동안 들어왔어요. 그래서 나는 말했죠. 만약 내가 이 일을 한다면, 우리를 대표할 인물은 라이트하이저라고요. 그와 나는 늘 같은 생각이었으니까요."[1] 모든 역풍 속에서 트럼프 대통령은 항상 나를 지지해 주었다.

두 달 후 부에노스아이레스에서 열린 G20 정상회의의 부속 행사에서 3개국 정상들이 협정에 서명했다. 하지만 이 시점에서 협정을 무산시킬 힘을 가진 또 다른 핵심 인물이 있었다. 바로 낸시 달레산드로 펠로시(Nancy D'Alesandro Pelosi) 하원의장이었다.

14장

USMCA의 2차전: 의회로 가다

그녀의 정치에 대해 어떻게 생각하든, 하원의장(나는 항상 그녀를 그렇게 불렀다)은 강력한 여성이자 미국 정치계의 입지전적인 인물이다. 볼티모어 전임 시장의 딸로 태어난 그녀는 정계 입문 전에 다섯 명의 자녀를 훌륭히 키워냈고, 마침내 한 번도 아니고 두 번이나 하원의장이 되었다. 이러한 업적 덕분에 그녀는 헨리 클레이, 샘 레이번 등 최고의 하원의장 5인의 반열에 이름을 올렸다. 펠로시의 견해, 아니 세계관 자체가 트럼프 대통령과 사뭇 달랐으나, 단 하나 공감하는 분야가 있다면 바로 무역이다.

  펠로시 하원의장은 1993년 북미자유무역협정(NAFTA)을 둘러싼 논쟁에서 반대파 중 한 명이었는데, 클린턴 행정부가 노동 분야의 진전을 약속하며 찬성표를 던지도록 그녀를 설득했다. 후일 이면 합의의 대부분이 말장난이라는 사실이 밝혀지자, 하원의장은 배신감을 느꼈고 찬성표를 던진 것을 깊이 후회했다. 또한 하원의장은 중국 매파가 주류가 되기 훨씬 전부터 강경론을 펼쳤다. 그녀는 PNTR에 강력히 반대했고 중국이 WTO 합의의 문구나 정신을 지키지 않을 것이라고 정확하게 예측했다. 따라서 2019년 1월 민주당이 하원을 석권했을 무렵, 워싱턴의 분위기는 분열되어 있었고 해가 갈수록 심해질 듯했다. 아무튼 우리는 공통된 지점에서 하원의장과 협상을 시작했다. 내가 하원의장을 진심으로 좋아했고 어쩌면 그녀도 나를 좋아했던 것이 꽤 도움이 되었다. 우리 둘 다 1950년대와 1960년대 가톨릭 학교 교육의 소산이었다. 우리 둘 다 비슷한 시기에 워싱턴 D.C에서 대학을 다녔다. 그리고 우리 둘 다 정치를 사랑했고 서로를 존중했다.

우리는 USMCA에 대한 초당적인 찬성을 원했으니 하원에서 민주당의 지지를 얻는 것이 무엇보다 필요했다. 이 법안은 무역촉진권한(TPA)* 절차에 따르지만, 실제로 통과에 큰 도움이 되지는 않는다. TPA는 의회 협의의 요건과 기간을 엄수하고 각종 서류를 제출해야 하는 대신, 법안을 신속하게 통과하도록 고안된 절차다. 즉, 특정 무역 법안이 하원에 상정되어 표결 시한을 정하고 통과되면 비슷한 시한 내에 상원으로 넘어가도록 하는 것이었다. 여기서 중요한 점은 상원에서 이 법안에 대해 필리버스터를 할 수 없다는 것이다. 이론적으로는 교섭과 그 이행 법안이 마무리되면 무역협정은 상당히 짧은 시간에 표결에 부칠 수 있다.

그런데 워싱턴의 대부분 일이 그렇듯이, 현실은 아주 달랐다. TPA의 요건과 절차가 오히려 의회 교섭의 속도를 늦추고 타결을

---

* TPA(Trade Promotion Authority)는 미국 대통령이 추진한 통상협정을 입법하는 과정에서, 의회가 무역협정의 내용을 수정하지 않고 90일 안에 승인 또는 부결 여부만을 결정하게 하는 패스트트랙 절차이다. 미국 행정부의 TPA 연장 요청이 있는 경우 미국 의회는 연장 거부, 한시적 또는 조건부 연장, 재연장 등 다양한 옵션을 선택할 수 있다.

더 어렵게 만들 뿐이었다. 상원에서 필리버스터를 허용되지 않는 것이 대체로 유리하다지만, 향후 USMCA 법안이 충분한 표 차로 통과된 걸 보면 크게 도움 된 것은 아니다. 게다가 하원의장이 원할 때마다 정회를 할 수 있어서 의사일정이 무의미했다. 그녀의 권한으로 얼마든지 의사일정이나 회기 제약을 무시할 수 있었다. 그래서 USMCA 비준의 성공 여부는 전적으로 하원의장과 하원 민주당 의원들에게 달려 있었다.

USMCA를 교섭하고 의회 표결을 거치는 과정에서 나는 끊임없이 의원들을 만났고 계파를 가리지 않고 주요 총회에 출석했다. 새 민주연합, 의회진보 코커스, 블루도그 연합, 보수 계파로는 프리덤 코커스, 공화당연구위원회, 메인 스트리트 코커스 등을 만났다. 그 중도에 있는 문제해결 의원모임도 만났다. 그러나 TPA의 특성상 가장 중요한 선거구는 하원 민주당 코커스였다. 나는 두 차례에 걸쳐 전체 하원 민주당 의원 235명 전원을 만났다. 하원의장이 회의를 주재했다. 두 번 모두 감사하게도 닐 의장이 나를 소개를 해줬고, 한 번은 리치 트럼카 미국노총 위원장과 함께 참석했다. 이 회의는 약 한 시간 동안 질의를 원하는 하원 민주당 의원으로부터 질의를 받고 답변하는 방식으로 진행되었다. 그 만남은 격렬했지만 항상 정중하고 전문적이었다. 이 주간 회의에 참석한 트럼프 내각의 관리는 내가 유일했던 것 같다. 이렇게 모습을 드러냄으로써 지지를 얻는 데 꽤 진전이 있었다.

민주당 하원 지도부와의 첫 회의는 꽤 진풍경이었다. 대부분 남성인 주요 지도자들이 대회의실 탁자의 한쪽에 줄줄이 앉아 있었고, 그 가운데에 하원의장이 굳건히 자리하고 있었다. 그녀는 민주당이 노동의 이행강제를 강화하고, 환경 규정을 보완하고, 의회가 약 처방 수가를 낮추는 권한에 방해되는 지식재산권 조항을 삭제하는 방향으로 협정 개정을 요청하겠다고 밝혔다. 그녀의 논리는 선명하고 강력하며 정교했다. 나는 한 가지 요청을 했다. 나와 함께 세부 사항을 협상할 의원 그룹을 지정해 달라는 요청이었다. 그녀는 동의했다.

회의장 후면에 줄지어 배석해 있던 내 직원들은 하원의장이 고개만 까닥여도 협정 전체가 뒤집힐 수 있다는 것을 알았기에 회의 내내 침울한 표정을 짓고 있었다. 회의가 끝날 무렵 하원의장이 USTR 직원 자리로 다가가 부대표인 C. J.의 팔을 두드리며 "걱정하지 마세요. 우리가 해낼 테니까요"라고 말한 걸 보면 그녀도 우리의 기분을 눈치챈 듯했다. 하원 민주당과의 협상은 몇 달 동안 계속되어 힘들었지만, 나는 하원의장이 단순히 사안을 좌우할 만한 힘 있는 존재일뿐더러 사업을 함께할 수 있는 동지라고 느꼈다.

2019년 4월, 하원의장은 내 요청을 들어주었다. 민주당 의원총회를 대표해 나와 협상을 진행할 USMCA 실무 그룹이 지명된 것이다. 의원총회의 다양한 성격을 반영하듯 다양한 출신들이 포함되었다. 아일랜드계 매사추세츠 출신의 보수적인 가톨릭 신자이자, 강력한 하원 세입위원회 위원장인 리치 닐, 현재 하원 세출위원회 위원장이자 보라색으로 염색한 머리가 인상적인 코네티컷 출신의 열렬한 진보주의자 로사 드라우로, 자전거 애호가이자 대마초 지지자인 포틀랜드 출신의 얼 블루메나우어, 로스앤젤레스 노조원 출신인

지미 고메즈, 앨라배마주 버밍엄 출신의 하버드 졸업생인 온건파 테리 스웰, 작은 키의 오리건 출신이며 블루메나우어의 협력자인 수잔 보나미치, 시카고 골드 코스트 출신의 강경한 자유주의자 제인 샤카우스키, 나파 밸리 출신의 베트남 참전 용사이자 하원의장과 친교가 있는 마이크 톰슨, 그리고 닐의 절친한 친구이자 유쾌한 코네티컷주 경찰 출신 존 라슨.

몇몇 의원들은 실무 그룹에 참가하기 전부터 나와 잘 아는 이들이었다. 닐과 나는 USTR에서 2년 가까이 재임하는 동안 매우 건설적인 관계를 유지해왔다. 로사 드라우로와 나는 협상 기간 내내 긴밀히 연락을 주고받았고 특히 ISDS에 대한 반감을 함께 나누며 유대감을 쌓았다. 블루메나우어, 스웰, 고메즈는 내가 자주 증언을 했던 세입위원회의 위원들이었다. 이 위원들이 나를 알고 있고 과거에도 함께 일한 적이 있다는 사실이 큰 위안이 되었다. 또한 나는 무역 변호사로 일하면서 노동계와 긴밀히 협력해 왔고, 미국의 주요 노동계 지도자인 노총위원장 리치 트럼카와 전미트럭운전사조합의 제임스 호파가 나를 보증했다는 사실도 큰 버팀목이 되었다. 이는 심지어 2016년에 도널드 트럼프가 두 자릿수 지지율을 겨우 넘긴 지역구를 포함해서 각 지역구를 대표하는 조합원들과 신뢰를 쌓는 데 결정적인 역할을 했다. 그렇다고 협상이 쉬웠다는 뜻은 아니다. 확실히 쉽지 않았다. 그룹을 조직하는 데만 4개월이 걸렸다.

협상 테이블에 오른 쟁점 중 노동 분야는 가장 어렵고 중대한 문제였다. NAFTA 하에서는 노동 조항의 이행강제력이 거의 없었기 때문이다. 반면 우리가 협상한 새로운 노동 규정은 NAFTA에서 새

USMCA로 이관된 분쟁해결절차에 따라 의무 시행될 수 있었다. 하지만 그 절차에는 치명적인 결함이 있었다. NAFTA가 발효된 지 몇 년 후, 양 당사국은 한 국가가 분쟁을 제소하면 상대방이 중재자 지명을 거부함으로써 분쟁 해결 패널이 구성되지 않도록 할 수 있었다. 협상 내내 나는 구속력 있는 분쟁 해결에 반대했고, 원래는 분쟁 해결 패널의 결정을 패소 당사국이 취소할 수 있도록 제안했다. 이는 앞서 논의한 바와 같이 WTO 상소기구가 당사국들이 의도하지 않은 방식으로 WTO 규정을 자의적으로 해석하는 경우가 많았기에 그런 곤란한 경험을 반영한 것이었다. 그렇지만 나는 민주당에 패널 구성을 막는 문제를 해결할 의향이 있다고 말했고, 이는 미국이 멕시코의 이의 제기에 대해 소송을 제기할 수 있다는 의미다. 하지만 민주당과 노동계가 원하는 것은 그 이상이었다. 미국이 USMCA 노동 협정을 위반하는 시설에서 제조된 멕시코 제품 수입을 원천 차단하는, 완전히 새로운 집행 메커니즘이다.

관념적으로는 나도 이 아이디어를 전적으로 지지했고, 실제로 내 참모들과 오하이오주 민주당 상원의원 셰로드 브라운의 팀이 야심만만하지는 않으나 비슷한 아이디어를 협상에 포함하려고 뒤늦게 애쓰기도 했다. 그러나 동시에 우리가 멕시코에 요구하는 데 한계를 느꼈다. 암로와 같은 애국자는 미국이 원할 때마다 멕시코와 무역을 차단할 수 있는 일방적인 집행 메커니즘을 순순히 받아들일 리가 없으니까 말이다.

적법한 절차, 중립적인 의사 결정권자의 판정, 그리고 멕시코인들이 위반 사항을 치유하는 자정 기회가 있어야만 가능한 일이다. 민

주당과 노동계에 멕시코인들은 선 집행 후 심판이라는 하트 여왕*
방식의 정의를 받아들이지 않을 것이라고 설득하는 데만 몇 달이 걸
렸다. 그러나 C. J.와 하원 민주당 협상 수석 참모이자 바이든 행정
부에서 나의 후임을 맡게 된 캐서린 타이가 몇 주간의 실무자급 협
상을 계속했고, 드디어 우리는 획기적인 "특정사업장 신속 대응 메
커니즘"을 마련했다. 이 메커니즘을 통해 미국은 개별 사업장의 노
동법 위반에 대해 이행 조치를 하고, 궁극적으로 위반행위가 반복
적으로 발생하는 사업장에 대해 과징금 부과부터 상품 통관 거부까
지도 실시할 수 있다.

10월 말에는 이 모든 어려운 문제를 전부 해결했다고 나는 생각
했다. 하지만 하원의장이 노동계와 협상을 시작하자, 또다시 지루
한 기다림의 게임이 이어졌다. 몇 주 동안 우리는 실무 그룹이나 의
장실로부터 소식을 전혀 듣지 못했다. 그러다 추수감사절이 다가오
면서 협상이 다시 가열되었다.

신속 대응 메커니즘(RRM), 노동 관련 장의 일부 문구 수정, 환경
관련 장의 수사적인 문구 외에도 마지막 한 가지 양보해야 했던 것
은 의약품에 관한 정보독점권의 조항 삭제였다. 정보독점권은 미국
의 혁신적 제약 산업에 매우 중요하다. 바이오 제약 회사들은 일반
적으로 수십억 달러를 들여 생명을 구하는 의약품을 개발하는 데 미
국에서는 의미 있는 특허 보호를 받을 수 없다. 의회는 특허를 부여
하는 대신 혁신 기업이 FDA에 제출한 임상시험 정보를 복제약 기

---

* 〈이상한 나라의 앨리스〉에 등장하는 잔혹한 여왕을 가리킨다.

업이 12년 동안 사용할 수 없도록 하고, 같은 기간에 복제의약품 홍보 또한 금지했다.

　일부 열렬한 의회의 자유무역주의자들조차 TPP에 반대했던 이유의 하나는 오바마 행정부가 정보독점권에 관해 완화된 조항으로 협상했던 전례 때문이다. 오바마 행정부가 실패한 부분을 우리가 성공시켰다는 사실은 내게 협상가로서 벅찬 자부심을 안겨주었다. 덧붙여 나는 이 문제에서 혁신 기업들에 약간의 동정심을 느끼기도 했다. 그들의 금고를 채우는 것보다 정보독점의 기간이 서로 달라서 캐나다와 멕시코가 미국의 혁신 기업에 무임승차 하는 것이 못마땅해서다. 놀랍게도 민주당은 멕시코와 캐나다의 정보독점 기간을 미국과 같게 적용하자는 타협안조차 받아들이지 않았다. 제약회사에 대한 증오심이 너무 강한 탓인지 차라리 무임승차를 계속 허용하려 들었다. 나는 민주당의 입장이 불합리하고 잘못되었다고 생각했지만, 결국 합의를 희생할 수밖에 없었다. 트럼프 대통령도 이를 받아들일 수밖에 없었다.

　시기적으로 하원의 탄핵 절차와 우연히 겹쳤지만, 실무 그룹이 토의한 모든 과정이 비공개로 진행되었고 정보 유출도 없었다는 데 주목해야 한다. 나는 펠로시 하원의장과 닐 위원장, 그리고 그들의 핵심 참모인 캐서린 몬지와 캐서린 타이가 절제되고 공명정대한 절차를 운영해 준 덕분이라고 생각한다. 그 덕분에 우리는 서로 신뢰를 쌓고 궁극적으로 매우 중요한 성과를 거둘 수 있었다.

　물론 투명성 대신 보안을 선택했기에 주요 상대국, 특히 멕시코 측은 교섭 내용에 대해 전혀 알 수 없었다. 신속 대응 메커니즘에 대한 멕시코의 첫 반응은 당연히 부정적일 것이다. 그래도 하원의장이 합의를 지지하리라고 약속한다면 결국 멕시코 국민이 받아들일 것이라고 나는 믿었다. 현실적으로 우리가 민주당과 멕시코를 동시 다발적으로 협상을 시도했더라면 너무 힘겨웠을 것이다. 우리는 추수감사절 직전이 돼서야 세이데에게 민주당과 합의한 제안서를 제시했다. 예상대로 초기 반응은 상당히 격렬했다. 세이데는 추수감사절 아침에 신속 대응 메커니즘을 재차 비난하는 이메일을 이례적으로 보내왔다. 다음 주 워싱턴에 도착하자마자, 세이데가 윈더 빌딩 계단에서 즉석 기자회견을 열어 방금 마친 회의 결과를 성토했다. 나는 하루 동안 그가 진정할 시간을 주기 위해 예정된 회의를 취소했다. 주말에 내 사무실에서 다시 만났을 때, 우리 둘은 한 시간 넘게 신속 대응 프로세스를 다듬었고, 물론 그 수정 내용도 민주당에 전달되었다.

12월의 첫째 주가 끝날 무렵, 나는 협상이 거의 마무리되었다는 확신이 들었다. 그래서 재러드에게 다음 월요일에 협정 수정안에 서명할 테니 멕시코시티행 전용기를 구해 달라고 부탁했다. 12월 8일 일요일 아침, 하원의장과 나는 이행 자금에 관한 몇 가지 남은 세부 사항을 결론지었다. 그 시점에서 나는 모든 것이 끝났다고 생각하고 출장 계획을 말했다. 그러자 하원의장은 내게 일정을 미루라고 지시했다. 중요한 관문이 하나 더 남아 있었다. 미국노총 위원장인 리치 트럼카가 협상안을 최종 승인해야 했다. 게다가 그는 때마침 휴대전화 신호가 잘 잡히지 않는 펜실베이니아 중부의 외딴 지역으로 사냥 시즌을 즐기러 떠났으니까 말이다. 출장은 24시간 동안 미뤄졌다. 마침내 하원의장과 트럼카는 합의를 끌어낼 수 있었고, 노동계는 이 합의에 크게 만족했다.

여기서 협상 과정에서 매우 좋은 친구가 된 트럼카 위원장의 공로를 인정해야겠다. 리치 트럼카는 강인함과 정치적 식견, 원초적인 당파심뿐만 아니라 흠잡을 데 없는 성실함, 애국심과 용기를 겸비한 보기 드문 인물이다. 그분의 성품 하나하나, 내가 개인적으로 증언할 수 있다. 2년 전 협상을 시작했을 때, 워싱턴의 정치인들—그리고 거의 모든 공화당원—은 내가 민주당과 공화당, 기업과 노동계를 막론하고 지원할 협상안을 그리겠다고 나서는 걸 보면 절망적으로 순진하다고 생각했다. 그들은 이를 "라이트하이저의 환상"이라고 불렀다. 결국 노동계와 의회의 많은 민주당 동맹은 원래의 NAFTA와 그 이후의 거의 모든 무역협정에 격렬하게 반대했다.

그들이 이해하지 못했으나, 리치 위원장은 재협상을 멕시코 노동 시스템을 정리할 기회로 보았고, 이를 통해 미국 노동자들에게 공평한 경쟁의 장을 마련하고 향후 무역 협상에서 새로운 노동자 친화적 모형을 설정할 수 있다고 믿었다. 그는 또한 우리가 주장하는 개혁(노동 조항뿐만 아니라 무임승차를 없애기 위한 자동차 원산지 규정 강화, 지속적인 개정을 허용하는 일몰 조항, 더 강력한 환경 의무 등)이 공화당 행정부가 재협상을 진행한다는 이유로 우파의 비판을 어느 정도 차단하리라는 점도 깨달았다. 마치 닉슨이 무역 의제를 들고 중국으로 갔을 때처럼 말이다.

"나는 값싼 데이트 상대가 되지는 않을 겁니다." 어느 날 저녁, 노총의 본부 옥상에서 그가 시가를 즐기면서 내게 한 말이었다. 그래도 그는 성실하게 협력하고 또한 자신이 뜻하는 바를 이룬다면 공개적으로 협상을 지지하겠다고 약속했다. 설령 도널드 트럼프에게 재선 승리를 안겨주게 되더라도 말이다. 그런 점에서 그는 내가 실망하게 하지 않았다. 안타깝게도 리치는 USMCA가 발효된 지 1년도 채 되지 않아 갑작스럽게 세상을 떠났다. 나는 친구에 대한 그리움과 동시에 그의 빛나는 업적의 최정점에 내가 일조한 데 대해 자부심을 느낀다.

앨러게니 산맥에 있는 트럼카의 오두막에서 하얀 연기가 피어오른 다음 날, 나는 제라드와 참모들과 함께 멕시코시티로 출발했다. C. J.와 나는 비행기 안에서 공화당 의원들과 재계 인사들에게 전화로 협상의 윤곽을 브리핑했다. 우리는 공화당 중진들에게 민주당과의 협상 진행 경과를 꾸준히 알려왔다. 척 그래슬리 상원의원과 USTR의 전임자인 로브 포트만 의원, 케빈 브래디 하원의원은 나의 소중한 협상 동반자로서 공화당을 소외시키지 않으면서 민주당을 어디까지 수용해야 하는지를 조언해줬다. 하지만 하원 세출위원회 소속 공화당 의원들에게 협상 내용을 전부 공개한 것은 이번이 처음이었다. 그러자 점점 세력이 약해지는 자유무역주의자들로부터 힐난이 있었고, 펜실베이니아 출신의 중진 상원의원은 앙심을 품고 우리의 속도를 늦추려고 술책을 꾸미다가 실패하기도 했다. 하지만 다행히도 대다수 공화당 의원과 재계는 성공적인 결론에 만족했다.

멕시코인들은 멋진 행사를 선보였다. 서명식은 국립궁전의 바로크 양식의 살라 데 테소레리아(Sala de Tesoreria)에서 열렸다. 암로는 친절하고 따뜻하게 환대했다. 나는 연설에서 미국이 멕시코의

성공에 이해관계가 깊다는 점을 언급하면서 미국-멕시코 관계의 중
요성을 강조하여 청중을 놀라게 했다. 우리는 오랜 역사를 통해 점
점 더 많은 미국인이 멕시코 후손이라는 공통의 유산을 공유하고 있
다. 이는 미국 우선주의 행정부의 대표자에게서 그들이 기대했던 것
과는 사뭇 다른 모습이었다.

　극적이고 다소 재미있는 에피소드가 하나 더 있었다. 세이데, 프
리랜드 장관과 나는 협정을 수정하는 문서에 직접 서명했다. 전체
합의된 패키지에 미국과 멕시코 간 야생 동식물의 불법 밀매에 관한
환경 분야 의향서도 포함되었다. 솔직히 말해 이 의향서는 민주당이
환경운동가들에게 지지의 대가로 내주려고 했던 실질적 조치에는
사실 못 미치는 수준이었다. 그런데도 과하르도의 후임자인 그라시
엘라 마르케스(Graciela Marquez) 내각 각료는 서명을 거부했다.
어쩌면 그녀가 그전까지 협상에서 제외되어 화난 것인지 모르겠다.

　궁전의 웅장한 안뜰에서 멕시코 대표단과 미국 대표단 사이에 대
치 상황이 벌어졌고, 세이데는 둘 사이를 초조히 오가며 말을 전했
다. 결국 그는 워싱턴으로 돌아가서 나중에 문제를 해결하자고 제안
했다. 하지만 나는 의장에게 이면 합의가 최종 패키지의 일부일 것
이라고 말한 후라서 문서에 멕시코의 서명을 받지 못하고서는 워싱
턴으로 돌아갈 수 없었다. 드디어 이 난장판에 합류한 멕시코의 외
교 수석비서관이 마르셀로 에브라르드 외무장관이 마르케스를 대
신하여 서명하는 방안을 제안했다. 그런데 문제는 에브라르드가 서
명식에 참석했다가 이미 청사 장관실로 떠났다는 것이다. 그래서 재
러드, C. J., 비밀경호국 요원들과 나는 에브라르드의 서명을 받으

려고 밴을 타고 시내를 가로질러 갔다.

며칠 후 하원은 USMCA를 표결에 부쳤다. 그날 가장 특별했던 기억은 복도에 앉아 조지아의 존 루이스 의원이 협정에 대한 지지 성명을 발표하는 것을 들은 것이었다. 루이스는 오랫동안 내 영웅이었으며, 몇 달 전 나와 내 직원들이 루이스와 함께 민권 운동에서의 그의 삶과 발자취를 들으며 기억에 남는 저녁 시간을 보낸 적이 있다. 루이스는 특유의 바리톤 목소리로 NAFTA에 대해 다음과 같이 말했다.

26년 전, 저는 온 힘을 다해 NAFTA에 반대했습니다. 그 협정의 잘못된 부분을 바로잡을 수 있는 날이 올 것이라고 저는 생각조차 못 했습니다. 우리 노동자들에게 NAFTA는 실패였습니다. 멕시코 형제자매들에게도 실패였습니다. 우리의 지구에도 실패입니다. NAFTA는 한 세대의 희망과 꿈을 파괴했습니다.… 그렇게 바닥을 향한 경주가 시작되었습니다. 이번 표결을 통해 우리는 시계를 다시 맞추고 새로운 길을 개척하며 새로운 협상 모델을 만들 기회를 얻었습니다. 우리는 언제나 더 많은 일을 해낼 수 있습니다. 하지만 오늘 우리는 새로운 무역정책의 토대를 구축하고 국민과 국가로서 우리의 가치를 투영할 것입니다.

나도 같은 기분이었다. 그리고 이 자리에 오기까지 지난 2년 동안 겪었던 모든 수고와 고통이 이 위대한 인물의 영광스러운 연설 한 마디로 사라지는 것 같았다. 루이스는 몇 달 후 세상을 떠났고, 국회의사당 돔 아래에 안장되는 영광을 누린 미국 역사상 38명 중 한 사람이 되었다.

하원은 385대 41, 상원은 89대 10의 표결로 USMCA를 통과시켰다. 1993년 단 몇 표 차이로 통과되어 많은 지역에서 비난과 논란을 불러일으킨 NAFTA가 이제 압도적인 초당적 지지하에 새 협정으로 대체되었다. 이는 기업뿐 아니라 노동자의 이익을 우선시했기 때문이다. 지난 2년 동안 여러 차례 붕괴 직전에 놓여 있던 북미 무역 관계가 이제 그 어느 때보다 강력한 토대 위에 놓이게 되었다.

교훈은 얻었다. 워싱턴의 외교 정책기구는 트럼프 행정부가 이번 협상에서 미국의 이해관계를 관철하기 위해 무모하게 행동하며 대통령의 연설과 트위터에서 외교적 섬세함이 부족하다는 사실에 경악했다. 하지만 이 엘리트들이 멕시코인이나 캐나다인(물론 대부분은 캐나다인일 것이다)보다 훨씬 더 불쾌감을 느꼈던 게 사실이다.

외교 정책 전문가들의 조언을 무시한 것을 넘어서 협상의 주요 지점마다 전문 로비스트들을 회의장에서 쫓아낸 결정도 매우 적절했다. 일반 공공 정책 분야는 몰라도 적어도 무역 분야는 로비스트와 무역 협회가 상업계의 당면 이슈라고 주장하는 것이 기업 활동에서 그다지 중요하지 않을 때가 많다. 로비스트들은 다양한 공공 정책 결정의 영향을 과장할 유인이 있고, 그렇게 하면 로비스트에 대한 수요가 더 커질 테니 어쩌면 놀랄 일도 아니다. 또한 협상의 열기를 더하려는 이들의 노력은 종종 타협의 여지를 좁힌다. 우리가 대기업 CEO와 법률 고문을 직접 만났을 때, 기업가들은 타협을 거부하는 워싱턴의 정치 거물들보다 훨씬 더 합리적이고 인상적이었다(원산지 규정과 관련해 자동차 회사, ISDS와 관련해 석유 회사를 만났을 때와 비슷한 경우다).

이 협상을 통해 얻은 또 다른 교훈은 정치에서 협치의 중요성이다. 백악관의 일부 광적인 당파주의자들의 시선에서는, 하원의장이 대통령에 대한 탄핵 절차를 관장하고 트럼프 의제를 무산시키기 위해 전력을 다하는 상황에서 어떻게 내가 협상에 성공할 수 있는지 이해하지 못했다. 하지만 나는 밥 돌, 러셀 롱, 대니 로스텐코프스키, 팻 모이니한과 같은 정치인들이 복도와 사무실을 드나드는 워싱턴 정가에서 자랐고, 오늘의 적이 내일의 동맹이 될 수 있다는 것을 잘 이해했다. 세금, 의료, 이민 및 그 밖의 안건에서 내가 하원의장과 의견이 다르다고 한들, 서로의 가치관과 정책 선호가 겹치는 사안에서 그녀와 함께 일하는 데 어떤 주저함이 없었다. 우파와 좌파를 막론하고 워싱턴의 정치인들이 정파주의를 버리고 나와 같은 접근을 취한다면, 미국은 더 나은 통치를 할 수 있을 것이다.

제4부

세계화의 관리:
그 밖의 국가들

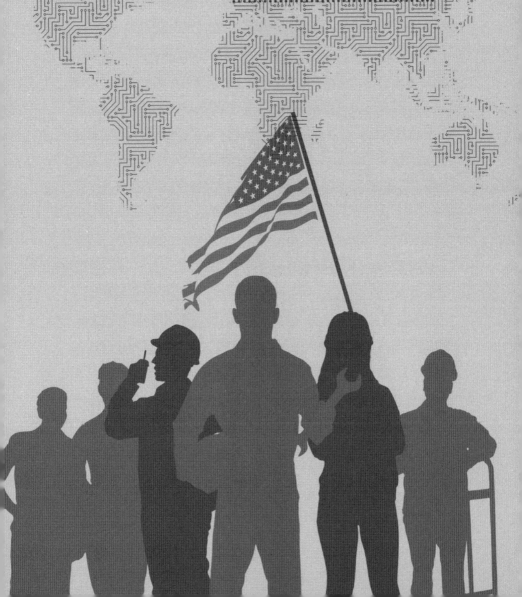

15장

유럽과 일본

세계에서 가장 중요한 지정학적 관계는 미국과 유럽, 그리고 미국과 일본 간의 관계다. 우리는 이 관계의 중요성을 인식하면서 동시에 관계 속의 불평등과 불균형을 해결해야 한다. 우리는 무역 적자를 줄이고 다른 나라처럼 우리의 부를 타국에 이전하는 것을 멈춰야 한다. 국가들은 서로 친구이면서도 경제적 마찰에 건설적으로 대처하고 균형 잡힌 관계를 추구할 수 있다.

유럽과 미국: 균형의 필요성

미국과 유럽은 사회문화적, 경제적, 역사적으로 서로 연결되어 있다. 미국은 북대서양조약기구(NATO)를 통해 유럽 연합의 대부분 국가와 군사 동맹인 동시에 국경 간 투자와 무역 분야에서 상호 공유하는 바가 크다. 유럽 연합 회원국들과 우리의 관계는 매우 다채로우면서도 제각각 중요한 의미를 지닌다.

유럽 공동 시장의 탄생은 1951년 파리 조약이 체결되고 유럽석탄철강공동체(ECSC)가 설립되면서 본격적으로 시작되었다. 이 유럽석탄철강공동체가 더 많은 경제 통합에 대한 열망에 불을 지피면서 1957년 로마 조약이 체결됨으로써 유럽경제공동체(EEC)로 발전했다.

1992년 마스트리흐트 조약 체결이라는 마지막 단계를 밟으면서 유럽연합(EU)이 탄생했다. EU는 27개 회원국(영국이 탈퇴하기 전에는 28개국)으로 구성된 정치와 경제 분야의 연합체다. 모든 회원국은 창립 조약에 구속되며 공통된 법률과 사법 제도를 적용받는다. 2021년 EU는 GDP가 약 17조 달러에 달하며 약 4억 5천만 명의 인구가 거주하는 시장으로 성장했다. 미국보다 공동 경제 규모는 작은데 인구는 더 많다. 미국과 유럽의 총 GDP를 합하면 전 세계 GDP의 40%를 차지한다. 따라서 EU는 국제무역 시스템에서 주요 소비자로서 역할을 하고 있으며, 특히 미국보다 중국으로부터 더 많은 수입을 하고 있다.

EU와의 관계는 지정학적으로 매우 중요하지만, 경제적으로는 매우 불균형한 관계가 되고 있다. 최근 몇 년 동안 미국의 대EU 상품 무역적자는 두 배 이상 증가했다. WTO가 출범한 직후인 1997년에 미국은 EU와의 상품 무역에서 170억 달러의 적자를 기록했고, 2001년에는 650억 달러로 증가했다. 10년 후(2011년)에는 1,000억 달러가 되었다. 그로부터 10년 후(2021년)에는 2,200억 달러가 되었다. 전체적으로 균형 잡힌 무역으로 이어지는 정책을 원한다면 우리는 유럽과의 무역 관계를 다시 되짚어볼 필요가 있다. 트럼프 대통령은 이들 국가가 동맹국으로서 중요한 위치임을 염두에 두면서도 이러한 불균형이 커지는 데 대해 항상 우려했다.

EU 전체 차원에서 살펴보면, 대미 무역흑자에는 몇 가지 원인이 있다. 첫째, 이전 미국 행정부의 부실한 협상으로 인해 관세 격차가 상당하다. 예를 들어, 미국과 EU 간의 무역에서 매우 큰 부분을 차지하는 품목이 자동차 및 관련 부품이다. 미국은 이러한 제품에 대해 2.5%의 관세를 부과하고 유럽은 10%의 관세를 부과한다. 이로써 5만 달러짜리 자동차에서 3,700달러의 차이가 나게 된다. 자동차와 자동차 부품에서만 240억 달러의 적자가 발생했으며 대부분 독일 소유 기업에서 비롯했다. 또 다른 관세 불평등도 있다. 예를 들어, EU는 와인에 대해 최대 26%의 관세를 부과하는 반면, 우리는 종종 1% 미만의 관세를 부과한다. 마찬가지로 목재 가공품에 대한 EU의 관세는 10%지만, 우리는 1% 미만이다. 질소 비료와 플라스틱을 포함한 다양한 제품에서도 유사 사례를 찾아볼 수 있다. EU는 높은 관세 외에도 미국 제품을 막거나 유럽 내 제조를 장려하는 방법으로 기술 표준을 사용한다. 미국에서는 선풍기, 자동차 브레이크, 식품 등 생산품에 관한 기술 표준이 자국에 고유한 방식이 많다. 대부분의 기술 표준은 수백 개의 독립적인 표준제정기관 중 한 기관에서 결정된다. 이러한 표준은 미국 산업계의 영향이 큰데, 주 목적은 안전성과 경제성에 대한 비용 편익 분석이다. 업계 전문가들이 모여 과학 및 최신 데이터를 검토하고, 그런 다음 제품의 위험과 비용을 고려하여 합리적인 기술 표준을 마련한다. 때때로 정부가 주도하여 요구 사항을 채택하는 때도 있지만, 흔히 정부의 공식적인 개입 없이 업계에서 자발적으로 채택한다.

유럽의 기술 표준은 주로 정부 주도로 제정되며 때때로 업계의 의견을 반영하기도 한다. 이러한 표준은 제반 비용보다는 제품 안전을 우선시하는 경향이 있다. 따라서 유럽은 자동차와 소비재의 기술 표준의 요구 수준이 우리보다 훨씬 높으며, 어떨 때는 필요 이상이다. 일부 미국인들은 유럽인의 기준이 과학에 근거하지 않는다고 주장한다. 이러한 높은 기준은 기업이 유럽에서 제조하도록 장려하는 효과가 있다.

오바마 행정부에서 범대서양 무역투자동반자협정(TTIP: Trans-atlantic Trade and Investment Partnership)이 진행되었다. 미국과 EU 경제 간 통합을 높이자는 취지였다. 이 협상은 2013년부터 2016년까지 지속되었으나 실질적인 진전은 거의 이루어지지 않았다. 이론적으로는 트럼프 행정부가 출범한 이후에도 협상이 계속되었지만, 실제로는 오바마 행정부의 USTR이 이를 오래전에 포기했었다. 결국 여러 가지 이견이 노출되며 통상 회담은 결렬되었다. 그중에서도 유럽이 유럽 제조업을 촉진하는 데 도움이 되는 자체 기술 표준을 유지하기를 원했다는 사실이 크게 작용했다.

더구나 유럽 산업은 부가가치세에 대한 높은 의존도로 인해 큰 도움을 받고 있다. 17장에서 보다 자세히 설명하겠지만, 부가가치세는 수입을 억제하고 수출을 장려함으로써 국내 산업을 보호하는 측면이 있다. WTO 규정으로 인해 소득세는 수출 제품에 대해 환급되지 않지만, 부가가치세는 모든 수입품에 부과되고 수출되는 제품에 대해서는 공제된다. EU의 평균 부가가치세율은 21%로, 무역흑

자에 크게 기여하고 있다.[1] 뉴욕에서 100달러인 미국 제품은 유럽
에서 운송 및 기타 비용을 제외하면 121달러다. 같은 기준으로 파
리에서 100달러에 팔리는 유럽 제품은 다른 조건이 모두 같다면 미
국에 79달러로 수출된다. 부가가치세의 효과에 대해 경제학자들은
의견이 분분하지만, 기업가들은 그 영향을 경험적으로 알고 있다.
자국에서 세금을 납부했는데 유럽(또는 상당한 부가가치세가 부과
되는 그 밖의 시장)으로 수출할 때 부가가치세를 추가로 납부해야
하기 때문이다. 비슷한 맥락에서, 미국 시장에서 부가가치세를 공
제받는 유럽 수입업체는 세금이 전액 부과되는 미국 생산업체와 경
쟁 구도에서 유리하다. 이렇듯 국경을 넘을 때 부가가치세의 조정이
가능하다면, 논리적으로 연방 및 주정부의 소득세를 조정하지 못할
이유가 없다. 그렇지만 주 정부의 판매세에 국경조정제도를 도입한
다손 치더라도 통상 유럽 정부의 주요 수입원이 되는 부가가치세보
다 세율이 훨씬 낮다.

유럽은 또한 농업 부문을 두텁게 보호하고 있다. EU 회원국들은
안전, 건강 및 기타 유사한 식품과 농업 표준을 사용하여 많은 미국
산 제품 수입을 막고 있다. 그 결과 미국은 농산물과 식품 분야에서
약 200억 달러의 적자를 보고 있다. 이는 미국이 매우 효율적인 농
업 부문을 보유하고 있다는 점을 고려할 때 아주 큰 적자 규모이다.

마지막으로 유럽은 미국보다 훨씬 더 많은 산업 보조금을 제공한
다. 미국-EU 상품 무역적자의 가장 큰 원인 중 하나는 상업용 항공
기다. 물론 우리의 경쟁자는 유럽의 에어버스이다. 우리는 매년 약
40억 달러 상당의 항공기 및 관련 부품을 에어버스와 그 공급업체

로부터 수입하고 있는데, 유럽 정부의 광범위하고 오랜 기간에 걸친 보조금이 없었다면 에어버스는 존립이 어려웠을 것이다.

점점 커지고 있는 미국-EU 무역적자를 분석하는 또 다른 방법은 여러 EU 국가를 개별적으로 살펴보는 것이다. 유럽은 공동 시장이지만 여전히 독특한 국내 산업 정책과 경제적 장단점을 가진 개별 국가들의 그룹이다. 27개 EU 회원국 중 양자 간 무역수지 적자는 4개국에 집중되어 있다. 독일, 아일랜드, 이탈리아, 프랑스 4개국과 보다 균형 잡힌 무역으로 나아갈 수 있다면 이 문제는 해결될 것이다.

독일

이론적으로는 모든 EU 국가가 동등하지만, 현실에서는 독일이 가장 중요한 무역 상대국이다. 독일은 경제 규모가 가장 크고 EU 문제에서 가장 큰 영향력을 가지고 있다. 2021년 기준 독일의 GDP는 4조 달러가 넘는데, 프랑스는 약 3조 달러, 이탈리아는 2조 달러 미만이다. 2021년 독일의 대미 상품수지 흑자는 약 700억 달러였다. 이것이 가장 문제가 되는 부분이다.

물론 독일은 세계적인 수준의 제조업을 보유하고 있다. 독일 기업들은 자동차 기술, 기계, 제약 분야의 선두 주자이다. 하지만 훌륭한 제품을 생산하고 있는 다른 나라들도 이토록 지속적인 무역흑자를 기록하고 있지는 않다. 반면 독일은 수십 년 동안 대규모 무역흑자를 기록해 왔다. 독일의 산업 정책은 항상 수출을 장려하고 일반적으로 국내 소비를 지양하는 분위기다. 하지만 1999년 이후 독일이 무역 우위를 점한 가장 큰 이유는 유로화에 있다. 내 견해로는 유럽을 하나로 묶는 기본적인 전제는 독일이 비교적 약세인 통화의 혜택을 받고, 그 대가로 EU의 다른 국가들에 현금을 지급하는 것이다. 독일이 여전히 마르크화를 사용했다면 수년간의 무역흑자로 인해 통화가치가 올라서 수출이 더 어려워지고 수입이 더 쉬워졌을 것이다. 그러면 대규모 흑자는 사라질 것이다. 모든 EU 회원국의 무역 실적에 따라 가치가 부분적으로 결정되는 유로화를 사용함으로써 독일은 상대적으로 저평가된 통화를 유지하여 수출 산업을 활성화하는 동시에 미국을 비롯한 전 세계 국가들과 지속적인 흑자를 낼 수 있다. 수년 동안 독일은 모든 국가 중 가장 큰 경상수지 흑자(한 경제 단위에서 들어오는 수입이 나가는 지출을 초과하는 것)를 기록해 왔다. 일부 경제학자들은 독일인들이 부지런히 저축하기 때문이라고 말할 수 있다. 하지만 현실은 독일이 대규모 무역흑자를 기록하는 이유는 통화가 약해 흑자를 채 따라가지 못하기 때문이다. 따라서 나는 독일인이 슈퍼 저축자라고 믿기보다는 유로화 사용을 전제로 한 중상주의적 산업 정책을 펼치고 있다고 생각한다. 이 정책은 막대한 흑자를 창출하고 독일을 더욱 부유하게 만들고 있다.

독일의 상습적인 무역흑자는 수년 동안 비난의 대상이 되어 왔다. 미국의 저명한 경제학자이자 전 연방준비제도이사회 의장인 벤 버냉키는 2015년 브루킹스에 기고한 글에서 독일의 무역흑자가 지속되는 두 가지 주요 이유를 다음과 같이 밝혔다.[2] 첫째, 그는 유로화의 평가절하가 독일 경제에 미치는 영향에 주목했다. 2014년 국제통화기금(IMF)이 독일의 인플레이션 조정 환율이 5%에서 최대 15%까지 저평가되어 있으며 실질적으로 유로화 가치가 당시보다 더 떨어졌다고 추정했다는 점에 주목하자. 둘째, 독일의 긴축정책이 수입을 포함한 국내 지출을 억제함으로써 무역흑자를 떠받치고 있다는 점이다. 그는 특히 다른 EU 국가들과의 무역흑자가 유로화 연합을 불안정하게 만드는 요소라고 결론지었다.

독일은 정부 산업 정책을 통해 자국 제조업을 집중적으로 지원하고 있다. 독일 정부는 "국가의 산업 기반을 강화하는 것은 … 국가적으로 중요한 과제"라며 공개적으로 정부 정책이 지원할 필요성을 강조하고 있다.[3] 특히 철강, 금속, 화학, 자동차, 의료 장비, 항공우주 등 주요 분야를 대상으로 한다.[4] 이러한 목표를 지원하기 위해 독일 정부는 보조금 지급과 함께 기업규모가 성공에 긴요한 분야에서 기업 합병을 장려하고 있다.[5]

더 나아가 베를린은 2003~4년에 하르츠(Hartz) 개혁이라고 불리는 여러 노동 개혁을 통과시켰다.[6] 이러한 개혁의 일환으로 독일 정부는 근로자의 해고 제한을 완화하고 실업보험 제도를 개혁하여 "장기 실업자"에 대한 실업수당을 낮추고 구직 요건을 강화했다.[7] 이러한 변화는 독일 근로자의 협상력을 약화하고 임금 상승률을 GDP 성장률보다 낮은 수준으로 유지했다. 마이클 페티스(Michael Pettis) 교수의 말을 인용하자면, "세계화된 세상에서 경쟁력을 확보하는 방법은 (독일처럼) 임금의 실질 가치를 낮추거나 (많은 아시아 국가처럼) 통화를 저평가하는 것이다."[8] 따라서 독일의 정책은 약한 통화, 인위적으로 낮은 노동 비용, 정부가 운영하는 산업 정책의 삼박자를 고루 갖춘 셈이다. 특히 메르켈 총리가 집권한 16년 동안, 독일은 러시아·중국과 관계가 더욱 진전되었다. 메르켈 총리는 재임 당시에 중국을 13번이나 방문했는데, 이는 다른 서방 국가 지도자들보다 훨씬 많은 횟수다. 그녀는 스파이 활동을 막기 위해 중국 통신업체 화웨이를 통신망에서 배제하라는 미국의 요청을 거절했다.[9] 부분적으로는 이러한 친선 노력에 힘입어, 독일은 정기적으로 양국에 상당한 규모의 무역흑자를 기록했다(우크라이나 전쟁과 코로나19의 영향으로 인해 최근 일시적으로나마 상황이 바뀌었다). 독일은 저렴한 에너지원으로 러시아 가스를 원했고, 중국 사업에서 가능한 모든 이점을 확보하려 했다. 총리 임기가 끝나갈 무렵(그리고 독일이 순번제로 EU 집행위원회 의장국을 맡게 된 후), 메르켈 총리는 여러 국가의 반대에도 불구하고 오랜 시간을 끌어온 중국-EU 투자 조약을 밀어붙였다. 이 조약은 비준되지 않았고 앞으로도 비준 가능성은 없지만, 중국의 경제적 승리로 인식되었다. 유럽과 협상하는 동안 내가 접촉한 상당수 독일 관료가 중국에 호의적이라고 믿었다. 안타깝게도 새 총리인 올라프 숄츠(Olaf Scholz)는 자신의 안보 전문가와 일부 연정 파트너의 반대에도 불구하고 근시안적으로 중국 우호 정책을 따르는 것 같다.

USTR 근무 초기에 독일 고위 경제 대표단이 내 회의실로 찾아온 적이 있었다. 그때 나는 중국에 대한 우려를 전달했다. 그 관리들은 중국에 대해 걱정하지 않는다고 말했다. 그들은 양호한 무역 관계에 있고(우리는 이것을 흑자라고 읽으면 된다) 중국 정책으로 인해 곤란에 빠진 적이 없다고 했다. 그들은 독일이 중국보다 기술적으로 더 앞섰다고 (오만하게) 믿었기 때문에 중국을 실질적인 위협으로 보지 않았다. 나는 회의 중에 그들의 견해와 다르다는 점을 분명히 했고, 급기야 그들이 사무실을 나설 때 "중국에 대한 여러분의 생각에 행운이 있기를 빕니다"라고 말했다. 나는 독일인과 중국인을 두루 알고 지냈는데, 어느 한 집단이 다른 집단보다 더 똑똑하다고 생각하지 않는다. 독일 정부의 일부 인사들은 새로운 중국-러시아 동반자관계에 대한 정보를 바탕으로 이 위협의 실체를 좀 더 이해한 듯하다. 미국뿐 아니라 독일 역시 중국의 산업 정책에 의해 산업 공동화가 가속화된다는 인식도 커지고 있다.[10] 독일의 자동차 및 관련 부품 제조업체는 중국산 수입품에 긴장하고 있으며 독일의 태양광 발전산업은 사실상 전멸했다.

아일랜드

아일랜드가 미국에 무역 문제를 일으킨다는 소식에 사람들은 놀라움을 금치 못한다. 실제로 인구 500만 명에 GDP가 4,000억 달러에 불과한 아일랜드가 유럽에서 두 번째로 큰 (그리고 아마도 가장 빠르게 증가하는) 대미 상품 무역적자를 기록하고 있다. 이 작은 섬나라는 2001년에 110억 달러의 대미 상품 무역흑자를 기록했다. 이 흑자 규모는 10년 만에 320억 달러로 증가했으며, 또 10년이 지난 2022년에는 600억 달러라는 놀라운 수치로 드러났다. 아일랜드의 흑자를 주도하는 산업은 제약(이 부문에서 250억 달러 흑자를 내고 있다), 화학, 광학 장비다.

아일랜드 경제는 우리보다 더 효율적이지 않다. 심지어 비슷하지도 않다. 아일랜드에는 풍부한 천연자원이나 아시아 방식의 값싼 노동력이 없다. 아일랜드의 경쟁 우위는 낮은 법인세에 있다. 아일랜드의 산업 정책은 분명히 12.5%의 법인 소득세율이다. 즉 기업들은 아일랜드에서 상품을 제조하거나 그곳에 지식재산권을 둠으로써 미국(및 다른 국가)의 세금을 회피하고 수익은 아일랜드로 이전한다. 이것은 큰 틀에서 조세 회피처에 해당한다. 실제로 미국 기업의 연간 수익 중 수천억 달러가 아일랜드로 간다. 이로써 아일랜드는 상당한 고용과 수익을 얻게 된다. 미국으로서는 이 두 가지를 모두 잃는 셈이다.

조세 회피를 위해 아일랜드를 가장 많이 이용하는 기업은 미국 제약회사다. 이들의 제품 가치는 실제 생산비용과 지식재산권 가치의 두 가지로 나누어 볼 수 있다. 제약회사는 대개 아일랜드에 자회사를 설립한다. 의약품에 대한 지식재산권을 그 자회사에 두고 그곳에서 제조 공정을 끝낸다. 알약을 만든다고 가정해 보자. 알약을 만드는 데 드는 비용이 0.5달러라고 하자. 그런 다음 아일랜드 자회사가 같은 계열의 미국 자회사를 통해 알약을 10달러의 가격에 미국으로 수출한다. 만약 이 약을 미국에서 11달러에 판매하면 미국에서는 1달러의 과세 대상 이익만 남게 된다. 9.5달러의 이익(생산비용인 0.5달러와 수출 가격 10달러의 차액)은 아일랜드에 남아 낮은 세율을 적용받게 된다. 회사들은 아일랜드 자회사가 알약에 대한 지식재산권을 보유하고 있다는 이유로 내부 거래를 통해 높은 수출

가격을 책정하는 행위를 정당화한다. 그런 다음 아일랜드 자회사는 미국 모회사에 소정의 라이선스 비용을 지불한다. 이 로열티에 미국 세금이 부과되지만, 실제 알약의 수익에 비하면 매우 적은 금액이다. 따라서 실제로 미국에서 벌어들인 수익을 아일랜드로 다시 이전하여 세금을 회피하는 것이다. 법률적으로 완전한 조세 회피 방식에 따라, 일반적으로 미국 정부에 귀속되어야 할 세수의 상당 부분이 아일랜드에 귀속되고, 제약회사는 수만 명의 아일랜드 근로자를 고용하고 있다. 이러한 왜곡된 인센티브는 아일랜드와의 무역적자가 증가하는 원인이다. 앞서 본 바와 같이, 이로써 우리의 부는 누적해서 그들에게로 이전된다. 수년 동안 일부 기업들은 이 방식을 한층 더 강화했다. 그들은 이른바 "이중 아일랜드" 조세 협정을 맺었다. 위의 절차를 따르되 아일랜드 자회사의 이익을 다른 조세 회피처에 세운 자회사의 이익으로 돌려 아일랜드 세금도 피하는 방식이다. EU는 이에 반대했고 이 장치는 2015년부터 2020년 사이에 단계적으로 폐지되었다.

이러한 수익 흐름을 막는 몇 가지 방법이 있다. 미국이 법인세를 인하한다면 아일랜드에 사업장을 설립하는 기업이 받는 세금 혜택이 유의미한 차이가 없어질 수 있다. 2017년 12월 트럼프 대통령이 서명한 『감세 및 일자리법』에 따라 법인세율은 35%에서 21%로 인하되었다. 이는 바람직한 방향으로 나아가기 위한 중요한 조치다. 또 다른 접근 방법은 2016년에 공화당 하원에서 제안한 법안이다.[11] 이 법안은 수입업자가 소득을 계산할 때 수입 비용에 대한 공제를 폐지하는 내용이다. 이 법안이 실제로 법률로 제정되었다면 아일랜드의 낮은 세율에 대한 혜택은 사라졌을 것이다. 모든 수입업자가 수입품에 대해 최대한의 세금을 부과받는다면, 미국 제조업체와 노동자들에게도 좋았을 텐데, 소매업체와 수입업체들이 로비를 통해 법제화를 막아냈다. 이 중요한 이슈는 17장에서 자세히 다루어진다.

이탈리아와 프랑스

미국에 상당한 무역흑자를 기록하고 있는 나머지 두 EU 국가는 이탈리아와 프랑스이며, 두 국가의 합산 흑자는 2021년에 약 600억 달러에 달했다. 이 두 국가는 우리가 경쟁하기 어려운 독특한 제품을 보유하고 있다. 패션, 식품, 와인 분야에서 프랑스와 이탈리아는 세계를 선도한다. 게다가 이탈리아는 독특한 자동차 산업을 보유하고 있다. 이탈리아는 EU의 농업 보호주의, 상당한 부가가치세 혜택 (프랑스 20%, 이탈리아 22%), 그리고 항공우주 부문의 보조금 덕분에 상당한 혜택을 누리고 있다.

2021년에 이탈리아는 거의 400억 달러의 대미 상품 무역흑자를 기록했다. 수출 증가의 주요 동력은 원자력 장비와 기계, 자동차, 의약품, 음료 부문에 집중되어 있다. 또한 이탈리아는 정기적으로 전 세계에 상당한 무역흑자를 기록하고 있다. 최근 흑자 규모는 이탈리아 GDP의 약 3.5%에 해당한다. 놀랍게도 이탈리아는 독일에 이어 EU에서 두 번째로 중요한 산업 국가다.[12]

우리의 대프랑스 상품 무역적자는 그다지 크지 않다. 약 200억 달러에 달하는 이 적자는 음료와 일부 기계류, 그리고 당연히 향수와 화장품이 주도하고 있다. 프랑스는 전통적으로 적게나마 국제 무역 적자를 기록해 왔다. 대부분 국가와는 흑자를 나타내나 EU 국가 간 무역에서는 적자를 보이는 경향이 있다.

이러한 여건에서도 프랑스의 무역정책은 미국에 상당한 도전이 된다. 예를 들어, 프랑스의 의약품에 대한 세금 부과 및 환급 정책과 비정상적으로 지연되는 승인 절차는 미국 제약회사들이 어려움을 겪는 부분이다. 또한 자국 방위 산업을 두텁게 보호하는 프랑스 정부는 7개의 주요 방위업체의 지분을 소유하고 있어 비유럽연합 기업이 방위 조달시장에 참여하는 데 걸림돌이 되고 있다. 이러한 방어적 관행은 프랑스가 EU 차원의 시청각 미디어 서비스 지침을 시행하는 미디어 분야에서도 찾아볼 수 있다. 또한 프랑스 수출업체들은 에어버스에 대한 보조금을 통해 이익을 얻고 있다. 4장에서도 설명했듯이, 에어버스는 독일, 프랑스, 영국, 스페인 4개국의 산업 정책이 없었다면 존립이 힘든 유럽의 기업이다.

유럽과의 관계에서 트럼프 대통령을 항상 괴롭히는 또 다른 측면이 있다. 바로 미국이 유럽을 방어하기 위해 NATO에 불균형적인 금액을 내고 있다는 점이다. 2014년에 NATO 회원국들은 개별 국가가 GDP의 최소 2%를 국방비로 지출하기로 합의했다. NATO의 방어체제는 주로 러시아를 겨냥한 것이지만 중국을 막는 보루이기도 하다는 점을 유념해야 한다. NATO의 30개 회원국 중 19개국이 국방비 지출 약속을 지키지 않았다. 독일은 특히 이를 심각히 위반하고 있는 국가다. 협정 체결 후 8년 동안, 독일은 GDP의 약 1.5%를 방위비로 지불하고 있으며, 이와 대조적으로 미국은 약 3.5%를 냈다. 어떤 의미에서 독일은 우리에게 막대한 무역흑자를 거두면서도 동시에 자신들이 내야 할 방위비의 일부를 우리에게 대신 지출하게 했다. 흥미롭게도 영국과 프랑스는 방위비 분담 의무를 다하고 있다. 이탈리아는 그렇지 않았고 아일랜드는 NATO에 속하지 않는다. 어떤 의미에서 아일랜드는 동맹이 불러온 안정의 수혜자인데도 NATO에 재정적으로 기여하지도, 자국 방위를 위해 큰 비용을 지출하지도 않고 있다. 유럽의 자체 국방에 대한 저투자는 여전히 해결되지 않은 문제다. 그렇기에 트럼프의 업적 중 하나는 NATO 회원국들이 방위비를 대폭 인상하도록 압박했다는 것이다. 어떤 계산에 따르면, 현재 NATO 회원국들은 2016년에 비해 500억 달러 이상의 방위비를 더 지출하고 있다.[13]

영국

미국과 영국 간의 무역 투자 관계는 가장 건전한 관계일 수 있다. 양국의 무역 규모는 2,800어 달러가 넘는다. 양국은 서로에게 가장 큰 해외 투자처이며, 각각 약 100만 명의 상대국 국민을 고용하고 있다. 2010년부터 2021년까지 미국은 영국에 대해 7년 동안 상품 무역흑자를 냈고, 영국은 미국에 대해 5년 동안 흑자를 냈다. 이것이 바로 무역이 작동하는 방식이다. 또한 양국은 전 세계에서 우리와 가장 많은 양방향 서비스 부문 교역을 하고 있다. 경제적으로 우리는 정말 "특별한 관계"를 맺고 있다.

2016년 6월, 영국 국민은 EU 탈퇴에 찬성했다. 투표는 박빙이었다. 미국에서는 이를 포퓰리스트의 봉기로 해석한다. 국내 이슈도 복잡하게 얽혀있지만, 보수적인 민족주의자들과 런던의 국제주의자들 간의 대결로 보는 시각도 있다. 상당수의 트럼프 지지자 역시 브렉시트에 동조한다. 많은 협상과 진통 끝에 2020년 1월 31일, 영국은 EU를 공식 탈퇴했다. 이런 대작 드라마에서 흔히 그렇듯이, 세상은 그런대로 계속 돌아갔다. 영국의 보수당은 EU 탈퇴와 자유무역을 나란히 지지하는 사람들이 주류가 되었다. 이해가 쉽지 않았다. 국가가 자신들의 기관을 통제하는 것을 선호하는데, 자급자족할 수 있는 경제 규모를 유지하는 데 관심이 없다니 얼마나 모순적인가? 영국은 건강하고 특화된 제조업 부문을 보유하면서도 세계 각국을 대상으로 매년 만성적인 상품 무역 적자를 보인다. 그간 서비스 무역 흑자로 인해 적자 규모가 완화되었지만, 현재 상품 및 서비스 무역적자는 날로 커지고 있다.

브렉시트 이후 보수당 정부는 자유무역을 한층 더 강화했다. 정부는 국민에게 EU를 탈퇴하는 대신 다른 세계와 더 많이 교역하고 있다고 강조했다. 정부는 다수의 FTA를 체결하는 무역 패키지를 모색했다. 물론 지도자들의 희망 목록에서 가장 큰 것은 미국과의 협정이다. 존슨 총리와 트럼프 대통령은 "대규모로" 무역 협상을 시작할 것이라고 발표한 후, 2020년 5월 5일 나는 위인들의 초상화가 잔뜩 걸려 있는 코델 헐 전 국무장관 집무실에서 화상회의를 시작했다.

당시 내 상대는 리즈 트러스(Liz Truss) 영국 무역부장관이었다. 그녀는 화이트홀 안쪽 어딘가에 있는, 실내장식이 꽤 훌륭한 사무실에 앉아 있었다. 나는 항상 그녀와의 대화를 즐겼다. 훗날 그녀는 짧게나마 총리직을 맡기도 했다.*

양국간 무역 관계가 매우 건전한 상황에서 새로운 거래가 얼마나 도움이 될지는 우리 모두 회의적이었다. 분명히 영국은 관세 인하를 원했으며, 특히 영국산 자동차의 대미 수출을 늘리기 위해 자동차 관세 인하를 요구했다. 우리는 이미 자동차 분야에서 적자가 큰 데다가, 미국 내 일자리를 추가로 잃고 싶지 않았다. 협상 전략을 준비하면서 나는 미국의 몇몇 대형 제조회사 CEO에게 전화를 걸었다. 영국에 더 많은 제품을 판매할 수 있도록 어떻게 도와야 할까 물어보기 위해서였다. 그들의 대답은 예상한 대로였다. 머스탱을 2천 대 더 팔 수 있을 것으로 생각한 포드(오른쪽 핸들인 영국에 왼쪽 핸들인 미국차가 있다고 생각해보라)를 제외하고는, 어떤 회사의 CEO도 의미 있는 제안을 생각해내지 못했다. 현재의 영국 관세는 대부분 낮았고, 기업들은 이미 특허를 보유하고 있었기 때문이다. 예를 들어 트럭 제조사들은 영국에 판매할 트럭을 유럽에서 생산하고 있으며 앞으로도 그럴 것이다. 그들은 미국 공장에 의미 있는 혜택을 기대하기 어렵다고 말했다. 화학 회사나 다른 기업들도 비슷한 처지였다.

---

* 메리 엘리자베스 트러스(약칭 Liz Truss)는 2022년 9월 6일 영국의 제78대 총리이자 세 번째 여성총리였다. 그러나 고물가 대책으로 5년간 약 450억 파운드에 이르는 감세안을 발표했다가 취임 44일 만인 10월 20일 사임했다.

어쨌든 나는 선의로 영국과 협상을 시작했다. 우리는 금융 서비스, 영국의 농업 보호, 산업 표준, 영국 국민건강보험 구매 제도 등 사안에 관해 대화를 나눴고, 관세 제안을 교환했다. 그중 가장 민감한 이슈는 이산화염소로 처리된 닭고기였다. 농담이 아니다. 몇 년 전 리즈의 전임자인 리암 폭스와 내가 양국 간 무역 마찰 요인을 다룰 때 이 폭탄 같은 문제가 처음 떠올랐다. 영국은 우리의 높은 위생 기준이 안전하지 않다는 이유로 미국산 가공 닭고기를 자국에 들어오지 못하게 막고 있었다. 물론 터무니없는 주장이지만, 이 문제는 농민 보호주의와 극단적인 유럽 우선주의가 교차하는 지점에 놓여 있다. 이는 실로 위험한 교차점이다. 나는 미국에서 영국인 동료들과 식사할 때마다 종종 치킨을 주문했었다. 영국과의 협상은 아직도 마무리되지 않았고, 당연히 치킨은 여전히 제외되어 있다.

마지막으로 철강과 알루미늄 관세를 언급하지 않고 미국과 유럽의 무역을 논할 수는 없다. 2018년, 상무부의 조사 결과를 접한 트럼프 대통령은 철강과 알루미늄 산업을 보호하기 위해 관세가 필요하다고 판단했다. 그는 1962년 제정된 『무역확장법』 232조에 근거해 권한을 행사하기로 했다. 이 분야의 국내 산업이 붕괴할 위험에 처해 있으므로 향후 분쟁 발생 시 자국의 군사 방위 능력을 크게 위협하고 있다고 트럼프는 판단했다. 따라서 특정 철강 수입품과 알루미늄에 각각 25%, 10%의 관세를 부과하기로 했다. 그런데 철강 문제는 비교적 분명했다. 정부 보조금을 받는 중국 철강과 알루미늄 공장 때문에 세계 시장에 값싼 철강이 넘쳐 미국 금속 산업의 생존이 위태로웠으니 말이다. 전 세계적인 해결책만이 도움이 될 것이다. 한 국가에 대해서만 조치한다면, 다른 나라에서 값싼 철강이 더 많이 들어올 뿐이다. 중국과 같이 심각한 과잉 생산국만을 대상으로 한 관세는 가격 조정 효과가 없을 것이다. 예를 들어 EU가 뒤로는 값싼 중국산 금속을 수입하고 EU의 철강을 미국에 수출한다면, 세계 철강 가격은 계속 인위적으로 낮게 유지될 수밖에 없다. 트럼프의 조치는 유럽을 화나게 했다. 유럽은 철강과 알루미늄 제품에서 대부분 흑자를 내고 있었고 이를 계속 유지하기를 원했다. 유럽인들은 이를 무역 체제에 대한 공격으로 여겼을뿐더러, 미국이 국가안보라는 명분을 내세운 데 대해 불쾌감을 느꼈다.

물론 나는 자국의 이익에 부합할 때만 보호무역주의를 실천하는 국가들의 가짜 분노에 흔들리지 않았지만, 만약 유럽이 232조 관세에 대응해서 미국 수출품에 보복 관세를 부과하면 백악관에 큰 정치적 파장이 일 것을 알고 있었다. 이 문제는 232조에 근거한 조사와 301조에 근거한 조사가 함께 얽혀 있으니, 연쇄적으로 중국의 보복 조치도 유발할지도 모른다. 따라서 나는 301조를 먼저 발동했으면 했다. 중국의 불공정 무역 관행에 맞서는 데 초점을 맞추면, 국제주의자들이 301조 관세를 비판하기가 쉽지 않을 것이다. 그러나 먼저 232조 관세가 발동되면 관세의 효과에 대한 일반 논쟁이 이어질 것이고, 이렇게 되면 행정부는 의회, 특히 공화당의 지지를 얻기 어려워질 것이다.

차라리 유럽이 232조 관세가 부과되기 전에 자발적 쿼터에 동의하도록 압박하는 모양새도 좋다. 어쩌면 301조를 발동하는 우리 정부의 결단력을 보고, 유럽이 쿼터에 동의할 수도 있으니까. 이 전략이 어떤 승부를 거둘지 나도 확신할 수 없다. 최종적으로 EU는 바이든 행정부가 제안한 철강과 알루미늄의 쿼터를 받아들이기로 합의했다.* 하지만 유럽인들은 WTO 규칙에 대해 경건함을 품고 있다고 해서 트럼프 행정부에 같은 양보를 하지는 않았을 것으로 생각한다. 어쨌든 EU에 대한 232조 관세를 유예했다면, 트럼프 행정부가 중국에 "독자 노선을 취한다"는 EU의 비판은 날이 무뎌졌을 것이다. 어쨌든 트럼프 대통령이 미국 노동자와 외국의 이익 사이에서 갈림길에 설 때마다 항상 전자를 선택했다는 사실은 경탄할 만하다.

232조 관세에 대한 유럽인들의 과잉 반응은 정말로 위선의 극치였다. 우리가 WTO 규정을 위반할 것으로 예측되자, 유럽인들은 스스로 진정시키고자 허세를 부렸다. 그들이 신성시하는 WTO의 분쟁해결절차를 이용하기는커녕, 즉각 보복 관세에 나섰으니까 말이다. 유럽인들이야말로 명백히 규정을 위반했으며, 국제기구를 향한 유럽의 종교적 헌신에도 한계가 있음이 드러났다.

일본

무역 초창기에 일본이 가장 걱정거리였다. 일본은 미국의 동맹국이자 우방이었지만 매우 불균형한 관계를 유지했기 때문이다. 수십 년

---

* 2018년 트럼프 행정부의 '수입산 철강(25%)과 알루미늄(10%) 고율 관세'와 관련해서 바이든 미국 대통령은 2021년 EU와 저율관세할당(TRQ) 방식에 합의했다. 유럽산 철강 330만 톤과 일루미늄 38만4천 톤까지 매년 무관세로 수입을 허용하고 추가 수입물량에만 관세를 부과하는 내용의 조정안이다. 최근 바이든 대통령은 이를 2년 더 연장하여 2025년 12월 말까지 늦췄다.

동안 일본의 경제개발 계획은 폐쇄적인 내수 시장을 전제로 성장해왔고, 수출 확대를 위해서 가능한 한 모든 조처를 했다. 그야말로 순수한 중상주의의 화신인 셈이다. 일본은 여러 국가 사이에 흑자 규모가 상당했지만, 대미 무역흑자만큼 대규모는 없었다. 그들은 대규모 보조금을 사용하여 철강, 자동차, 일반 제조업 등 전통 산업의 생태계를 구축했다. 이들의 사업은 이른바 게이레츠(keiretsu, 系列) 시스템을 갖추고 있다. 복잡하게 상호 얽힌 기업집단이 외부 경쟁을 막는 역할을 한다. 또한 정부는 산업계에 제로(0)의 이자율로 대출을 제공했다. 엔화가 심각하게 저평가되어 있었고, 일본 정부는 특히 미국 기업으로부터 기술을 강압적으로 도입했다. 이러한 정책의 결과는 놀라웠다. 일본은 1946년 가난하고 황폐했던 나라에서 1990년대 초에는 미국과 맞먹는 경제력을 갖춘 국가로 성장했다. "일본의 기적"은 전 세계의 화두였다. 시간이 흐르면서, 카럴 반 볼페런(Karel van Wolferen), 에몬 핑글턴(Eamonn Fingleton), 또 내 오랜 친구인 클라이드 프리스토위츠(Clyde Prestowitz) 같은 사람들이 일본의 비시장적 방식과 불공정 관행을 분석하고 비판했다.[14] 또 다른 비판자는 바로 도널드 트럼프라는 뉴욕의 젊은 부동산 거물이었다.

레이건 행정부에서 차관보로 일할 때 나는 일본과 많은 협상을 했다. 우리의 궁극적인 목표는 일본의 불공정 관행을 막으려는 것이었지만, 단기적인 전략은 일본의 대미 수출을 제한하고 국내 산업을 도우려는 것이었다. 우리는 철강, 자동차, 반도체 등에 대한 수출 제한 협정을 협상했다. 앞서 설명했듯이 레이건은 "미국 우선주의"

라는 말이 나오기 전부터 미국 우선주의를 내세우는 대통령이었다.

일본의 산업 정책은 우리 경제에 피해를 줬고 일자리를 사라지게 했지만, 그렇다고 중국처럼 실체적 위협이 되지는 못했다. 일본은 어떤 수단을 동원해서라도 성장을 원했으나 우리를 해칠 생각이 없었고, 궁극적으로는 우리의 친구였다. 일본 지도자들은 "맏형과 동생"의 관계에 대해 진지하게 이야기했다. 1990년대에 일본의 거품이 꺼졌다. 그 원인에 대해서는 많은 논쟁이 있지만, 과도한 부채, 실패한 조세 정책, 잘못된 산업 정책, 인구통계학적 요인 등이 복합적으로 작용했다. 일본의 경제 성장은 서서히 둔화하였고 그 이후로 우리의 경제 성장률에 근접한 적이 없다. 일본의 성공과 그 이후의 몰락을 비교해보면 그 차이를 가늠할 수 있다. 1946년 거의 제로에 가까웠던 일본의 GDP는 1995년 5조 5,000억 달러(같은 해 미국의 GDP는 7조 6,000억 달러)로, 이는 우리의 약 72%에 해당하는 수치이다. 버블 붕괴 이후 일본 경제는 거의 정체되어 있었다. 오늘날 일본 경제는 여전히 약 5조 5,000억 달러이고 우리는 23조 달러다. 미국 GDP의 1/4도 못 미치는 규모다.

레이건 대통령 시절 일본과의 협상 일화 하나가 당시에 널리 보도된 적이 있다. 지금도 내게 그 이야기가 사실인지 묻곤 한다. 1984년 미국 철강 산업의 위기에 대응하기 위해 레이건 대통령은 철강 계획을 발표했다. 모든 주요 공급업체로부터 수입을 제한하자는 레이건의 견해는 한 세대 후의 트럼프와 매우 닮았다. 기본적으로 우리는 301조를 꺼내고 각국이 철강 수출 제한에 동의하도록 협박했다. 일본은 특히 강경한 협상 상대국이었다. 무역부에는 항상 뛰어난 정부 관리들이 포진해 있었고, 그들은 양보에 익숙하지 않았다. 협상 내용은 결국 얼마나 많은 철강을 보낼 수 있는지와 그 철강의 범위를 어떻게 정의할지의 문제로 귀결되었다. 협상의 마지막 라운드가 워싱턴에서 열렸다.

어느 날 저녁, 일본 측에서 최종 제안을 하러 내 사무실에 찾아오고 싶다고 연락이 왔다. 세 명의 협상가가 들어와서 나와 내 수석 비서와 함께 소파에 앉았다. 그들은 프레젠테이션을 시작했다. 나는 회의 초반에 반갑다는 인사 외에는 침묵으로 일관했다. 회의가 끝나자 상대방은 내게 "최종" 제안이 담긴 서류를 건네주었다. 도저히 받아들일 수 없는 제안이었고, 필요한 수준에 한참 모자란 수준이었다. 나는 묵묵히 서류를 종이비행기 모양으로 접어서 대표단의 리더에게 날려 보냈다. 그러고 나서 다시 침묵을 지켰다. 그들은 내 요지를 파악했다. 다음 날 그들은 다시 찾아왔고 우리가 만족할 만한 합의를 끌어냈다. 내 의도는 무례하게 굴지 않으면서 그들의 입장을 수용할 수 없음을 극적으로 보여주려는 것이었다. 과거의 다른 협상가들과 달리 나는 굴복하지 않았다.

1970년대 후반부터 1980년까지 미국 자동차 산업은 큰 타격을 입었다. 수십억 달러의 손실이 발생했고 백만 명의 근로자가 해고되었다. 주요 원인의 하나는 일본산 자동차의 수입이었다. 일본 기업들은 연간 수십만 대에서 200만 대까지 대미 자동차 수출을 늘렸다. 레이건 대통령은 일본산 물량이 밀려들자 "자발적" 수출 제한 조치를 다시 주장했다. 내 상관이었던 브록 대사는 수년 동안 끌어온 협상을 마침내 타결했다. 레이건의 자동차 쿼터 요구는 일본 자동차 회사들이 미국으로 생산을 이전하기 시작한 주요 이유의 하나다. 이제 도요타와 혼다 같은 일본 기업은 미국 고용의 주요 원천이자 미국 산업의 핵심을 차지하고 있다. 언제나 그렇듯이 레이건의 실용주의적 민족주의는 성과를 거두었다.

2017년 USTR 대표로 취임했을 때, 일본에 대한 내 시각은 레이건 정부 시절과 꽤 달라졌다. 일본은 여전히 용납할 수 없는 무역흑자를 기록 중이고 특히 농업 분야에서 자국 시장에 미국산 제품을 계속 배제했지만, 무엇보다 미국의 고용을 책임지고 있으며 중국과의 대결에서 가장 든든한 동맹국이기도 했다.

2018년 4월, 우리는 팜비치의 마러라고 리조트에서 중요한 회담을 했다. 이 무렵 트럼프 대통령과 아베 신조 총리는 매우 긴밀한 협력 관계를 쌓고 있었다. 분명 일본은 아시아뿐만 아니라 세계에서 가장 가까운 동맹국의 하나다. 아베는 1868년 메이지 유신 이후 역대 최장기 총리를 지낸 역사적인 인물이다. 그러나 개인적 친분이 있다고 한들 그조차 미국이 이익을 관철하는 것을 막지는 못했다. 가장 민감한 수입품은 자동차 부문이라서 트럼프는 일본이 무역 균형을 맞추지 않으면 자동차에 25% 관세를 부과한다고 위협했다.

4월 18일 수요일, 마러라고의 작은 회의실에서 또 한 번의 중요한 회담이 열렸다. 마치 프랑스 루이 15세와 트럼프 스타일을 뒤섞어놓은 듯한 화려한 방 정중앙에는 긴 회의 테이블이 놓여 있었다. 한쪽에는 총리를 가운데 두고 10명의 일본 관리가 앉아 있었고, 우리 쪽에는 트럼프 대통령을 가운데 두고 같은 숫자의 미국 관리가 앉았다. 우리가 무역 주제를 꺼내자, 아베 총리는 무역이 불공정하지 않았으며 미국도 일본 못지않게 혜택을 받았다고 열정적으로 설명했다. 아베 총리가 발언 준비에 많은 시간을 투자한 것이 분명했고, 발언 내용도 꽤 인상적이었다. 트럼프 대통령은 내게 대신 답변해달라고 요청했다. 나는 우리 관점에서 무역 흐름이 어떻게 보이는지를 지적했다. 지난 20년간 누적 적자가 1조 달러가 넘고 고용은 감소했으며, 많은 미국 제품(특히 농산물)이 일본 시장에서 불공정하게 배제되고 있다고 말했다. 내 발언의 밑바탕에는 적절한 합의가 이루어지지 않으면 자동차에 관세를 부과하겠다는 트럼프의 위협이 도사리고 있었다. 대통령과 총리는 무역 협상을 즉시 시작하기로 결론 내렸다. 내가 미국을 대표하고, 모테기 도시미쓰(茂木敏充) 장관은 일본을 대표하기로 했다. 모테기는 경제재정재생상으로 무역부 장관보다 상급자였다. 그는 매우 영리하고 빈틈 없는 정치인이었다. 그는 미국을 잘 알고 영어도 어느 정도 구사했다.

당시 쇠락해가는 환태평양경제동반자협정(TPP)에서 미국이 얻은 주요 혜택은 일본 농업 시장에 대한 추가 접근권이었다. 대통령과 나는 TPP에 가입하지 않고서도 미국 시장에 접근할 수 있도록 통 큰 양보를 한다는 전략을 세웠다. 일본과의 협상은 우리의 협상 철학을 보여주는 전형적인 사례였다. 우리는 세계에서 가장 큰 시장을 가지고 있고 일본은 우리에게 상당한 규모의 지속적인 흑자를 내고 있다. 일본은 우리에게서 더 많은 것을 얻지 못할 것은 기정사실이며, 현재의 수준을 유지하기 위해서라도 우리에게 양보해야 할 것이다. 여러 차례의 협상과 통화 끝에 양국은 합의에 도달했다. 미국은 최소한의 양보로 TPP에서 일본과 협상한 시장 접근권의 95%

를 확보하기로 했다. 일본은 일부 품목의 관세 인하를 얻었다. 하지만 중요한 것은 일본이 현재 수준의 접근권을 보장받았으며 25%의 자동차 관세를 추가하지 않아도 된다는 점이다. 여기에 덧붙여 디지털 무역 및 전자 상거래에 관한 두 번째 협정이 체결되었다. 이 협정은 USMCA 조항을 모델로 하고 있으며 미래 디지털 무역협정의 모델이 될 것이다. 최종 합의는 2019년 뉴욕에서 열린 유엔 총회에서 트럼프와 아베가 서명하면서 타결되었다.

2017년 12월 12일, 3국 각료급 인사들로 세이코 히로시게 일본 경제산업성 장관과 세실리아 말름스트룀 EU 집행위원회 통상부 장관, 그리고 내가 첫 회동을 했다. 우리는 WTO와 그 밖의 포럼에서 중국의 불공정 관행에 함께 대응하기로 약속했다. 부에노스아이레스에서 발표한 공동 성명에는 중국이 직접 언급되지 않았지만, 모두가 우리의 취지를 알고 있었다. 이 그룹은 내 재임 기간에 여러 차례 더 만났고 후임자와도 계속 만나고 있다. 트럼프 행정부는 무역 문제와 관련해 우방국들과 충분히 협력하지 않는다고 비판 받았지만, 이는 매우 정당하지 않은 비판이다. 우리는 뜻이 맞는 동맹국들과 협력하면서 동시에 미국의 목표도 함께 추구하려고 노력했다.

16장

그 밖의 주요 협상국들

우리가 직면한 중국의 실제적 위협을 해결하려면 트럼프 행정부 전체가 총동원되어야 할 수도 있었다. 마찬가지로 북미자유무역협정 (NAFTA) 재협상은 통상적인 행정부라면 전면적인 노력을 쏟아야 해결할 수 있었을 것이다. 유럽 및 일본과의 경제 관계 개선도 중요하나, 사실 미국은 전 세계에 걸쳐 시급히 해결해야 할 무역 문제가 산적해 있었다.

　USTR 대표로서 나의 첫 해외 출장은 2017년 5월, 아시아태평양경제협력체(APEC) 무역 장관급 회의에 참석하기 위해 베트남을 방문한 때다. 하노이의 거대한 컨벤션 센터에서 이틀에 걸친 회의가 열렸다. 이날 APEC 포럼의 21개 회원국 장관들이 모두 참석했다. 트럼프 대통령은 취임 첫날 환태평양경제동반자협정 탈퇴를 선언하며, 이 협정이 미국 노동자들에게 매우 나쁜 협정이라고 밝힌 바 있었다. 그날 이후 처음 열린 무역 장관회의라서 각국의 장관들은 트럼프 행정부의 향후 계획과 우선순위를 매우 궁금해하던 때였다. 내가 회의에 참석한 목적은 두 가지였다. 첫째, 미국도 태평양 국가이며 경제적으로나 지정학적으로나 상호 협력 필요성을 잘 알고 있음을 보여주려 했다. 내가 도착하자마자 한 기자가 동료 장관들에 전하고 싶은 말이 무엇인지를 질문했을 때, 나는 짤막한 말로 답변을 대신했다. "제가 여기 왔습니다." 본질적으로 이 회의의 중요성을 이해한다는 뜻이었다. 공식 성명에서 나는 또 이렇게 밝혔다. "무엇보다 최우선으로 APEC을 찾은 이유는, 아시아 태평양 지역에서 양자 간 자유롭고 공정한 무역을 증진하려는 트럼프 대통령의 강력한 의지를 재확인하기 위해서입니다." 하지만 또 다른 목표도 있었다. 이제 상황이 달라졌다는 것을 알리려 했다. 즉 미국은 지정학적 일관성이라는 환상을 위해 앞으로 국내 산업에 희생을 강요하지 않을 것이다. 이러한 회의에서 대표단은 흔히 지난 몇 년간의 공동 성명 및 선언문을 가져와 약간만 부풀리고 수정한 다음 기자회견을 통해 전 세계에 발표하곤 했다. 국제회의 세션 사이에 쉬는 시간에 각국 장관들은 양자 회담을 하고 피상적인 수준에서 서로를 알아가고 무역에 관한 의견을 교환하곤 했다.

베트남에서 우리는 이런 일반적인 관행을 따르지 않았다. 나는 USTR 직원들에게 미국의 무역정책과 일치하지 않는 선언문 문구는 모두 거부하라고 지시했다. 어떤 대가를 치르더라도 개방 경제를 유지하고 WTO 중심으로 정책을 추진하겠다는 식의 두루뭉술한 약속은 하지 않으려 했다. 이러한 태도는 국내의 무역전문가들과 일부 외국 전문가들의 감성에 놀라운 충격을 주었을 것이다.

무엇보다도 나는 아시아 무역장관들과의 양자 회담에서 아시아 국가들이 미국에 대해 누리고 있는 광범위하고 지속적인 무역흑자를 지적했다. 이것이 상대국들과 가진 첫 번째 방문의 핵심 주제였으며, "지역 경제 통합"과 "아시아 태평양 자유무역지대"에 대한 일반론은 아예 언급조차 하지 않았다. 나는 우리가 균형 잡힌 무역을 추구하며, 강력한 일방적 조처를 감행하면서까지 불공정 무역 관행을 절대 용납하지 않겠다는 의지를 강조하고 싶었다. 이것이 바로 우리가 추구하는 정책 방향이었다. 회의가 끝날 무렵, 여러 관리들과 직원들이 통상적인 성명서 초안을 작성할 때(그 대부분 문구는 우리의 정책을 비난하는 것으로 읽혔다), 나는 이에 전혀 동조하지 않았다. 결국 합의된 성명 발표는 없었다. 의장은 내가 더는 동의하지 않으리라는 것을 알자 회의를 마무리했다. 모두가 상황이 달라졌다고 짐작했다. 미국의 무역정책은 아시아에 초점을 맞출 필요가 있다. 아시아는 지구상에서 중국의 영향력에 가장 취약할뿐더러 경제가 가장 활기찬 지역이기도 하다. 또한 대미 무역흑자 규모가 크거나 증가하는 국가들이 상당수 포함되어 있다. 더 이상 이처럼 지원해서는 안 된다. 나는 그러한 관점에서 협상에 집중할 아시아 국가 몇 곳을 선정했다.

인도

인도와 미국은 천성적으로 우방이다. 우리와 인도는 민주주의 국가다. 앵글로 색슨 제도라는 공통점이 있고, 인도계 미국인이 400만 명이 넘는다. 무엇보다도 중국의 부상 및 군국주의가 양국의 최대

지정학적 관심사다. 인도와 중국은 산악지대에 국경을 맞대고 영유권을 주장하고 있다. 우리만큼이나 인도 역시 중국의 공격적인 부상에 위협을 느끼고 있다. "나의 적의 적이 곧 나의 친구"라는 옛 속담은 분명 진실을 담고 있다.

　인도는 중국과 2,000마일이 넘는 긴 국경선을 접하고 있다. 이 국경에서 한 세기가 넘도록 분쟁이 계속됐다. 1962년 중국은 히말라야 경계에서 인도와 영토 분쟁을 겪었다. 격렬한 전투는 약 한 달간 지속되었다. 중국과 긴장 관계에 있던 소련이 인도에 막대한 군사 물자를 공급했다. 미국은 이에 개입하지 않았다. 전쟁은 대체로 중국의 승리로 그간 영유권을 주장해 온 영토를 차지했다. 그 후 인도는 군대를 재정비하고 현대화를 시도했다. 1967년 중국 인민해방군이 나투라 고개에 있는 인도군 초소를 공격하자, 국경에 또다시 단기전이 벌어졌다. 이번 분쟁은 인도에 유리하게 끝났다. 그 후 몇 년간 두 나라 사이에는 산악지대를 따라 간헐적인 소규모 무력 충돌이 발생했다. 아마도 이것이 인도가 쿼드*(Quad), 즉 인도-태평양 안보 회담의 네 번째 회원국이 된 이유를 설명해 줄 것이다.

　나렌드라 모디(Narendra Modi) 총리는 매우 흥미로운 인물이다. 그는 우파 정치 조직을 통해 성장했으며 분명히 자신을 민족주의자로 자부한다. 그는 우파 힌두교 정당 인도국민당(BJP, Bharatiya Janata Party) 소속이다. 그는 또한 우익 준군사조직인 국민의용단에서 성장한 인물로, 1947년 인도 독립 이후에 탄생한 최초의

---

* 미국, 일본, 호주, 인도의 4개국 안보협의체(Quadrilateral Security Dialogue)를 뜻한다.

지도자이자 뛰어난 재능을 지닌 정치인이다. 이례적으로 모디 총리는 인도 북서부 구자라트 출신이라는 소박한 배경을 지니고 있으며, 무엇보다 인도가 빈곤에서 벗어나기를 염원하고 있다. 그는 혁신, 높은 관세, 중상주의, 보호주의 등의 국가 통제를 통해 이 염원을 달성할 수 있다고 믿는다. 영국 통치 당시의 유산이 여전히 남아 있지만, 자유무역 전통을 물려받지는 않았다.

인도는 2조 달러가 넘는 꽤 큰 경제 규모를 가지고 있으며, 1인당 GDP는 작지만 20년간 연평균 6%에 가까운 높은 성장률을 기록하는 중이다. 인도는 아직 빈국이므로 경제 안정을 위해서는 빠른 경제 발전이 요구된다. 2020년 미국의 대인도 상품 및 서비스 무역적자는 337억 달러다.[1] 특히 의약품 분야 적자는 81억 달러이며, 그 다음으로 보석 및 은제품 분야 적자가 50억 달러 규모에 달한다.[2] 또한 인도는 자동차 부품, 여행용품, 강관을 대량 수출하고 있다.

오랫동안 인도의 무역정책은 미국과 긴장을 유발해 왔다. 인도는 현대 중상주의의 많은 도구를 사용하고 있다. 높은 관세, 수입 제한에 초점을 맞춘 관료제, 산업 정책 및 보호주의 체계가 그것이다. 인도의 최혜국대우(MFN)에 적용되는 평균 관세율은 17.6%로 세계 주요국 중 가장 높다.[3] 인도는 오토바이(50%), 자동차(60%), 호두와 건포도(100%) 등 일부 상품에 대해 터무니없이 높은 관세를 유지하고 있다.[4] 게다가 인도는 미국의 지식재산권 감시대상국에 올라와 있으며, 인도 법률하에서는 특허 보호가 제한적이고 저작권도 철저히 지키지 않고 있다.[5] 또한 보험 및 은행 부문에서 외국인 투자는 제한된다.[6] 또한 인도는 의료기기 부문에서 특정 미국 수입품에 가격 통제를 적용하기 때문에, 인도 시장에 계속 활로를 개척하려는 미국 기업은 종종 손해를 보며 제품을 판매해야 한다.[7] 인도는 특히 농업 부문에서 보호주의적인 태도를 보이고 있으며, 관세와 안전 기준을 활용하여 정치적 영향력이 강한 농민 단체를 후원하고 있다.

인도는 "메이드 인 인디아"와 "자립형 인도"와 같은 프로그램을 통해 자국 산업 정책을 점점 더 정교하게 발전시키고 있다.[8] 이를 위해 인도는 외국인 투자를 늘리고, 일부 규제 부담을 낮춰 수출을 늘리되 전자 및 통신 장치를 포함한 특정 부문의 제품 보호를 달성하고자 한다.[9] 또한 섬유, 철강과 목재를 생산하는 기업체에 세금 및 관세를 면제하여 사실상 수출 보조금을 지원하고 있다.[10] 이러한 프로그램은 비교적 최근의 것이라 세부 사항은 아직 모호하지만 적어도 하나는 분명하다. 중국을 포함한 동아시아 국가들처럼, 인도 역시 산업 정책으로 발전하는 길을 모색하고 있다.

인도는 WTO의 전신인 GATT의 23개 초기 가입국 중 하나였다(협상은 1947년 10월에 타결되었고 인도는 1948년 7월에 회원국이 되었다). 초기 협상에서 인도는 매우 높은 관세를 유지했으며, 관세의 1/3 이상은 상한선 없이 인상 가능했다. 이후 무역 협상에서 인도는 자국의 산업 정책을 제한하는 어떠한 약속도 요령껏 피해 갔다.

인도는 정부의 모든 영역에서 매우 강력한 전문 관료주의가 존재한다. 또한 신흥 재벌(oligarchy)이 정부 정책에 미치는 영향력도 놀라울 정도다. 인도 공무원들과 협상할 때 나는 인도의 억만장자 15명의 전기책을 책상 위에 올려놓곤 했다. 인도 정부의 전략을 예측하려면 이들의 관심사를 먼저 살펴봐야 했다. 언젠가 사업에서 큰 돈을 번 인도 친구에게 기본적으로 15명의 신흥 재벌이 인도 정부를 운영하는 것 같다고 속마음을 털어놓은 적이 있다. 그러자 그는 내 말을 바로잡았다. "밥, 당신이 잘못 안 거요. 실제로 국가를 운영하는 이들은 7명에 불과하죠. 나머지는 그 7명에게 영향을 미치려고 노력할 뿐이에요."

트럼프 행정부의 전략은 인도와 좋은 관계를 유지하되, 인도 시장에 대한 접근성을 높이고 무역의 공정성과 호혜성을 확보하기 위해 우리가 가진 레버리지를 최대한 활용하자는 것이었다. 우리는 더 많은 시장 접근성을 확보하기 위해 인도에 우리의 면세 프로그램인 일반특혜관세제도(GSP)*를 활용하게 하려고 했다. GSP는 개발도상국이 일반 관세를 내지 않고도 우리 시장에 제품을 판매할 수 있는 프로그램이다. 인도는 이 프로그램을 가장 많이 이용하는 국가다. 인도 전체 수입품의 상당 부분이 이 특혜관세 혜택을 받아 미국으로 들어온다. 인도는 GSP를 이용해 대미 무역흑자가 크지만, 반면 자국 시장에 대한 동등한 접근을 거부하고 생산자에게 높은 관세를 부과하고 있다.

우리는 시장조사 후 미국 법률의 제반 요건에 따라 2019년 6월에 인도를 GSP에서 제외했다. 그 후 인도 시장의 더 많은 접근을 허용하는 대가로 인도를 GSP로 되돌리고자 협상을 진행했다. 한 번 더

---

* 일반특혜관세제도(Generalized System of Preferences)는 개발도상국의 산업화 촉진을 위하여 선진국이 개발도상국으로부터 수입되는 농수산물, 공산품 및 반제품에 대해 아무런 조건 없이 "일반적으로" 무관세 또는 저율의 관세를 적용하는 특혜 대우를 가리킨다.

강조하는데, 무역의 공정성과 균형이 우리의 목표였다. 몇 차례의 회의 끝에 협상이 끝내 성공하지 못하리라는 예감이 들었다. 인도는 시장을 개방하는 습관이 없는 데다가, 우리가 필요한 양보의 대부분은 농업 분야인데 당시 인도 농민들의 소요 사태로 녹록치 않은 상황이었다.

2019년 8월 프랑스 비아리츠에서 열린 G7 회의에서 트럼프 대통령은 모디 총리와 양자 회담을 했다. 두 사람은 훌륭한 관계를 유지했다. 인도는 G7는 아니나 프랑스가 특별 초청했다. 두 정상은 관례대로 회담장 중앙에 나란히 앉았고, 양옆에는 수석 보좌관들이 각자의 상대방과 마주 앉았다. 두 정상이 외교 정책을 논의한 후 모디 총리가 무역으로 화제를 전환했다. 그는 분명히 GSP 지위를 되찾고 싶어 했다. 그는 트럼프에게 불공정하게 지위를 박탈당했다고 항의했고, 더 나아가 재선 운동 기간인데 미국이 자신을 매우 곤란하게 만들고 있으며 특히 내가 인도 장관과 협상을 아예 거부한다고 전했다. 트럼프 대통령과 다른 지도자 사이의 대화에 내가 주제로 언급된 것이 전례가 없지는 않았다. 트럼프 대통령은 간단히 답변한 후 내게 발언 차례를 넘겼다. 나는 할 만큼 했다. 모디의 대화는 사실 전부 일방적이었다. 그가 참모들로부터 잘못된 정보를 전달받은 게 분명했다.

나는 모디 총리에게 선거 쟁점이 되지 않도록 인도를 정확히 선거 전이 아니라 선거 후에 GSP지위에서 제외했다고 명확히 말했다. 그런 다음 나는 인도가 "세계에서 가장 보호주의적인 국가"이며 미국의 무역 적자가 점점 더 커지고 있다는 우리의 주장을 다시금 설명했다. 그들의 관행 때문에 미국인들이 일자리를 잃고 있었다. 그들은 우리 농부들에게 피해를 주고 있다. 나는 인도 무역부 장관인 수레시 프라부(Suresh Prabhu)와 2년 동안 협상을 해 왔는데 전혀 진전이 없었고, 어떤 때는 몇 주씩 내 전화에 답장조차 하지 않았다고 말했다. 그들의 불공정 관행은 하나씩 열거되었다. 나는 모디 총리에게 인도와 협상을 할 수는 있지만 그러려면 인도 측도 양보해야 한다고 말했다. 내가 개입한 효과는 뚜렷했지만, 어쨌든 두 정상은 긍정적인 결론에 도달했다. 회담이 끝나자 모디 총리가 내게 다가와 악수를 청했다. 그는 내게 인도로 와서 자신의 관저에서 만나자고 요청했다. 안타깝게도 코로나19로 인해 그 초대는 수락하기 어려웠다. 우리 대표단 중 몇몇이 정중하면서도 강렬한 프레젠테이션을 한 데 대해 내게 축하의 말을 건넸다. 제러드 쿠쉬너는 관전만으로도 입장료를 낼 가치가 있었다고 농담했다.

그 회담이 끝난 직후 본격적인 협상이 시작되었다. 이번에는 뭄바이 출신의 영리하고 재능 있는 정치인 피유시 고얄(Piyush Goyal) 신임 무역부 장관이 함께했다. 우리는 관세, 농업 접근성, 의료기기 장벽, 전자상거래 및 보험 장벽, 전자 결제 분야의 차별, 어업 보조금 등 다양한 문제를 제기했다. 우리는 논의의 진전을 이루었으나 협상은 성사되지 못했다. 고얄은 항상 협상을 원했지만 나 외에도 인도 관료와 농부들과도 상대해야 했다. 나는 인도 자체가 보호주의적이라는 결론을 내렸다. 그것은 인도의 정치적 DNA의 일부였고, 이에 대처하는 가장 좋은 방법은 일방적인 행동뿐이었다.

미국이 인도와 더 긴밀한 경제 관계를 맺을 수 있다면 물론 이상

적이다. 그렇게 해야 하는 지정학적 이유는 분명했다. 인도는 중국의 타고난 적대국이다. 또한 인도에는 교육 수준이 높고 똑똑한 인구와 값싼 노동력이 풍부하게 분포되어 있다.

대한민국

한국은 미국의 중요한 동맹국이다. 그러나 유럽의 일부 국가와 마찬가지로 양국 간 경제 관계는 균형을 잃었다. 트럼프 대통령은 우리가 한국을 방어하기 위해 수십억 달러를 지불하고, 한국이 미국의 수출에 걸림돌을 그대로 두고 매년 막대한 무역흑자를 가져간다는 사실에 화를 내곤 했다.

2021년 한국의 GDP는 약 1조 7천억 달러로 캐나다와 비슷한 규모다. 1960년 경제 총규모가 40억 달러 미만이었던 국가로서는 대단한 성과이다. 2001년부터 2020년까지 한국의 GDP는 1조 9,000억 달러(USD)로 성장해서 연평균 성장률 3.62%에 달한다.[11] 2001년~2021년 사이에 한국에 대한 미국의 상품 및 서비스 무역적자는 누적 2,164억 달러에 달했다.[12] 2020년 한국-미국의 총 상품 및 서비스 무역적자는 172억 달러다.[13] 이 적자의 가장 큰 원인은 운송 장비 분야의 184억 7천만 달러의 적자(자동차 137억 달러 적자와 자동차 부품 54억 달러 적자가 포함된다)다.[14] 다음으로 컴퓨터 및 전자 제품에서 104억 6천만 달러의 적자를 기록했으며, 여기에는 반도체와 전자 제품의 55억 달러 적자와 자기 및 광학 미디어에서 41억 달러 적자가 포함되어 있다.[15] 우리는 한국에 광물 연료, 기계류, 일부 차량과 대량의 농산물을 판매한다.

역사적으로 한국의 경제 발전은 일본과 마찬가지로 고부가가치 산업을 육성하는 전략 산업 정책에 의해 주도되었다. 1970년대와 1980년대에 한국 정부는 저렴한 신용, 정부 투자, 수입품으로부터의 보호 등을 통해 중화학 산업을 집중 육성했다.[16] 이는 환율 조작과 특혜 기업에 대한 정부 감독과 함께 한국의 빠른 산업화를 가능하게 했다.[17] 오늘날 한국은 전략 부문의 한국기업에 대한 한국산업은행의 금융 지원을 통해 이러한 정책 기조를 꾸준히 유지하고 있다.[18]

한국에도 과점의 일부 측면이 존재한다. 한국에는 기업집단을 형성하여 부를 축적하고 종종 수입품에 대항하기 위해 활동하는 몇몇 대기업이 있다. 이를 재벌(문자 그대로 "부유한 가문"이라는 뜻)이라고 한다. 이러한 재벌 시스템은 경제 성장을 가속화하고 해외에서 한국의 입지를 강화한 것은 분명하지만, 독점적 관행과 지배구조, 정치 부패 혐의가 심심찮게 제기되는 상황이다. 재벌은 기업규모와 정치적 영향력을 이용해 일본의 게이레츠와 유사한 방식으로 경제를 통제하고 있다.

한국과 미국은 일반적으로 우호적인 무역 관계를 유지하고 있다. 2012년에 한미 자유무역협정(KORUS)이 발효되었다. 이 협정에는 다소 굴곡진 역사가 숨겨져 있다. 조지 W. 부시 행정부 시절인 2006년과 2007년에 협상이 타결되었다. 그런데 의회가 후속 법안을 통과시킬 만큼 정치적 지지가 충분하지 않았다. 2008년 대선 캠페인에서 오바마 후보는 이 협정에 "심각한 결함이 있다"라며 반대했다. 그는 대체로 자동차 노조의 입장을 반영했다. 그러나 선거가 끝난 후 오바마는 NAFTA의 경우처럼 또다시 태도를 바꿨다. 오바마 행정부는 2011년 12월까지 몇 가지 사소한 변경 사항을 재협상한 후 이를 의회에 제출했다. 공화당의 다수 지지를 받으며 한미 FTA 협정은 의회에서 통과되었다.

많은 이들의 예상대로 KORUS로 인해 한국과의 무역 적자 규모는 크게 늘었다. 물론 최대의 단일 적자 부문은 자동차였다. 한국은 미국산 자동차를 거의 추가로 수입하지 않았지만, 미국에 수출하는 물량은 크게 늘었다. 트럼프 후보는 이 협정이 일자리를 죽이는 협정이라며 반대 캠페인을 벌였다. 하지만 전임자와 달리 트럼프 대통령은 진심 어린 발언을 했다. 그는 협정에서 탈퇴하고 한국산 자동차를 포함한 모든 자동차에 25%의 관세를 부과하겠다고 위협했다. 행정부의 국가 안보 정책 담당자들은 걱정이 컸다. 트럼프는 내게 재협상하지 않으면 협정을 취소하라고 지시했다. 우리는 미국의 협정 철회를 위한 법적 근거를 준비했고, 대통령은 새로운 협상이 성공하지 못하면 곧 서명할 준비가 되어 있다고 말했다.

다른 무역협정과 마찬가지로 한국에 대해서도 트럼프 대통령의 직감이 옳았다는 것은 조금만 들여다봐도 알 수 있다. 한미 FTA의 특정 조항 때문에 양국 간 무역 조건이 불균형하고 계속 악화할 운명이었다. 변화가 없다면 우리의 무역적자는 훨씬 더 나빠질 것이다. 예를 들어, 2012년 KORUS 발효 후 첫 4년 동안 한국의 대미 자동차 수출액은 약 4억 달러에서 거의 13억 달러로 증가했다.[19] 우리가 살펴보고 있는 2016년 수치도 이와 같은 의미심장한 증가세를 이어가고 있다. 상황은 곧 악화일로로 치달을 것이다. 미국은 2019년부터 픽업트럭에 대한 25%의 보호 관세를 단계적으로 철폐하기로 했다. 그러자 한국 자동차 제조업체들은 미국 시장에서만 판매할 픽업트럭을 개발하며 시장 개방에 대비했다. 이들 제조업체는 미국 고객을 대상으로 한 마케팅에 성공했고, 트럭 관세가 단계적으로 철폐됨에 따라 지금까지 미국 및 USMCA 지역 제조업체가 주도하던 시장 부문에 한국산 차량을 진출시킬 수 있었다. 한국에서 수입된 트럭에는 미국산 부품이 전혀 포함되지 않았을 가능성이 높아서 미국 노동자들로서는 심각한 도전이 된다.

트럭 관세의 단계적 철폐가 곧 시작될 예정이었기 때문에 협상이 다소 긴박했다. 그래서 2017년 7월, NAFTA 재협상 의사를 발표한 지 불과 두 달 만에 우리는 협정문에 따른 협의 기구를 통해 한국에 KORUS 수정 요청을 통보했다. 이는 절차적 조치였으며, 우리의 진지함을 분명히 보여준 것이었다.

우리가 이 통지를 보내자 한국인들은 위기에 직면해 있다는 것을 알았다. 그 첫 번째 단계로 김현종 대표를 소환했다. 그는 제네바에서 WTO 상소기구 위원으로 활동하고 있었는데, 다시 통상교섭본부장을 맡게 되었다. 김 본부장은 1차 한미 FTA 협상 당시 통상교섭본부장을 맡았던 인물로, 미국의 통상 이슈에 대응하는 데 있어 경험과 리더십을 발휘할 수 있는 인물로 평가받았다.

협상은 그다지 우호적인 분위기에서 시작되지 않았다. 당시 대표단이 확정되지 않았기 때문에 내 참모인 제이미슨 그리어(Jamieson Greer)와 USTR 한국 담당 부대표가 이끄는 대표단이 2017년 가을에 서울을 방문했다. 김현종 본부장과 나는 회의 초반에 화상으로 참석할 예정이었다. 하지만 우리가 언제 화면에 등장할지에 대해 한국 측이 이견을 보이는 가운데 회의가 시작되었다. 일단 의전 문제가 해결되고 나자, 한국 측이 먼저 발언권을 얻었다. 그들은 불균형 무역에 대한 미국 측의 우려는 중요하지 않다고 공격적으로 말했다. 우리 대표단은 거의 퇴장할 뻔했지만, 결국 한미 FTA의 조건과 한국의 불완전한 이행과 관련된 몇 가지 문제를 제기할 수 있었다. 여기에는 자동차 안전 기준, 의약품 조달, 국경 통관 절차 및 기타 문제가 포함되었다. 초기 회담에서는 진전이 없었다.

그 후 몇 달 동안 한국 측이 시간을 벌고 의회와 미국 국가안보기구의 지지를 얻기 위해 우리는 추가 회담을 가졌다. 그러나 한국이 양보를 미적거릴 때마다 대통령이 협정에서 탈퇴할 위험이 커졌다.

일단 레버리지를 꺼내자, 협상의 시계가 빨라졌다. 2018년 2월, 트럼프 대통령은 수입산 철강과 알루미늄에 25% 관세를 부과했다. 이는 주요 철강 수출국인 한국에 상당한 압박으로 작용했다.

그러자 한국은 현재 진행 중인 한미 협상의 일환으로 철강에 대한 합의점을 조속히 찾으려고 노력했다. 주요 수출품에 대해 상당한 압박에 직면한 한국은 마침내 본격적으로 협상 테이블에 나섰다. 이때쯤 제프 게리쉬(Jeff Gerrish)가 한국 담당 USTR 부대표로 내정된 상태였다. 김현종 본부장과 대표단은 2018년 3월 협상을 위해 미국을 방문했고, 이후 몇 주 동안 머물며 최종 조정안을 도출하려고 동분서주했다. 한국인들은 고난의 협상 동안 라면을 먹고 워싱턴 DC 시내 호텔 방을 전전했다는 이야기를 들려주었다.[20] 김현종 본부장은 엄격한 관리자였고 자신의 팀원이 24시간 내내 일하기를 원했다.

이 과정에서 미국 문화와 협상 스타일에 대해 알고 싶어 하는 김 장관과 나는 여러 차례 회의했다. 그는 누구보다 미국 스포츠에 대해 정통했다. 나는 그가 좋았다. 그의 페르소나는 뉴요커를 닮았다. 결국 그는 정치적으로 자신이 거래를 성사할 수 있는 위치에 있다는 것을 깨달았다. 우리 팀은 미국 자동차의 한국 수출을 더 쉽게 하고 트럭 관세의 단계적 철폐를 유예하는 데 중점을 두고 몇 주 동안 한미 FTA 수정안 작성에 몰두했다.

재협상에는 균형을 맞추기 위한 몇 가지 양보가 포함되었다. 한국은 특정 농업 분야의 장벽을 철폐하기로 합의했다. 그리고 최대 5만 대의 미국산 자동차 수입 제한을 변경 사항에 포함하기로 동의했다. 대미 철강 수출을 제한하고 한국 내 미국 기업이 직면한 마찰을 완화하기 위해 몇 가지 기술적 변경에도 동의했다. 무엇보다 훌륭한 성과는 원래 합의에 포함되어 있던 소형 트럭 관세 철폐를 연기하기로 합의한 것이다. 미국 자동차 회사 수익의 대부분은 미국산 소형 트럭을 미국 운전자에게 판매할 때 발생한다. 간단히 말해, 이 시장이 없었다면 많은 기업이 살아남지 못했다. 그 이유는 간단하다. 소형 트럭 시장에는 기본적으로 수입품이 존재하지 않는다. 역사적인 이유로 미국은 소형 트럭에 25%의 관세를 부과하기 때문이다. 애초 한미 FTA는 2019년부터 관세 철폐에 합의했었다. 트럭을 만들어본 적도 없던 한국 자동차 회사들이 막바지에 미국 소형 트럭 시장 진출을 계획하고 있었다. 만약 이를 허용했다면 우리 업계와 노동자들은 큰 대가를 치렀을 것이다. 새로운 협정에서 한국은 이 조항을 20년 더 미루기로 합의했다. 2038년에 후임자가 이 문제를 해결할 것이다.

한국은 또한 특정 통관 절차 및 의약품 환급 절차를 변경하는 데 동의했다. 우리로서는 다음의 내용을 양보했다. 미국으로 수입되는 철강 쿼터는 232조에 따른 추가 관세를 제외하기로 했다(쿼터를 초과하는 물량은 관세가 부과된다). 또한 미국이 잘못 결정되었다고 생각하는 두 건의 WTO 계류사건에 대해 수용할 수 있는 해답을 찾기로 합의했다. 몇 달 후인 2018년 9월, 뉴욕에서 열린 유엔 총회 기간 중 양국 정상은 FTA 수정안에 공식적으로 서명했다. 우리는 잘못된 협정을 수정하는 첫 번째 큰 거래를 성사했고, 자동차 노동자를 비롯한 미국 노동자들이 심각한 피해를 피하도록 도왔다. 한국은 여전히 미국과 자유무역협정을 맺고 있다.

다른 합의와 마찬가지로, USTR은 의회의 후속 조치 없이도 협상을 완료할 수 있는 방법을 찾았다. 우리는 하원과 상원 지도자들에게 정기적으로 정보를 제공하고 협의했기에 이행 법안을 표결에 부칠 필요가 없었다. 덕분에 우리는 신속하게 움직일 수 있었고 소모적인 국내 정치투쟁을 피할 수 있었다. 물론 의회가 우리가 협상한 수정안에 반대했다면, 우리의 협상 능력을 제한하거나 협상 권한을 제한하는 법률을 제정할 수도 있었으리라.

더 나아가 우리의 이러한 접근 방식은 한국과의 무역 관계에 긍정적인 변화를 가져왔다. 미국의 상품 무역적자는 2016년 276억 달러에서 2019년 210억 달러로 축소되었다.[21] 이는 대부분 미국의 수출이 큰 폭으로 증가하고 수입은 비교적 평탄한 수준에 머물렀기 때문이다. 코로나19로 인해 무역 수치가 왜곡된 2020년에도 상품수지 적자는 2016년보다 25억 달러 감소했다. 한국이 철강과 픽업트럭에 대한 미국의 관세 인하 혜택을 누렸다면, 그리고 우리가 한국의 다양한 비관세 장벽에 대해 문제를 제기하지 않았다면, 상품수지 적자가 계속 늘어났을 것이라는 데는 의문의 여지가 없다.

문재인 대통령과 그의 협상단이 대미 무역 문제를 조기에 해결한 것은 현명했다. 중요한 양보를 해야 했지만 협상을 더 미뤘다고 하더라도 결국 양보는 피할 수 없었다. 무역 문제를 끝내고 그들은 더 중요한 안보 문제로 넘어갔다. 우리 관점에서는 첫 번째 중요한 합의를 끌어냈다. 우리는 미국 산업을 돕고 무역 적자를 줄였다. 우리는 일방적으로 행동했으나, 자유무역주의자들이 예측했던 것처럼 세계가 끝장나지는 않았다. 우리는 미국 우선주의 무역정책이 효과가 있다는 것을 제대로 보여주었다.

베트남

베트남은 경제 규모가 작은 소국이지만 미국에 큰 무역 문제가 되고 있다. 2001년에 우리는 과거 적국이었던 베트남과 실질적으로 무역 균형을 이루었고, 베트남의 경제 규모는 330억 달러였다. 2021년까지 베트남의 대미 무역흑자는 900억 달러로 증가하여, 지난 3

년 동안 두 배 이상 증가했다. 베트남의 GDP도 3,000억 달러로 치솟았다. 놀랍게도 베트남 전체 경제의 30% 이상이 미국으로 수출되고 있다. 마치 베트콩을 위한 현대판 마셜 플랜*을 만든 것과 같다. 이 증가분의 일부는 미국의 대중국 관세를 피하려고 불법적으로 베트남산으로 둔갑한 중국산 제품일 가능성이 높다. 베트남은 우리 시장에 대한 의존도가 높지만, 농업 분야에서 상당한 수출 장벽을 유지하고 있다. 베트남은 또한 유럽, 한국 등의 국가와 자유무역협정을 체결하고 있다. 이는 베트남이 미국보다 관세 및 기타 규제에서 우대받는다는 것을 의미한다. 이러한 불균형한 경제 관계와 우리 기업들에 대한 불공정한 대우를 바로잡아야 한다.

2020년에는 통신 장비 135억 달러 적자, 반도체 및 기타 전자 부품 42억 달러 적자, 오디오와 비디오 장비 32억 달러 적자 등 컴퓨터 및 전자 제품 부문에서 가장 큰 적자가 발생했다.[22] 양국의 무역 분쟁에서 화두는 주로 베트남의 환율 조작을 중심으로 제기된다. 역사적으로 베트남은 수출 중심 산업을 지원하기 위해 통화를 평가절하해 왔다. 트럼프 행정부는 베트남을 환율조작국으로 지정했지만, 바이든 행정부는 베트남으로부터 통화가치를 더 이상 평가절하하지 않겠다는 다짐을 받고 이 꼬리표를 떼주었다.[23] 2020년 10월, 베트남의 통화 가치에 대한 301조 조사가 시작되었다. 청문회, 많은 연구 및 보고서를 검토한 후 USTR은 2021년 1월 22일 연방 관보에 다음과 같이 공시했다. "과도한 환율, 시장 개입을 포함한

---

* 제2차 세계대전 이후 미국의 원조로 이루어진 유럽의 경제부흥계획(1947년-1952년)을 가리킨다. 미국 국무장관 G.C.마셜(Marshall)이 제안했다.

통화가치 평가와 관련된 베트남의 행위, 정책 및 관행은 전반적으로 불합리하며 미국 상거래에 부담을 주거나 제한하고 있다. 따라서 301조에 따라 조치할 수 있다." 베트남의 불공정 관행에 대해 조처하고 균형 잡힌 무역을 실현하기 위해 협상 테이블이 차려진 것이다. 2021년 7월 23일, USTR은 301조와 관련한 어떠한 조치도 취하지 않겠다고 발표했다. 결국 베트남은 속임수를 쓰지 않겠다고 약속했고 미국은 "거래"가 이루어졌다고 말했다. 안타깝게도 이는 이 새로운 집단이 미국의 일자리를 위해 싸우지 않을 것임을 보여주는 초기 증표였다.

17장

초월적 이슈들

우리 경제의 미래에 유난히 중요해 보이는 문제들이 여럿 있다. 이러한 문제들은 우리 경제의 각 부문에 영향을 미치거나 사회적 또는 정치적으로 매우 중요한 의미를 지닌다. 나는 이러한 이슈들을 "초월적 이슈"라고 부를 것이며, 그중 일부를 이 장에서 집중적으로 다루고자 한다.

통화, 소득세, 그리고 부가가치세

변동 통화와 현행 소득세법, 전 세계 다른 국가의 부가가치세 제도 등이 한데 결합되어 국내 제조업에 매우 부정적인 영향을 미치고 있다. 이러한 각각의 요소는 우리 기업들이 해외 시장에서 경쟁하기 어렵게 만들 뿐만 아니라 국내 시장의 우리 생산자들에게도 부담을 준다. 이 세 제도의 조합이 미치는 파급효과는 실로 압도적이다.

미국 달러는 변동 통화다. 기본적으로 달러의 가치는 공급과 수요의 원리에 의해 결정된다. 일반적으로 달러의 가치는 다른 통화를 얼마나 많이 살 수 있는지에 따라 측정된다(일반적인 측정 기준으로는 매매기준율 외에도 국채 수요와 외환보유고가 포함된다). 고전 경제 이론에 따르면 무역적자를 보는 국가는 시간이 지남에 따라 통화가치가 약세를 보인다. 반대로 무역흑자를 내는 국가의 통화는 강세를 나타낸다. 흑자 국가의 경우 수입국의 고객이 상품이나 서비스를 구매하기 위해 수출국의 통화가 필요하므로 해당 통화에 대한 수요가 증가하고 가격이 상승하기 때문이다. 적자 국가에서는 그 반대 현상이 일어나는데, 소비자들이 수입을 위해 다른 통화를 구매하기 때문에 해당 통화에 대한 수요가 줄어들고 가격이 하락할 것이다. 그 결과 한 국가의 무역 흑자가 커지고 통화가 강해지면 그 국가의 경쟁력이 약해진다. 통화가 강세를 보이면 수출품이 더 비싸지고 수입품은 더 저렴해진다. 일종의 자기 자정 메커니즘이 작동한다. 반대로 적자 국가는 수출품은 더 저렴해지고 수입품은 더 비싸져서 경쟁력이 높아진다. 따라서 변동 환율은 일정 동안 국가들을 균형 잡힌 무역으로 이끄는 경향이 있다. 한 국가가 적자를 낼 때는 생산이 촉진되고 흑자를 낼 때는 소비가 촉진된다.

이 책의 다른 곳에서 논의했듯이 이러한 현상은 미국에 반드시 들어맞지 않는다. 지난 25년 동안 미국은 수천억 달러의 무역적자를 기록해 왔지만, 균형 잡힌 무역으로 나아갈 만큼 통화가 충분히 약화하지 않았다. 국제통화기금(IMF)은 2020년 분석의 중위값은 8.8%인 데 반해, 달러는 11.8% 고평가되어 있다고 밝혔다.[1] 사실상 우리가 판매하는 모든 수출품은 원가보다 11.8%나 더 비싸게 팔리고 있는 셈이다. 물론 수입품은 같은 비율만큼 싸게 들어온다. 이것이 무역적자의 주요 원인이다. 당연히 소비를 위축시키고 생산을 저해하게 된다.

그 이유에 대해서는 여러 이론들이 있다. 분명한 것은 무역과 무관한 달러에 대한 수요가 많다는 것이다. 국제 자본 흐름은 연간 수조 달러에 이르는데, 여기에는 민간 국경 간 금융 투자와 중앙은행과 국부 펀드의 공공 부문 투자가 포함된다. 전 세계인들과 투자 펀드들은 경제 위기에 대비한 햇지 수단으로 달러를 매입한다. 이것이 이른바 안전자산 효과다. 예를 들어 러시아-우크라이나 전쟁 중에 달러가 유로와 동등한 수준으로 강세를 보였다. 그동안 엔화도 달러당 137까지 떨어졌다. 달러는 또한 세계 기축통화이기 때문에 적절하게 조정되지 않는 경향이 있다. 다른 정부들은 금을 보유했던 것처럼 외환보유고를 많이 보유하고 있다. 비달러 경제권 간의 무역을 위해 달러를 많이 사들이고 있다. 이는 달러에 대한 수요를 창출하고 가격을 상승시킨다. 설상가상으로 일부 국가는 경제적 이점을 얻기 위해 자국 통화를 조작하기도 한다. 이를 통해 무역흑자를 더 쉽게 달성하고, 제조업 부문을 발전시킬 수 있다. 많은 국가가 이를 활용한다. 일본과 중국도 때때로 이 기법을 사용했다. 궁극적인 원인이 무엇이라고 결론을 내리든, 분명한 것은 미국이 고평가된 통화를 가지고 있다는 것이다. 이로 인해 미국은 국내 시장과 해외 수출시장 양쪽에서 모두 경쟁하기 어렵다. 그래서 우리 농부와 제조업체, 더 나아가 모든 고용인들이 직접적인 피해를 받게 된다.

국제 협정 때문에 (그리고 GATT와 WTO의 이해되지 않는 숱한 사례의 결과로) 미국 제조업체와 근로자는 불이익을 받는 사례로 는, 일부 세금은 국경간 조정이 이루어지고 일부는 그렇지 않다는 점이다(이에 대해서는 15장에서 간략하게 설명한 바 있다). 이 사소 해 보이는 차이가 엄청난 영향을 미친다. 국경 조정이 의미하는 바 는, 수출품에 대한 일부 세금이 수출 기업에게 환급(반환)되고, 수입 품이 어떤 국가에 들어올 때도 같은 세금이 부과된다는 것이다. 정 부는 직접세와 간접세를 통해 국고 자금을 조달한다. 직접세의 예로 는 정부에 직접 납부하는 소득세를 들 수 있다. 간접세의 예로는 부 가가치세 또는 판매세를 들 수 있다. 일반적으로 기업이 징수한 후 정부에 납부한다. 경제학자들은 다양한 세금을 실제로 납부하는 사 람을 기준으로 구분한 다음 각각의 다른 대우를 정당화한다. 이러 한 경제학자들의 형이상학적 분석과 역사적 선례에 따라 간접세는 국경 조정이 이루어지고 직접세는 그렇지 않다. 국가는 흔히 직접 세와 간접세의 조합을 통해 재정의 상당 부분을 조달하는데, 대부분 국가가 미국과 달리 부가가치세에 의존하고 있다. 미국 연방 정부 는 소득세와 사회보장세 및 의료보장세에 거의 전적으로 의존하고 있으며, 그 외에는 약간의 소비세가 있을 뿐이다. 일부 주에서는 판 매세에 의존하기도 한다. 미국이 전적으로 국경 조정이 이루어지지 않는 세금에 의존한다는 사실은 기업 활동에 엄청난 영향을 미친다.

이 점이 현실 세계에서 어떻게 작동하는지, 그리고 왜 미국 경제 에 나쁜지 살펴보자. 프랑스 회사와 미국 회사가 모두 기계를 제조 한다고 가정해 보겠다. 프랑스 회사는 자국에서 판매되는 제품에 대 해 25%의 부가가치세를 납부한다. 하지만 이 기계를 미국으로 수출하면 제조 과정에서 부가가치세로 납부했던 25%의 세금이 회사로 환급되기 때문에 제품을 더 저렴하게 팔 수 있고 생산자에게 더 많은 이익을 가져다준다. 자연히 수출 판매를 장려하는 효과가 발생한다. 이것이 바로 세금의 국경 조정이다. 따라서 수출 시장(이 예에서는 우리 미국 시장)에서 프랑스 회사는 세금 부담 없이 판매할 수 있으며, 그 덕분에 경쟁력이 더욱 높아진다.

한편, 같은 기계를 만드는 미국 회사는 미국에서 판매할 때는 모든 세금을 내야 된다. 그런데 예를 들어 프랑스에 기계를 수출한다고 해서 미국에서 낸 세금(법인 소득세와 고용주가 부담하는 사회보장세 및 의료보험세의 분담금)을 환급받지 못한다. 게다가 프랑스 시장에 기계를 통관할 때 프랑스에 추가로 25%의 부가가치세를 내야 한다. 간단히 말해서, 소득세는 환급되거나 국경 조정이 이루어지지 않는 데 반해, 부가가치세는 환급된다. 기업 활동 관점에서 보면 경제적 영향이 얼마나 큰지 쉽게 알 수 있다. 중요한 것은 프랑스산 기계를 미국이 아닌 부가세가 부과되는 다른 나라에서 판매할 경우 그 영향이 거의 없다는 것이다. 각국의 세관 당국은 수출품에 부가가치세를 환급하고 또 수입품에 부가가치세를 부과한다. 이러한 근거 없는 세금 차이에서 거의 유일하게 손해 보는 측은 미국이다. 미국 기업이 국내에서 100달러에 판매하는 기계가 프랑스에서는 125달러에 팔아야 한다. 프랑스 회사가 본국에서 100달러에 파는 기계가 미국에서는 75달러에 판매할 수 있다. 물론 요지를 전달하고자 아주 단순화한 예이다. 배송비와 기타 수출 관련 비용 등도 가격에 영향을 미치는 요인들이다.

경제학자들은 두 제조업체 모두 프랑스에서 세금을 내고 미국에서도 부가가치세를 납부하므로 큰 차이가 없다고 주장할 수 있다. 하지만 사업가들은 전혀 다른 관점에서 생각한다. 이들에게 부가가치세는 관세와 매우 비슷하게 기능한다. 공정하게 말하면 주 정부의 판매세는 부가가치세와 같은 방식(수입에 부과하고 수출에 환급)으로 운영되지만, 그 규모 면에서 상당히 차이가 있다. 판매세는 6%이나, EU의 평균 부가가치세는 21%에 달한다. 또한 경제학자들은 우리 통화의 가치가 약세가 되어 외국 기업의 세금 혜택을 상쇄할 수 있다고 주장하며 실제 영향이 있다고 한들 그 효과가 미미하다고 주장한다. 그런데 이 주장의 허점은, 앞서 살펴본 바와 같이 우리 통화가 적절하게 조절되지 않는다는 것이다. 제조업의 관점에서 부가가치세가 분명한 이점이 있기 때문에, 많은 국가에서 소득세를 인하하고 부가가치세를 인상하는 경향이 있다. 이렇게 되면 당연히 미국과 같이 부가가치세가 없는 국가가 더욱 불리해진다. 만약 경제학자들의 주장이 옳고 이런 불균형이 문제가 아니라면, 왜 유럽인들은 그렇게 열렬히 현 제도를 고수하려는 걸까?

이 딜레마에 대한 해답으로, 일각에서는 미국이 자체적으로 부가가치세를 도입해야 한다고 제안하기도 한다. 하지만 이것은 현실 정책의 문제다. 부가가치세는 명백히 역진성 문제가 있다. 미국에서 판매세가 인기가 없는 이유다. 상거래에 차질을 빚는 여러 부작용이 있을 수도 있다. 더 근본적으로는 국가 간 불평등을 극복하기 위해 세금 제도를 바꿔야 하는 이유가 무엇일까? 게다가 각종 세금에 대한 국경 조정에 차이가 있어야 할 논리적 이유도 없다.

이 불공정성을 해결하고자 수년 동안 여러 노력이 계속되었다. 1970년대와 1980년대에 미국 세법은 이른바 국내수출전담법인(DISC)을 규정했다. 미국에 있는 수출업체는 자회사를 설립해서 수출 매출액의 일정 비율에 대해 세금을 부과받지 않을 수 있었다. 이렇게 하면 불이익이 일부 상쇄될 수 있었다. 그런데 유럽이 소송을 제기해서 WTO가 우리 법이 협정에 부합하지 않는다고 결정하기 전까지 수년 동안만 시행되었다. 우리의 남은 선택은 이 규정을 폐지하거나 보복에 직면하는 것뿐이었다. 레이건 행정부 후반에 우리는 WTO 규정을 준수하기 위해 DISC 규정을 수정했다. 새로운 법인은 해외수출판매법인이라고 불렸고, 이 법인이 수출을 통해 거둔 이익에 대해서는 특정 한도 내에서 면제받도록 했다. 그러나 개정된 규정도 WTO에 제소당했다. 모두가 불공평하다고 보더라도 현재 우위를 가진 나라들은 기득권을 포기하지 않으려 했고, WTO는 우리의 불만에 대해 특별히 우호적인 법정은 아니었다.

2016년 폴 라이언 하원의장, 케빈 브래디 세입위원회 위원장과 공화당의 동료 하원의원들은 미국에 부가가치세가 없어 발생하는 문제들을 해결할 수 있도록 새로운 조세법안(일명 "조세 개혁 청사진")을 제안했다. 그 내용은 다음과 같다. (1) 법인소득세를 현금 흐름의 20%까지 세금으로 전환하고, 플랜트·장비 등 자본 지출과 인건비 공제를 허용한다. (2) 세금을 "국경 조정"한다. 즉 제품, 무형 자산 및 서비스의 수입 비용을 공제로 인정하지 않고, 제품, 무형 자산 및 서비스의 수출에서 발생하는 모든 수익을 세금에서 공제한다. 기본적으로 이 조세안은 국내 기업의 이익이 아니라 현금 흐름에 과세하되, 국내 투입에 대해서만 공제를 허용하고 해외 투입에 대해서는 공제를 허용하지 않는 방식이다. 이 조세안을 더욱 간단히 설명하면 다음과 같다.

(1) 국외로 반출되는 미국산 재화와 서비스의 현금흐름은 과세되지 않으며, (2) 미국산 재화 및 서비스의 현금 흐름이 국내에서 소비되는 경우 20%의 세금이 부과되며 국내 생산 비용은 전액 공제된다. (3) 수입 상품과 서비스의 현금 흐름에 대해서는 20%의 세금이 부과되며 해외 생산 비용은 공제되지 않는다.

이 조세안이 실현된다면 우리에게 불리한 측면을 거의 백지화할 뿐만 아니라, 현재의 무역과 서비스 적자를 고려할 때 충분한 세수를 거둬 법인세율을 대폭 인하할 여력이 생겼을 것이다(예를 들어, 조세 개혁 청사진에서 제안된 20% 법인세는 당시 법인 소득에 대해 35% 세율을 적용한 것만큼의 세수 효과가 예상되었다). 궁극적으로 이 조세안은 세금이 부과되는 대상을 국내 기업의 이윤이 아니라 국내 소비로 인한 현금 흐름으로 전환하는 것이다. 임금 공제 때문에 부가가치세와는 분명히 차이가 있다. 세금은 오로지 인건비를 포함한 순현금흐름으로 측정된 국내 기업 이익에만 적용될 것이다.

경제학자들은 이 과세 방식이 국내 제조업, 지식재산권 개발 및 서비스 활동을 촉진할 수 있는 잠재력을 지녔다고 수년 동안 찬사를 보냈건만, 정치권에서는 매우 모험적인 제안으로 받아들였다. 보잉, 제너럴 일렉트릭, 인텔 등 미국 최대 수출업체들은 이 조세안을 지지했다. 그렇지만 이 조세안 역시 국내 소득이 아닌 국내 소비에 초점을 맞춘 다른 세금들과 마찬가지로, 수입의 세후 비용 증가와 수출의 세후 비용 감소로 인해 소비자 물가가 일시적으로 상승하고 미국 달러가 강세를 보일 가능성이 있었다(미국은 무역적자를 줄일 것이고, 경제 이론에 따르면 수출이 증가하고 수입이 감소하면 달러의 상대적 수요가 커지고 통화 강세가 발생하기 때문이다).

특히 중국과 해외로부터 수입한 상품을 판매하여 수익을 창출하는 소매업체로서는 전환기에 (적어도 달러 가치가 상승하여 새로운 비용을 상쇄하기 전까지) 수익이 급감할 우려가 있다. 자연히 월마트와 같은 소매업체들은 현상 유지를 원했고 수백만 달러 규모의 정교한 마케팅 홍보를 통해 이 조세안이 소비자에게 비용을 전가하고 우리 경제에 인플레이션을 발생할 것이라고 공격했다. 오바마케어 폐지 논란으로 바쁜 의회에 조세 법안이 발이 묶이자, 소매업체들의 캠페인은 시간을 충분히 끄는 형태로 흘러갔다. 경제학자들이 (수입 비용 증가와 수출 비용 감소로 인한) 달러 강세가 일회성 가격 인상으로 인한 소비자의 고통을 상당 부분 완화할 수 있다고 지적했지만, 정치권에서 이 주장이 호응받지 못했다.

이런 아우성 속에서 이 조세안이 가져올, 미국 제조업, 연구직 및 서비스 일자리 증가라는 장기적 이점은 논의조차 되지 못했다. 더군다나 최종보고서에서 행정부는 이 조세안을 지지하지 않았다. 정부에서 이 논쟁이 벌어졌을 때, 나는 아직 USTR 대표로 확정되지 않았던 처지라서 이 선택의 당위성을 확고히 말할 수 없었다. 하지만 대통령 경제보좌관들은 대부분 경제 성장을 위해 법인세 인하를 간절히 원했던 것 같았다. 소매업체와 다른 수입업체들은 이 부분을 마치 전체 세제 개편안의 무산으로 이어질 것처럼 보이게 만들었다. 우리가 그토록 필요했던 법안의 결과가 마지막까지 매우 불확실했다는 사실을 기억해야 한다. 실제로 이 법안은 2017년 12월 20일 상원을 51대 48의 표 차로 통과했다. 일부 공화당 상원의원들 사이에서 지지세가 충분하지 않았고, 민주당 의원들은 트럼프가 발의했다는 이유만으로 반대표를 던지려고 했다. 또한 대통령의 주요 경제 고문 중 일부는 제조업이 아닌 월스트리트에서 종사한 경력을 가지고 있었다. 물론 그들도 대통령의 의제에 동의했지만, 시장 혼란과 같은 논쟁에 취약했고 제조업과 무역적자에 대한 장기적인 영향에 집중하지 못했다. 또한 라이언 하원의장은 세금 국경 조정 제안에 열의를 보였지만 전반적인 세율 인하와 기타 조항이 더욱 중요하다고 주장했다. 최종 결과에서 그는 기존의 통념을 따랐다.

조세 개혁 청사진은 너무 혁명적이어서 일부 핵심 고문과 상원 공화당 의원들의 강력한 지지를 받지 못했기 때문에 부분적으로는 실패했다. 그러나 이 조세안은 여러 예상 문제점—즉 인플레이션, 달러 강세, 수입품 판매 기업의 이익 감소 등—에 대한 우려를 덜기 위해 수정될 수도 있었다. 무엇보다 의회가 전체 기업 현금 흐름에 대한 세금의 일부로 부분적인 국경 조정을 채택할 수 있다는 점이 중요했다. 예를 들어 법인세율이 20%이고 국경 조정을 위해 수입 비용의 40%만 공제되고 수출 수입의 40%가 세금에서 면제되는 방식으로 수정했다면, 물가, 미국 달러 환율 및 소매업체 수익에 미치는 과도기적 영향을 훨씬 관리하기 쉬웠을 것이다. 그래도 여전히 미국의 제조업과 서비스 활동에 대한 인센티브는 상당했을 것이다. 간단히 말하면 이 절충안은 다음을 의미한다. (1) 미국에서 생산된 상품과 서비스가 수출될 때 발생하는 현금흐름에 대한 세금은 감소하지만, 원안만큼 줄지 않는다. (2) 미국에서 생산된 상품과 서비스가 소비될 때 발생하는 현금흐름에 대한 세금은 동일하게 과세되고, (3) 해외에서 수입된 상품과 서비스의 현금흐름에 대한 세금은 증가하지만, 원안만큼 늘지 않는다. 사실상 미국은 미국에 기반을 둔 제조, 서비스 및 기타 수출 활동에 대해 12%의 소득세를 부과했을 것이다(현금 흐름으로 측정한 미국 기반 활동 소득의 60%에 대해 20%의 세금을 부과하는 것과 같다). 이 경우 미국은 현재 미국 다국적 기업의 제조 및 서비스 활동이 활발히 이루어지는 아일랜드와 같은 다른 조세 회피처와 충분히 경쟁할 수 있었을 것이다. 돌이켜보면 하원의장과 행정부의 경제 고문들이 이 타협안을 중심으로 의견을 모았다면 이 안이 통과되었을지도 모른다. 하지만 이 조세안을 고집했다면 종국에는 전체 조세법안을 무산시켰을 수도 있다. 결론적으로 이 조세안은 삭제된 채 법안이 통과되었다.

기술 및 디지털 무역

미국은 100년이 넘는 기간 동안 세계 기술을 선도해 왔다. 미국의 경제적, 정치적 성공은 상당 부분 기술 우위에 의존하고 있다. 이 분야에서 우위를 유지한다면 중국과의 경쟁에서 승리할 수 있다고 해도 과언이 아니다. 중국도 확실히 그렇게 믿고 있다. 앞서 살펴본 것처럼 중국만큼 기술에 집착하는 나라는 없다.

미국의 테크 기업은 세계 최고 수준이다. 마이크로소프트, 애플, 오라클과 같은 거대 기업이 그 예이다. 미국에는 이러한 기업을 육성하고 혁신을 촉진하는 인프라와 숙련된 인력, 자본이 모이는 훌륭한 생태계가 곳곳에 있다. 빅 테크는 큰 비즈니스이다. 미국 10대 테크 기업의 자본총액은 8조 5,000억 달러에 달한다. 그리고 수십만 명의 직원을 고용하고 수출과 혁신, 생산성 향상을 주도하고 있다. 하지만 바로 여기에 문제가 있다. 우리는 우리 기업들이 세계적인 선망의 대상이라고 말하는데, 세계는 그들의 욕망에 따라 행동한다. 우리는 중국의 테크 대기업 육성계획에 대해 많은 글을 썼다. 그들은 시장 접근의 조건으로 기술 이전을 강요한다. 그들은 우선 소규모 테크 기업을 인수한다. 그리고 그들이 사들일 수 없는 것은 훔친다. 미국 기업들에 합작 투자 파트너가 되라고 강요하고, 곧 현지 파트너가 강력한 경쟁자가 된다. 중국의 노력은 매우 성공적이었다. 바이두, 텐센트, 알리바바를 보라. 이 회사들의 시가총액을 합치면 거의 5조 달러에 달한다.

유럽에는 성공한 테크 대기업이 상대적으로 부족하다. 사실 유럽은 에릭슨이나 노키아와 같은 일부 통신 회사가 선두를 달리고 있지만, 이는 상대적으로 저기술 분야이고 다른 테크 분야에서는 유럽이 상당히 뒤처져 있다. 다행히도 유럽은 세계적 수준의 테그 기업을 만들고자 하는 열망으로 중국 모델을 따르고 있는 듯하다. 첫째, 유럽은 디지털 서비스세(DST)를 통해 테크 기업에 불균형적인 세금을 부과하고 있다. 이것은 복잡한 문제이므로 지나치게 단순화하고 싶지 않지만, 디지털 서비스세는 유럽에서 사업을 하는 우리 기업에는 세금을 부과하는 반면 유럽 기업에는 세금을 부과하지 않도록 설계되었다. 트럼프 행정부는 이 불공평함에 맞서 싸웠다. 우리는 프랑스가 우리 기업을 차별하면 프랑스 제품에도 관세를 부과하겠다고 위협했다. 기본적으로 바이든 행정부는 유럽에 항복했다. 바이든이 미소를 지으며 문제를 논의하겠다고 약속하자 그 대가로 유럽인들은 5년 동안 과세를 계속할 수 있게 되었다. 그러나 훨씬 더 심각한 문제는 최근 유럽에서 중국의 모델을 뒤따르려는 동향 때문이다. 이는 일종의 "차이나 연성화" 전략이다. 강압은 하되 도둑질은 하지 않는다. 프랑스는 국내기업이 클라우드 서비스 제공업체를 운영하는 경우에만 정부 조달에 참여할 수 있도록 하는 제도를 시행하고 있다. 프랑스는 이 제도가 개인 정보와 보안 문제 때문이라고 주장하는데, 실제로는 보호주의에 불과한다. 이 합작 투자 요건은 바로 중국이 시작한 방식이다. 한 기업이 반강제적으로 합작 파트너를 받아들이면 그 현지 파트너가 사업 방식, 기술과 영업 노하우를 배우게 된다. 궁극적으로 합작 파트너는 습득한 모든 전문 지식을 가지고 독자적으로 움직이며 미국 회사와 경쟁하게 된다. 합작 투자 요건은 당연히 수익에 직접적인 타격을 주고 우리 기업의 성공 가능성을 떨어뜨린다. 현재로서는 정부 클라우드 서비스에만 적용하지만, 프랑스가 차차 '필수불가결한 인프라'와 경제 전체로 요건을 확대할 것이 분명하다. 독일도 이 모델을 검토하고 있다. 이대로 방치하면 전 세계로 확산될 것이다. 물론 이 추세는 유럽 국가들이 주장하는 자유무역과는 정반대되는 것이지만, 그렇다고 해서 좀처럼 막지는 못할 것 같다. 그들의 행동과 말이 따로 노는 형국이 아닐까?

성공적인 기술 도입을 위해서는 시장 규모가 확실히 중요하다. 따라서 우리의 테크 기업들은 미국의 동맹국 시장에 접근할 필요가 있지만 일단 유럽이 우리의 인프라를 모방하면 장기적으로는 우리가 딛고 설 땅이 없어지니 강제 기술 이전에 맞서 싸워야 한다.

기술 부문에서 다음으로 고려해야 할 것은 데이터다. 데이터는 그 자체로 매우 가치가 있다. 어떤 이들은 데이터를 새로운 석유라고 부르기도 한다. 예를 들어, 데이터는 인공 지능(AI)을 만드는 데 필수적이다. 데이터가 많을수록 AI가 더 잘 작동한다. 이러한 이유로 중국은 전 세계, 특히 미국에서 데이터를 해킹하거나 구매한다. 미국 외국인투자위원회(CFIUS) 심사 과정에서 중국 기업이 고객 또는 환자 데이터를 확보하기 위해 미국의 소규모 기업을 비싼 프리미엄을 주고 인수하려는 시도를 종종 목격한다.

이 분야의 미국 정책은 데이터의 개인 정보를 보호하며, 불공정하고 약탈적인 대우로부터 미국 기업을 보호하고 중국의 데이터 접근을 방어해야 한다. 첫째, 미국과 유럽은 각국의 법 집행기구 및 보안 기관이 각자의 관할권에 있는 외국 서버와 국내 시민의 데이터에 언제 접근할 수 있는지 어느 정도 규칙에 합의해야 한다. 이 분야에서 해야 할 일이 아직 많이 남아있다. 중국과 베트남 정부가 자국에서 활동하는 모든 기업의 데이티에 쉽게 접근할 수 있다는 깃은 우리 모두 잘 알고 있다. 그러나 우리와 동맹국을 위한 기본 규칙에 합의하는 것도 가능한다. 그런데 우리 기업에 대한 유럽인들의 불신, 자국 기술을 구축하려는 유럽의 보호주의적 욕구로 인해 이런 합의는 더욱 어려워지고 있다.

둘째, 외국 정부가 자국에서 사업을 하기 위한 조건으로 우리 기업에 지식재산과 영업 노하우를 포기하도록 강요하지 못하도록 미국 정부는 필요한 조치를 해야 한다. 이를 위해서는 차별적인 정책에 대한 감시와 일방적인 대응이 필요하다.

셋째, 민감한 데이터가 중국으로 수출되는 것을 막기 위해 오리건주의 론 바이든 상원의원이 권고한 것과 같은 조치를 해야 한다. 그의 법안은 데이터를 다루는 모든 기업에 대해 최소한의 개인 정보 보호 및 사이버 보안 표준을 수립하도록 의무화한다. 이 법안은 또한 연방거래위원회에 단속 인력을 배치하고 위반자에게 막대한 벌금을 부과한다. 마지막으로, 이 법안은 민감한 데이터를 중국과 그와 비슷한 비우호적인 국가로 전송하는 것을 금지하고 있다.

트럼프 행정부에서 우리는 디지털 무역 분야에서 최초로 포괄적이고 높은 수준의 무역 협정을 협상했다. USMCA는 디지털 무역 규칙의 최신 기술이 집약된 협정이었다. 이 같은 조항이 나중에 미-일 디지털 무역협정에 포함되었고, 바이든 행정부가 참여한 인도-태평양 협상에서도 좋은 모범이 되었다. 나는 합리적인 범위 내에서 더 많은 디지털 무역협정을 체결하자는 데 찬성한다. 하지만 비즈니스 관행과 기술이 계속 발전하므로 이 모형을 끊임없이 재평가할 필요가 있다. 미국의 무역 협상가들은 무역정책에서 경로 의존적이었던 유감스러운 역사를 염두에 두고 디지털 무역협정이 규제 차익 거래나 오프쇼어링이 아니라 국익에 도움되는 방향으로 추진되도록 해야 한다.

자동차 및 관련 부품

자동차 산업은 미국 제조업에 매우 중요한 산업이다. 미국 전체 GDP의 1조 1,000억 달러(또는 5.5%)를 차지하며, 미국 제조업 생산량의 11.4%를 차지한다. 모든 자동차 일자리는 지역사회의 다른 일자리들을 파생시킨다. 또한 이 산업은 철강과 알루미늄의 최대 소비처 중 하나이며, 연구 개발에도 크게 기여하고 있다. 또한 여러 면에서 무역적자의 원인이기도 하다. 유럽, 일본, 멕시코, 캐나다, 한국과의 무역적자에서 가장 비중이 높은 품목이 모두 자동차와 자동차 부품이다. 미국은 두 품목을 가장 많이 수입하는 국가다. 두 품목의 합계는 약 2,500억 달러에 달한다. 2021년에 우리는 600만 대(1,640억 달러)가 넘는 경차를 수입했으나 수출은 160만 대(550억 달러)에 불과했다.[2]

최근 수십 년 동안 업계 동향은 좋지 않았다. 최대 생산국이었던 미국은 이제 자동차 생산량이 중국의 절반에 미치지 못하고 일본보다 약 100만 대가 더 많은 정도이다. 반면 수입은 급증했다. 1994년부터 2018년까지 자동차 산업 종사자 수는 17% 감소했으며, 시간당 평균 실질수입 역시 비슷한 수준으로 감소했다.[3] 2000년부터 2017년까지 북미 지역의 신규 자동차 공장은 대부분 미국이 아니라 멕시코에 건설되었다.

이처럼 무역 실적이 저조한 데에는 몇 가지 이유가 있다. 첫째, 미국은 대부분의 다른 국가보다 관세가 낮다. 미국의 최혜국대우(MFN) 관세는 2.5%이며 1950년대 이후 계속 감소세에 있다. 한편

유럽의 자동차 관세는 10%다. 그리고 브라질은 최소 14%, 중국은 보통 15% 정도다. 반면 소형 트럭에 대한 미국의 관세는 25%이며, 해당 부문만큼은 매우 강세를 나타낸다. 둘째, 다른 자동차 생산국들은 수년 동안 보조금, 폐쇄적인 국내 시장과 산업 정책을 통해 자국 산업을 육성해 왔다. 여러 국가가 환율 조작도 마다하지 않았다. 1980년대와 1990년대에 미국 자동차 회사들은 일본 엔화가 10% 정도 저평가되어 있다고 불평했다. 물론 제대로 협상하지 않은 북미자유무역협정(NAFTA)도 미국 내 자동차 일자리를 잃게 했다. 결과적으로 미국의 인건비와 자재 비용이 커져 경쟁력이 떨어졌다.

트럼프 행정부에서는 이 문제들을 해결하려고 많은 조치를 했다. 중국산 자동차에 25%의 관세를 부과했다. 그렇게 해서 수입이 치솟고 미국 노동자들에게 심각한 타격을 줄 수 있는 상황을 잘 막아냈다. 2015년 1,000대였던 중국산 자동차 수입은 2년 후 45,000대로 증가했는데, 이 조치가 없었다면 그 숫자는 순식간에 수십만 대로 늘어났을지도 모른다. 비슷한 조치를 하지 않은 유럽의 경우 중국산 자동차 수입이 2016년 약 6만 대에서 5년 후 40만 대 이상으로 증가했다. 유럽의 중국산 자동차 수입량은 향후 3년 내에 80만 대에 이를 것으로 예상된다.[4] 트럼프가 관세를 발표하자 중국의 자동차 대기업인 상하이 자동차그룹(SAIC)는 미국 시장 진출 계획을 포기했다.[5] 포드는 중국에서 미국으로 자동차를 들여오지 않기로 결정했으며,[6] 볼보 역시 중국산 수입을 중단하고 유럽산으로 전환했다.[7] 제너럴 모터스는 원래 계획을 변경하여 중국에서 수입하지 않기로 했다. 미래의 위기는 이렇게 피할 수 있었다.

USMCA 장에서 설명된 바와 같이, 미국과 북미 지역에서 더 많은 제조가 이루어지도록 NAFTA의 '원산지 규정'도 근본적으로 변경했다. 관세 철폐 대상이 되는 자동차는 역내 제조 비율이 75% 이상이어야 하고, 노동 가치의 40%가 시간당 16달러의 (미국인) 노동력으로 만들어져야 한다. 또한 자동차에 사용되는 강철의 상당 부분을 북미 공장에서 생산하고 주요 부품을 미국에서 생산하도록 요구했다. 그 결과 현재 이곳에 새로운 공장이 건설되는 등 상당한 성과를 거두었다.

끝으로 우리는 한국과의 FTA를 재협상했다. 이전 협정에 따르면 한국 기업들은 25%의 관세를 내지 않고도 곧바로 미국에서 소형 트럭을 판매할 수 있었을 것이다. 우리는 그 날짜를 수십 년 뒤로 미뤘다.

세 가지 트럼프의 조치로 인해 수만 개의 고임금 미국 제조업 일자리를 지켰고 무역적자가 대규모로 늘어나는 상황 역시 멈출 수 있었다.

최소허용기준

미국 무역법에는 제대로 주목받지 못하던 조항이 있다. 미국인은 해외여행을 마치고 집에 돌아올 때 여행지에서 가져온 물품을 통관신고서에 800달러 미만으로 신고한다. 그러면 구매한 물품에 대한 관세를 내지 않아도 되고 다른 양식의 신고서도 기재할 필요가 없다.

이것이 이른바 최소허용기준이다. 미국인 개인 여행객에게 적용되는 기준은 상당히 관대한 편이다. 그러나 미국 기업과 외국 기업에 적용되는 방식은 차이가 있으며 매우 악의적이기까지 하다. 이에 따라 미국의 일자리와 수입이 줄어들고 국가 안보가 악화하였다. 기본적으로 최소허용기준은 미국 시민 또는 합법적 거주자가 관세나 세금을 내지 않고 800달러 미만의 물품을 매일 한 개씩 수입할 수 있도록 허용하는 것이다. 제품의 내용물과 원산지를 추적할 수 있는 일반적인 관세신고서를 사용하지 않아도 된다. 이는 미국 무역에서 엄청난 허점이 되고 있다.

이 법은 1938년에 처음 제정되었으며, 시민이 작은 선물을 하고자 하는 경우 최소한의 부담으로 수입할 수 있어야 한다는 취지에서 시작되었다. "미소 금액(De Minimis)"이란 라틴어로 "너무 미미해서 고려할 가치가 없는 것"이라는 뜻이다. 초기 기준점은 선물은 5달러, 그 외 모든 물품은 1달러였다. 아무런 해가 없었다. 몇 차례의 단계를 거쳐 1994년에 200달러로 인상되었다. 하지만 여전히 배송은 통제되고 있었다.

2015년 『무역 촉진 및 무역 집행법』에서 의회는 면세 한도를 200달러에서 800달러로 인상했다. 입법자들과 오바마 대통령의 의도는 아주 순수했다. 그들은 소비자를 돕기 위해 관세를 낮추고 서류 작업을 간소화하고자 했다. 하지만 의도치 않게 엄청난 허점을 만들었다.[7] 이 개정을 위해 로비를 벌인 기업들의 의도는 사뭇 달랐다. 그들은 아마존과 같은 대규모 수입업체와 UPS, FedEx와 같은 배송업체다. 이들은 이 세금 편법을 중심으로 전체 사업 계획을 세웠다.

물론 최소허용기준의 금액 인상은 이미 대규모였던 e-커머스 시장이 기하급수적으로 성장하기 시작하면서 시행되었다. 이러한 변화의 결과로 이제 수십억 달러의 수입품이 무관세로 거의 통제되지 않은 채 우리나라에 들어오고 있다. 1년에 수천 개의 소포를 수입하던 것이 이제는 하루에 2백만 개가 넘는 소포를 수입하게 되었다. 이 허점으로 인해 발생한 비용을 공식적으로 추산하기는 어려우나, 최소허용기준에 따른 수입액은 2012년 4천만 달러에서 2020년 670억 달러로 급증한 것으로 알려졌다.[8] 아마존과 기타 대형 수입업체의 재무 보고서, 그리고 워싱턴의 싱크탱크인 〈번영하는 미국을 위한 연합〉이 추정한 바에 따르면, 2021년 최소 수입액은 1,280억 달러로 연간 총 상품 수입의 약 4.5%를 차지한다.[9]

아마존과 알리바바 같은 기업들은 전 세계 국가(대부분 중국)의 기업들과 협력하여 관세를 피하고 최소허용기준 이하의 상품을 대량으로 수입한다(해외에서 개별 소비자에게 800달러 미만의 직구로 나누어 배송한다). 이는 제조업체에 큰 위협이다. 이러한 온라인 소스를 통해 주문되는 중국 제품은 대개 이 허점을 이용한다. 이들이 발송하는 상품은 각각 단일 고객에 대한 개별 판매로 설정되어 있는데, 실상은 수입업자가 매일 엄청난 양의 제품을 국경 너머로 운송하고 있다. 우리 모두 매주 이 같은 분주함에 동참하고 있다.

이것이 우리 경제에 미치는 영향은 심각하다. 예를 들어 상점에서 스웨터를 구매하면 해당 상점은 관련 관세를 지불하고 필요한 세관신고서를 작성해야 한다. 그런데 같은 스웨터를 온라인으로 구매하면 이 모든 과정이 생략된다. 본질적으로 우리는 모든 국가와

FTA를 체결하면서 아무런 상호주의도 요구하지 않았으며, 우리의 일자리와 부를 공짜로 나눠 준 셈이다. 물론 가장 큰 수혜자는 단연코 중국이다.

첫째, 이 조항은 미국 제조업 일자리를 희생시킨다. 미국 생산자와 근로자를 보호하기 위한 의무를 쉽게 회피할 수 있다. 경쟁 우위가 해외로 넘어간다. 이제 국내 제조업체는 해외 생산업체, 심지어 불공정 거래업체와도 직접 경쟁해야 한다.

둘째, 우리 정부는 이 거래와 관련해 실제 오가는 서류가 없어서 무엇이 국내로 들어오는지 정확히 파악할 수 없다. 그래서 수입 데이터의 상당 부분이 부정확해진다. 이렇게 허점이 반복되면서 거의 모든 거래 데이터의 정확도가 크게 떨어진다.

셋째, 오프라인 매장은 온라인 소매업체에 비해 불리한 위치에 있다. 그래서 이 부문에서 고용과 수십억 달러의 이익을 잃게 된다.[10] 이 때문에 미국 전역의 매장이 폐업하고 있다. 특히 수입과 제조와 해외 비즈니스 모델에 쉽게 뛰어들기 힘든 소규모 사업의 경우 더욱 심각하다. 이는 정책 입안자들이 의도하거나 예견하지 못했던 일이다.

넷째, 국경을 단속하는 세관 공무원들은 엄청난 부담을 받고 있다. 또한 최소허용기준 조항으로 인해 불법 마약, 위조품과 기타 밀수품의 국내 반입을 막는 것이 사실상 거의 불가능해진다. 더구나 이 분야에는 상호주의가 없다. 우리는 최대 800달러 상당의 소포 반입을 허용하는 반면, 우리의 무역 상대국은 훨씬 더 낮은 금액의 소포만 자국으로 들어오는 것을 허용한다. 중국은 이러한 기술력을 이용해 수십억 달러 상당의 제품을 배송할 수 있는데, 우리가 중국 시장을 공략할 방법은 마땅히 없다. 그리고 문제가 비단 중국에만 국한된 것이 아니다. 예를 들어 캐나다는 150 캐나다 달러의 최소 기준이 있다. 멕시코는 50달러(USD)이다. EU의 경우 150유로, 중국의 경우 50위안이다.[11] 분명히 미국은 도가 지나치다. 미국은 오프라인 소매업체나 제조업 근로자를 보호하지 않고 있다. 당연히 외국 대기업들은 이 허점을 노리는 것을 사업 계획의 핵심으로 삼고 있다. 중국의 대기업인 쉬인(Shein)은 미국 매장이나 브랜드를 통해 판매하지 않고도 불과 몇 년 만에 미국 패스트 패션 시장의 30%를 점유하는 기업으로 성장했다. 쉬인의 전체 비즈니스 모델은 중국에서 미국 개인 소비자에게 배송하는 기술을 활용하고 있다. 세관의 허점을 이용해 불과 몇 년 만에 1,000억 달러 규모의 비즈니스를 창출한 것이다. 이 외에도 수십억 달러 규모의 기업체가 수십 곳이 있다. 같은 조치를 취하지 않으면 이것은 단지 시작에 불과한다.

또 다른 사례로는, 멕시코 기업인 바하 물류는 수백만 달러의 중국산 수입품을 수입하여 로스앤젤레스 보세구역에서 트럭에 실은 다음 멕시코에 면세로 반입한다. 기술적으로는 미국 세관 지역으로 들어간 적이 없다. 이 제품들은 멕시코에 보관되었다가 미국 소비자에게 면세 및 제한된 유통절차를 거쳐 직접 판매된다. 한 기사에 따르면, 이 탈법을 사용하면 75,000달러짜리 여성용 상의를 팔 때 멕시코는 29,000달러의 관세를 내지 않아도 된다.[12]

의회 일부에서는 이 같은 출혈을 부분적으로나마 막으려고 애쓰고 있다. 의회는 중국과 같은 비시장 국가가 최소허용기준을 사용하지 못하게 하자고 제안했다. 또한 의회는 덤핑제품이나 보조금이 지급된 제품에 부과되는 관세를 피할 목적으로 최소허용기준이 사용되지 않도록 금지할 것이다.

분명히 해로운 것으로 드러난 정책은 반드시 바뀌어야 한다. 또한 대기업이 어떻게 로비와 정치력을 이용해서 대기업은 부자가 되지만 공공의 이익에 부합하지 않는 법률을 관철하는지 보여주는 사례이기도 하다. 누구도 이런 식으로 우리의 관세법을 회피하는 것을 허용해서는 안 된다.

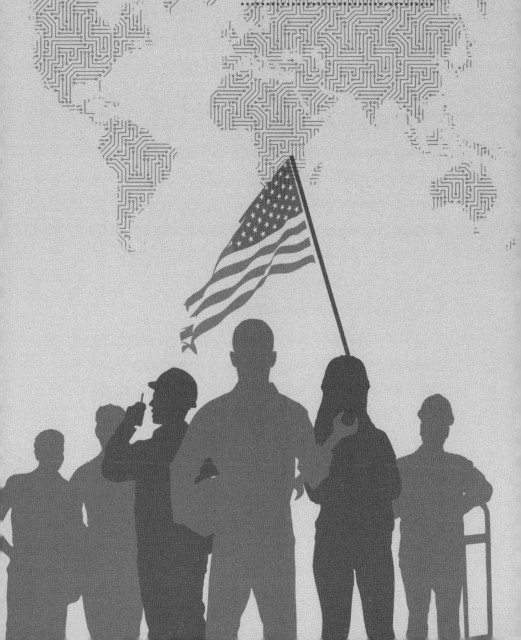

제5부

앞으로의 전진

18장

미래를 위한 처방

수십 년 동안 미국 지도자들은 미국 국민에게 실패한 무역정책을 답습했다. 1990년대와 2000년대 초반의 급진적인 자유무역주의는 일자리 증가와 임금 상승을 약속했으나, 미국의 산업 기반과 이에 의존해 생계를 유지하던 노동자, 가족, 지역사회에 파멸만을 불러왔다. 희토류 광물에서 반도체에 이르기까지 다양한 필수재가 이제 해외에서 공급되고 있다. 미국 중산층으로 진입하는 장벽이 그어느 때보다 높아졌다. 그리고 한때 제조업 중심지에 살던 수백만 명의 미국인 가정은 이제 빠르게 돌아가는 공장과 번화한 거리 대신 마약 남용과 실업이 만연한 텅 빈 폐허에 남겨졌다.

미국의 미래는 무역정책의 지속적인 변화에 달려 있다고 해도 과언이 아니다. 더 이상 미국인이 생산자가 아닌 소비자로만 스스로 바라봐서는 안 된다. 더 이상 일자리를 아웃소싱하고 지역사회와 그 안에서 살아가는 근로자와 가족을 포기해서는 안 된다. 우리는 모든 결정이 일하는 사람들을 돕는 것을 목표로 하는 무역정책을 가져야 한다. 경제적 효율성, 낮은 가격, 기업 이익 역시 중요하지만,

이 나라의 정규직 근로자들의 삶과 기회를 개선한다는 목표에 견주어본다면 부차적인 목표가 되어야 한다. 중국과의 치열한 경쟁에서 승리하고 앞으로 몇 년 동안 세계에서 가장 성공적인 국가가 되려면, 우리의 정책 무기고에 있는 다른 경제적 수단들처럼 무역정책을 꺼내 휘두를 줄 알아야 한다. 우리는 공동선에 기여하는 무역정책을 추구해야 한다.

트럼프 행정부 4년 동안 우리는 이 여정을 시작했다. 진부한 비유를 들자면, 우리는 질 나쁜 정책과 형편없는 결과로 가득 찬 항공모함을 움직이기 시작했다. 공급망, 비즈니스 관행, 소비자 선호도를 바꾸는 데는 시간이 걸리지만, 우리는 이 과정을 활기차게 시작했다. 이 책에서 자세히 설명했듯이, 우리는 좋은 일자리를 미국으로 되돌리고, 현재 있는 일자리를 지키고, 미래의 일자리를 준비하고, 가계 소득을 늘리는 힘든 여정을 위해 가능한 한 모든 도구를 극적이고 긴급하게 사용했다. 우리는 중국의 불공정 무역 관행에 맞서기 위해 관세를 기하급수적으로 인상했고, 그 과정에서 불공정 무역의 범주를 확장했다. 전체적으로 우리는 4,000억 달러 이상의 수입품에 추가 관세를 부과했는데, 이는 전임자들이 부과한 관세보다 훨씬 더 많은 금액이다. 우리는 중국뿐만 아니라 부당한 이득을 취한 모든 무역 상대국에 대해 행동에 돌입했다. 세금 정책부터 환율 조작, 국내 기술 표준 및 보조금에 이르기까지 무역 상대국이 누리고 있는 모든 불공정한 이득에 이의를 제기했다.

우리는 NAFTA를 재협상하고 처음으로 원산지 규정을 통해 우리 지역, 더 중요하게는 미국 자체에 제조업을 다시 불러들였다. 우리는 첨단 배터리 등 미래 기반의 제조업들이 미국에 뿌리내리도록 강제하는 규칙을 만들었다. 처음으로 구속력 있는 환경 및 노동 규칙이 제정되어 외국의 불공정한 경쟁을 제거했다. 우리는 탈미국 투자를 장려하고 해외 기준을 낮춰온 기업 중재 제도를 없앴다. 또한 주기적인 재평가를 요구하는 일몰 조항과 같은 새로운 개념을 무역 협정에 도입했다. 무역협정이 영원히 지속되어야 하는 이유는 무엇일까? 다른 것은 없다. 50년 전에는 타당했으나 지금은 절망적으로 시대에 뒤떨어진 협정 때문에, 일부 미국 노동자들이 생계를 잃어야 하는 이유는 무엇일까? 우리는 우리 시장에 대한 더 많은 접근을 허용하기보다는 기존의 접근을 빼앗는다고 위협함으로써 무역 상대국으로부터 양보를 얻어냈다. 분명한 것은 세계에서 가장 큰 경제 대국이자 전 세계 수출업계를 움직이는 막대한 무역적자를 내는 국가는 그 레버리지를 가지고 있다는 점이다.

우리는 전자상거래 및 기술에 관한 새로운 규칙을 협상했다. 우리는 농산물 판매의 50% 이상 규정을 협정에 반영했다. 이로써 멕시코, 캐나다, 중국, 일본 등 가장 큰 시장에서 우리 농부들을 도왔고 미국 농산물의 판매량이 기록적인 수치를 보였다. 노동자와 농민 중심 정책의 결과는 국가적으로도 좋은 결과를 가져왔다. 2020년 3월 코로나19가 빌병하기 전까시 선년 대비 5분기 중 4분기 연속 무역적자가 감소했다. 수백만 개의 일자리가 창출되었고 수십만 개의 제조업 일자리가 국내로 돌아왔다. 실질 임금이 상승했다. 주식 시장이 급등했다. 무엇보다도 실질 가계 소득의 중간값이 6.8% 증가하여 사상 최고치를 기록했다는 점이다.

트럼프 행정부는 미국 무역정책의 근본적인 변화를 위한 토대를 마련했다. 이는 모든 일하는 미국인의 이익을 위한 한참 전에 해야 했으나, 더 이상 늦출 수 없는 흐름이다. 그 후 몇 년 동안 바이든 행정부는 몇 가지 중요한 예외를 제외하고는 트럼프 대통령과 내가 제시한 길을 따라 계속 나아갔다. 대통령 임기 첫 2년 동안 바이든 의 팀은 미국에 대한 WTO 판결을 계속 거부하고 중국에 대한 301 조 관세를 철회하지 않았으며 산업 정책의 시작을 열었다. 이 나라 의 무역정책의 흐름이 바뀌었다.

앞으로 해야 할 일이 더 많다. 중국은 아마도 우리가 독립전쟁 이 후 직면한 가장 큰 지정학적 위협으로 남아 있다. 중국은 미국뿐 아 니라 자유민주주의 통치 질서와 경제 체제 전반에 대한 적대국이다. 중국의 지도자들은 자신들을 미국의 적수이자 우리가 전 세계를 이 끌고 승리를 구가하는 체제의 적으로 간주하고 있다. 그런데도 우리 는 해마다 중국에 수천억 달러를 송금하고 있다. 중국 정부는 이 돈 으로 군대를 증강하고, 전 세계에서 미국에 도전하며, 단계마다 미 국과 경쟁하도록 설계된 방식으로 중국 경제를 발전시키고 있다. 세 계에서 가장 큰 해군과 가장 큰 군대가 미국 달러로 건설되고 있는 데, 정작 미국이 아니라 해도 과언이 아니다. 이 도전에 대응하고 우 리의 이익을 방어할 수 있는 실질적인 타개책을 찾지 못하면, 미국 은 재앙으로 향할 것이다. 다음 몇 가지 제안을 하고자 한다.

무엇보다도 미국은 중국의 침략에 맞서기 위해 가장 크고 최고의 군대를 유지해야 한다. 또한 외교적으로 중국에 대응할 준비를 해야 한다. 경제 무역 분야에서 미국의 대중국 정책 처방 중 가장 중요한 핵심은 양국 경제의 전략적 탈동조화를 시작하는 것이다.

11장에 설명했듯이, 전략적 분리란 첨단 기술과 전략 분야에서 중국과 미국의 경제 관계를 제한하는 것을 의미한다. 전략적 분리 정책은 중국에 대한 잘못된 PNTR 부여를 폐지하는 것에서 시작해야 한다. 하지만 거기서 끝나서는 안 된다. 또한 중국산 수입품에 대한 관세 및 기타 조치를 통해 균형 잡힌 쌍방향 무역을 매우 빠르게 실현해야 한다. 이는 중국에서 미국으로 들어오는 투자와 중국으로 나가는 투자 모두 미국 경제에 분명히 도움이 되는 방향에서 제한해야 한다. 마지막으로, 국가안보, 민군 겸용 분야 및 기타 핵심 인프라에 영향을 미치거나 미래 경쟁력에 중대한 영향을 미칠 수 있는 분야에서는 기술 공유를 거부해야 한다. 예를 들어 드론과 같은 제품은 미국에서 제조되거나 적어도 동맹국으로부터 수입되어야 하며, 여기에 중국산 콘텐츠나 소프트웨어가 포함되어서는 안 된다. 첨단 기술의 하위 범위에 속하는 노트북 컴퓨터와 같은 제품은 제조 및 기술 노하우를 미국 또는 동맹국으로 가져오기 위해 높은 관세를 부과해야 한다.

무역정책 분야에서 중국만이 나쁜 행위자는 아니다. 전 세계의 많은 인접 동맹국과 상대국들이 미국 생산자들을 불공정하게 대우하고 있다. 우리는 공정하고 균형 잡힌 무역을 위해 자유민주주의 국가들과 협상하는 것이 우리의 이익에 부합한다는 점을 기억해야 한다. 우리는 전자상거래에 대한 적절한 규칙을 정하고, 국익이 아닌 과학에 기반한 제품 표준을 만들고, 시장을 왜곡하는 보조금과 기타 불공정 관행을 제한하는 합의를 달성하려고 부단히 노력해야 한다. 물론 WTO가 이러한 협상을 촉진할 수 있다. 그러나 기껏해야 대부분 미국인에게 점진적인 진전만을 가져다줄 것이다. WTO 협상은 중국과 러시아 같은 국가들 사이에서도 만장일치 합의가 필요한 관계로, 우리가 WTO에서 하는 어떤 일도 주요 당면 문제를 해결하거나 무역의 궤도를 바꾸지 못할 것이다. WTO의 진전을 기다리기보다는 일방적으로 또는 같은 생각을 가진 소수의 국가와 함께 행동할 준비를 해야 한다.

이러한 점을 염두에 두고 미국 무역정책에 대한 몇 가지 구체적인 변화상을 제안하고자 한다. 먼저, 이전 장에서 자유무역 대 보호주의의 정치적 논쟁과 그것이 어떻게 자유무역 대 공정 무역의 논쟁으로 발전했는지를 서술했다. 중요한 것은 우리 시장 내에서 지속적으로 공정 무역을 의무화하고 무역 상대국의 호혜성을 요구해야 한다. 또한 기존의 기본적인 무역 수단인 반덤핑법, 상계 관세법, 301조 및 기타 무역 구제법을 포함한 각종 정책을 준수하고 이를 강력하게 집행한다. 그러나 이러한 접근 방식은 항상 본질적으로 한계가 있다. 우리가 하나의 불공정 관행을 중단하면 다른 국가들이 또 다른 불공정 관행을 시작할 것이다. 이러한 법의 토대는 강력하나 이행이 늘 일관되지 않는다. 중국의 산업 기반이 우리의 것을 앞설 세계에 대비해 법률을 개정하고 강화할 필요가 있다. 그러나 우리가 어떤 방식으로 법을 집행하든 "두더지 잡기 게임"은 장기적인 승리 전략이 될 수 없다.

둘째, 미국은 세계에서 가장 큰 시장이다. 전 세계 어느 곳에서든 불공정한 대우를 받고 있다면 그에 대한 반격으로 공정성을 요구해야 한다. 다른 국가들이 우리에게 사실상 최혜국대우(MFN) 혜택을 거부하는데 우리 시장을 접근하게 방치해서는 안 된다. 수년 전에 협상된 협정이나 WTO의 부적절한 분쟁해결절차를 근거로 근본적인 불공정성을 방어하는 행위는 허용되어서는 안 된다. 다른 국가들이 우리를 진지하게 대하도록 설득하려면 우리는 일방적인 조처를 할 태세여야 한다. 우리는 301조를 단호하고 일관되게 사용하여 다른 국가들이 우리에게 공정한 접근을 허용하도록 압박해야 한다. 그렇지 않는다면, 우리 시장의 접근을 거부해야 한다. 어떤 국가가 자유무역협정을 통해 자국 시장에 대한 접근을 미국보다 더 유리한 조건으로 다른 국가에 허용한다면, 우리는 해당 국가가 우리 시장에 접근하기 어렵게 맞대응해야 한다. 이러한 정책은 상호주의라는 전통적인 개념과 우리의 권리를 일방적으로 집행한다는 최신 개념을 하나로 결합한 것이다.

셋째, 수입 관련 법률의 실질적인 변화가 요구된다. 국내 사회협약을 수입 분야에도 적용해야 한다. 문명국이 노동권, 환경 보호, 건강 및 안전 문제와 같은 사회적으로 유리한 분야에서 고용주에게 일정한 최소 기준을 충족하도록 요구하겠다고 약속할 때, 본질적으로 이러한 목표가 순수한 경제적 효율성보다 중요하다는 것을 의미한다. 우리는 깨끗한 식수, 공정한 노동 관행과 같은 특정 사회적 결과에 대해 매장에서 더 높은 가격을 기꺼이 낼 의향이 있다. 그리고 이제 우리는 국내 시장에 수입품을 들여오는 기업에도 동일한 원칙을 적용해야 한다. 어떤 회사가 기본적인 환경 기준도 지키지 않는 나라에서 값싸게 제조한 상품을 미국으로 수입하는 것이 왜 허용되어야 할까? 마찬가지로, 어떤 기업이 타국에서 최소 노동 기준을 충족하지 않고 생산한 제품을 미국에 판매하고 이득을 얻어야 하는 이유는 또 무엇일까? 우리는 사회적으로 필요한 정책 목록에 합의한 다음, 국내 생산품이든 수입품이든 똑같이 충족해야 하는 최소 기준을 세워야 한다. 이상적으로는 같은 생각을 가진 의원들과 이 목록에 합의하는 편이 더 낫다. 환경과 노동 분야는 물론, 작업자 안전, 식품 안전 등에도 이러한 기준이 적용될 수 있다. 이러한 최소 기준을 충족하지 않는 수입품은 현재 불공정하고 인위적인 이점을 상쇄할 수 있는 관세를 수입 가격에 추가로 부과해야 한다.

이 아이디어의 한 예가 현재 미국 의회를 통과하고 있다. 많은 회원국이 수입품에 탄소 국경세*를 부과하기를 원한다. 나도 동의한다. 다른 나라가 우리의 허용치보다 훨씬 더 많은 탄소를 사용하여 제품을 생산한다면, 왜 그 수입품이 훨씬 적은 탄소를 사용하여 생산된 미국 제품보다 우리 시장에서 가격 우위를 가져야 할까? 그러한 수수료는 지구 환경을 깨끗하게 하고 미국에서 일자리를 창출하는 데 도움이 될 것이다.

넷째, 미국은 특정 중요 산업에 대한 보조금 정책을 꾸준하게 개선해야 한다. 일반적으로 산업 보조금은 좋은 생각이 아니다. 보조금은 시장의 비효율을 높이고, 국민을 위한 최선과 항상 일치하지 않는 정치적 고려로 인해 자원의 잘못된 배분을 초래하는 경우가 많다. 하지만 일부 분야에서는 보조금 없이는 경쟁할 수 없다. 미국

* 자국보다 이산화탄소 배출이 많은 국가에서 생산·수입되는 제품에 대해 부과하는 관세를 뜻한다. 탄소 국경세는 미국 바이든 행정부와 유럽연합이 주도적으로 추진하고 있다.

이 잃을 수 없는 경제적 경쟁 분야가 있다. 우리는 이미 '중국 제조 2025' 계획에 대해 언급했다. 이 계획에서 다루는 10개 분야는 모두 세계 경제의 미래를 위해 매우 중요하다. 예를 들어, 미국은 인공지능, 로봇 공학, 첨단 소재와 그 밖의 미래 산업에 대한 경쟁에서 패배할 여유가 없다.

안타깝게도 미국의 제조업체들은 공산주의 국가인 중국뿐만 아니라 유럽, 한국, 일본에서 흘러나오는 수조 달러의 보조금에 힘입은 외국 기업들과 경쟁하며 우위를 점할 수 없다. 분명히, 우리는 보조금이 올바르게 집행되도록 주의를 기울여야 한다. 하지만 말뿐이어서는 안 된다. 예를 들어, 우리의 첨단 반도체 산업은 고도로 민감한 군사 기술과 21세기 경제의 기반이 되는 다양한 민간 기술에 투입물로서 매우 중요하다. 미국은 이 기술을 발명했고, 우리는 보조금을 받는 외국산에 기술을 빼앗길 위험에 처해 있다. 지금도 우리는 최첨단 로직 칩 분야에서 최소 두 세대 이상 뒤처져 있으며, 전체 반도체 수요의 80% 이상을 수입하고 있다. 실제로 외산 반도체 없이는 F-35 전투기를 생산할 수 없다. 반도체 대부분을 미국에서 생산해야 한다. 이 목표는 정부의 지원 없이는 달성할 수 없다. 미국 내 반도체 제조에 수백억 달러를 지원하는 초당파적인 『반도체 및 과학법』이 2022년에 통과된 것은 기대되는 첫걸음이다.

다섯째, 무엇보다 미국은 균형 잡힌 무역을 달성해야 한다. 해마다 수천억 달러, 때로는 1조 달러에 달하는 부를 무역 적자의 형태로 해외로 계속 이전해서는 안 된다. 생산보다 소비에 치우치면 가난해진다는 것은 누구나 알고 있는 사실이다. 우리는 30년 동안 이렇게 소비를 해오며 18조 달러가 넘는 부를 다른 나라로 이전했다. 앞서 살펴본 바와 같이, 이 돈은 외국의 이해관계자들이 미국 자산을 소유하고 그 자산의 미래 수익과 생산적 가치를 영구히 누리게 된다. 우리는 우리의 부와 주식, 부동산, 부채의 소유권을 다른 나라로 이전하며 점점 더 가난해지고 있다.

균형을 달성하기 위해 세 가지 방법을 논의했다. 하나는 거의 20년 전에 워런 버핏이 추천했던 방법이다. 미국으로 제품을 수입하는 모든 사람에게 미국에서 해당 제품이 같은 가치로 수출된다는 증명서를 요구하는 것이다. 이 정책은 분명 균형 잡힌 무역으로 이어질 것이다. 또 다른 접근 방식은 미국으로 들어오는 투자 자금에 유동적인 수수료를 부과하는 것이다. 본질적으로 미국에 들어오는 외국 자본에 대해 시장 접근 수수료를 부과한다는 의미다. 달러 수요가 많은 시기에는 세금이 부과되어 외국 자본 수익률을 낮춤으로써 달러에 대한 외국인 수요를 조절할 수 있다는 개념이다. 그러면 자연히 우리의 통화가치가 하락하게 된다. 외국 자본이 무역 흑자 달러를 미국으로 가져올 때 세금이 없을 때보다 우리 자산을 더 적게 구매하게 된다. 시간이 흐르면 이 시장 접근 수수료가 균형 잡힌 글로벌 거래 시스템을 만드는 데도 도움이 될 것이다. 초당파적인 상원의원 모임은 2019년 『일자리와 번영을 위한 경쟁력 있는 달러법』에서 이러한 시스템을 제안한 바 있다. 이 접근 방식을 지지하는 사람들은 연방준비제도이사회에 균형을 달성하기 위해 이 세금의 규모와 기간을 규제하는 권한을 부여하고자 한다.[1]

마지막으로, 수입품에 관세를 부과하여 균형 잡힌 무역을 달성할 수 있다. 균형을 이룰 때까지 모든 수입품에 매년 점진적으로 높은 비율로 관세를 부과할 수 있다. 균형을 이루면 그 균형을 유지하는 최저 수준까지 관세를 낮출 수 있다. 이러한 접근 방식은 달러의 고평가와 해외의 불공정한 시스템을 효과적으로 상쇄할 수 있다. 개인적으로는 이 세 가지 옵션 중 어느 것이든 수용하겠지만, 관세를 선호하는 이유는 실행이 간단하고 어떤 일이 일어날지 예측하기 쉬우며 관세를 징수할 수 있는 메커니즘이 이미 마련되어 있기 때문이다. 또한 관세는 정부의 관세 수입을 늘려 만성적인 재정 적자를 줄이는 데 도움이 될 것이다.

위에서 제시한 정책 의제는 상당히 포괄적인 것이 사실이다. 또한 나는 의회가 이를 즉시 시행하자고 제안할 생각은 없다. 일정 기간에 걸쳐 신중하게 실행해야 한다. 가장 시급한 우선순위는 중국과의 전략적 디커플링에 두어야 한다. 따라서 균형 잡힌 무역을 보장하는 메커니즘은 단계적으로 도입해야 하며, 가능하다면 미국과 동맹국들이 함께 하는 것이 이상적이다. 1980년대 프랑스, 독일, 일본, 영국은 무역 불균형 해소를 위해 미국 달러의 가치를 평가절하하는 역사적인 플라자 협정을 합의한 바 있었다. 그리고 이 협정은 미국의 동맹국들이 옛 체제에서 미국의 참여를 제한했던 불공정한 글로벌 관행을 해결하고자 협상에 나선 신뢰를 세웠다.

수십 년에 걸친 무역 불균형을 되돌리려면 시간이 걸리며, 이를 달성하기 위한 메커니즘은 신중하고 단계적으로 도입되어야만 소비자 물가 상승과 시장 혼란을 최소화할 수 있다. 더구나 지속적인 무역적자는 단기간에 해결할 수 있는 문제가 아니나, 필요한 조치를 마냥 미룬다고 해서 더 쉽게 해결되지 않는다. 행정부와 의회가 이 문제를 해결하는 최고의 방법에 대해 진지한 논의를 빨리 시작할수록 더 쉽게 해결할 수 있다.

희망차게도 이런 노력이 이미 시작되었다. 이 책에 나오는 중국과 무역에 대한 견해는 미국에서 주류가 되어가고 있다. 미국인들이 식탁에 둘러앉아 이야기하는 당연한 상식처럼 여겨지고 있다. 최근 여론조사에 따르면 미국인의 61%가 중국산 제품에 대한 새로운 관세 부과를 지지하는 반면, 16%만이 반대한다고 나타났다. 중국에 대응하기 위한 강력한 무역 조치에 대해서는 미국인의 72%가 찬성하고 12%만이 반대한다.[2]

이제 우리 정치계도 이 흐름을 따라잡고 있다. 점점 더 많은 상원의원, 주지사, 하원의원들이 중국과 무역에 대해 강경한 발언을 하고 있다. 예를 들어, 공화당과 민주당 구분 없이 중국소위원회 위원 중 다수는 중국과 어떤 형태로든 전략적 분리가 필요하다고 믿고 있다. 마찬가지로 2023년 2월, 트럼프 전 대통령은 관세 및 기타 제한 조치를 사용하여 중국과의 탈동조화를 위한 4개년 계획을 수립하자고 촉구했다. 그는 또한 미국의 무역 균형을 위해 관세를 사용하고 싶다고 밝혔다.

◆

미국인에게는 국제 무역이 필요하다. 우리의 자원을 가장 생산적인 방식으로 배분하고 다른 나라들도 같은 일을 할 때 효율성이 더욱 높아진다. 한편으로는 우리는 다른 나라에 비해 무역의 필요성이 훨씬 적다. 우리는 막대한 경제 규모를 가지고 있으며 필요한 대부분 제품을 국내에서 생산할 수 있다. 무역은 좋은 것이다. 무역은 많을수록 좋다. 공정한 무역은 필수적이다. 하지만 균형 잡힌 무역은 우리의 정언명령이어야 한다. 그리고 앞으로는 정말 현명한 무역이 필요하다. 노동자, 농부, 기업에 우리는 많은 빚을 지고 있다.

다른 경제 정책과 마찬가지로, 무역에도 상충관계가 존재한다. 다른 것을 얻기 위해 무언가를 포기해야 한다. 소비재 가격이 저렴해지면 미국 내 일자리가 줄어들고 임금이 낮아진다. 더 많은 수입은 더 적은 제조를 의미한다. 무역적자는 국부 감소로 이어진다. 우리의 다른 삶과 마찬가지로 이 모든 것은 대가를 치뤄야 한다. 희생 없는 자유무역은 없다.

도널드 트럼프는 무역과 중국과의 경쟁에 대한 우리의 생각을 4년 만에 근본적으로 바꾸어 놓았다. 그의 일관된 정책은 낡은 관념과 실패한 무역 협상에 얽매이지 않았다. 그는 일자리와 임금에 초점을 맞추었고, 행정부 직원들에게 우리가 내리는 모든 결정이 노동자에 미칠 영향을 고려하고 그들에게 가장 도움이 되는 조치를 일관되게 추진하라고 지시하고 독려했다. 무역정책의 변화는 4년 만에 완성되지는 않았지만, 단연코 좋은 출발이었다.

감사의 글

이 책의 목표는 트럼프 행정부와 4년의 재임 기간에 국제 무역에서 일어난 일을 정확히 기록하고자 했다. 나는 우리가 이해한 대로 사실을 제시하고 우리를 움직이게 한 국정 철학을 제공하려고 노력했다. 다른 사람들, 특히 저널리스트들이 이런 이야기를 쓴 적이 있다. 그러나 나는 당파적 정치에 휩싸인 도시에서 가능한 한 당파적 정치를 배제하고 내부에서 바라본 이야기를 쓰고 싶었다. 이 글을 가능하게 해준 많은 분께 감사의 말씀을 전한다.

이 책에 기록된 대로, 우리는 트럼프 행정부에서 국제 무역과 중국 정책에서 괄목할 만한 성과를 거두었다. USTR의 훌륭한 팀이 없었다면 어떤 것도 불가능했다. 이 팀은 협상과 정책 변화를 이뤄내고 그 과정에서 내게 조언과 격려를 아끼지 않았다. 또한 이 책을 집필하는 데도 필수적이었다. 그들은 사건을 회상하고 초안 작성과 편집을 도왔다. 나는 개인적으로 그들에게 큰 빚을 지고 있으며, 그들이 우리나라를 위해 해준 모든 일에 대해 자랑스럽게 생각한다. 무엇보다 그들이 우리가 믿는 것들을 위해 계속 싸우고 있다.

스티븐 본(Stephen Vaughn)은 내 로펌인 스카덴&아르프스사에서 수십 년 동안 나와 함께 일했다. 그는 뛰어난 무역 변호사였는

데, 더 중요한 것은 수년 동안 USTR에서 법률 고문을 맡았다는 점이다. 내가 검증받는 동안 스티븐이 법률 고문으로 USTR 업무대리를 맡았다. 제프 게리쉬는 20년 동안 스캐든에서 내 파트너로 일했고 USTR에서 부대표로 일했다. 그는 반덤핑 및 상계관세 소송 분야의 탁월한 전문가다. 제프는 우리가 성취한 많은 일의 중심에 있었으며 특히 중국 회담의 핵심 주역이었다. C. J. 마호니는 초창기에 워싱턴의 또 다른 부대표로 활동했다. 제프와 스티븐과 달리 그는 우리 팀에 합류하기 전에 나와 함께 일한 적이 없었다. 그는 친한 친구가 적극 추천했고, 평판보다 훨씬 더 능력이 뛰어남을 증명했다. 그는 또한 우리 업무 전반에 관여했으며 USMCA 협상의 핵심 인물이다. 흥미롭게도 C. J.는 밥 돌 상원의원의 고향인 캔자스주의 소도시 러셀에서 태어났다. 초기 핵심 그룹의 마지막 팀원은 제이미슨 그리어(Jamieson Greer)이다. 공군 베테랑인 제이미슨은 내 로펌에서 몇 년 동안 일하기도 했다. 그는 훌륭한 참모였다. 그는 체계적이고 인내심이 많으며 항상 사무실을 떠나지 않았다.

또한 WTO에서 내 대리를 맡았던 데니스 시어(Dennis Shea)에게도 감사의 말을 전하고 싶다. 나는 데니스와 수년간 알고 지냈고 돌 상원의원을 위해 일했던 경험을 공유했다. 그는 또한 무역 전문가이며 일찍이 중국 회의론에 눈을 떴다. 제네바에서 나오는 모든 일에 대한 그의 지식과 조언에 감사드립니다. 그렉 다우드(Greg Doud)는 농업 담당 차관보였다. 그는 캔자스 출신으로 농장에서 자랐고 수년간 의회와 다른 농업 관련 단체에서 일한 경험이 있다. 이 동료들은 하나같이 명석하고 열심히 일하며 조국에 봉사하기 위해 많은 것을 희생했다.

시간이 지나면 사람들이 떠나고 새로운 그룹이 행정부로 들어온다. 나는 그들에게도 마음의 빚을 지고 있다. 조셉 발룬(Joshep Barloon)은 나의 두 번째 법률 고문이다. 그 역시 수년간 로펌에서 나와 파트너로 일했다. 그는 훌륭하고 노련한 소송 변호사로 나와 함께 늦은 밤까지 일했다. 두 번째 비서실장은 케빈 가비(Kevin Garvey)다. 그는 제이미슨의 훌륭한 업적을 계승하고 협상 열차를 계속 움직였다. 제프가 떠난 후 부대표를 맡은 마이크 네멜카를 빼놓을 수 없다. 그도 우리나라를 위해 멋지게 봉사했다. 마이크도 국가를 위해 재정적으로나 개인적으로 아낌없이 일했다.

1980년대와 트럼프 대통령 재임 시절 USTR에서 일했던 동료들에게 감사의 말씀을 전하고 싶다. 그들은 전문가였고 내게 많은 것을 가르쳐주었다.

트럼프 행정부 경제팀의 다른 고위층 인사들에게도 감사드린다. 여기에 새삼 언급해도 좋을지 모르겠으나, 특히 재러드 쿠쉬너와 이방카 트럼프에게 감사를 표한다. 그들은 나와 매우 친한 친구가 되었다. 그들은 올바른 이유로 올바른 정책을 지지했다. 윌버 로스, 스티븐 므누신, 피터 나바로, H.R. 맥매스터, 로버트 오브라이언, 케빈 해세트, 래리 커들로, 그리고 그 밖의 최고 수준의 고위 관리들에게도 감사를 표한다. 트럼프의 경제팀은 각 개인 모두가 훌륭했다. 케빈과 래리는 자유무역 경제학자로서 종전에 가졌던 견해가 행정부에서 일하는 동안 크게 바뀌었다. 우리는 항상 개종자를 환영하며, 그들은 여전히 최고였다. 피터는 바뀔 필요가 없었다. 그는 늘

투지가 충만했고 선견지명이 있었다. 피터는 무역 분야에서 우리가 거둔 성과에 크게 기여했다. 윌버는 상무부를 미국 우선주의 정책으로 탈바꿈했고 거의 모든 전투에서 나의 우군이었다. 그는 우리의 수출통제법을 적극적으로 활용한 최초의 장관이었다. 스티븐과도 좋은 친구가 되었다. 우리는 베이징행 항공기 속에서 관세 문제로 다투며 유대감을 쌓았다. 그는 때때로 꺼려질 때도 있었지만 동시에 좋은 협력자였다. 그는 트럼프의 위대한 경제에 큰 공로를 인정받고 있다.

H. R., 진정한 학자이자 군인이었던 그는 초기에 중국 정책을 발굴하는 데 도움을 주었다. 로버트 역시 열렬한 애국자다. 그는 우리의 모든 노력을 전폭적으로 지지했고, 나도 종종 그의 조언을 구했다. 국가안보회의(NSC)의 또 다른 친구는 매트 포틴저였다. 매트는 중국어에 능통한 진정한 중국 전문가다.

이 책을 집필하는 과정에서 나는 두 명의 젊은 하버드 법대생을 알게 되었다. 마이클 스타와 트레버 존스는 내 연구원이다. 그들은 부지런하고 지식이 풍부하며 매우 열심히 일했다. 이 책에서 그들이 얼마나 중요한 역할을 했는지는 어떤 찬사로도 부족할 것이다. 앞으로 그들에게서 큰 성과를 기대한다. 학교에 있을 때 그들의 참모습을 접했다. 그들에게 감사를 표한다.

또한 수십 년 동안 함께 일해 온 개인 자문가들도 빼놓을 수 없다. 단연코 나의 오랜 친구이자 공모자인 로리 왈라크(Lori Wallach)를 꼽고 싶은데, 그는 의회와 연락을 주로 담당하며 내게 조언을 아끼지 않았다. 존 손튼은 중국 협상 과정에서 막후 협상가로 중요한 역할을 했다. 댄 디미코와 나는 수십 년 동안 무역 전쟁을 벌인 동맹이다. 나는 항상 그의 열정에 감사했다.

에이전트인 데이비드 비글리아노와 토마스 플래너리, 그리고 하퍼콜린스 출판사의 편집자인 에릭 넬슨에게 감사드린다. 세 사람 모두 귀중한 조언과 격려를 아끼지 않았다. 그들이 이 정책서의 중요성을 믿어주었기에 이 모든 작업이 가능했다.

미국우선주의정책연구소(America First Policy Institute)의 브룩 롤린스와 동료들이 이 작업에 바친 공로를 지나쳐서는 안 된다. 트럼프 행정부가 끝난 후, 브룩은 워싱턴 정계, 대중주의자, 보수주의자, 반부패를 망라하는 싱크탱크를 설립하기 위해 거의 불가능한 과업을 시작했다. 그녀는 불과 몇 달 만에 시속 0마일에서 시속 100마일로 속도를 올렸다. 그녀가 기울인 노력은 앞으로 수십 년 동안 보수적인 정책에서 결실을 맺을 것이다.

로버트 돌 상원의원님께 감사드린다. 그분은 로펌에서 일하던 나를 발견한 후로 수십 년 동안 나의 멘토가 되어 주셨다. 내가 45년 동안 그분의 친구였다는 사실이 매우 자랑스럽다. 윌리엄 브룩 대사도 잊어서는 안 된다. 그분은 USTR의 훌륭한 상사이셨다. 두 분은 최근 몇 년 사이에 돌아가셨고 지금은 정당한 찬사를 받고 계신다. 80년대 내 상사였던 로널드 레이건이 없었다면 이 세상은 어떻게 되었을까? 나를 혁명의 일부로 만들어 주신 데 감사드린다.

이 책에 담긴 생각의 첫 번째 초안은 2020년 7~8월에 발행된 외교 일화 기사에 실렸다. 이 기사는 우리 전략의 근간이 되는 철학을 명확하게 표현하려는 초기 시도였다. 꼭 읽으라고 추천하고 싶다.

또한 2021년 10월 5일자 〈이코노미스트〉에 기고한 "초대"라는 에세이도 추천한다. 이 글은 워런 버핏의 통찰력을 바탕으로 무역적자가 미국에 얼마나 해로운지 보여준다. 중국의 위협에 대한 내 첫 번째 경고를 읽고 싶다면, 1997년 2월 25일자 〈뉴욕타임스〉에 실린 "아시아 기부자들은 무엇을 원했나?"라는 제목의 기사를 추천한다.

나는 트럼프 대통령에게 증손자들이 대통령 재임 시절의 역사를 읽게 된다면 그가 중국의 도전을 어떻게 인식하고 대처했는지에 관한 이야기만 남고 나머지 업적은 각주들로 달릴 것이라고 말한 적이 있다. 그는 분명히 많은 분야에서 엄청난 업적을 남겼지만, 중국의 위협이 얼마나 심각한지를 우리에게 각인시켰다. 이는 여러 면에서 이번 세기 우리 역사를 정의하게 될 것이다. 그는 미국의 주요 정치인 중 가장 먼저 중국 위협의 심각성을 인식하고 이에 대응하려고 했다. 그의 정책은 시간이 지남에 따라 더욱 발전했다. 범정부적인 접근 방식이지만 그 핵심은 무역과 경제에 있었다. 비판자들은 결코 이 역사적인 업적을 빼앗을 수 없다.

워싱턴에서 근무하는 동안 나는 지금은 전례 없이 최악의 시대이며 당파성이 정책을 압도하고 있다는 말을 자주 들었다. 미국 역사를 많이 읽은 나로서는 항상 그런 생각에 저항했다. 나는 1820년대, 1850년대, 1930년대에 관해 읽었고 1960년대 말과 1970년대 초를 기억한다. 나는 레이건 시대의 공직에 있었다. 하지만 지금의 불화와 당파성은 우리 역사상 최악의 상황과 맞먹는다고 고백해야 할 것 같다. 그렇지만 나는 재임 기간에 워싱턴의 위대한 공화당 의원들과 민주당 의원들을 만났다. 몇 분만 소개해 드리려 한다. 펠로시 하원의장은 트럼프 대통령을 싫어했지만 나를 공정하게 대해주었다. 내 협상안이 옳다고 생각했기 때문에 그녀는 정치적 대가를 치르더라도 의회 통과에 힘을 보탰다. 미국 세입위원회 위원장인 케빈 브래디와 이후 리처드 닐은 모두 진정한 전문가로 즐겁게 함께 일했다. 나는 양당의 의원들과도 우정을 쌓고 긴밀한 협력 관계를 맺었다. 그분들이 정당보다 국익을 우선시하고 노동자들을 돕고 싶다는 내 말을 믿고 지지해 주신 데 대해 감사드린다. 상원 쪽에서는 정말 위대한 미국인인 오린 해치(Orrin Hatch) 재무위원장과 아이언 맨 척 그래슬리(Chuck Grassley) 두 분을 존경하는 마음으로 기억하고 싶다. 나는 그래슬리 상원의원이 상원에 등원한 첫날인 1981년 1월에 그를 처음 만났다. 그때부터 지금까지 우리는 친구로 지내고 있다. 당시 재무위원회 위원은 론 와이든(Ron Wyden)이었다. 당선이 확정되기 전에는 그를 잘 몰랐다. 우리는 친구가 되어 거의 매주 월요일 아침 10시에 통화를 했기 때문에 "깜짝 놀랄 일"은 아니었다. 롭 포트먼은 또 다른 친구이자 내게 종종 무역에 대한 영감을 불어넣어 주었다. 그는 오하이오 출신으로 USTR에서 일했고, 우리 직원들을 늘 염려해준다.

나는 또한 여러 미국 노동계 지도자들과 긴밀히 협력했다. 전미 노총의 회장인 리차드 트럼카는 나와 친구가 되어 USMCA를 통과시키고 내가 워싱턴에서 여론의 지지를 끌어오는 데 핵심적인 역할을 했다. 그가 정말 그립다. 마찬가지로 제임스 호파는 내 친구이자 노동자 중심의 무역정책을 실현하는 데 필수적인 조언자다. 또한 수년간 함께 일했던 전미철강노동조합의 레오 제라드에게도 감사의 인사를 전하고 싶다.

펜스 부통령은 우리가 한 모든 일에 대해 많은 공로를 인정받을 자격이 있다. 그는 헌신적이고 충성스러웠으며 솔직하고 담백한 사람이다. 내 분야에서 그는 항상 나를 지지해 주었고 주요 정책 및 정치 문제에 대해 아낌없이 조언했다.

마지막으로 내게 무역 협상의 포트폴리오를 맡겨주신 도널드 트럼프 대통령께 감사의 말씀을 드린다. 함께 일하게 되어 기뻤고 그는 항상 나를 지지해 주었다. 그는 24시간 내내 일했고, 솔직히 그와 만남이 좋지 않았던 적이 없다고 자신 있게 말할 수 있다. 그는 정말 위대한 대통령 중 한 명이었으며, 그의 업적 목록에 내가 함께할 수 있어 정말 자랑스럽다. 이 책을 읽는 사람이라면 누구나 나의 애정을 알 것이다.

옮긴이의 글

2016년과 2000년, 그리고 다시 돌아온 2024년

지난 1월 15일 공화당 아이와주 첫 당원대회를 시작으로 2024년 11월 5일에 있을 미국 대통령 선거의 공식 레이스가 시작되었다. 조 바이든 대통령과 도널드 트럼프 전 대통령의 재대결 구도 속에서 과연 트럼프가 그로버 클리블랜드(22대·24대)에 이어 백악관 재입성에 성공할지에 전 세계의 이목이 쏠려 있다. 대선까지 5개월이 남지 않은 현재 시점에서 도널드 트럼프 전 대통령의 지지율은 45.5%, 조 바이든 대통령은 45.0%를 기록하여 미국 대선 판세는 한 치 앞을 내다볼 수 없는 초박빙 상황이다(6.7일 기준 리얼클리어폴리틱스 여론조사). 지난 5월 30일 트럼프 전 대통령이 2016년 대선을 앞두고 성추문 입막음을 위해 비용을 지불했다는 혐의로 유죄 평결을 받은 악재가 지지율 경합에 얼마간 영향을 주겠지만, 스윙보터들(swing voters)의 표심을 움직이는 결정타가 될런지는 아직 판단하기 어렵다. 여전히 가자지구·우크라이나 전쟁, 낙태와 불법이민, 물가 고공 상승 등에 따른 전통적 지지층의 흔들리는 표심 등이 더욱 관건이 될 것으로 보인다.

지난 해 민주당의 선거전략가 사이먼 로젠버그(Simon Rosenberg)는 MSNBC 방송(2023년 12월 30일)에서 바이든의 신승을 점치며 몇 가지 논거를 내세웠다. 그중 하나는 바이든은 좋은 대통령이며 공화당은 트럼프라는 후보를 내세웠다는 것이다. 또 다른 하나는 미국 경제가 고금리·고물가에도 탄탄하게 성장할 것이라는 전망에 무게가 더 실리고 있기 때문에 트럼프 전 대통령의 MAGA(Make America Great Again, 미국을 다시 위대하게!)에 집중한 전략은 2016년과 같은 효과를 낼 수 없다고 주장했다.

그렇다면 정말로 좋은 바이든, 나쁜 트럼프라는 대결 구도가 실제로도 유효할까? 필자의 조심스러운 생각으로는, "코를 막고 투표하라(hold your nose and vote)"는 미국 속담이 이번에도 예외는 아닐 것 같다. 뿐만 아니라, 최근 바이든 행정부의 행보를 볼 때, 적어도 무역정책에 있어서만큼은 (부분적으로는 국경정책에서도) 미국 최우선주의로 표출된 트럼프 현상은 단순히 일시적 현상이 아니라 게임 체인저의 역할을 한 것이 아닐까 생각된다.

예고된 미중 무역전쟁의 재개, 냇콘이 이끄는 지각 변동

그간 대중국 관계에서 "대화 있는 경쟁"을 추구해 온 바이든 행정부는 대선을 앞두고 트럼프와 접점을 벌이자 러스트벨트의 표심을 붙잡기 위해 대중 무역전쟁의 흐름에 편승하는 모양새다. 먼저 무역법 301조에 근거해 중국산 전기차 관세를 현행 25%에서 100%로

4배 올리는 것을 비롯해 철강, 알루미늄 및 전기차용 리튬이온 배터리 관세도 7.5%에서 25%로 올렸다. 이 외에도 반도체와 태양전지 관세 역시 현행 25%에서 50%로 상향했다. 이러한 대중국 슈퍼 관세와 반도체 산업의 가드레일 규정에 이어서 최근 스마트카, AI, 챗GPT 등에 대한 추가적 기술규제 카드를 만지작거리고 있는 상황임을 떠올려보면 바이든 행정부 역시 트럼프의 보호정책의 궤적을 상당 부분 이어갈 것으로 예상된다.

트럼프는 이에 질세라 본인이 백악관에 재입성한다면, 모든 중국산 수입품에 대한 60% 이상의 관세를 선포하고, 더 나아가 모든 수입품에 대해 기존 관세에 10%p의 추가 관세율을 더한 보편적 기본관세(universal baseline tariffs)를 부과하겠다고 한술 더 뜨고 있다. 어쩌면 바이든의 디리스킹(derisking)과 트럼프의 디커플링(decoupling) 사이에 전환기의 방식과 정도의 차이가 있을 뿐이지 근본적인 철학 차이가 있는지 의문이 든다.

이러한 무역 난타전을 단순히 대선의 표심을 잡기 위한 선거 전략으로 본다면, 미국이 세계 경제, 그리고 우리나라 경제에 미치는 파급력을 고려할 때 지나친 낙관론이 아닐까 싶다. 내셔널 보수주의(National Conservative, 일명 NatCon)라는 이름의 새로운 유형의 보수주의가 미국 정치의 지각 변동을 주도하고 있다. 그들은 자유와 개인주의, 자치 의식 등을 중시했던 건국의 아버지들로부터 뿌리를 찾고 이를 토대로 싱크탱크를 중심으로 지적이며 차별적인 사회 아젠다와 실용적 경제프로그램을 창안하는 행동력을 보여주고 있다. 어쩌면 트럼프 방식으로 트위터와 소셜 미디어로 실어나른 자극적인 문구와 수사들은 그러한 거대한 변화의 얇디 얇은 부유막에 불과할 것이다.

그런 맥락에서 우리나라에서도 대외경제정책연구원을 비롯한 산업계, 민간 연구소들은 트럼프 캠프의 〈아젠다47〉과 보수적인 헤리티지 재단에서 작성한 〈프로젝트 2025〉 등을 분석하며 앞으로의 전망을 가늠하느라 바쁘다. 여기에 로버트 라이트하이저의 〈자유무역이라는 환상: No Trade is Free〉 역시 반드시 필독서로 포함되어야 한다고 말한다 해도 비단 옮긴이로서의 욕심 때문만은 아니리라.

중산층 몰락과 공동체 붕괴의 시대, 세 번째 화살은 누구를 향하는가?

로버트 라이트하이저는 트럼프 정부에서 무역대표부(USTR) 대표를 지내며 WTO 기반의 다자간 무역시스템을 뒤흔들어놓은 인물이다. 흔히 트럼프맨, 또는 트럼프 통상정책의 키맨이라는 수식어가 뒤따라 다닌다. 〈월스트리트 저널: WSJ〉의 정치 전문기자인 밥 데이비스는 그에 대해 상대방을 직설적으로 위협하여 힘을 빼놓은 다음 거래를 성사시키는 스타일로 트럼프 대통령과 싱당히 닮은 꼴이라고 말한다. 또한 그는 트럼프 2기 행정부가 출범한다면 비서실장 또는 재무부장관 후보로 거론되기도 한다. 그런 그가 트럼프노믹스의 3대 목표로 중국과의 전략적 디커플링, 미중 기술전쟁 승리, 무역적자 감축을 꼽고 있으며, 이는 직간접적으로 글로벌 경제에 큰 파고로 다가올 것은 분명하다.

라이트하이저는 이 책의 시작을 자신이 태어나고 자라난 오하이오주 애쉬타불라라는 작은 공업도시에서부터 출발한다. 주민 대부분이 일자리를 찾아 떠나거나 빈곤에 시달리고 주민의 10% 미만만이 대학 학위를 가지고 있다. 그는 애쉬타불라 항구을 오고가는 컨테이너선이 누가 만든 물건들을 싣고 있냐는 물음을 던진다. 이렇게 그는 아주 영리하게도 중국과 세계 각국과의 무역전쟁의 정당성을 기술하기 전에 먼저 러스트벨트에서의 유년 경험, 〈연방주의자 논집〉에서 해밀턴이 보인 열정, 가치 있는 인간 조건으로서 일(Work)의 의미 등을 먼저 이야기한다. 얼어붙은 불평등한 시스템이 국제무역기구(WTO) 하에서 자유무역주의자들의 어리석은 실패, 또는 환상에서 시작되었다고 화살을 겨눈다. 아카데믹한 몽상가들, 금융 자본가들, 자유주의자들이 WTO와 다자간 무역협정으로 피해자로 전락한 서민과 중산층들의 삶의 굴곡을 알지 못하거나, 때로는 무신경하게 굴었다고 그는 성토한다. 미국의 정치 지도자들이 무역의 균형을 이루는 데 실패함으로써, 미국의 노동자, 농부, 기업인들과 해체된 지역사회에 실로 많은 빚을 지고 있다고 그는 비판한다.

이 책을 읽다 보면, 그가 무역 협상의 현장을 진두지휘했던 수장이자 통상변호사로서 경력을 차치하고서라도 이 정도로 깊이 있는 무역 역사를 서술할 수 있다는 데 나는 감탄을 감출 수 없었다(아마도 같은 행정부 공무원으로서 더욱 그런 부러움이 있었을 것이다). 하지만 한편으로는 미국 정부가 지난 2019년 WTO의 상소기구 위원의 임명을 보이콧함으로써 WTO 자체를 무력하게 만드는 모습을 지켜봤던 우리로서는 솔직히 어리둥절한 대목이 여럿 있을 수밖에 없다.

이 책을 번역하며 나는 대학시절 소전(素田) 정진홍 교수께서 종교현상학 강의에서 들려주셨던 한 우화를 떠올렸다.

한 스승이 자신의 제자에게 예화를 들려주었다. 장난이 심한 원숭이에게 신은 세 개의 화살을 쏘았다. 첫 번째는 소리가 들리나 보이지 않는 화살, 두 번째는 눈에 보이지 않으나 소리가 들리는 화살, 세 번째는 보이지도 들리지도 않는 화살. 원숭이는 두 개의 화살은 용케 피했으나 세 번째 화살만은 피할 도리가 없어 죽을 때까지 동굴에 숨어 살았다.

제자는 스승의 말을 듣고 큰 깨달음을 얻어 길을 떠났다. 그런데 가는 도중에 신을 만났다. 신이 보이지도 들리지도 않는 화살로 원숭이를 죽이러 간다고 말하자, 제자는 그건 이야기 속의 신일 뿐 실제로 존재하지 않는 신이 아니라고 대답한다. 그러자 분노한 신은 세 번째 화살을 쏘고, 제자는 죽음을 맞게 된다.

이 우화의 첫 부분이 주는 교훈은 어떤 것이 실재라고 정의하는 순간, 실재로서의 의미를 지닌다는 뜻이다. 두 번째 교훈은 어떤 것이 힘이 있는 순간, 결과적으로 실재가 된다는 뜻이다.

이 우화에 빗대어 보자. 아마도 세 번째 화살의 존재를 알게 된 미국 노동자들은 기울어진 운동장의 피해자가 자신들이라고 믿어 의심치 않을 것이다. 그리고 트럼프의 부활이든, 바이든의 신승이든 간에, 지구 반대편에서 이를 지켜보고 있는 우리에게 라이트하이저의 책은 곧 힘이 있고, 머지 않아 우리가 대응해야 할 실재가 될 것이다. 도널드 트럼프가 "트럼프 2기 정부에서 어떤 무역정책을 펼칠지 미리 보고자 한다면 이 책을 보라"는 헌사까지 바쳤으니 말이다. 세 번째 화살의 시위는 당겨졌고, 우리는 이 소리 없고 보이지 않는 무역전쟁의 자기장 하에 놓여져 있다.

밥 라이트하이저가 이 책을 집필하는 과정에서 여러 관점과 세계관의 충돌, 협상 과정에서 숨길 것과 드러낼 것 사이의 곡예는 적지 않았을 것으로 생각된다. 하지만 그에 관한 세부 논쟁은 옮긴이의 영역을 벗어날 것으로 생각해서 생략하기로 한다. 이 책의 모든 각주들은 독자들의 이해를 돕기 위해 옮긴이가 덧붙인 주석임을 일러둔다. 아울러, 이 책이 미국에서 나오자마자, 나를 믿고 국내 출판을 추진해 주신 마르코폴로 출판사 대표님께 감사드린다. 그리고 어린이 동화를 번역해 나보다 먼저 번역가로 첫 걸음을 내디딘 어린 아들 김현에게 무한한 사랑을 보낸다.

2024년 세종에서
이현정

주석

머리글

1. Mullin, "The Rise and Sudden Decline of North Carolina Furniture Making," Econ Focus: Fourth Quarter 2020 (report), Federal Reserve Bank of Richmond, www.richmondfed.org/publications/research/econ_forucs/2020.q4/economic_history.

1장 · 시발점

1. David McCullough, The Wright Brothers(New York: Simon&Schuster, 2015), 5.
2. "Remarks at a White House Meeting with Business and Trade Leaders: September 23, 1985," Ronald Reagan Presidential Library and Museum, www.reaganlibrary.gov/archives/speech/remarks-white-house-meeting-business-and-trade-leaders.
3. Sheldon L. Richman, "The Reagan Record on Trade: Rhetoric vs. Reality," Cato Institute, May 30, 1988, https://cato.org/policy-analysis/reagan-record-trade-rhetoric-vs-reality.
4. Michael Kruse, "The True Story of Donald Trump's First Campaign Speech in 1987," Politico, February 5, 2016.
5. David H. Autor, David Dorn, and Gordon H. Hanson, "The China Shock: Learning from Labor Market Adjustment to Large Changes in Trade," Annual Review of Economics 8, no. 1 (October 2016), https://doi.org/10.1146/annurev-economics-080315-015041.

6. "Remarks: Donald Trump Holds a Cabinet Meeting at the White House May 19, 2020," Factba.se, https://factba.se/transcript/donald-trump-re-marks-cabinet-meeting-may-19-2020.

2장 · 현재 우리가 있는 위치

1. Anne Case and Angus Deaton, Deaths of Despair and the Future of Cap-italism (Princeton, NJ: Princeton University Press, 2020).
2. Cordell Hull, *The Memoirs of Cordell Hull,* vol. 1 (New York: Macmillan, 1948), 81.
3. Alan S. Blinder, "How Many US Jobs Might Be Offshorable?," *World Economics* 10, no. 2 (2009): 41.
4. Warren E. Buffett and Carol J. Loomis, "America's Growing Trade Deficit Is Selling the Nation Out from under Us. Here's a Way to Fix the Problem and We Need to Do It Now," *Fortune,* November 10, 2003.
5. Milton Friedman, "The Case for Flexible Exchange Rates," in *Essays in Positive Economics,* ed. Milton Friedman (Chicago: University of Chicago Press, 1966), 157–203.
6. Michael Pettis, "Fighting Global Protection: Why the Economist Is Mis-taken," Carnegie Endowment for International Peace, January 18, 2023, https://carnegieendowment.org/chinafinancialmarkets/88829.
7. Liam Gibson, "Is China's High-Growth Era Over Forever?," Al Jazeera, January 24, 2023, https://www.aljazeera.com/features/2023/1/24/is-chinas-high-growth-era-over.
8. 경제학 모델에서 최적화된 조건에서 이 이론의 원래 계산식을 보려면 다음을 참조하라. R. G. Lipsey, Kelvin Lancaster, "The General Theory of Second Best," *Review of Economic Studies* 24, no. 1 (1956): 11–32, https://doi.org/10.2307/2296233.
9. International Trade Administration, "Free Trade Agreement Overview," accessed February 15, 2023, www.trade.gov/free-trade-agreement-over-view.

10. David Rosnick and Dean Baker, Trade and Jobs: *Can We Trust the Models?* (Washington, DC: Center for Economic and Policy Research, 2016), https://cepr.net/images/stories/reports/trade-and-jobs-2016-04.pdf; Robert E. Scott, *No Jobs from Trade Pacts: The Trans-Pacific Partnership Could Be Much Worse than the Over Hyped Korea Deal* (Washington, DC: Economic Policy Institute, 2013), www.epi.org/publication/trade-pacts-korus-trans-pacific-partnership/.

11. Timothy J. Kehoe, *An Evaluation of the Performance of Applied General Equilibrium Models of the Impact of NAFTA,* Federal Reserve Bank of Minneapolis: Research Department Staff Report 320, August 2003, http://users.econ.umn.edu/~tkehoe/papers/NAFTAevaluation.pdf.

12. Dani Rodrik, "The Rush to Free Trade in the Developing World: Why So Late? Why Now? Will It Last?," in *Voting for Reform: Democracy, Political Liberalization, and Economic Adjustment,* eds. Stephen Haggard and Steven B. Webb (New York: Oxford University Press for the World Bank, 1994), 62.

13. Dani Rodrik, *The Globalization Paradox: Why Global Markets, States, and Democracy Can't Coexist* (New York: Oxford University Press, 2011), 57.

14. Andy Grove, "How America Can Create Jobs," *Bloomberg,* July 1, 2010, www.bloomberg.com/news/articles/2010-07-01/andy-grove-how-america-can-create-jobs.

15. James Manyika, Katy George, Eric Chewning, Jonathan Woetzel, and Hans-Werner Kaas, "Building a More Competitive US Manufacturing Sector," McKinsey Global Institute, April 15, 2021, www.mckinsey.com/featured-insights/americas/building-a-more-competitive-us-manufacturing-sector.

16. Josh Bivens, "Updated Employment Multipliers for the U.S. Economy," Economic Policy Institute, January 23, 2019, www.epi.org/publication/updated-employment-multipliers-for-the-u-s-economy/.

17. Susan Helper, Timothy Krueger, and Howard Wial, *Why Does Manufacturing Matter? Which Manufacturing Matters?* (Washington, DC:

Brookings, 2012), www.brookings.edu/research/why-does-manufactur-
ing-matter-which-manufacturing-matters/.

18. Helper, Krueger, and Wial, *Why Does Manufacturing Matter?*, 14–15.

19. Rebecca Savransky, "Obama to Trump: 'What Magic Wand Do You
Have?,' " *The Hill*, June 1, 2016, https://thehill.com/blogs/blog-brief-
ing-room/news/281936-obama-to-trump-what-magic-wand-do-you-
have/.

3장 · 미국 무역정책에 관한 짧고 선별적인 역사

1. Alfred E. Eckes Jr., *Opening America's Market: U.S. Foreign Trade Policy
since 1776* (Chapel Hill: University of North Carolina Press, 1995), 2.

2. Patrick Buchanan, *The Great Betrayal* (Boston: Little, Brown, 1998), 141.

3. Henry Clay, "The American System" (1832), in The Senate, 1789–1989,
ed. Wendy Wolff, vol. 3: *Classic Speeches 1830–1993* (Washington, DC:
US Government Printing Office, 1994), 91.

4. "Republican Party Platform (1860)," Teaching American History, avail-
able at https://teachingamericanhistory.org/document/republican-par-
ty-platform-of-1860/ (emphasis added).

5. Abraham Lincoln, first debate with Stephen A. Douglas, Ottawa, Illinois,
August 21, 1858, in Roy P. Basler et al., eds., 9 vols., *Collected Works of
Abraham Lincoln* (New Brunswick, NJ: Rutgers University Press, 1953–55),
3:29.

6. "Republican Party Platform of 1872," American Presidency Project, Uni-
versity of California, Santa Barbara, available at https://www.presidency.
ucsb.edu/documents /republican-party-platform-1872 (emphasis add-
ed).

7. Joseph H. Davis, "An Annual Index of U.S. Industrial Production, 1790–
915," *Quarterly Journal of Economics* 119, no. 4 (November 2004). 데이
비스는 1849년부터 50년 사이에 미국 산업 국내총생산을 100분위 척도로 지표
화했다. 이를 통해 데이비스는 미국 산업총생산이 1860년에는 157.86이었으나

1910년에는 1,783.9에 달했다고 결론을 내렸다. 이 수치는 무려 1,030퍼센트 증가한 것이다.

8. Stephen Beale, "Is Trump the New Teddy Roosevelt?," *American Conservative*, March 20, 2017.

9. "Republican Party Platform of 1896," American Presidency Project, University of California, Santa Barbara, available at https://www.presidency.ucsb.edu/documents/republican-party-platform-1896.

10. Douglas Irwin, *Clashing over Commerce: A History of U.S. Trade Policy* (Chicago:University of Chicago Press, 2017), 479.

11. Hull, Memoirs, 1:84.

12. "1936 Democratic Party Platform," American Presidency Project, University of California, Santa Barbara, available at https://www.presidency.ucsb.edu/documents/1936-democratic-party-platform(emphasis added).

13. UPI Archives, "Rep. Richard Gephardt, D-Mo.,Wednesday called the United States…" September 25, 1985, https://upi.com/Archives/1985/09/25/Rep-Richaard-Gephardt-D-Mo-Wednesday-called-the-United-States/6122496468800/.

14. UPI Archives, "Rep. Richard Gephardt."

15. Sheldon L. Richman, *The Reagan Record on Trade: Rhetoric vs. Reality* (Washington,DC: Cato Institute, 1988), https://cato.org/policy-analysis/reagan-record-trade-rhetoric-vs-reality.

16. The White House, "Press Conference by the President," March 29, 2000, https://usinfo.org/wf-archive/2000/000330/epf401.htm.

17. George W. Bush, "U.S. China Policy Must Have Clear Purpose, Strategic Vision," On Politics Archive, Washington Post, October 10, 2000, www.washingtonpost.com/wp-srv/onpolitics/elections/wwb2000/1018/bush/question/.

18. Ross Perot and Pat Choate, *Save Your Job, Save Our Country: Why NAFTA Must Be Stopped—Now!* (New York: Hyperion, 1993), i–ii.

19. Robert E. Scott, *NAFTA's Impact on the States* (Washington, DC: Economic Policy Institute, 2001), www.epi.org/publication/briefingpapers_

nafta01_impactstates/.

20. "Real Median Household Income in the United States," FRED Economic Data, updated September 13, 2022, https://fred.stlouisfed.org/series/MEHOINUSA672N.

21. "Transcript: The Democratic Debate in Cleveland," *New York Times*, February 26, 2008, www.nytimes.com/2008/02/26/us/politics/26text-debate. html.

4장 · WTO : 미국의 실패

1. William Clinton, "Remarks on Signing the Uruguay Round Agreements Act," The American Presidency Project, December 8, 1994, www.presidency.ucsb.edu/documents/remarks-signing-the-uruguay-round-agreements-act.

2. Juliana Menasce Horowitz, Ruth Igielnik, and Rakesh Kochhar, "Trends in Income and Wealth Inequality," Pew Research Center, January 9, 2020, www.pewresearch.org/social-trends/2020/01/09/trends-in-income-and-wealth-inequality/.

3. 브라운 상원의원의 원내 연설에서 인용됨. Senator Hank Brown, "Uruguay Round Agreements Act," *Congressional Record* 140, no. 148(November 30, 1994), www.govinfo.gov/content/pkg/CREC-1994-11-30/html/CREC-1994-11-30-pt1-PgS15.htm

4. Quoted by Senator Brown in his floor speech; see Brown, "Uruguay Round Agreements Act"

5. Office of the United States Trade Representative, *Report on the Appellate Body of the World Trade Organization* (Washington DC: Office of the United States Trade Representative, 2020), 3, https://ustr.gov/sites/default/files/Report_on_the_Appellate_Body_of_the_World_Trade_Organization.pdf.

6. United States Senate Committee on Finance, "Baucus Comments on Release of GAO Report on Trade Remedies Rulings in WTO," July 30, 2003,

www.finance.senate.gov/ranking-members-news/baucus-comments-on-release-of-gao-report-on-trade-remedies-rulings-in-wto.

7. Office of the United States Trade Representative, *Report on the Appellate Body of the World Trade Organization.*

8. WTO Dispute Settlement Body, Statements by the United States at the Meeting of the WTO Dispute Settlement Body Geneva, November 22, 2019, 10–13, https://gpa-mprod-mwp.s3.amazonaws.com/uploads/sites/25/2021/06/Nov22.DSB_.Stmt_.as-deliv.fin_.public.pdf.

9. Thomas R. Graham, "Farewell Speech of Appellate Body Member Thomas R. Graham," World Trade Organization, March 5, 2020.

10. *Global Times* editorial, "WTO Holds High Banner, and Multilateralism Will Eventually Triumph," People's Daily Online, June 14, 2022, http://en.people.cn/n3/2022/0614/c90000-10109141.html.

11. Article XXI, General Agreement on Tariffs and Trade (emphasis added).

12. Ana Monteiro, "WTO on 'Thin Ice' with Metals-Tariff Ruling, US Trade Chief Katherine Tai Says," *Bloomberg*, December 19, 2022, www.bloomberg.com/news/articles/2022-12-19/wto-on-thin-ice-with-metals-tariff-ruling-us-trade-chief-says.

13. Karen McVeigh, "First WTO Deal on Fishing Subsidies Hailed as Historic Despite 'Big Holes,'" *Guardian*, June 21, 2022, www.theguardian.com/environment/2022/jun/21/first-wto-deal-on-fishing-subsidies-hailed-as-historic-despite-big-holes.

14. Doug Palmer, "Lighthizer: No One Misses WTO Appellate Body," *Politico*, December 10, 2020, www.politico.com/news/2020/12/10/lighthizer-wto-appellate-judges-444290.

5장 · 최대의 지정학적 위협

1. Rush Doshi, "Great Changes Unseen in a Century: The Elusive Phrase Driving China's Grand Strategy," *China Leadership Monitor*, September 2, 2021.

2. Andrew F. Krepinevich, *Preserving the Balance: A U.S. Eurasia Defense Strategy* (Washington, DC: Center for Strategic and Budgetary Assessments, 2017), 39, https://csbaonline.org/uploads/documents/CS-BA6227-PreservingTheBalance_PRINT.pdf.

3. Krepinevich, *Preserving the Balance*.

4. Peter Schweizer, *Red-Handed: How American Elites Get Rich Helping China Win* (New York: HarperCollins, 2022).

5. David Crawshaw and Alicia Chen, " 'Heads Bashed Bloody': China's Xi Marks Communist Party Centenary with Strong Words for Adversaries," *Washington Post,* July 1, 2021, www.washingtonpost.com/world/asia_pacific/china-party-heads-bashed-xi/2021/07/01/277c8f0c-da3f-11eb-8c87-ad6f27918c78_story.html.

6. Shin Kawashima, "The Development of the Debate Over 'Hiding One's Talents and Biding One's Time' (taoguan yanghui)," *Asia-Pacific Review* 18, no. 2 (2011): 14–36, https://doi.org/10.1080/13439006.2011.641751.

7. Robert E. Lighthizer, "A Deal We'd Be Likely to Regret," *New York Times,* April 18, 1999, www.nytimes.com/1999/04/18/opinion/a-deal-wed-be-likely-to-regret.html.

8. Department of Defense, *Military and Security Developments Involving the People's Republic of China 2020* (Washington, DC: Office of the Secretary Defense, 2020), https://media.defense.gov/2020/Sep/01/2002488689/-1/-1/1/2020-DOD-CHINA-MILITARY-POWER-REPORT-FINAL.PDF.

9. Department of Defense, *Military and Security Developments.*

10. Alastair Gale, "China Is Expanding Its Effort to Launch Weapons from Hypersonic Missiles," *Wall Street Journal,* November 22, 2019, www.wsj.com/articles/china-is-expanding-its-effort-to-launch-weapons-from-hypersonic-missiles-11637588925.

11. Matt Korda and Hans Kristensen, "A Closer Look at China's Missile Silo onstruction," Federation of American Scientists, November 2, 2021, https://fas.org/blogs/security/2021/11/a-closer-look-at-chinas-missile-silo-construction/.

12. Department of Defense, *Military and Security Developments Involving*

the People's epublic of China 2020.

13. "Record Number of China Planes Enter Taiwan Air Defence Zone," BBC News, October 5, 2021, www.bbc.com/news/world-asia-58794094.

14. "China-Taiwan Military Tensions 'Worst in 40 Years,'" BBC News, October 6, 2021, www.bbc.com/news/world-asia-58812100.

15. Roger F. Wicker, "Joe Biden Should Come Out and Say It: America Will Help Defend Taiwan," *Wall Street Journal,* November 19, 2021, www.wsj.com/articles/joe-biden-should-come-out-and-say-it-america-will-help-defend-taiwan-china-military-xi-11637357925.

16. Chris Dougherty, Jennie Matuschak, and Ripley Hunter, The Poison Frog Strategy: *Preventing a Chinese Fait Accompli Against Taiwanese Islands* (Washington, DC: CNAS, 2021), www.cnas.org/publications/reports/the-poison-frog-strategy.

17. Department of Defense, *Military and Security Developments Involving the People's Republic of China 2020.*

18. The White House, "Press Briefing by NSA for Strategic Communications Ben Rhodes and Admiral Robert Willard, U.S. Pacific Command," November 13, 2011, https://obamawhitehouse.archives.gov/the-press-office/2011/11/13/press-briefing-nsa-strategic-communications-ben-rhodes-and-admiral-rober.

19. Department of Defense, *Military and Security Developments Involving the People's Republic of China 2020.*

20. Derek Watkins, "What China Has Been Building in the South China Sea," New York Times, October 27, 2015, www.nytimes.com/interactive/2015/07/30/world/asia/what-china-has-been-building-in-the-south-china-sea.html.

21. Steven Lee Myers and Jason Gutierrez, "With Swarms of Ships, Beijing Tightens Its Grip on South China Sea," New York Times, April 3, 2021, www.nytimes.com/2021/04/03/world/asia/swarms-ships-south-china-sea.html.

22. Jim Gomez and Aaron Favila, "US Admiral Says China Fully Militarized Disputed Isles in South China Sea," The Hill, March 21, 2022, https://

thehill.com/homenews/wire/598967-us-admiral-says-china-fully-militarized-disputed-isles-in-south/.

23. Snehesh Alex Philip, "Chinese Troops Challenge India at Multiple Locations in Eastern Ladakh, Standoff Continues," *The Print*, May 24, 2020, https://theprint.in/defence/chinese-troops-challenge-india-at-multiple-locations-in-eastern-ladakh-standoff-continues/428304/.

24. Ethirajan Anbarasan, "China-IndiaClashes: No Change a Year after LadakhStand-off," BBC News, June 1, 2021, www.bbc.com/news/world-asia-57234024.25. Josh Gerstein, "DOJ Shuts Down China-focused Anti-espionage Program," *Politico*, February 23, 2022, www.politico.com/news/2022/02/23/doj-shuts-down-china-focused-anti-espionage-program-00011065.26. Tom Winter and Carol E. Lee, "Chinese Consulate in Houston Was a Hot Spot for Spying, Say U.S. Officials," NBC News, July 22, 2020, https://www.nbcnews.com/politics/national-security/chinese-consulate-houston-was-hotspot-spying-say-u-s-officials-n1234634.

27. James Palmer, "How a Chinese Spy Balloon Blew Up a Key U.S. Diplomatic Trip," *Foreign Policy*, February 3, 2023, https://foreignpolicy.com/2023/02/03/china-spy-balloon-surveillance-montana-us-nuclear-blinken/.

28. Vivian Salama and Michael R. Gordon, "Chinese Balloon Carried Antennas, Other Equipment to Gather Intelligence, U.S. Says," *Wall Street Journal*, February 9, 2023, https://www.wsj.com/articles/chinese-balloon-carried-antennas-other-equipment-to-gather-intelligence-u-s-says-11675953033.

29. Sebastian Rotella and Kirsten Berg, "Operation Fox Hunt: How China Exports Repression Using a Network of Spies Hidden in Plain Sight," *ProPublica*, July 22, 2021, https://www.propublica.org/article/operation-fox-hunt-how-china-exports-repression-using-a-network-of-spies-hidden-in-plain-sight.

30. Megha Rajagopalan and William K. Rashbaum, "With F.B.I. Search, U.S. Escalates Global Fight Over Chinese Police Outposts," *New York Times*, January 12, 2023, https://www.nytimes.com/2023/01/12/world/europe/

china-outpost-new-york.html.

31. Ryan McCrimmon, "China Is Buying Up American Farms. Washington Wants to Crack Down," *Politico*, July 19, 2021, www.politico.com/news/2021/07/19/china-buying-us-farms-foreign-purchase-499893.

32. Lauren Greenwood, China's Interests in U.S. Agriculture: Augmenting Food Security through Investment Abroad (Washington, DC: US-China Economic and Security Review Commission, 2022), 11, www.uscc.gov/sites/default/files/2022-05 /Chinas_Interests_in_U.S._Agriculture.pdf.

33. Kristina Peterson and Anthony DeBarros, "Farmland Becomes Flashpoint in U.S.–China Relations," *Wall Street Journal*, February 6, 2023, https://www.wsj.com/articles/farmland-becomes-flashpoint-in-u-s-china-relations-11675652368.

34. Greenwood, *China's Interests*, 12.

35. Stephen Gandel, "The Biggest American Companies Now Owned by the Chinese," Fortune, March 18, 2016, https://fortune.com/2016/03/18/the-biggest-american-companies-now-owned-by-the-chinese/.

36. "Global Emissions," Energy/Emissions Data, Center for Climate and Energy Solutions, www.c2es.org/content/international-emissions/.

37. Ren Peng, Liu Chang, and Zhang Liwen, *China's Involvement in Coal-Fired Power Projects along the Belt and Road* (Beijing, China: Global Environmental Institute, 2017), www.geichina.org/_upload/file/report/China%27s_Involvement_in_Coal-fired_Power_Projects_OBOR_EN.pdf; Allison Kirsch et al., Banking on Climate Change: Fossil Fuel Finance Report 2020 (Rainforest Action Network, BankTrack, Indigenous Environmental Network, Oil Change International, Reclaim Finance, and the Sierra Club, 2020), www.ienearth.org/wp-content/uploads/2019/03/Banking_on_Climate_Change__2020_vF.pdf.

38. "China's Global Energy Finance," Boston University Global Development Policy Center, accessed July 15, 2021, http://bu.edu/cgef/#/all/Country-EnergySource. "Wild Laws: China and Its Role in Illicit Wildlife Trade," Woodrow Wilson Center, June 2, 2016, www.wilsoncenter.org/event/wild-laws-china-and-its-role-illicit-wildlife-trade.

40. Nan Li and Evgeny Shvarts, *The Belt and Road Initiative: WWF Recommendations and Spatial Analysis* (Gland, Switzerland: World Wildlife Fund, 2017), http://awsassets.panda.org/downloads/the_belt_and_road_initiative___wwf_recommendations_and_spatial_analysis___may_2017.pdf.

41. Michael Ruchards, Naomi Basik Treanor, Xiufang Sun, and Sofia Tenorio Fenton, *China's International Wood Trade: A Review, 2011–020* (Washington, DC: Forest Trends Association, 2022), www.forest-trends.org/wp-content/uploads/2022/06/China-Trade-Report-2022.pdf.

42. Mengyu Bai, Lixin Zhu, Lihui An, and Guyu Peng, "Estimation and Prediction of Plastic Waste Annual Input into the Sea from China," *Acta Oceanologica Sinica* 37, no. 11 (2018): 26–39, https://doi.org/10.1007/s13131-018-1279-0.

43. Blake Herzinger, "China Is Fishing for Trouble at Sea," *Foreign Policy*, November 20, 2020, https://foreignpolicy.com/2020/11/20/china-illegal-catch-fishing- biden-trump/.

44. "China 2021 Country Results," IUU Fishing Index, www.iuufishingindex.net/profile/china.

45. Kenneth Roth, *China's Global Threat to Human Rights* (New York: Human Rights Watch, 2020), www.hrw.org/world-report/2020/country-chapters/global#.

46. Matthew P. Robertson and Jacob Lavee, "Execution by Organ Procurement: Breaching the Dead Donor Rule in China," *American Journal of Transplantation* 22, no. 7 (2022): 1804–12, https://doi.org/10.1111/ajt.16969.

47. Edward Wong and Chris Buckley, "U.S. Says China's Repression of Uighurs Is 'Genocide,' " *New York Times*, January 19, 2021, www.nytimes.com/2021/01/19/us/politics/trump-china-xinjiang.html.

48. Roth, *China's Global Threat*.

49. Roth, *China's Global Threat*.

50. Roth, *China's Global Threat*.

51. "The Origin of the 'Xinjiang Model' in Tibet under Chen Quanguo:

Securitizing Ethnicity and Accelerating Assimilation," International Campaign for Tibet, December 19, 2018, https://savetibet.org/the-origin-of-the-xinjiang-model-in-tibet-under-chen-quanguo-securitizing-ethnicity-and-accelerating-assimilation/.

52. United States Department of State, *Tibet 2020 Human Rights Report* (Washington, DC: United States Department of State, Bureau of Democracy, Human Rights, and Labor, 2020), 5, www.state.gov/wp-content/uploads/2021/03/TIBET-2020-HUMAN-RIGHTS-REPORT-1.pdf.

53. Javier C. Hernandez, "Harsh Penalties, Vaguely Defined Crimes: Hong Kong's Security Law Explained," New York Times, June 30, 2020, www.nytimes.com /2020/06/30/world/asia/hong-kong-security-law-explain.html.

54. Brendan Clift, "Hong Kong's Made-in-China National Security Law: Upending the Legal Order for the Sake of Law and Order," *Australian Journal of Asian Law* 21, no. 1 (2020): 1–23, https://ssrn.com/abstract=3749674.

55. Yaqiu Wang, "In China, the 'Great Firewall' Is Changing a Generation," *Politico,* September 1, 2020, www.politico.com/news/magazine/2020/09/01/china-great-firewall-generation-405385.

56. Paul Mozur and Aaron Krolik, "A Surveillance Net Blankets China's Cities, Giving Police Vast Powers," *New York Times,* December 17, 2019, www.nytimes.com/2019/12/17/technology/china-surveillance.html.

57. Katja Drinhausen and Vincent Brussee, *China's Social Credit System in 2021: From Fragmentation towards Integration* (Berlin: Mercator Institute for China Studies, 2021), https://merics.org/en/report/chinas-social-credit-system-2021-fragmentation-towards-integration.

58. Roth, China's *Global Threat.*

59. Nazpari Sotoudeh and Erica Stefano, "Free Speech Risky as China Keeps Close Tabs on its Overseas Students," *Eurasianet,* September 29, 2021, https://eurasianet.org/free-speech-risky-as-china-keeps-close-tabs-on-its-overseas-students.

60. Mike Cherney, "China Sours on Australian Wine as Trade Spat Spirals," *Wall Street Journal,* August 18, 2020, www.wsj.com/articles/china-

sours-on-australian-wine-as-trade-spat-spirals-11597750564?mod=article_inline.

61. "China to Halt Australian Imports in Sweeping Retaliation," *Bloomberg*, November 3, 2020, www.bloomberg.com/news/articles/2020-11-03/china-to-halt-key-australian-commodity-imports-as-tensions-mount.

62. Sonali Paul, "Australia's Top Exporting State Calls for Reset in China Ties," Reuters, June 15, 2021, www.reuters.com/world/asia-pacific/australias-top-exporting-state-calls-reset-china-ties-2021-06-15/.

63. Drinhausen and Brussee, *China's Social Credit System*, at 7–12.

64. Drinhausen and Brussee, *China's Social Credit System*, at 7–12.

65. Drinhausen and Brussee, *China's Social Credit System*, at 7–12.

66. Rick Noack, "Volkswagen CEO 'Not Aware' of Uighurs Detained in China's Xinjiang, Despite Having a Factory There," *Washington Post*, April 17, 2019, www.washingtonpost.com/world/2019/04/17/volkswagen-built-factory-chinas-xinijang-where-up-million-uighurs-have-been-detained-its-ceo-says-hes-not-aware-that/.

67. Timothy Garton Ash, "VW's Dilemma in Xinjiang Shows How the West Is Headed for an Ethical Car Crash," *Guardian*, July 28, 2021, www.theguardian.com/commentisfree/2021/jul/28/vw-dilemma-xinjiang-west-ethical-car-crash.

68. Wayne Ma, "Marriott Employee Roy Jones Hit 'Like.' Then China Got Mad," *Wall Street Journal*, March 3, 2018, www.wsj.com/articles/marriott-employee-roy-jones-hit-like-then-china-got-mad-1520094910.

69. Elaine Yu and Jing Yang, "Jamie Dimon Apologizes for Joke about JP-Morgan Outlasting China's Communist Party," *Wall Street Journal*, November 24, 2021, www.wsj.com/articles/jamie-dimon-says-he-would-bet-jpmorgan-will-outlive-chinas-communist-party-11637749959.

70. Maria Abi-Habib, "How China Got Sri Lanka to Cough Up a Port," *New York Times*, June 25, 2018, www.nytimes.com/2018/06/25/world/asia/china-sri-lanka-port.html.

71. Ari Shapiro and Manuela Lopez Restrepo, "Sri Lankan Protesters Party in the President's Mansion as He Flees the Country," NPR, July 13, 2022,

www.npr.org/2022/07/13/1111087981/sri-lankan-protesters-partied-in-the-presidents-mansion-what-comes-next-is-uncle.

72. Michele Ruta, Matias Herrera Dapper, Somik Lall, et al., *Belt and Road Economics: Opportunities and Risks of Transport Corridors* (Washington, DC: World Bank, 2019), 4, www.worldbank.org/en/topic/regional-integration/publication/belt-and-road-economics-opportunities-and-risks-of-transport-corridors.

73. Jacob J. Lew, Gary Roughead, Jennifer Hillman, and David Sacks, *China's Belt and Road: Implications for the United States* (New York: Council on Foreign Relations, 2021), www.cfr.org/report/chinas-belt-and-road-implications-for-the-united-states/download/pdf/2021-04/TFR%20%2379_China%27s%20Belt%20and%20Road_Implications%20for%20the%20United%20States_FINAL.pdf.

74. Joshua Eisenman, *Contextualizing China's Belt and Road Initiative*, written testimony for the USCC, US-China Economic and Security Review Commission, January 19, 2018, www.uscc.gov/sites/default/files/Eisenman_USCC%20Testimony_20180119.pdf.

75. Morgan Stanley Research, *Inside China's Plan to Create a Modern Silk Road* (New York: Morgan Stanley, 2018), www.morganstanley.com/ideas/china-belt-and-road.

76. Lew, Roughead, Hillman, and Sacks, *China's Belt and Road*.

77. Lew, Roughead, Hillman, and Sacks, *China's Belt and Road*.

78. Lew, Roughead, Hillman, and Sacks, *China's Belt and Road*.

79. Hamima Athumani, "Officials in Uganda Dismiss Report Country Could 'Lose' Airport to China," *Voice of America*, November 29, 2021, www.voanews.com/a/officials-in-uganda-dismiss-report-country-could-lose-airport-to-china/6331909.html.

80. Lew, Roughead, Hillman, and Sacks, *China's Belt and Road*.

81. Lew, Roughead, Hillman, and Sacks, *China's Belt and Road*.

82. Jacob Markell, "Dispute Settlement on China's Terms: Beijing's New Belt andRoad Courts," Merics, February 14, 2018, https://merics.org/en/analysis/dispute-settlement-chinas-terms-beijings-new-belt-and-road-

courts; Nyshka Chandran, "China's Plans for Creating New International Courts Are Raising Fears of Bias," CNBC, February 1, 2018, www.cnbc.com/2018/02/01/china-to-create-international-courts-for-belt-and-road-disputes.html.

83. Ryan Dube and Gabriele Steinhauser, "China's Global Mega-Projects Are Falling Apart," *Wall Street Journal*, January 20, 2023.

84. Alice Eckman, ed., and Francoise Nicolas, Celine Pajon, John Seaman, Isabelle Saint-Mezard, Sophie Boisseau Du Rocher, and Tatiana Kastoueva-Jean, *China's Belt & Road and the World: Competing Forms of Globalization* (Paris: IFRI, 2019),

35, http:// ifri.org/sites/default/files/atoms/files/ekman_china_belt_road_world_2019.pdf.

85. Lew, Roughead, Hillman, and Sacks, *China's Belt and Road*.

86. Richard N. Haass, "A Conversation with Prime Minister Imran Khan of Pakistan," interview with Imran Khan, Council on Foreign Relations, September 23, 2019, www.cfr.org/event/conversation-prime-minister-imran-khan-pakistan-0.

87. Tom Wright and Bradley Hope, "WSJ Investigation: China Offered to Bail Out Troubled Malaysian Fund in Return for Deals," *Wall Street Journal*, January 7, 2019, www.wsj.com/articles/how-china-flexes-its-political-muscle-to-expand-power-overseas-11546890449; Marleen Heuer, "China Increases Influence over Tibetan Refugees in Nepal," Deutsche Welle, August 29, 2016, http://dw.com/en/china-increases-influence-over-tibetanrefugees-in-nepal/a-19511365.

88. Mailyn Fidler, "African Union Bugged by China: Cyber Espionage as Evidence of Strategic Shifts," *Net Politics*, Council on Foreign Relations, March 7, 2018, www.cfr.org/blog/african-union-bugged-china-cyber-espionage-evidence-strategic-shifts.

89. Department of Defense, *Military and Security Developments Involving the People's Republic of China 2020*.

90. Gordon Lubold, "China's Growing Influence in Africa Seen in Arms Trade and Infrastructure Investment," *Wall Street Journal*, April 21,

2022,www.wsj.com/articles/chinas-growing-influence-in-afri-
ca-seen-in-arms-trade-and-infrastructure-investment-11650554282.

91. Kristy Needham, "China Seeks Pacific Islands Policing, Security Co-
operation," Reuters, May 25, 2022, www.reuters.com/world/asia-pacif-
ic/exclusive-china-seeks-pacific-islands-policing-security-coopera-
tion-document-2022-05-25/.

92. Phelim Kine, "The War on Drugs Puts a Target on China," *Politico*, Feb-
ruary 7, 2022, www.politico.com/news/2022/02/07/fentanyl-china-war-
on-drugs-00005920. The Council of Economic Advisers, *The Underesti-
mated Cost of the Opioid Crisis* (Washington, DC: CEA, November 2017).

94. Kaitlyn Hoevelmann, *The Economic Costs of the Opioid Epidemic* (St.
Louis: Federal Reserve Bank of St. Louis, 2019), www.stlouisfed.org/open-
vault/2019/september/economic-costs-opioid-epidemic.

95. Vanda Felbab-Brown, *Fentanyl and Geopolitics: Controlling Opioid
Supply from China* (Washington, DC: Brookings Institution, 2020), www.
brookings.edu/wp-content/uploads/2020/07/8_Felbab-Brown_China_
final.pdf.

96. Felbab-Brown, *Fentanyl and Geopolitics*.

97. Robin Wright, "Russia and China Unveil a Pact against America and
the West," *New Yorker*, February 7, 2022, www.newyorker.com/news/
daily-comment/russia-and-china-unveil-a-pact-against-america-and-
the-west.

98. Patricia Kowsmann and Alexander Osipovich, "Russian Banks Turn to
China to Sidestep Cutoff from Payments Systems," *Wall Street Journal*,
March 6, 2022, www.wsj.com/articles/russian-banks-turn-to-china-to-
sidestep-cutoff-from-payments-systems-11646578489.

99. Maxim Tucker, "China Accused of Hacking Ukraine Days before Rus-
sian Invasion," The Times, April 1, 2022, www.thetimes.co.uk/article/
china-cyberattack-ukraine-z9gfkbmgf.

100. Ines Kagubare, "Ukraine Intelligence Accuses China of Hacking Days
before Invasion," *The Hill*, April 1, 2022, https://thehill.com/policy/
cybersecurity/3256792-ukraine-intelligence-accuses-china-of-hack-

ing-days-before-invasion-report/.

101. Lara Jakes and Steven Lee Myers, "Tense Talks with China Left U.S. 'Cleareyed' about Beijing's Intentions, Officials Say," *New York Times*, March 19, 2021, www.nytimes.com/2021/03/19/world/asia/china-us-alaska.html.

102. Jakes and Myers, "Tense Talks."

6장 · 21세기 중상주의: 중국의 경제체제

1. "China National Nuclear Corporation," Company Profile, Chinese Defense Universities Tracker, Australia Strategic Policy Institute, https://uni-tracker.aspi.org.au/universities/china-national-nuclear-corporation/.

2. *United States v. Wang Dong et al.*, Indictment, Criminal No. 14-118, U.S. District Court for the Western District of Pennsylvania, May 1, 2014, 13.

3. David Stanway, "China Goes All-In on Home Grown Tech in Push for Nuclear Dominance," Reuters, April 17, 2019, www.reuters.com/article/us-china-nuclearpower-hualong/china-goes-all-in-on-home-grown-tech-in-push-for-nuclear-dominance-idUSKCN1RT0C0.

4. "Nuclear Power in China," Country Profiles, Information Library, World Nuclear Association, updated January 2023, www.world-nuclear.org/information-library/country-profiles/countries-a-f/china-nuclear-power.aspx.

5. *United States v. Wang Dong et al.*, 13–14.

6. *United States v. Wang Dong et al.*, 15.

7. *United States v. Wang Dong et al.*, 14–16.

8. *United States v. Wang Dong et al.*, 14–16.

9. Echo Xie, "China Ditches US Nuclear Technology in Favor of Home-Grown Alternative," *South China Morning Post*, September 14, 2020, www.scmp.com/news/china/society/article/3101304/china-ditches-us-nuclear-technology-favour-home-grown.

10. Tom Hals and Emily Flitter, "How Two Cutting Edge U.S. Nuclear Projects Bankrupted Westinghouse," Reuters, May 2, 2017, www.

reuters.com/article/us-toshiba-accounting-westinghouse-nucle/
how-two-cutting-edge-u-s-nuclear-projects-bankrupted-westing-
house-idUSKBN17Y0CQ.

11. *Cambridge Dictionary,* s.v. "mercantilism," accessed February 14, 2023,
https://dictionary.cambridge.org/dictionary/english/mercantilism.

12. Laura LaHaye, "Mercantilism," Econlib, www.econlib.org/library/Enc/
Mercantilism.html.

13. Barry Naughton, *The Chinese Economy: Adaptation and Growth* (Cam-
bridge, MA: MIT Press, 2018), 65.

14. Naughton, *Chinese Economy,* 66.

15. Naughton, *Chinese Economy,* 67.

16. David Priestland, *The Red Flag: A History of Communism* (New York:
Grove Press, 2009), 298.

17. Priestland, *Red Flag,* 299.

18. Priestland, *Red Flag,* 310–11.

19. Priestland, *Red Flag,* 299.

20. Priestland, *Red Flag,* 299.

21. Priestland, *Red Flag,* 354–56.

22. Priestland, *Red Flag,* 357.

23. Evan Feigenbaum, *China's Techno-Warriors: National Security and
Strategic Competition from the Nuclear to the Information Age* (Stanford,
CA: Stanford University Press, 2003).

24. Priestland, *Red Flag,* 506.

25. Priestland, *Red Flag,* 506.

26. Naughton, *Chinese Economy,* 100–101.

27. Priestland, *Red Flag,* 506.

28. Priestland, *Red Flag,* 506.

29. Naughton, *Chinese Economy,* 105.

30. Priestland, *Red Flag,* 506.

31. 이 토론에 대해서는 다음을 참조함, Feigenbaum, *China's Techno-Warriors.*

32. Trevor R. Jones and Treston Chandler, *Sweeping U.S. Lists Seek to Re-
strict Trade and Investment That Support the Chinese Military* (Wash-

ington, DC: Wisconsin Project on Nuclear Arms Control, 2021), www. wisconsinproject.org/sweeping-us-lists-seek-to-restrict-trade-invest-ment-that-support-chinese-military/.

33. Jones and Chandler, *Sweeping U.S. Lists.*

34. Nicholas Borst, "Has China Given Up on State-Owned Enterprise Re-form?," *The Interpreter,* Lowy Institute, April 15, 2021, www.lowyinstitute. org/the-interpreter/has-china-given-state-owned-enterprise-reform.

35. Zhang Chunlin, "How Much Do State-Owned Enterprises Contribute to China's GDP and Employment?," World Bank, July 15, 2019, https:// documents1.worldbank.org/curated/en/449701565248091726/pdf/ How-Much-Do-State-Owned-Enterprises-Contribute-to-China-s-GDP-and-Employment.pdf.

36. *European Business in China Position Paper 2019/2020,* European Chamber, www.europeanchamber.com.cn/en/press-releases/3057/eu-ropean_chamber_report_joins_calls_for_competitive_neutrality_and_ soe_reform_to_sustain_china_s_development.

37. *China Enacts New National Security Law,* Covington, July 2, 2015, www. cov.com/~/media/files/corporate/publications/2015/06/china_passes_ new_national_security_law.pdf.

38. Matthew Brooker, "Communist Party Cells? Nothing to See Here," Bloomberg, July 28, 2022, www.bloomberg.com/opinion/arti-cles/2022-07-28/communist-party-cells-at-your-company-s-office-in-china-nothing-to-see-here;Michael McCaul, "China Task Force Report," US House of Representatives, September 30, 2020.

39. Li Yuan, "China's Tech Rainmaker Vanishes, and So Does Business Confidence," *New York Times,* February 22, 2023.

40. Bob Davis and Wei Lingling, "Biden Administration Takes Aim at Chi-na's Industrial Subsidies," *Wall Street Journal,* September 11, 2021, www. wsj.com/articles/biden-administration-takes-aim-at-chinas-industri-al-subsidies-11631295257.

41. Kenneth Rapoza, "Is This Why China's Stock Market Is Up So Much in 2019?," Forbes, December 18, 2019, www.forbes.com/sites/kenrapo-

za/2019/12/18/is-this-why-chinas-stock-market-is-up-so-much-in-2019/?sh=3798dddc79d4.

42. Matthew C. Klein and Michael Pettis, *Trade Wars Are Class Wars: How Rising Inequality Distorts the Global Economy and Threatens International Peace* (New Haven, CT: Yale University Press, 2020), 112.

43. Michael Pettis, Avoiding the Fall: China's Economic Restructuring (Washington, DC: Carnegie Endowment for International Peace, 2013).

44. Klein and Pettis, *Trade Wars Are Class Wars*, 115.

45. "Section 2: Vulnerabilities in China's Financial System and Risks for the United States," in chap. 2, "U.S.-China Economic and Trade Relations," *2020 Report to Congress of the U.S.-China Economic and Security Review Commission*, December 2020, www.uscc.gov/sites/default/files/2020-12/Chapter_2_Section_2--Vulnerabilities_in_Chinas_Financial_System_and_Risks_for_the_United_States.pdf.

46. Office of the United States Trade Representative, *2021 National Trade Estimate Report on Foreign Trade Barriers* (Washington, DC: Office of the United States Trade Representative March 2021), 101, 112–13, https://ustr.gov/sites/default/files/files/reports/2021/2021NTE.pdf.

47. Zhang Yukun, "China Reminds Local Governments It's Illegal to Discriminate against Foreign Companies," Caixin Global, October 26, 2021, www.caixinglobal.com/2021-10-26/china-reminds-local-governments-its-illegal-to-discriminate-against-foreign-companies-101791936.html; Allison Schonberg, *Government Procurement and Sales to State-Owned Enterprises in China*, U.S.-China Business Council, September 2021, www.uschina.org/sites/default/files/uscbc_government_procurement_report_2021.pdf.

48. Office of the United States Trade Representative, *2021 National Trade Estimate Report*, 96.

49. Office of the United States Trade Representative, *Findings of the Investigations into China's Acts, Policies, and Practices Related to Technology Transfer, Intellectual Property, and Innovation under Section 301 of the Trade Act of 1974* (Washington, DC: Office of the United States Trade

468 · 자유무역이라는 환상

Representative, March 22, 2018), 96, https://ustr.gov/sites/default/files/ Section%20301%20FINAL.PDF.

50. Alex Joske, "The China Defence Universities Tracker," Australian Strategic Policy Institute, 2019, www.aspi.org.au/report/china-defence-universities-tracker.

51. Qin Hui, "Dilemmas of Twenty-First Century Globalization: Explanations and Solutions, with a Critique of Thomas Piketty's *Twenty-First Century Capitalism*," trans. David Ownby, orig. publ. in Chinese in 2015, www.readingthechinadream.com/qin-hui-dilemmas.html.

52. Yuan Yang, "Foxconn Stops Illegal Overtime by School-Age Interns," *Financial Times*, November 22, 2017; Javier C. Hernandez, "China's Leaders Confront an Unlikely Foe: Ardent Young Communists," *New York Times*, September 28, 2018; Rossalyn A. Warren, "You Buy a Purse at Walmart. There's a Note Inside from a 'Chinese Prisoner.' Now What?," *Vox*, October 10, 2018, www.vox.com/the-goods/2018/10/10/17953106/ walmart-prison-note-china-factory; Emily Feng, "Forced Labour Being Used in China's 'Re-Education' Camps," *Financial Times*, December 15, 2018, www.ft.com/content/eb2239aa-fc4f-11e8-aebf-99e208d3e521.

53. "Labor Rights in China: Some Frequently Asked Questions," Friends of China Labour Bulletin, https://friendsclb.org/labor-rights-in-china;Gary Shih, "'Everyone Is Getting Locked Up: As Workers Grow Disgruntled, China Strikes at Labor Activists," *Washington Post*, December 24, 2019, www.washingtonpost.com/world/asia_pacific/as-workers-grow-disgruntled-in-a-slowing-economy-china-targets-labor-activists/2019/12/24/28a92654-2534-11ea-9cc9-e19cfbc87e51_story.html.

54. Klein and Pettis, *Trade Wars Are Class Wars*, 113.

55. Max Masuda-Farkas, "China's Hukou System and the Urban-Rural Divide," *The Regulatory Review*, August 18, 2021, www.theregreview. org/2021/08/18/masuda-farkas-china-hukou-system-urban-rural-divide/.

56. International Monetary Fund, Fiscal Affairs Department, *People's Republic of China: Tax Policy and Employment Creation*, March 28,

2018, www.imf.org/en /Publications/CR/Issues/2018/03/28/Peoples-Republic-of-China-Tax-Policy-and-Employment-Creation-45765; Philippe Wingender, "Intergovernmental Fiscal Reform in China," IMF Working Papers, April 13, 2018, www.imf.org/en/Publications/WP/Issues/2018/04/13/Intergovernmental-Fiscal-Reform-in-China-45743; Sonali Jain-Chandra, Niny Khor, Rui Mano, Johanna Schauer, Philippe Wingender, and Juzhong Zhuang, "Inequality in China—rends, Drivers and Policy Remedies," IMF Working Papers, June 5, 2018; National Bureau of Statistics of China, "Annual Data."

57. Lindsay Maizland, "China's Fight Against Climate Change and Environmental Degradation," Council on Foreign Relations, May 19, 2021, www.cfr.org/backgrounder/china-climate-change-policies-environmental-degradation.

58. Maizland, "China's Fight."

59. Maizland, "China's Fight."

60. Maizland, "China's Fight."

61. Richard Bridle, Ivetta Gerasimchuck, Benjamin Denjean, Ting Su, Clement Attwood, and Hongxia Duan, *Subsidies to Coal Power Generation in China,* International Institute for Sustainable Development, November 13, 2016, www.iisd.org/publications/report/subsidies-coal-power-generation-china.

62. Michael Standaert, "Despite Pledges to Cut Emissions, China Goes on a Coal Spree," *Yale Environment 360,* March 24, 2021, https://e360.yale.edu/features/despite-pledges-to-cut-emissions-china-goes-on-a-coal-spree.

63. Henry Wu, "The United States Can't Afford the Brutal Price of Chinese Solar Panels," *Foreign Policy,* July 14, 2021, https://foreignpolicy.com/2021/07/14/us-chinese-solar-panels-green-tech-strategy/.

64. Bibek Bhandari and Nicole Lim, "The Dark Side of China's Solar Boom," Sixth Tone, July 17, 2018, www.sixthtone.com/news/1002631/the-dark-side-of-chinas-solar-boom-.

65. Johnny Wood, "China's Pollution Is So Bad It's Blocking Sunlight from

Solar Panels," World Economic Forum, August 5, 2019, www.weforum.org/agenda/2019/08/china-air-pollution-blocks-solar-panels-green-energy/.

66. Wu, "Chinese Solar Panels."

67. 예를 들어 다음을 참조할 것. Ye Qi and Lingyun Zhang, "Local Environmental Enforcement Constrained by Central-Local Relations in China," *Environmental Policy and Governance* 24, no. 3 (May 2014), www.researchgate.net/publication/260802575_Local_Environmental_Enforcement_Constrained_by_Central-Local_Relations_in_China

68. Sarah Eaton and Genia Kostka, "Central Protectionism in China: The Central SOE Problem in Environmental Governance," China Quarterly 231 (September 2017): 685–704,www.cambridge.org/core/journals/china-quarterly/article/central-protectionism-in-china-the-central-soe-problem-in-environmental-governance/42D6B6E158861C4F-C2B7B76C878AFCC1.

7장 · 경제적 위협

1. Jeffrey St. Clair, "The Saga of Magnequench," Counterpunch, April 7, 2006, www.counterpunch.org/2006/04/07/the-saga-of-magnequench/;GuillaumePitron, *The Rare Metals War: The Dark Side of Clean Energy and Digital Technologies*(Melbourne: Scribe, 2020).

2. 루슨트 테크놀로지와 중국 협력업체인 대당통신에 관한 세부사항에 대해서는 다음을 참조할 것. Craig Smith, "Technology: Chinese Tread Warily in Secrets-Theft Case," *New York Times,* May 8, 2001. For DuPont, General Electric, and AMD, see Lingling Wei and Bob Davis, "How China Systematically Pries Technology from U.S. Companies," *Wall Street Journal,* September 26, 2018.

3. U.S. Attorney's Office, "Chinese National Sentenced for Stealing Ford Trade Secrets," press release, April 12, 2011, https://archives.fbi.gov/archives/detroit/press-releases/2011/de041211.htm.

4. Center for Strategic and International Studies, *Survey of Chinese Es-*

pionage in the United States Since 2000, Strategic Technologies Program, www.csis.org/programs/technology-policy-program/survey-chinese-linked-espionage-united-states-2000.

5. Center for Strategic and International Studies, *Survey of Chinese Espionage;* Paul Wiseman and Michael Liedtke, "Here Are 5 Cases Where the U.S. Says Chinese Companies and Workers Stole American Trade Secrets," *Chicago Tribune,* February 21, 2019.

6. The National Bureau of Asian Research, *Report of the Commission on the Theft of American Intellectual Property,* May 2013, 15, www.nbr.org/wp-content/uploads/pdfs/publications/IP_Commission_Report.pdf.

7. Sean O'Connor, *How Chinese Companies Facilitate Technology Transfer from the United States,* U.S.-China Economic and Security Review Commission, May 6, 2019, 4, www.uscc.gov/sites/default/files/Research/How%20Chinese%20Companies%20Facilitate%20Tech%20Transfer%20from%20the%20US.pdf.

8. Office of the United States Trade Representative, *2018 Special 301 Report* (Washington DC: Office of the United States Trade Representative, 2018), https://ustr.gov/sites/default/files/files/Press/Reports/2018%20Special%20301.pdf.

9. Office of the Secretary of Defense, *Military and Security Developments Involving the People's Republic of China 2020: Annual Report to Congress,* https://media.defense.gov/2020/Sep/01/2002488689/-1/-1/1/2020-DOD-CHINA-MILITARY-POWER-REPORT-FINAL.PDF.

10. Christopher Wray, "Responding Effectively to the Chinese Economic Espionage Threat," Remarks at the Department of Justice China Initiative Conference, Center for Strategic and International Studies, Washington, DC, February 6, 2020.

11. "Chinese Hackers Indicted: Members of APT 10 Group Targeted Intellectual Property and Confidential Business Information," FBI News, December 20, 2018, www.fbi.gov/news/stories/chinese-hackers-indicted-122018.

12. Ellen Barry and Gina Kolata, "China's Lavish Funds Lured U.S. Scien-

tists. What Did It Get in Return?," *New York Times*, February 6, 2020, www.nytimes.com/2020/02/06/us/chinas-lavish-funds-lured-us-scientists-what-did-it-get-in-return.html.

13. John Hudson and Ellen Nakashima, "U.S., Allies Accuse China of Hacking Microsoft and Condoning Other Cyberattacks," *Washington Post*, July 19, 2021, www.washingtonpost.com/national-security/microsoft-hack-china-biden-nato/2021/07/19/a90ac7b4-e827-11eb-84a2-d93bc0b50294_story.html; Editorial Board, "Tough Biden Talk, Little Action," *Wall Street Journal*, July 21, 2021, www.wsj.com/articles/china-microsoft-hack-russia-nord-stream-biden-state-department-11626900081.

14. Office of the United States Trade Representative, *Findings of the Investigations into China's Acts*.

15. Wei and Davis, "China Systematically Pries Technology."

16. James Lewis, *Section 301 Investigation: China's Acts, Policies and Practices Related to Technology Transfer, Intellectual Property, and Innovation* (Washington, DC: Center for Strategic and International Studies, April 2020), 2, https://csis-website-prod.s3.amazonaws.com/s3fs-public/publication/200422_Lewis_Investigation_v4.pdf. ("미국과 그밖의 유럽 국가의 회사들은 시장 접근의 대가로 장기적 기술이전에 압박을 받고 있다고 보고한다. 중국의 정책은 유럽 회사들로부터 기술을 가져가고 보조금과 비관세 장벽을 이용하여 국가 경쟁에서 유리한 입지를 차지하려 한다. 그리고 중국 회사들이 국제적으로 경쟁할 때 이점을 누리기 위해 국내 시장을 엄격히 보호하려 한다.")

17. O'Connor, *Chinese Companies Facilitate Technology Transfer*, 7.

18. Alan O. Sykes, "The Law and Economics of 'Forced' Technology Transfer (FTT) and Its Implications for Trade and Investment Policy (and the U.S.-China Trade War)," *Journal of Legal Analysis* 13, no. 127 (2021): 127-71.

19. O'Connor, *Chinese Companies Facilitate Technology Transfer*, 8.

20. White House Office of Trade and Manufacturing Policy, *How China's Economic Aggression Threatens the Technologies and Intellectual Property of the United States and the World* (Washington, DC: White House Office of Trade and Manufacturing Policy, June 18, 2018), 7, www.hsdl.org/?view&did=812268.

21. Christina Nelson, "Licensing in China: Challenges and Best Practices," *China Business Review,* January 14, 2014, www.chinabusinessreview. com/licensing-in-china-challenges-and-best-practices/.

22. Office of the United States Trade Representative, *Findings of the Investigations into China's Acts.*

23. Office of the United States Trade Representative, *Findings of the Investigations into China's Acts.*

24. White House Office of Trade and Manufacturing Policy, *China's Economic Aggression,* 7; Office of the United States Trade Representative, Findings of the Investigations into China's Acts.

25. OECD and European Union Intellectual Property Office, *Trends in Trade in Counterfeit and Pirated Goods, Illicit Trade* (Paris: OECD Publishing, March 18, 2019), https://doi.org/10.1787/g2g9f533-en.

26. U.S. Customs and Border Protection, *Intellectual Property Rights Seizure Statistics: Fiscal Year 2020* (Washington, DC: U.S. Customs and Border Protection, 2021), www.cbp.gov/sites/default/files/assets/documents/2021-Sep/101808%20FY%202020%20IPR%20Seizure%20Statistic%20Book%2017%20Final%20spreads%20ALT%20TEXT_FINAL%20%28508%29%20REVISED.pdf.

27. Office of the United States Trade Representative, *Findings of the Investigations into China's Acts.*

28. Office of the United States Trade Representative, *Findings of the Investigations into China's Acts.*

29. "Economic and Trade Agreement between the Government of the United States of America and the Government of the People's Republic of China," U.S. Trade Representative, https://ustr.gov/sites/default/files/files/agreements/phase%20one%20agreement/Economic_And_Trade_Agreement_Between_The_United_States_And_China_Text.pdf.

30. Mark Wu, "Testimony before the U.S.-China Economic and Security Review Commission Hearing on U.S. Companies in China," February 28, 2019, www.uscc.gov/sites/default/files/Wu%20Testimony%20-%20US-China%20Econ%20Sec%20Review%20Cmsn%20-%20Feb%202019.pdf.

31. Office of the United States Trade Representative, *2021 National Trade Estimate Report.*

32. Office of the United States Trade Representative, *2021 National Trade Estimate Report.*

33. Office of the United States Trade Representative, *2021 National Trade Estimate Report.*

34. Eric Olander, "With the U.S. in Its Sights, China Moves to Restrict Rare Earth Exports. Could Cobalt Be Next?," *The China Project,* January 19, 2021, https:// thechinaproject.com/2021/01/19/with-the-u-s-in-its-sights-china-moves-to-restrict-rare-earths-exports-could-cobalt-be-next/.

35. Office of the United States Trade Representative, *2021 National Trade Estimate Report.*

36. Office of the United States Trade Representative, *2021 National Trade Estimate Report.*

37. Paul Mozur and Jane Perlez, "China Quietly Targets U.S. Tech Companies in Security Reviews," *New York Times,* May 16, 2016, www.nytimes.com/2016/05/17/technology/china-quietly-targets-us-tech-companies-in-security-reviews.html.

38. C. Fred Bergsten, "China Is No Longer Manipulating Its Currency," Peterson Institute for International Economics (PIIE), November 18, 2016, www.piie.com/blogs/trade-investment-policy-watch/china-no-longer-manipulating-its-currency.

39. Ana Swanson, "The U.S. Labeled China a Currency Manipulator. Here's What It Means," *New York Times,* August 6, 2019, www.nytimes.com/2019/08/06/business/economy/china-currency-manipulator.html.

40. Alan Rappeport, "U.S. Says China Is No Longer a Currency Manipulator," *New York Times,* January 13, 2020, www.nytimes.com/2020/01/13/us/politics/treasury-china-currency-manipulator-trade.html.

41. Congressional Research Service, *China's Economic Rise: History, Trends, Challenges, and Implications for the United States* (Washington, DC: Congressional Research Service, updated June 25, 2019), 1, https://

crsreports.congress.gov/product/pdf/RL/RL33534.

42. "Coal Mining Industry in China," IBIS World, May 23, 2022, www.ibis-world.com/china/market-research-reports/coal-mining-industry/; "Coal Mining Industry in the US," IBIS World, June 27, 2022, www.ibisworld.com/united-states/market-research-reports/coal-mining-industry/.

43. "World Nuclear Power Reactors & Uranium Requirements," World Nuclear, November 2022, https://world-nuclear.org/information-library/facts-and-figures/world-nuclear-power-reactors-and-uranium-requireme.aspx.

44. "Under Construction," Status Reports, Power Reactor Information System, IAEA, https://pris.iaea.org/PRIS/WorldStatistics/UnderConstructionReactorsByCountry.aspx.

45. David Hart, "The Impact of China's Production Surge on Innovation in the Global Solar Photovoltaics Industry," Information Technology & Innovation Foundation, October 5, 2020, https://itif.org/publications/2020/10/05/impact-chinas-production-surge-innovation-global-solar-photovoltaics.

46. Annual Solar Photovoltaics Cell Production by Country, 1995–2013, Earth Policy, http://www.earth-policy.org/?/data_center/C23/.

47. Annual Solar Photovoltaics Cell Production by Country, 1995–2013.

48. David Hart, "The Impact of China's Production Surge on Innovation in the Global Solar Photovoltaics Industry," Information Technology & Innovation Foundation, October 5, 2020, https://itif.org/publications/2020/10/05/impact-chinas-production-surge-innovation-global-solar-photovoltaics

49. Hart, "The Impact of China's Production Surge."

50. "Solar PV Trade and Manufacturing," *Bloomberg*, February 2021, https://csis-website-prod.s3.amazonaws.com/s3fs-public/Solar%20PV%20Case%20Study%20-%20BloombergNEF.pdf?wDUUlXhfxWtA0l-LU66HdshX539MvZHDI;Latherina Bucholz, "China Dominates All Steps of Solar Panel Production," Statista, April 21, 2021, www.statista.com/chart/24687/solar-panel-global-market-shares-by-production-steps/.

51. Ugranath Chakarvarty, "Renewable Energy Materials Supply Implications," IAEE Energy Forum, 2018, 1–3, www.iaee.org/en/publications/newsletterdl.aspx?id=455#:~:text=Rare%20earth%20materials%20such%20as,components%20of%20renewable%20energy%20hardware.

52. Chakarvarty, "Renewable Energy Materials," 1–3.

53. Chakarvarty, "Renewable Energy Materials," 1–3.

54. "Rare Earth Element Facts," Minerals and Metals Facts, Natural Resources Canada, www.nrcan.gc.ca/mining-materials/facts/rare-earth-elements/20522.

55. Samantha Subin, "The New U.S. Plan to Rival China and End Cornering of Market in Rare Earth Metals," CNBC, April 19, 2021, www.cnbc.com/2021/04/17/the-new-us-plan-to-rival-chinas-dominance-in-rare-earth-metals.html.

56. "Automotive Industry," Select USA, www.trade.gov/selectusa-automotive-industry.

57. 2020 Production Statistics, OICA, www.oica.net/category/production-statistics/2020-statistics/.

58. 2010 Production Statistics, OICA, www.oica.net/category/production-statistics/2010-statistics/.

59. Alice Yu and Mitzi Sumangil, "Top Electric Vehicle Markets Dominate Lithiumion Battery Capacity Growth," S&P Global Market Intelligence, February 16, 2021.

60. Tim Colton and LaVar Huntzinger, "A Brief History of Shipbuilding in Recent Times," Center for Naval Analyses, September 2002, 18, www.cna.org/CNA_files/PDF/D0006988.A1.pdf.

61. Loren Thompson, "U.S. Shipbuilding Is at Its Lowest Ebb Ever. How Did America Fall So Far?," Forbes, July 23, 2021, www.forbes.com/sites/lorenthompson/2021/07/23/us-shipbuilding-is-at-its-lowest-ebb-ever-how-did-america-fall-so-far/?sh=3157edfe6c87.

62. Thompson, "U.S. Shipbuilding."

63. Peter Edwards, "Global Cement Producer Round-Up," *Global Cement Magazine*, December 2020, 16, www.cfic.dz/images/telechargements/

global%20cement%20 magazine%20decembre%202020.pdf.

64. Shinya Matano, "The Impact of China's Industrial Subsidies on Companies and the Response of Japan, the United States, and the European Union," Mitsui & Co. Global Strategic Studies Institute, January 2021, https://asia.nikkei.com/Economy/Trade-war/China-corporate-subsidies-swell-further-in-2019-as-US-cries-foul. www.mitsui.com/mgssi/en/report/detail/__icsFiles/afieldfile/2021/02/19/2101c_matano_e.pdf.

65. Shinya Matano, "The Impact of China's Industrial Subsidies on Companies and the Response of Japan, the United States, and the European Union," Mitsui & Co. Global Strategic Studies Institute, January 2021, https://asia.nikkei.com/Economy/Trade-war/China-corporate-subsidies-swell-further-in-2019-as-US-cries-foul, www.mitsui.com/mgssi/en/report/detail/__icsFiles/afieldfile/2021/02/19/2101c_matano_e.pdf.

66. Office of the United States Trade Representative, *2021 National Trade Estimate Report.*

67. Michaela Platzer, John Sargent, and Karen Sutter, "Semiconductors: U.S. Industry, Global Competition, and Federal Policy," Congressional Research Service, October 26, 2020, 48, https://sgp.fas.org/crs/misc/R46581.pdf.

68. "State of the U.S. Semiconductor Industry—021," Semiconductor Industry Association, 2021, www.semiconductors.org/wp-content/uploads/2021/09/2021-SIA-State-of-the-Industry-Report.pdf.

69. 이 자료는 구매력평가환율로 조정한 수치이다. 데이터는 다음을 참조하라. Paul Heney and Tim Studt, "2021 Global R&D Funding Forecast Released," R&D World, February 22, 2021, www.rdworldonline.com/2021-global-rd-funding-forecast-released/.

70. James Areddy, "China Trumps US in Key Technology Research, Report Says," *Wall Street Journal,* March 2, 2023.

8장 · 방향을 변경하다

1. Ana Swanson, "Trump Administration Goes After China Over Intellectual Property, Advanced Technology," *Washington Post,* August 14, 2017, www.wash ingtonpost.com/news/wonk/wp/2017/08/14/trump-administration-goes-after-china-over-intellectual-property-advanced-technology/.

10장 · 협상을 구체화하다

1. Chad Bown, "Four Years Into the Trade War, Are the US and China Decoupling?, Peterson Institute for International Economics, October 20, 2022, www.piie.com/blogs/realtime-economics/four-years-trade-war-are-us-and-china-decoupling.
2. Bown, "Four Years Into the Trade War."
3. Josh Horwitz, "U.S. Business Sentiment in China Hits Record Low as Zero-COVID Persists, Survey Shows," Reuters, October 27, 2022, www.reuters.com/markets/us-business-sentiment-china-hits-record-low-zero-covid-persists-survey-2022-10-28/.
4. Trade in Goods with China, U.S. Census Bureau, www.census.gov/foreign-trade/balance/c5700.html.

11장 · 앞으로 나아갈 길

1. Kevin Rudd, "Xi's Congress Report Lays Bare an Aggressive and Statist Worldview," *Financial Times,* October 21, 2022, www.ft.com/content/8576916d-2cf5-483f-bfe4-2238080a5c70.
2. Emily Weinstein and Ngor Luong, "U.S. Outbound Investment into Chinese AI Companies," Center for Security and Emerging Technology, February 2023.

3. Jon Bateman, "The Evolution of U.S. Thinking and Policy," in *U.S.-China Technological 'Decoupling': A Strategy and Policy Framework* (Washington, DC: Carnegie Endowment for International Peace, 2022), 12.

4. 이러한 사례로는 다음을 참조할 것. "China Daily Takes Out Ads in US Newspapers to Highlight Diaoyu Claims," *South China Morning Post*, September 30, 2012.

5. Lee Edwards, "Confucius Institutes: China's Trojan Horse," Heritage Foundation, May 27, 2021.6. Juliana Goldman, "Chinese Company Pledged $2 Million to Clinton Foundation in 2013," CBS News, March 16, 2015.

7. "Comer: Anonymous Chinese Donations to UPenn Potentially Influenced Biden Administration Policies," U.S. House of Representatives Committee on Oversight and Accountability, https://oversight.house.gov/release/comer-anonymous-chinese-donations-to-upenn-potentially-influenced-biden-administration-policies%EF%BF%BC/; Yael Halon, "Reports of Chinese Donations to Second Biden-linked University Prompt New Calls for Investigation," Fox News, February 16, 2023.

12장 · NAFTA에서 USMCA로: 거대한 이슈들

1. Jeff Faux, *NAFTA's Impact on U.S. Workers* (Washington, DC: Economic Policy Institute, 2013), www.epi.org/blog/naftas-impact-workers/.

2. Richard Davies, "When a Factory Relocates to Mexico, What Happens to Its American Workers," *New York Times*, October 12, 2021, www.nytimes.com/2021/10/12/books/review/american-made-farah-stockman.html.

3. Bill Canis, M. Angeles Villarreal, and Vivian Jones, "NAFTA and Motor Vehicle Trade," Congressional Research Service, July 28, 2017, https://sgp.fas.org/crs/row/R44907.pdf.

4. David Coffin, Tamar Khachaturian, and David Riker, "Analysis of Employment Changes Over Time in the U.S. Motor Vehicle Industry," In-

ternational Trade Commission, August 2016, www.usitc.gov/employe-ment_changes_working_paper.htm#:~:text=Over%20the%20period%20from%201997%20to%202014%2C%20U.S.,vehicle%20industry%20de-clined%20from%20932%2C265%20to%20719%2C983%20employees.

13장 · USMCA: 멕시코와 캐나다

1. President Trump, "U.S.-Mexico-Canada Trade Agreement Press Con-ference," C-SPAN, October 1, 2018, www.c-span.org/video/?452348-1/president-trump-briefs-reporters-us-mexico-canada-trade-agreement.

15장 · 유럽과 일본

1. Cristina Enache, "2022 VAT Rates in Europe," Tax Foundation, January 25, 2022, https://taxfoundation.org/value-added-tax-2022-vat-rates-in-europe/.
2. Ben S. Bernanke, *Germany's Trade Surplus Is a Problem* (Washington, DC: Brookings, 2015), www.brookings.edu/blog/ben-bernanke/2015/04/03/germanys-trade-surplus-is-a-problem/.
3. "Industrial Strategy 2030," Federal Ministry for Economic Affairs and Energy, November 2019, www.bmwk.de/Redaktion/EN/Publikationen/Industry/industrial-strategy-2030.pdf?__blob=publicationFile&v=7.
4. "Industrial Strategy 2030."
5. "Industrial Strategy 2030."
6. Matthew C. Klein and Michael Pettis, *Trade Wars Are Class Wars: How Rising Inequality Distorts the Global Economy and Threatens Internation-al Peace* (New Haven, CT: Yale University Press, 2020), 148–54.
7. Niklas Engbom, Enrica Detragiache, and Faezeh Raei, "The German La-bor Market Reforms and Post-Unemployment Earnings," IMF Working Pa-per, July 2015, 3, www.imf.org/external/pubs/ft/wp/2015/wp15162.pdf.

8. Michael Pettis, "High Wages Versus High Savings in a Globalized World," Carnegie Endowment for International Peace, April 3, 2018, https://carnegieendowment.org/chinafinancialmarkets/75972.

9. Bojan Pancevski, "Angela Merkel's International Legacy: Cooler Trans-Atlantic Relations," *Wall Street Journal*, September 22, 2021, www.wsj.com/articles/angela-merkel-german-alliance-biden-trans-atlantic-relations-11632344868.

10. Diana Choyleva, "China Is Steadily Wiping Out German Industry," Nikkei Asia, June 30, 2022, https://asia.nikkei.com/Opinion/China-is-steadily-wiping-out-German-industry.

11. United States Committee on Ways and Means, "House Republicans Unveil 21st Century Tax Plan Built for Growth," press release, June 24, 2016, https://gop-waysandmeans.house.gov/house-republicans-unveil-21st-century-tax-plan-built-growth/.

12. Philipp Heimberger and Nikolaus Krowall, "Seven 'Surprising' Facts about the Italian Economy," *Social Europe*, June 25, 2020, www.socialeurope.eu/seven-surprising-facts-about-the-italian-economy.

13. Daniel Kochis, "NATO Allies Now Spend $50 Billion More on Defense Than in 2016," Heritage Foundation, November 3, 2020, www.heritage.org/defense/commentary/nato-allies-now-spend-50-billion-more-defense-2016.

14. 다음 문헌의 사례를 참조할 것. Karel van Wolferen, *The Enigma of Japanese Power: People and Politics in a Stateless Nation* (New York: Vintage, 1989); Eamonn Fingleton, *Blindside: Why Japan Is Still on Track to Overtake the U.S. by the Year 2000* (Boston: Houghton Mifflin, 1995); and Clyde Prestowitz, *Trading Places: How We Are Giving Our Future to Japan and How to Reclaim It* (New York: Basic Books, 1989).

16장 · 그 밖의 주요 협상국들

1. Data via U.S. Import and Export Merchandise trade statistics, U.S. Cen-

sus Bureau: Economic Indicators Division, USA Trade Online.

2. Data via U.S. Import and Export Merchandise trade statistics, U.S. Census Bureau: Economic Indicators Division, USA Trade Online.

3. Office of the United States Trade Representative, *2021 National Trade Estimate Report*, 248.

4. Office of the United States Trade Representative, *2021 National Trade Estimate Report*, 248.

5. Alyssa Ayres, "A Field Guide to U.S.-India Trade Tensions," Council on Foreign Relations, February 13, 2020, www.cfr.org/article/field-guide-us-india-trade-tensions.

6. Ayres, "Field Guide."

7. Ayres, "Field Guide."

8. Office of the United States Trade Representative, *2021 National Trade Estimate Report*, 247.

9. Office of the United States Trade Representative, *2021 National Trade Estimate Report*, 248.

10. Office of the United States Trade Representative, *2021 National Trade Estimate Report*, 257.

11. Data via World Bank database.

12. Data via U.S. Import and Export Merchandise trade statistics, U.S. Census Bureau: Economic Indicators Division, USA Trade Online.

13. Data via U.S. Import and Export Merchandise trade statistics, U.S. Census Bureau: Economic Indicators Division, USA Trade Online.

14. Data via U.S. Import and Export Merchandise trade statistics, U.S. Census Bureau: Economic Indicators Division, USA Trade Online.

15. Data via U.S. Import and Export Merchandise trade statistics, U.S. Census Bureau: Economic Indicators Division, USA Trade Online.

16. David Aller, "Korean Industrial Policy: From the Arrest of the Millionaires to Hallyu," *American Affairs* 4, no. 1 (Spring 2020), https://americanaffairsjournal.org/2020/02/korean-industrial-policy-from-the-arrest-of-the-millionaires-to-hallyu/.

17. Aller, "Korean Industrial Policy."

18. Office of the United States Trade Representative, *2021 National Trade Estimate Report*, 324.

19. Office of the United States Trade Representative, "Four Year Snapshot: The U.S.-Korea Free Trade Agreement," fact sheet, March 2016, https://ustr.gov/about-us/policy-offices/press-office/fact-sheets/2016/March/Four-Year-Snapshot-KORUS/.

20. Jane Chung and Christine Kim, "How Seoul Raced to Conclude U.S. Trade Deal ahead of North Korea Talks," Reuters, March 30, 2018, www.reuters.com/article/cbusiness-us-usa-trade-southkorea-idCAKBN-1H60I9-OCABS.

21. U.S. Census Bureau, "Trade in Goods with Korea, South," www.census.gov/foreign-trade/balance/c5800.html.

22. Data via U.S. Import and Export Merchandise trade statistics, U.S. Census Bureau: Economic Indicators Division, USA Trade Online.

23. Sebastian Strangio, "Vietnam, US Reach Accord on Alleged Currency Manipulation," *The Diplomat*, July 20, 2021, https://thediplomat.com/2021/07/vietnam-us-reach-accord-on-alleged-currency-manipulation/.

17장 · 초월적 이슈들

1. International Monetary Fund, *United States: 2021 Article IV Consultation—Press Release: Staff Report: and Statement by the Executive Director for the United States*, IMF Country Report No. 21/162 (Washington, DC: International Monetary Fund, July 2021), 65, www.imf.org/-/media/Files/Publications/CR/2021/English/1USAEA2021001.ashx.

2. "New Vehicle Trade Data Visualization," International Trade Administration, www.trade.gov/data-visualization/new-vehicle-trade-data-visualization.

3. "The U.S. Auto Labor Market since NAFTA," *On the Economy*, Federal Reserve Bank of St. Louis, April 15, 2019, www.stlouisfed.org/on-the-econ-

omy/2019/april/us-auto-labor-market-nafta; "Inflation Adjusted Earn-
ings in Motor Vehicles and Parts Industry Down 17 Percent from 1990 to
2018," Bureau of Labor Statistics, January 6, 2020, www.bls.gov/opub/
ted/2020/inflation-adjusted-earnings-in-motor-vehicles-and-parts-in-
dustry-down-17-percent-from-1990-to-2018.htm.

4. Peter Sigal, "Europe Forecast to Import 800,000 Chinese-built Cars by
2025," *Automotive News Europe*, November 7, 2022, https://europe.au-
tonews.com/automakers/chinese-electric-car-exports-europe-soar; "EU
Passenger Car Imports, Main Countries of Origin," ACEA, July 22, 2022,
www.acea.auto/figure/eu-passenger-car-imports-main-countries-of-
origin-in-units/.

5. "China's Biggest Automaker SAIC Puts US Ambitions on Hold," *Indus-
try Week*, April 19, 2017, www.industryweek.com/leadership/strate-
gic-planning-execution/article/22013337/chinas-biggest-automak-
er-saic-puts-us-ambitions-on-hold.

6. Chris Perkins, "Import Tariffs Kill the Last Ford Focus for the US Mar-
ket," *Road & Track*, August 31, 2018, www.roadandtrack.com/new-cars/
future-cars/a22886625/2019-ford-focus-active-dead-us/.

7. Charles Benoit, "Leading Customs Authorities Make the Case against De
Minimis Commerce," Coalition for a Prosperous America, June 6, 2022,
https://prosperousamerica.org/leading-customs-authorities-make-the-
case-against-de-minimis-commerce/.

8. Josh Zumbrun, "The $67 Billion Tariff Dodge That's Undermining U.S.
Trade Policy," *Wall Street Journal*, April 25, 2022, www.wsj.com/articles/
the-67-billion-tariff-dodge-thats-undermining-u-s-trade-policy-di-mi-
nimis-rule-customs-tourists-11650897161.

9. Jeff Ferry, "The Trade Deficit Is Worse Than We Thought: De Minimis
Hides $128 Billion of U.S. Imports," Coalition for a Prosperous America,
January 26, 2022, https://prosperousamerica.org/the-trade-deficit-is-
worse-than-we-thought-de-minimis-hides-128-billion-of--s-imports/.

10. Zumbrun, "$67 Billion Tariff Dodge."

11. "De Minimis Value," Avalara, www.avalara.com/us/en/learn/cross-bor-

der-resources/de-minimis-threshold-table.html.

12. Zumbrun, "$67 Billion Tariff Dodge."

18장 · 미래를 위한 처방

1. Tammy Baldwin, "U.S. Senators Tammy Baldwin and Josh Hawley Lead Bipartisan Effort to Restore Competitiveness to U.S. Exports, Boost American Manufacturers and Farmers," press release, Tammy Baldwin, United States Senator for Wisconsin, July 31, 2019, www.baldwin.senate.gov/news/press-releases/competitive-dollar-for-jobs-and-prosperity-act.

2. Terry Jones, "Has Trump Won the Debate Over Free Trade in the U.S.? I&I/TIPP Poll," TIPP Insights, March 27, 2023.

자유무역이라는 환상

| 1판 1쇄 | 2024년 7월 30일 |
| 1판 2쇄 | 2024년 11월 30일 |

지은이	로버트 라이트하이저
옮긴이	이현정
편집	김효진
교열	이은경
디자인	최주호
펴낸곳	마르코폴로
등록	제2021-000005호
주소	세종시 다솜1로9
이메일	laissez@gmail.com
페이스북	www.facebook.com/marco.polo.livre

ISBN   979-11-92667-56-0   02320